经典传家

经典回到生活　阅读从心开始

经典传家

『经典传家』丛书遴选了清代《四库全书》的精华，而且每一种书在注释、译文、解读等方面做了大量的、扎实的工作。

——傅璇琮

国学就是中国人的学问。『经典传家』是一套非常适合大众阅读的国学经典丛书。国学的传承和发展迫切需要好的大众读本。

——毛佩琦

《四库全书》浩如烟海，真正的必读经典就这百余部。

——任德山

国学是相互通融的，切忌断章或是割裂。今人只有从《周易》等原始经典入手，才能真正找到进入国学的门径。

——刘君祖

经典传家系列丛书

图解三国志

陈寿 撰

崇贤书院 释译

黄山书社

《三国志》阅读指南

精选精校，高质权威

让读者用最短的时间，接触到这部巨著的精华，激发读者更大的学习兴趣，将读者引入中国史学的殿堂。

图文并茂，形象生动

近二百幅精美古代版画，再现那一张张鲜活的面孔和那一个个荡人心弦的历史瞬间。营造阅读氛围，拓展想象空间。

选字注音

- 将生僻字单独标注拼音。
- 将古今读音相异的字单独标注拼音。
- 将所有重复出现的字词都反复标注。

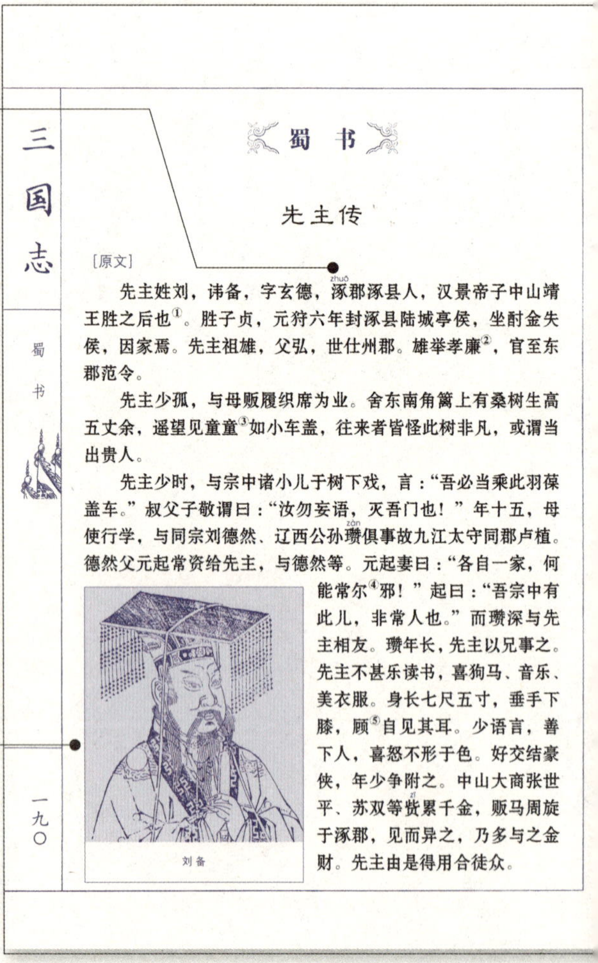

三国志 蜀书

蜀书

先主传

[原文]

先主姓刘，讳备，字玄德，涿(zhuō)郡涿县人，汉景帝子中山靖王胜之后也[1]。胜子贞，元狩六年封涿县陆城亭侯，坐酎金失侯，因家焉。先主祖雄，父弘，世仕州郡。雄举孝廉[2]，官至东郡范令。

先主少孤，与母贩履织席为业。舍东南角篱上有桑树生高五丈余，遥望见童童[3]如小车盖，往来者皆怪此树非凡，或谓当出贵人。

先主少时，与宗中诸小儿于树下戏，言："吾必当乘此羽葆盖车。"叔父子敬谓曰："汝勿妄语，灭吾门也！"年十五，母使行学，与同宗刘德然、辽西公孙瓒(zàn)俱事故九江太守同郡卢植。德然父元起常资给先主，与德然等。元起妻曰："各自一家，何能常尔[4]邪！"起曰："吾宗中有此儿，非常人也。"而瓒深与先主相友。瓒年长，先主以兄事之。先主不甚乐读书，喜狗马、音乐、美衣服。身长七尺五寸，垂手下膝，顾[5]自见其耳。少语言，善下人，喜怒不形于色。好交结豪侠，年少争附之。中山大商张世平、苏双等赀(zī)累千金，贩马周旋于涿郡，见而异之，乃多与之金财。先主由是得用合徒众。

刘备

一九〇

精美古代版画

- 近二百幅古人原创版画。
- 精挑细选，清晰优美。
- 营造阅读氛围，拓展想象空间。

《三国志》阅读指南

解释品读，详尽准确

详尽的注释、准确的译文，两者结合解读史学经典，为初读史书的读者量身定做。

反复注音，流畅阅读

生僻字、古今异音字词反复标注读音，最大限度地方便现代读者阅读，使此书成为较好的普及本。

[注释]

①后：后代。②孝廉：汉代选拔官吏的科目之一，由各郡国在所属的吏民中选举。③童童：茂盛的样子。④尔：这样。⑤顾：回头看。

[译文]

先主姓刘，名备，字玄德，涿郡涿县人，是汉景帝的儿子中山靖王刘胜的后代。刘胜儿子刘贞，元狩六年（前117）被封为涿县陆城亭侯，由于给朝廷交的酎金不足而被免去了侯位，从此就住在涿县。刘备的祖父刘雄、父亲刘弘，相继在州郡做官。刘雄曾被推举为孝廉，官做到东郡范县令。

刘备很小的时候父亲就死了，和母亲靠卖鞋织席子为生。他家东南角的篱笆旁边有一棵桑树，长了五丈多高，远远望去郁郁葱葱，好像小车上的伞盖。路过的人都为这棵树的与众不同而惊讶，有的就说应该有贵人出现。

刘备幼时，和同宗族的孩子们在树下玩耍，说："我一定会坐上有这样的羽毛伞盖的车子。"他的叔父刘子敬对他说："你不要胡说，这会让我们满门灭绝的。"十五岁时，刘备的母亲让他外出学习，和同族的刘德然、辽西人公孙瓒一同拜前任九江太守同郡人卢植为师。刘德然的父亲刘元起经常资助刘备，给他的财物和给刘德然的一样多。刘元起的妻子说："各自有各自的家，怎么能经常这样呢？"刘元起说："我们家族中有这样的孩子，他不是一般的人啊。"公孙瓒也和刘备非常友好。公孙瓒年龄大，刘备把他当作哥哥一样地侍奉。刘备不大喜爱读书，喜好狗马、音乐和漂亮的衣服。他身高七尺五寸，手垂放下来可以超过膝盖，眼睛可以看到自己的耳朵。他很少说话，善于表现得谦虚低下，喜怒不在脸上表现出来；他喜好和豪侠结交，少年人都争着追随他。中山的大商人张世平、苏双等人积聚有几千金的家财，贩卖马匹，往来于涿郡一带，见到刘备后，认为他非同一般，就给他很多钱财。刘备因此得以用钱来聚集人马随从。

[原文]

灵帝末，黄巾起，州郡各举义兵，先主率其属从校尉邹靖讨黄巾贼①有功，除安喜尉②。督邮以公事到县，先主求谒(yè)③，不通，直入缚督邮，杖二百，解绶系其颈着马枊，弃官亡命④。顷之，大将军何进遣都尉毌丘毅诣丹杨募兵⑤，先主与俱行，至下邳(pī)遇贼，力战有功，除为下密丞。复去官。后为高唐尉，迁为令。为贼所破，往奔中郎将公孙瓒，瓒表为别部司马，使与青州刺史田楷以拒冀州牧袁绍。数有战功，试守平原令，后领平原相。郡民刘平素轻先主，耻为之下，使客刺之。客不忍刺，语之而去。其得人心如此。

三国志

蜀书

注释

- 准确、详尽，极具启发性。
- 扫除阅读障碍，丰富历史知识。
- 丰富文学基础知识，提高古文素养。

译文

- 忠于原文，精确顺畅。
- 辅助读者阅读。
- 激发读者更大的读史兴趣。

总序

国学是什么？简单说，就是中国人之所以成为中国人的学问。因此，国学不仅包括数千年积累流传下来的经典，比如“四书五经”、《老子》《庄子》《孙子》《史记》《汉书》、唐诗、宋词，也包含研究中国人思维方式、生活方式、行为方式乃至娱乐方式的各种学问。广言之，国学研究的对象不仅包括文献，也包括实物；不仅包括物质文化遗产，也包括非物质文化遗产，如我国各民族的建筑、服饰、饮食、音乐、绘画、医药、戏曲等等。

国学是不断丰富、不断发展的学问。上面说的从“四书五经”到唐诗、宋词就是一个不断丰富发展的过程。近代以来，国学的研究范围还在不断地扩大，比如敦煌学、甲骨学，是随着有关文物的出土而兴起的；比如红学，是随着文学理论和学术风气的发展变化而兴起和发展的。随着时间的推移和学术的进步，必将有更多的学问被纳入国学研究的范围。

数千年来，中国人做学问形成了自己独特的理论和方法，比如思想理论、史学理论、文学理论，以及训诂学、考据学、音韵学等等。但这些理论和方法并不是一成不变的。比如，在史学研究领域，由于地下文物的出土，王国维等人提出了以地下文物与传世文献相补充互证的“二重证据法”。近代以来，西风劲吹。国人主动借鉴西方学术研究的理论和方法，研究中国学问。王国维借鉴尼采的哲学理论研究中国的文学戏剧，胡适以杜威的实验主义研究中国的“国故”。国学从来没有拒绝外国学问的融合，佛教传入中国后，经过改造，形成了中国独特的佛学、因明学；自明朝末年西学传入中国后，中国的天文学、数学等就已经融入了西学的因素。马克思主义传入中国后，不少人用马克思主义理论研究中国历史文化，它们自然也成为了国学的一部分。因此，国学又是开放的、随时代而进步的。那么，当今我们研究、振兴国学，不允许也不应该倒退，不允许也不应该僵化。

然而，国学又是与西学明显区分的。国学是西学的对应物，是与西学完全不同的学术体系。在近代，西学挟坚船利炮强势进入中国之后，中国人还视自我，对于中国固有之学问的称呼出现了中学、国故学、国粹、国学这样的名称。面对“帝国主义”的强大，中国人自愧不如，一方面拼命地学习、引进西学，另一方面拼命地贬低、抛弃国学。虽然也有一些人，如张之洞为保护中华文化之根本，提出“中学为体，西学为用”，如胡适，提出“整理国故”，以“再造文明”“建立民族自信心”，但其声音终被时代所淹没。国学一再被严重曲解和轻视，造成了中国历史文化的大断裂。也许，这一历史过程是必然的。但回顾过去，中国在走向独立富强的过程中，国学所付出的代价实在太大、太惨重了。

新中国成立后，饱受屈辱的中国人从此站立了起来，民族自信心大大加强，但没有能够及时认识到国学在新时代的重要性，甚至仅存的一点点国学遗产也进一步成为被抛弃的对象。改革开放三十年之后，走向富强的国人终于幡然醒悟，保护和振兴国学逐渐成为全民的共识。一个强大的自立于世界民族之林的国家，必然要有与之相匹配的伟大的民族文化。中国人，从领导者、学术界到普通百姓，都在重新发现国学的现代价值。同时，在走向全球化的进程中，东西方各国也把目光投向了中国。中国学问，中国的一切都在被重新评价。中国不仅为了自身的建设和发展需要从传统文化中汲取智慧，而且也面临着以优秀的中华文化向全人类贡献智慧的责任和挑战。

那么，这套经典传家丛书的编纂就是可喜的，编纂者的初衷和努力就是可敬的。希望这套丛书能发挥点滴作用，如同涓涓细水与千百万有志者的努力一道汇成大潮，去迎接中华民族的伟大复兴！

是为序。

毛佩琦

二〇一五年五月

前言

风云变幻、刀光剑影的三国时代，文争武斗，英豪辈出。三国鼎立，终归于晋，激烈动荡之后，那一幅幅动人心弦的画面凝固远去，成为历史的瞬间。这个时代，是五千多年中国文明史中短暂的一段，却又是让人心驰神往的精彩一段。

人们憧憬那段风起云涌的历史，渴望了解那些血溅山河的英雄豪杰，但是人们也应该知道，三国时代不单单是一个乱世英雄的舞台，豪杰角逐也并不是这段历史时期的全貌。当你读腻了《三国演义》，当你不再满足于三国故事，当你想探寻三国历史真面目的时候，《三国志》无疑是你最好的选择。

晋人陈寿，以一个中国史官的历史责任和独立精神，用最简练的语言述评了这个战祸纷乱的时代，客观地记录了那些历尽成败荣辱的勇武智术之人。《三国志》这部记载魏、蜀、吴三国鼎立的纪传体国别史巨著，一问世便受到了人们的好评。它不但使早先问世的王沈《魏书》、韦昭《吴书》等等黯然失色，就连与陈寿同时期的著名史家夏侯湛看到《三国志》后，认为没有另写新史的必要，就毁弃了自己正在撰写的新《魏书》。陈寿死后，尚书郎范頵上表说："陈寿作《三国志》，辞多劝诫，明乎得失，有益风化，虽文艳不若相如，而质直过之，愿垂采录。"

大浪淘尽始到金，随着时间的流逝，其他各家的三国史相继泯灭无闻，只有《三国志》一直流传到现在。然而，《三国志》不仅是一部史学巨著，更是一部文学巨著。在尊重史实的基础上，陈寿以简练、优美的语言，为我们绘制了一幅幅生动鲜活的三国人物肖像图。

我们此次重新整理编辑的《三国志》，在内容上精心选择了曹操、吕布、刘备、诸葛亮、关羽、孙权、周瑜等三国核心人物的传记，使读者可以在最短的时间内领略到这部巨著的精华，了解到这段历史的概况。对于喜欢历史却还没有深厚历史功底的读者来说，选择此精华本《三国志》无疑要比选择全本《三国志》明智得多。纯原文的全本《三国志》因其文字量大、难懂而很有可能减少读者的阅读热情。我们此次精选精校的精华本《三国志》则弥补了这一不足，可以使读者在轻松的氛围中获得知识，激发更大的阅读兴趣。

对于广大读者来说，此书的最大特点是阅读方便。此书中配有注音、注释和译文，这能帮助读者扫除阅读障碍，丰富读者的历史知识，提高读者的文学素养。

众所周知，《三国志》中出现了大量的人名、地名，即便是研究历史的专业人士在阅读时也不容易识别，我们在书中会对这些难懂之处加以注释。

随着语言的变化，书中难免会出现一些生僻字，这将给读者的阅读带来很大的不便，为了帮助读者顺畅地阅读，我们对正文中的生僻字一一随文注音，并遵循同一字在文中反复出现反复标注的原则，不仅方便了读者阅读，同时也加深了读者对于生僻字词的印象。我们在编辑此书时并没有单纯地把它当作史书对待，考虑到读者的具体阅读需要，我们还把它当作一本文学书籍来加注音，读完此书，读者的古文素养也会有极大地提高。

打开此书，读者还可欣赏到随文配加的精美版画插图。这些插图来自明朱天然撰《历代古人像赞》、清康熙年间两衡堂刊本《李笠翁批阅〈三国志〉》、清康熙年间绿荫堂刊本《李卓吾先生批评〈三国志〉》、光绪二十五年（1899）上海文益书局出版的《〈三国志演义〉全图》、《马骀画宝》等各种古籍善本。这些版画都是古人和近人创作的精品，清晰生动，为读者营造了良好的阅读氛围，使读者的阅读成为一种艺术的享受。

中国是一个重视历史的国度，中国人不仅重视历史的记录和流传，也渴望在历史的沉淀中寻找真谛，因此史书成为历代中国人的必修书目。《三国志》，位列中国古代二十四史中，与《史记》、《汉书》、《后汉书》并称

“前四史”，成为读史、学史人们的必读经典。我们此次编辑的《三国志》完全为初读史书的读者量身定做，期望通过我们的努力，把读者引入中国史学的殿堂，让读者领略史学的恒久魅力，使其真正走入寻常百姓家。

崇賢書院

目 录

魏书

武帝纪

[原文]

太祖武皇帝，沛国谯人也，姓曹，讳[1]操，字孟德，汉相国参之后。桓帝世，曹腾为中常侍大长秋，封费亭侯。养子嵩(sōng)嗣[2]，官至太尉，莫能审其生出本末。嵩生太祖。太祖少机警，有权数[3]，而任侠放荡，不治行业[4]，故世人未之奇也，惟梁国桥玄、南阳何颙(yóng)异焉。玄谓太祖曰："天下将乱，非命世之才不能济[5]也，能安之者，其在君乎！"年二十，举孝廉为郎，除洛阳北部尉，迁顿丘令，征拜议郎。

[注释]

①讳：避讳，古代对帝王和长辈不能直接称呼名字，表示尊敬。②嗣：继承。③权数：谋略，权术，有随机应变和善于出谋划策的才能。④行业：操行，学业。⑤济：帮助，拯救。

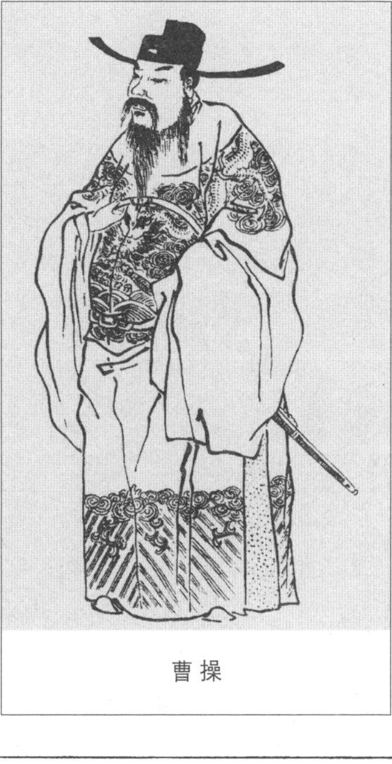
曹操

[译文]

魏太祖武皇帝是沛国谯县人，姓曹，名操，字孟德，相传是西汉相国曹参的后代。汉桓帝时，曹腾任中常侍大长秋，被封为费亭侯。曹腾的养子曹嵩继承了爵位，官职做到太尉，但是人们根本搞不清楚他的真实来历。曹嵩生子曹操。曹操少年时就很机警，富于权谋，但由于喜好行侠，任性放纵，不注重品行和学业，所以当时的人们并不觉得他有什么出奇的地方，只有梁国人桥玄和南阳人何颙觉得他不一般。桥玄曾对曹操说："天下快要大乱了，没有盖世才能是不能拯救国家的，能安定天下的人，大概就是您吧！"曹操二十岁时，被推举为孝廉，做了郎官，被任命为洛阳北部尉，又升任顿丘令，被征召为议郎。

[原文]

光和末，黄巾起。拜骑都尉，讨颍(yǐng)川贼。迁为济南相，国有十余县，长吏多阿附[1]贵戚，赃污狼藉[2]，于是奏免其八；禁断淫祀[3]。奸宄(guǐ)逃窜，郡界肃然。久之，征还为东郡太守。不就[4]，称疾归乡里[5]。顷之，冀州刺史王芬、南阳许攸、沛国周旌等连结豪杰，谋废灵帝，立合肥侯，以告太祖，太祖拒之。芬等遂败。金城边章、韩遂杀刺史郡守以叛，众十余万，天下骚动。征太祖为典军校尉。会灵帝崩，太子即位，太后临朝。大将军何进与袁绍谋诛宦官，太后不听。进乃召董卓，欲以胁太后。卓未至而进见杀。卓到，废帝为弘农王而立献帝。京都大乱。卓表太祖为骁(xiāo)骑校尉，欲与计事。太祖乃变易姓名，间行东归。出关，过中牟，为亭长所疑，执诣县。邑中或窃识之，为请得解。卓遂杀太后及弘农王。太祖至陈留，散家财，合义兵，将以诛卓。冬十二月，始起兵于己吾，是岁中平六年也。

发矫诏诸镇应曹公

[注释]

①阿附：附和、迎合。②狼藉：散乱，不整齐。③淫祀：不合礼制规定的祭祀，这里指豪强滥设的祠庙。④就：就职。⑤乡里：这里指故乡。

[译文]

汉灵帝光和末年，黄巾军起义。朝廷任命曹操做骑都尉，去征讨颍川的贼寇。曹操因功升任济南国相，济南国下辖十几个县，各县的长官大多阿谀依附贵族和皇亲，贪污受贿，声名狼藉，鉴于此，曹操上奏，罢免了其中的八个县官；又禁止过分的、不合礼制的祭祀。为非作歹的人逃走了，郡国境内平静而有秩序。之后很久，他才被朝廷征召回去，任命为东郡太守。曹操没有去上任，称病回到家乡去了。不久，冀州刺史王芬、南阳人许攸、沛国人周旌等人联络各地豪杰，密谋废除汉灵帝，立合肥侯为皇帝，他们把这个计划告诉了曹操，曹操拒绝参与。王芬等人随即就失败了。金城人边章、韩遂杀了刺史与郡守，发动叛乱，拥有十多万军队，全国因此震动不安。朝廷征召曹操任典军校尉。当时汉灵帝去世，太子做了皇帝，太后临朝听政。大将军何进和袁绍商议要诛杀宦官，太后不答应。何进就把董卓调来，想要用军队逼迫太后同意。董卓还没有到，何进就被杀害了。董卓来到后，把皇帝废黜为弘农王，另立了汉献帝。京城因此大乱。董卓上奏章，推荐曹操任骁骑校尉，想和他共同商议政事。曹操就改换了姓名，从小路逃回东方。曹操出了虎牢关，经过中牟县时，受到亭长的怀疑，被抓起来送到县里。县里有人暗地里认出了他，替他说情，才得到解脱。董卓不久就杀死了太后和弘农王。曹操到了陈留，散发家财，聚集义兵，准备讨伐董卓。冬季十二月，曹操在己吾首先发兵，这一年是中平六年（189）。

[原文]

初平元年春正月，后将军袁术、冀州牧韩馥(fù)、豫州刺史孔伷(zhòu)、兖(yǎn)州刺史刘岱(dài)、河内太守王匡、勃海太守袁绍、陈留太守张邈、东郡太守桥瑁、山阳太守袁遗、济北相鲍信同时俱起兵，众各数万，推绍为盟主[1]。太祖行[2]奋武将军。

二月，卓闻兵起，乃徙天子都长安。卓留屯洛阳，遂焚宫室。是时绍屯河内，邈、岱、瑁、遗屯酸枣，术屯南阳，伷屯颍川，馥在邺(yè)。卓兵强，绍等莫敢先进。太祖曰：“举义兵以诛暴乱，大众已合，诸君何疑？向使董卓闻山东兵起，倚[3]王室之重，据[4]二周之险，东向以临天下；虽以无道行之，犹足为患。今焚烧宫室，劫迁天子，海内[5]震动，不知所归，此天亡之时也。一战而

曹洪

天下定矣，不可失也。”遂引兵西，将据成皋。邈遣将卫兹分兵随太祖。到荥阳汴水，遇卓将徐荣，与战不利，士卒死伤甚多。太祖为流矢所中，所乘马被创，从弟洪以马与太祖，得夜遁去。荣见太祖所将兵少，力战尽日，谓酸枣未易攻也，亦引兵还。

[注释]

①盟主：古指诸侯盟会中的首领，主持盟会的人。②行：兼任官职。③倚：依靠，倚赖。④据：占据，盘踞。⑤海内：四海之内，这里泛指中国。

[译文]

汉献帝初平元年（190）春季正月，后将军袁术、冀州牧韩馥、豫州刺史孔伷、兖州刺史刘岱、河内太守王匡、渤海太守袁绍、陈留太守张邈、东郡太守桥瑁、山阳太守袁遗、济北相鲍信同时一起发兵，每个人都率领了几万名士兵，推举袁绍做盟主。曹操代理奋武将军。

二月，董卓听说义兵起事，就把汉献帝迁到长安去，以长安为都城。董卓留驻洛阳，烧毁了宫殿。这时袁绍驻扎在河内，张邈、刘岱、桥瑁、袁遗驻扎在酸枣，袁术驻扎在南阳，孔伷驻扎在颍川，韩馥驻扎在邺县。董卓的兵力强盛，袁绍等人谁也不敢首先进攻。曹操说：“兴起义兵来讨伐暴乱，大军已经汇合起来，各位还有什么可迟疑的？假如当初董卓一听说山东起兵，就倚仗朝廷的威望，占据二周地区的险要地形，向东方进攻，以控制天下；这样，即便他的行为毫无道义，还是足以造成祸患。现在他焚烧宫室，胁迫皇帝迁走，四海之内都感到震惊，不知道该归依何处，这是上天要灭亡他的时候了。一战就可以平定天下，这个机会不能丧失呀！”曹操便领兵向西进攻，想占领成皋。张邈派遣将军卫兹领着一部分军队跟随曹操。曹操到了荥阳汴水后，遇上了董卓的部将徐荣，与他交战，没有取胜，士兵死伤很多。曹操被流箭射中，所骑的马也受了伤，曹操的堂弟曹洪把自己的马让给他骑，他才乘着夜色逃脱。徐荣见到曹操率领的士兵虽然不多，但还能奋战一整天，认为酸枣不容易攻克，于是也领兵回去了。

迁都长安

[原文]

太祖到酸枣，诸军兵十余万，日置酒高会，不图进取。太祖责让之，因为谋曰：“诸君

听吾计，使勃海引河内之众临孟津，酸枣诸将守成皋，据敖仓，塞①轘(huán)辕、太谷，全制其险；使袁将军率南阳之军军丹、析，入武关，以震三辅②：皆高垒深壁，勿与战，益为疑兵，示天下形势，以顺诛逆③，可立定也。今兵以义动，持疑而不进，失天下之望，窃为诸君耻之！”邈等不能用。

太祖兵少，乃与夏侯惇(dūn)等诣扬州募兵④，刺史陈温、丹杨太守周昕与兵四千余人。还到龙亢，士卒多叛。至铚(zhì)、建平，复收兵得千余人，进屯河内。

刘岱与桥瑁相恶⑤，岱杀瑁，以王肱(gōng)领东郡太守。

［注释］

①塞：堵塞。②辅：指京城附近的地区，即长安地区的京兆尹、右扶风、左冯翊三郡。③逆：叛逆，这里指违背道义。④募兵：招募军队。⑤恶：憎恨，讨厌。

［译文］

曹操到了酸枣，在酸枣的各路军队一共有十几万人，他们天天摆酒举行宴会，并没打算进攻。曹操指责他们，接着给他们出主意说：“各位请听我的计策，让渤海太守领着河内的军队逼近孟津，酸枣的各路将军守住成皋，据守敖仓，堵塞轘辕和太谷，把这些险要地点全控制住；让袁将军率领南阳的军队进军丹、析地区，进入武关，来震慑三辅地区：大家都驻在高墙深沟内的堡垒里，不与敌人交战，增派小部队扰乱敌人，向全国表明当前形势，以顺应大势的力量去讨伐叛逆，可以马上平定天下。现在我们的军队打着义军的名号，却心存疑惑，不肯前进，让天下人失望，我私下里为各位感到羞耻！”张邈等人没有采纳曹操的意见。

曹操的兵力不多，就和夏侯惇等人到扬州去招募士兵。刺史陈温、丹杨太守周昕给了他四千多名士兵。曹操回到龙亢，士兵们大多叛逃了。曹操到铚、建平等地再招收了一千多名士兵，进到河内驻扎。

刘岱和桥瑁有仇怨，刘岱杀了桥瑁，让王肱兼任东郡太守。

［原文］

袁绍与韩馥谋立幽州牧刘虞为帝，太祖拒之。绍又尝得一玉印①，于太祖坐②中举向其肘。太祖由是笑而恶焉③。

二年春，绍、馥遂立虞为帝，虞终不敢当。

夏四月，卓还长安。

秋七月，袁绍胁韩馥，取冀州。

黑山贼于毒、白绕、眭(suī)固等十余万众略魏郡、东郡，王肱(gōng)不能御，太祖引兵入东郡，击白绕于濮(pú)阳，破之。袁绍因表太祖为东郡太守，治东武阳。

三年春，太祖军顿丘。毒等攻东武阳。太祖乃引兵西入山，攻毒等本屯。毒闻之，弃武阳还。太祖要击眭固，又击匈奴於夫罗于内黄，皆大破④之。

[注释]

①尝：曾经。玉印：玉制的印玺，袁绍私藏玉印，说明他有称帝的野心。②坐：坐席，座位。③笑：耻笑。恶：厌恶。④破：攻下，打败。

[译文]

袁绍和韩馥商议把幽州牧刘虞立为皇帝，曹操拒绝这样做。袁绍又曾经得到一颗玉印，在与曹操坐在一起时把印举向他的手肘。曹操因此耻笑而且开始厌恶袁绍。

初平二年（191）春天，袁绍、韩馥还是要立刘虞做皇帝，但刘虞始终不敢接受。

夏季四月，董卓回到长安。

秋季七月，袁绍胁迫韩馥，夺取了冀州。

黑山一带的贼人于毒、白绕、眭固等十多万人在魏郡、东郡一带抢掠，王肱不能抵御，曹操领兵进入东郡，在濮阳攻打白绕，打败了他们。袁绍就此上奏请任命曹操为东郡太守，府治设在东武阳。

初平三年（192）春天，曹操在顿丘驻军。于毒等人攻打东武阳。曹操便领兵向西进入山中，攻打于毒等人的大本营。于毒听到消息，放弃了东武阳退兵回去。曹操在半路上截击眭固，又在内黄攻击匈奴於夫罗的军队，把他们全都打败了。

[原文]

夏四月，司徒王允与吕布共杀卓。卓将李傕(jué)、郭汜(sì)等杀允攻布。布败，东出武关。傕等擅朝政。

青州黄巾众百万入兖州，杀任城相郑遂，转入东平。刘岱欲击之，鲍信谏曰："今贼众百万，百姓皆震恐，士卒无斗志，不可敌也。观贼众群辈①相随，军无辎(zī)重②，唯以钞略为资③，今不若畜④士众之力，先为固守。彼欲战不得，攻又不能，其势必

离散，后选精锐，据其要害，击之可破也。”岱不从，遂与战，果为所杀。信乃与州吏万潜等至东郡迎太祖领兖(yǎn)州牧。遂进兵击黄巾于寿张东。信力战斗死，仅而⑤破之。购求信丧不得。众乃刻木如信形状，祭而哭焉。追黄巾至济北。乞降。冬，受降卒三十余万，男女百余万口，收其精锐者，号为“青州兵”。

袁术与绍有隙，术求援于公孙瓒，瓒使刘备屯高唐，单经屯平原，陶谦屯发干，以逼绍。太祖与绍会击，皆破之。

[注释]

①群辈：指农民起义军的老少家属。②辎重：随军的军用粮草、给养等物资。③钞略：强取，掠夺。资：给养。④畜：通“蓄”，积蓄。⑤仅而：勉强能够。

[译文]

夏季四月，司徒王允和吕布一起杀了董卓。董卓的部将李傕、郭汜等人杀了王允，攻打吕布。吕布战败，向东逃出武关。李傕等人控制了朝政。

青州黄巾军一百万人进入兖州，杀死了任城相郑遂，又转移到东平。刘岱想要去攻打他们，鲍信劝道：“现在贼军人马上百万，老百姓都感到震惊恐慌，士兵们没有斗志，不能与他们交战。我看贼军中有大量的老人小孩跟随，却没有辎重物资，只靠抢掠过活，现在不如积蓄我们军队的力量，先进行固守。敌人想要作战不成，想攻城也没有办法，势必会溃散分离，然后我们选出精锐军队，占据要害地点，攻击他们，就可以将其打败。”刘岱不听，就和黄巾军交战，果然被杀死了。鲍信便和州吏万潜等人到东郡去迎接曹操来兼任兖州牧。曹操进军到寿张县以东攻打黄巾军。鲍信奋力作战而死，才勉强打败了敌人。曹操悬赏寻找鲍信的尸体，但没有找到。大家便用木头刻成鲍信的形象，哭着祭奠他。曹操追击黄巾军，一直追到济北。黄巾军乞求投降。冬季，曹操接受了三十多万降兵及男女家属一百多万人，挑选出其中的精锐兵士，称为“青州兵”。

李傕、郭汜乱长安

袁术和袁绍有矛盾，袁术向公孙瓒请求援助，公孙瓒就派刘备驻扎在高唐，单经驻扎在平原，陶谦驻扎在发干，用来威胁袁绍。曹操与袁绍一起出兵攻击，把他们全都打败了。

[原文]

四年春，军鄄(juàn)城。荆州牧刘表断术粮道①。术引军入陈留，屯封丘②。黑山余贼及於夫罗等佐之。术使将刘详屯匡亭③。太祖击详，术救之，与战，大破之。术退保封丘，遂围之，未合，术走襄邑，追到太寿，决渠水灌城。走宁陵，又追之，走九江。

夏，太祖还军定陶。

下邳(pī)阙宣聚众数千人，自称天子。徐州牧陶谦与共举兵④，取泰山华、费，略任城。秋，太祖征陶谦，下⑤十余城。谦守城不敢出。

是岁，孙策受袁术使渡江，数年间遂有江东。

[注释]

①粮道：运粮的通道。②封丘：地名，在今河南省。③匡亭：地名，在今河南省。④举兵：领兵起义。⑤下：攻下。

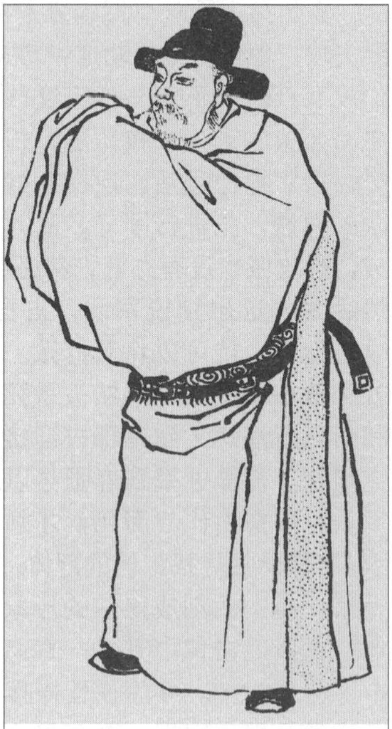

陶谦

[译文]

初平四年（193）春天，曹操驻扎在鄄城。荆州牧刘表截断了袁术的运粮道路。袁术领兵进入陈留，驻扎在封丘。黑山残余的贼军与於夫罗等人协助他。袁术派将军刘详驻扎在匡亭。曹操攻击刘详，袁术去救援，曹操与袁术交战，重创袁术。袁术撤退去守卫封丘，曹操就包围了他，但还未来得及合围，袁术便逃向襄邑。曹操追到太寿，挖开水渠引水灌城。袁术又逃向宁陵，曹操继续追他，袁术逃向九江。

夏季，曹操的军队回到定陶。

下邳人阙宣聚集几千人，自称天子。徐州牧陶谦和他一起发兵，夺取了泰山郡的华县、费县，夺取了任城。秋季，曹操去征讨陶谦，攻占了十几座城市。陶谦坚守城池，不敢出战。

这一年，孙策接受袁术的命令，渡江南下，几年之内就占领了江东。

[原文]

曹操兴兵报父仇

兴平元年春，太祖自徐州还。初，太祖父嵩，去官后还谯，董卓之乱，避难琅邪，为陶谦所害，故太祖志在复仇东伐。

夏，使荀彧(yù)、程昱(yù)守鄄(juàn)城，复征陶谦，拔五城，遂略地至东海。还过郯，谦将曹豹与刘备屯郯东，要太祖。太祖击破之，遂攻拔襄贲(bēn)，所过多所残戮。会张邈与陈宫叛迎①吕布，郡县皆应。荀彧、程昱保鄄城，范、东阿二县固守，太祖乃引军还。布到，攻鄄城不能下，西屯濮阳。太祖曰："布一旦得一州，不能据东平，断亢父、泰山之道，乘险要我，而乃屯濮阳，吾知其无能为也。"遂进军攻之。布出兵战，先以骑犯青州兵。青州兵奔，太祖陈②乱。驰突火出，坠马，烧左手掌。司马楼异扶太祖上马，遂引去。未至营止，诸将未与太祖相见，皆怖。太祖乃自力③劳军，令军中促为④攻具，进复攻之。与布相守百余日。蝗虫起，百姓大饿，布粮食亦尽，各引⑤去。

[注释]

①迎：迎接。②陈：通"阵"，军队作战时摆出的作战队形。③自力：自己奋力支持。④促为：赶快制作。⑤引：带领军队撤退。

[译文]

兴平元年(194)春天，曹操从徐州回来。当初，曹操的父亲曹嵩离职后回到谯郡，董卓作乱时他又到琅玡去避难，被陶谦杀害，所以曹操有了进攻东方来复仇的意向。

夏季，曹操派荀彧和程昱守卫鄄城，再次讨伐陶谦，攻下了五座城，占领了许多土地，一直攻到东海。回来时经过郯县，陶谦的部将曹豹和刘备驻扎在郯县东边，拦击曹操。曹操打败了他们，接着攻下了襄贲。他复仇心切，所经之处，破坏城池，杀戮人民。正赶上张邈和陈宫叛变，迎接吕布，各郡县纷纷响应。荀彧和程昱守卫住鄄城，范县和东阿县也固守住了。曹操便领兵回来。吕布来到徐州后，攻打鄄城，没有攻下，向西去驻扎在濮阳。曹操说："吕布突然轻易地得了一个州，却不能占据东平，截断亢父和泰山的道路，利用险要地形来截击我们，而是驻扎在濮阳。我就知道他已经无所作为了。"便进军去攻打吕布。吕布出兵应战，先派出骑兵进攻青州兵。青州兵逃走，曹操的军阵被冲乱。曹操冒着火骑马冲出来，但从马上坠落在地，烧伤了左手掌。司马楼异把曹操扶上马，领着他冲了出去。曹操还没有回到军营，各位将领没有见到曹操，都很惊慌。曹操就勉强支撑着亲自去慰劳军队，命令军队赶快制作攻城的用具，准备再次进军攻打吕布。曹操的军队与吕布对峙了一百多天。这时闹蝗灾，老百姓们陷入饥荒，吕布军队的粮食也吃完了，双方就分别退走了。

[原文]

秋九月，太祖还鄄(juàn)城。布到乘氏①，为其县人李进所破，东屯(tún)山阳。于是绍使人说太祖，欲连和②。太祖新失兖(yǎn)州，军食尽，将许之。程昱(yù)止太祖，太祖从之。

曹操定陶破吕布

冬十月，太祖至东阿。

是岁谷一斛五十余万钱，人相食，乃罢吏兵新募者。陶谦死，刘备代之。

二年春，袭定陶。济阴太守吴资保南城，未拔。会吕布至，又击破之。

夏，布将薛兰、李封屯巨野，太祖攻之，布救兰，兰败，布走，遂斩兰等。布复从东缗(mín)与陈宫将万余人来战。时太祖兵少，设伏，纵③奇兵击，大破之。布夜走。太祖复攻，拔定陶，分兵平诸县。布东奔刘备。张邈从布，使其弟超将家属保雍丘。秋八月，

围雍丘。

冬十月，天子拜太祖兖州牧。

十二月，雍丘溃，超自杀，夷邈三族④。邈诣袁术请救，为其众所杀。兖州平，遂东略陈⑤地。

[注释]

①乘氏：地名，在今山东省巨野西南。②连和：联合。③纵：指挥。④夷：杀死。三族：一般指父族、母族、妻族。⑤陈：王国名，治所在陈县。

[译文]

秋天九月，曹操回到了鄄城。吕布到了乘氏县，被乘氏县人李进打败了，便驻扎在东边的山阳。这时袁绍派人来劝说曹操，想与之联合。当时曹操刚刚丢了兖州，军队的粮食也吃完了，就想答应袁绍。程昱劝阻曹操，曹操就接受了程昱的意见。

冬季十月，曹操到了东阿县。

这一年的谷子卖到一斛五十多万钱，出现了人吃人的现象。曹操就把新招募来的官吏与士兵遣散了。这时陶谦去世，刘备接替他，代理徐州牧。

兴平二年（195）春天，曹操袭击定陶。济阴太守吴资守卫住南城，没有被曹操攻占。正遇上吕布来到，曹操又打败了他。

当年夏天，吕布部将薛兰、李封驻扎在巨野，曹操去攻打他们，吕布来救薛兰，薛兰被打败，吕布逃走了，薛兰等人被杀。吕布又从东缗出发，与陈宫率领一万多士兵来交战。当时曹操的兵力很少，就设下埋伏，派出奇兵袭击吕布，将他们打败。吕布连夜逃走。曹操又去进占了定陶，分派兵力，把各县都平定了。吕布向东逃跑，去投奔刘备。张邈跟随吕布，让弟弟张超率领家人守卫雍丘。秋季八月，曹操包围了雍丘。

冬季十月，皇帝任命曹操为兖州牧。

十二月，雍丘被攻克，张超自杀。曹操杀光了张邈的父、母、妻等三族亲属。张邈到袁术那里求援，被袁术的部下杀死。兖州全部被平定，曹操就向东方去攻占陈的土地。

[原文]

是岁，长安乱，天子东迁，败于曹阳，渡河幸①安邑。

建安元年春正月，太祖军临武平，袁术所置陈相袁嗣降。太祖将迎天子，诸将或疑，荀彧、程昱劝②之，乃遣曹洪将兵西迎，卫将军董承与袁术将苌(cháng)奴拒险，洪不得进。汝南、颍川黄巾何仪、刘辟、黄邵(shào)、何曼等，众各数万。初应袁术，又附③

孙坚。

二月，太祖进军讨破之，斩辟、邵等。仪及其众皆降。天子拜太祖建德将军，夏六月，迁镇东将军，封费亭侯。

秋七月，杨奉、韩暹(xiān)以天子还洛阳，奉别屯梁。太祖遂至洛阳，卫京都，暹遁走。天子假太祖节钺(yuè)，录尚书事。洛阳残破，董昭等劝太祖都许。

九月，车驾④出轘(huán)辕而东，以太祖为大将军，封武平侯。自天子西迁，朝廷日乱，至是⑤宗庙社稷制度始立。

[注释]

①幸：指帝王到达某个地方。②劝：勉励，鼓励。③附：归顺，依附。④车驾：皇帝外出时乘坐的车子，后用来指代皇帝。⑤至是：到这个时候。

[译文]

这一年，长安发生动乱，皇帝东迁，在曹阳被叛军打败，渡过黄河来到安邑。

建安元年（196）春季元月，曹操的军队来到武平城，袁术安置在此地的陈地守将袁嗣投降。曹操要去迎接汉献帝，各位将领中有人表示不解，荀彧和程昱则劝说曹操去接汉献帝，于是派曹洪领兵向西去迎接。卫将军董承与袁术的部将苌奴占据险要地势抵挡，曹洪没办法前进。汝南、颍川的黄巾军何仪、刘辟、黄邵、何曼等人，各自聚众数万人。他们最先响应袁术，后又依附孙坚。

曹孟德移驾幸许都

二月，曹操进军讨伐，打败了他们，杀了刘辟、黄邵等人。何仪和他的部下全部投降了。汉献帝任命曹操为建德将军，夏季六月，又升为镇东将军，封为费亭侯。

秋季七月，杨奉与韩暹把汉献帝送回洛阳，杨奉另行驻在梁城。曹操便来到洛阳，保卫京城，韩暹逃走了。汉献帝给予曹操假天子节钺的名号，录尚书事。洛阳城残破，董昭等人劝说曹操把都城建在许昌。

九月，汉献帝的车驾出了轘辕关向东去。献帝任命曹操为大将军，封他做武平侯。自从天子西迁，朝政日益混乱，到了这时，才又开始建立起宗庙社稷的各项制度。

[原文]

天子之东也，奉自梁欲要之，不及。

冬十月，公征奉[①]，奉南奔袁术，遂攻其梁屯，拔之。于是以袁绍为太尉。绍耻班[②]在公下，不肯受。公乃固辞，以大将军让绍。天子拜公司空，行车骑将军。是岁用枣祗(zhī)、韩浩等议，始兴[③]屯田。

吕布袭刘备，取下邳(pī)。备来奔。程昱说公曰："观刘备有雄才而甚得众心，终不为人下，不如早图[④]之。"公曰："方今收英雄时也[⑤]，杀一人而失天下之心，不可。"张济自关中走南阳。济死，从子绣领其众。

二年春正月，公到宛。张绣降，既而悔之，复反。公与战，军败，为流矢[⑥]所中，长子昂、弟子安民遇害。公乃引兵还舞阴。绣将骑来钞，公击破之。绣奔穰(ráng)，与刘表合。公谓诸将曰："吾降张绣等，失不便取其质[⑦]，以至于此。吾知所以败。诸卿观之，自今已后不复败矣。"遂还许。

[注释]

①公：指曹操。征：讨伐，征讨。②班：位次，规定等级。③兴：兴起，实行。④图：图谋，设法对付。⑤方今：当今，现在。收：召集，网罗。⑥流矢：乱箭。⑦质：人质。

[译文]

汉献帝东迁的时候，杨奉准备从梁城截击他们，却没有赶上。

冬季十月，曹操征讨杨奉，杨奉向南方逃走，投奔袁术去了，曹操就攻打杨奉在梁城的营地，并攻克了它。这时朝廷任命袁绍为太尉。袁绍认为太尉的职位在曹操之下，感到是耻辱，不肯接受。曹操就坚决辞去大将军的职务，把它让给袁绍。汉献帝任命曹操做司空，代理车骑将军的职务。这一年，曹操采纳了枣祗、韩浩等人的建议，开始兴办屯田。

吕布袭击刘备，夺取了下邳。刘备来投奔曹操。程昱劝说曹操："我看刘备有雄才大略，又非常能得到大众的拥护，终究不会居于人下，不如尽早除掉他。"曹操说："现在正是吸纳英雄的时候，杀了一个人就会失掉天下人心，我不能这样做。"张济从关中逃到南阳。张济死后，他的侄子张绣统领他的部下。

建安二年（197）春季正月，曹操到了宛城。张绣投降了，过了不久感到后悔，就又叛变。曹操和张绣交战，打了败仗，被箭射中，他的长子曹昂、侄子曹安民都被杀死。曹操就领兵退回舞阴。张绣率领骑兵来攻掠，曹操把他们打败了。张绣逃到穰县，与刘表会合。曹操对众将领说："我招降了张绣等人，错在没有马上收编他们的军队，留下他们做人质，以致造成这样的失败。我知道为什么失败了。各位请看着吧，从今以后，我不会再失败了。"于是回到许都。

[原文]

袁术欲称帝于淮南①，使人告吕布。布收②其使，上③其书。术怒，攻布，为布所破。秋九月，术侵陈，公东征之。术闻公自来，弃军走，留其将桥蕤(ruí)、李丰、梁纲、乐就。公到，击破蕤等，皆斩之。术走渡淮。公还许。公之自舞阴还也，南阳章陵诸县复叛为绣。公遣曹洪击之，不利，还屯叶，数④为绣、表所侵。

冬十一月，公自南征，至宛。表将邓济据湖阳⑤。攻拔之，生擒济，湖阳降。攻舞阴，下之。

曹操兴兵击张绣

三年春正月，公还许，初置军师祭酒。三月，公围张绣于穰。

夏五月，刘表遣兵救绣，以绝军后。公将引还，绣兵来追。公军不得进，连营稍前。公与荀彧书曰："贼来追吾，虽日行数里，吾策之，到安众，破绣必矣。"到安众，绣与表兵合守险，公军前后受敌。公乃夜凿险为地道，悉过辎重，设奇兵。会明，贼谓公为遁也，悉军来追。乃纵奇兵步骑夹攻，大破之。

秋七月，公还许。荀彧问公："前以策贼必破，何也？"公曰：

“虏遏吾归师，而与吾死地战，吾是以知胜矣。”

［注释］

①淮南：国、郡名。汉初为淮南国，东汉末改为淮南郡。②收：扣留。③上：指向朝廷报告。④数：屡次，多次。⑤湖阳：地名，在今天的河南省叶县南。

［译文］

袁术想在淮南称帝，派人告诉了吕布。吕布扣留了袁术的使节，把他的书信送上朝廷。袁术大怒，去攻打吕布，被吕布打败。秋季九月，袁术进犯陈地，曹操向东去讨伐他。袁术听说曹操亲自来进攻，弃军而逃，留下他的部将桥蕤、李丰、梁纲、乐就迎战。曹操到了陈地，打败了桥蕤等人，把他们全杀了。袁术逃走，渡过淮河。曹操返回许都。曹操从舞阴回来的时候，南阳、章陵各县又叛变，投向张绣。曹操派曹洪去攻打他们，没有战胜，退回来驻守叶县，又多次遭到张绣、刘表的袭击。

冬季十一月，曹操亲自南征，到了宛城。刘表的部将邓济占据了湖阳。曹军进攻，攻占了湖阳，活捉了邓济，湖阳的敌人投降。曹操攻打舞阴，并攻克了它。

建安三年（198）春季正月，曹操回到许都，开始设置军师祭酒的职位。三月，曹操在穰县包围了张绣。

夏季五月，刘表派遣军队救援张绣，截断曹军的后路。曹操准备领兵退回，张绣的军队就来追击。曹操的军队无法前进，便将军营相连，逐渐向前。曹操给荀彧写信说：“贼人在追击我，虽然我军每天只能走几里地，但我预计，到了安众以后，就一定能打败张绣。”到了安众，张绣与刘表的军队合兵防守险要地势，曹军前后受敌。曹操就在夜里挖开险要路口，凿通地道，把辎重全运送过去，设下奇兵。天亮以后，对方以为曹军逃跑了，就出动全部军队来追击。曹操就发动奇兵，步兵、骑兵两面夹攻，大败张绣等人的军队。

秋天七月，曹操回到许都。荀彧问曹操：“前些时日，您预计敌人一定会被打败，是根据什么呢？”曹操说：“敌人阻挡住我们的退路，是和我们陷入死地的士兵决战，因此我知道我们会胜利。”

［原文］

吕布复为袁术使高顺①攻刘备，公遣夏侯惇救之，不利。备为顺所败。

九月，公东征布。

冬十月，屠②彭城，获其相侯谐。进至下邳，布自将骑逆③击。大破之，获其骁(xiāo)将成廉。追至城下，布恐，欲降。陈宫等沮其计④，求救于术，劝布出战，战又败，乃还固守，攻之不下。时公连战，士卒罢⑤，欲还，用荀攸、郭嘉计，遂决泗(sì)、沂(yí)水以

夏侯惇拔箭啖睛

灌城。

月余，布将宋宪、魏续等执陈宫，举城降，生禽布、宫，皆杀之。太山臧霸、孙观、吴敦、尹礼、昌豨各聚众。布之破刘备也，霸等悉从布。布败，获霸等，公厚纳待，遂割青、徐二州附于海以委焉，分琅邪、东海、北海为城阳、利城、昌虑郡。

[注释]

①为：替。高顺：人名，吕布部下的大将。②屠：任意屠杀。③逆：迎接，这里指接战。④沮：阻止。⑤罢：通“疲”，疲劳，疲惫，疲乏。

[译文]

吕布又为了袁术而派高顺攻打刘备，曹操派夏侯惇去援救刘备，没有取胜。刘备被高顺打败了。

九月，曹操东征吕布。

冬季十月，在彭城屠杀居民，抓住了彭城相侯谐。曹军前进到下邳，吕布亲自率领骑兵迎击。曹操大败吕布，俘获吕布的猛将成廉，一直追到下邳城下。吕布害怕了，想要投降。陈宫等人打消了他的想法，一边向袁术去求援，一边劝吕布出战。吕布出战再败，就回来坚守。曹操攻打不下来。当时，曹操连续作战，士兵疲惫不堪，想要回去。曹操便采纳了荀攸、郭嘉的计策，挖开泗水、沂水，用河水灌城。

过了一个多月，吕布的部将宋宪、魏续等人抓住了陈宫，献出城池投降。活捉了吕布、陈宫，把他们全都杀了。太山人臧霸、孙观、吴敦、尹礼、昌豨等人各自聚集人众。吕布打败刘备时，臧霸等人全跟随了吕布。吕布失败后，曹操抓住了臧霸等人，给他们优厚的待遇，把青州、徐州两地沿海的土地分割出来委任他们管理。从琅玡郡、东海郡、北海郡中分出了城阳郡、利城郡和昌虑郡。

[原文]

初，公为兖州，以东平毕谌为别驾[①]。张邈之叛也，邈劫[②]谌母弟妻子；公谢[③]遣之，曰：“卿老母在彼，可去。”谌顿首[④]

无二心，公嘉之，为之流涕。既出，遂亡归。及布破，谌生得，众为谌惧，公曰："夫人孝于其亲者，岂不亦忠于君乎！吾所求也。"以为⑤鲁相。

四年春二月，公还至昌邑。张杨将杨丑杀杨，眭（suī）固又杀丑，以其众属袁绍，屯射犬。夏四月，进军临河，使史涣、曹仁渡河击之。固使杨故长史薛洪、河内太守缪尚留守，自将兵北迎绍求救，与涣、仁相遇犬城。交战，大破之，斩固。公遂济河，围射犬。洪、尚率众降，封为列侯，还军敖仓。以魏种为河内太守，属以河北事。

[注释]

①别驾：官名，是州牧、刺史的佐官。因为当他们跟随州牧、刺史出行时，别乘驿车随行，所以称为"别驾"。②劫：劫持。③谢：感谢，这里指有惋惜，不得已的意思。④顿首：叩头，头叩地而拜，旧时用作下对上的敬礼。⑤以为：任用。

[译文]

当初，曹操做兖州牧时，任命东平人毕谌为别驾。张邈叛乱时，劫走了毕谌的母亲、弟弟和妻子儿女。曹操向毕谌道歉，让他回去，说："您的老母亲在张邈那里，您可以去他那边。"毕谌叩头表示没有二心。曹操夸奖他，为他的忠诚流下了热泪。毕谌趁出行的机会，逃归张邈。在吕布被打败后，毕谌也被活捉了。大家都为毕谌担心。曹操说："那种能够孝敬父母的人，难道会不忠于他的国君吗？这正是我要寻找的人啊！"便让毕谌做鲁国相。

建安四年（199）春季二月，曹操回到昌邑，张杨的部将杨丑杀了张杨，眭固又杀了杨丑，带着张杨的部属归顺袁绍，驻扎在射犬。夏季四月，曹操进军，到了黄河边上，派遣史涣、曹仁渡过河去攻打眭固，眭固让原任张杨长史的薛洪和河内太守缪尚留守，自己率领军队向北去迎接袁绍，向袁绍求救。眭固和史涣、曹仁在犬城相遇，双方交战。曹军大败眭固的军队，杀死了他。曹操接着渡过了黄河，包围了射犬。薛洪和缪尚率领部下投降，被封为列侯。曹操领兵回到敖仓，任命魏种为河内太守，把黄河以北的事务委托给他。

[原文]

初，公举种孝廉。兖州叛，公曰："唯魏种且不弃孤①也。"及闻种走，公怒曰："种不南走越，北走胡②，不置③汝也！"既下射犬，生禽种，公曰："唯其才也！"释其缚而用之。是时袁绍既并公孙瓒，兼四州[4]之地，众十余万，将进军攻许。诸将以为不可敌，公曰：“吾知绍之为人，志大而智小，色厉而胆薄，忌克[5]而少威，兵多而分画不明，将骄而政令不一，土地虽广，粮食虽丰，适足以为吾奉也。”

张绣

秋八月，公进军黎阳，使臧霸等入青州破齐、北海、东安，留于禁屯河上。

九月，公还许，分兵守官渡。

冬十一月，张绣率众降，封列侯。

十二月，公军官渡。

[注释]

①且：这里表示猜测可能的意思。弃：放弃、背弃的意思。孤：古代帝王对自己的称呼。②胡：指古代北方的部落。③置：放过，饶恕。④兼：兼并，吞并。四州：指代青州、幽州、并州和冀州。⑤忌克：嫉妒、刻薄。

[译文]

起初，曹操推荐魏种为孝廉。兖州叛变时，曹操说：“只有魏种不会背弃我。”等到曹操听说魏种也逃走了，愤怒地说：“魏种只要不向南逃到越人那里，不向北逃到胡人那里，我就不会放过他。”等到攻下射犬，活捉了魏种，曹操说：“看在他的才能上吧。”给他松了绑并且任用了他。这时，袁绍已经兼并了公孙瓒，一共占有四个州的土地，有十几万军队，准备进军攻打许都。曹操的部将都认为无法抵御。曹操说：“我了解袁绍的为人。他志向大而才智低，外表严厉而内心胆小，好猜忌又缺少威望，他的士兵虽然多，但部署不得当，将领骄横，政令不统一。虽然他的土地广阔，粮食充足，却是正好拿来奉送给我的。”

秋季八月，曹操进军到黎阳，派臧霸等人进入青州，攻克齐、北海、东安等郡，留下于禁在黄河边上驻守。

九月，曹操回到许都，分派一支部队守住官渡。

冬季十一月，张绣率领军队投降，被封为列侯。

十二月，曹操到官渡驻扎。

[原文]

袁术自败于陈，稍困①，袁谭②自青州遣迎之。术欲从下邳(pī)北过，公遣刘备、朱灵要③之。会术病死。程昱、郭嘉闻公遣备，言于公曰："刘备不可纵④。"公悔，追之不及。备之未东也，阴与董承等谋反，至下邳，遂杀徐州刺史车胄(zhòu)，举兵屯沛。遣刘岱、王忠击之，不克。庐江太守刘勋率⑤众降，封为列侯。

袁术

五年春正月，董承等谋泄，皆伏诛。公将自东征备，诸将皆曰："与公争天下者，袁绍也。今绍方来而弃之东，绍乘人后，若何？"公曰："夫刘备，人杰也，今不击，必为后患。袁绍虽有大志，而见事迟，必不动也。"郭嘉亦劝公，遂东击备，破之，生禽其将夏侯博。备走奔绍，获其妻子。备将关羽屯下邳，复进攻之，羽降。昌豨(xī)叛为备，又攻破之。公还官渡，绍卒不出。

[注释]

①稍困：逐渐衰微。②袁谭：人名，袁绍的长子。③要：通"腰"，中间截获。④纵：放走。⑤率：带领。

[译文]

袁术自从在陈地被打败后，逐渐陷入困境，袁谭从青州派人去迎接他。袁术打算途经下邳的北边，曹操派刘备和朱灵去截击。正巧袁术病死了。程昱和郭嘉听说曹操派刘备出兵，对曹操说："不能放刘备出去。"曹操后悔了，派人去追刘备，已经来不及了。刘备还没有东去的时候，暗地里与董承等人谋划造反，到了下邳后，刘备就杀了徐州刺史车胄，统领军队，驻在沛县。曹操派刘岱和王忠去攻打他，没有战胜。庐江太守刘勋率领部下投降，被封为列侯。

建安五年（200）春季正月，董承等人的阴谋败露，全部被处死。曹操准备亲自东征刘备。众将领都说："与您争夺天下的人是袁绍。现在袁绍正领兵来，而您却不管他，向东进攻，如果袁绍乘机在后面攻击我们，该怎么办？”曹操说：“刘备是人中豪杰，现在不去打败他，将来一定会成为后患。袁绍虽然有大志，但他遇事迟疑不能当机立断，一定不会出击的。”郭嘉也鼓励曹操，于是向东去攻打刘备并打败了他，活捉了他的部将夏侯博。刘备逃走，投奔了袁绍。曹军捉住了刘备的妻子儿女。刘备的部将关羽驻守在下邳。曹操再去进攻，关羽投降了。昌豨叛变，投向刘备。曹操又进攻打败了他。曹操回到官渡，而袁绍始终没有出兵。

[原文]

二月，绍遣郭图、淳于琼、颜良攻东郡太守刘延于白马，绍引兵至黎阳，将渡河。夏四月，公北救延。荀攸(yǒu)说公曰：“今兵少不敌，分其势乃可。公到延津，若将渡兵向其后者，绍必西应之，然后轻兵①袭白马，掩其不备，颜良可禽也。”公从之。

绍闻兵渡，即分兵西应之。公乃引军兼行趣白马，未至十余里，良大惊，来逆战。使张辽、关羽前登②，击破，斩良。遂解白马围，徙其民，循河而西。绍于是渡河追公军，至延津南。公勒兵驻营南阪(bǎn)下，使登垒望之，曰：“可五六百骑。”有顷，复白：“骑稍多，步兵不可胜数。”公曰：“勿复白。”乃令骑解鞍放马。是时，白马辎重就道。诸将以为敌骑多，不如还保营。荀攸曰：“此所以饵(ěr)③敌，如何去之！”绍骑将文丑与刘备将五六千骑前后至。诸将复白：“可上马。”公曰：“未也。”有顷，骑至稍多，或分趣④辎重。公曰：“可矣。”乃皆上马。时骑不满六百，遂纵兵击，大破之，斩丑。良、丑皆绍名将也，再战，悉禽⑤，绍军大震。公还军官渡。绍进保阳武。关羽亡归刘备。

颜良

[注释]

①轻兵：轻骑兵。②前登：首先接战。③饵：引诱。④分趣：分头拿取。⑤悉禽：

全部擒获。

[译文]

二月，袁绍派遣郭图、淳于琼、颜良去白马进攻东郡太守刘延。袁绍领兵到黎阳，准备渡过黄河。夏季四月，曹操向北救援刘延。荀攸劝曹操说："现在我们兵力少，无法与袁绍抗衡，必须分散他的兵力才可以取胜。您到了延津后，做出好像要渡河去攻打袁绍后方的样子。袁绍一定会向西进军来迎击。然后您派出快速部队去袭击白马，趁敌人没有防备时偷袭，就可以抓住颜良。"曹操接受了他的意见。

袁绍听说曹军渡河，立即分出一支队伍去西边应战。曹操于是领兵昼夜兼程直奔白马。距白马只有十几里路时，颜良才得信，大吃一惊，匆忙出兵迎战。曹操派张辽和关羽为先锋攻城，打败颜良的军队，杀死了颜良。曹操便解除了对白马的包围，把白马的居民迁走，沿着黄河西去。袁绍于是渡过黄河，追击曹军，追到延津南面。曹操整顿好军队，把军营扎在南山坡下，派人爬上堡垒顶上，观察敌军。观察的人说："大约有五六百个骑兵。"不一会儿，又报告说："骑兵在逐渐增加，步兵数都数不过来。"曹操说："不用再说了。"就命令骑兵解下马鞍，放开马匹。这时，曹军从白马缴获的物资都放在路上。众将领都认为敌人骑兵众多，不如退回去守住营垒。荀攸说："这是用来引诱敌人的钓饵，怎么可以拉走呢？"袁绍的部将文丑与刘备率领五六千名骑兵先后追上来。众将领又说："可以上马了。"曹操说："不到时候。"过了一会儿，前来的袁军骑兵越来越多，有人分头去取物资。曹操说："可以了。"就让曹军全部上马。当时曹操只有不足六百名骑兵，全部出动去冲击，把袁军打得大败，杀死了文丑。颜良与文丑都是袁绍手下的名将，两次作战，都被擒杀。袁绍的军队大为震动。曹操的军队回到官渡。袁绍进军去保卫阳武。关羽逃走，回到刘备那里。

[原文]

八月，绍连营稍前，依沙塠(duī)①为屯，东西数十里。公亦分营与相当，合战②不利。时公兵不满万，伤者十二三。绍复进临官渡，起土山地道。公亦于内作之，以相应。绍射营中，矢如雨下，行者皆蒙楯(dùn)③，众大惧，时公粮少，与荀彧书，议欲还许。彧以为："绍悉众聚官渡，欲与公决胜败。公以至弱当至强，若不能制④，必为所乘，是天下之大机也。且绍，布衣之雄⑤耳，能聚人而不能用。夫以公之神武明哲而辅以大顺，何向而不济！"公从之。

孙策闻公与绍相持，乃谋袭许，未发，为刺客所杀。汝南降贼刘辟等叛应绍，略许下。绍使刘备助辟，公使曹仁击破之。

备走，遂破辟屯。

[注释]

①沙塠：沙堆。塠，小丘。②合战：交战。③蒙：遮蔽。楯：盾，也就是藤编的盾牌。④制：取得胜利，制服。⑤布衣之雄：平民中的英雄。

[译文]

八月，袁绍的军队结成连营，逐渐前进，依靠沙堆扎营，东西长几十里。曹操也分别扎营与袁军对抗，交战不利。当时曹操的军队还不到一万人，十之二三的士兵受了伤。袁绍又进逼官渡，修建土山和地道。曹操也在营垒中的相应地点修土山、地道，抵挡敌人。袁军向曹营射箭，箭如雨下。曹营中行走的人都用盾牌遮掩身体。大家都很恐慌。当时曹操的军粮不足。曹操给荀彧写信，商量准备退回许都。荀彧说："袁绍把全部兵力聚集在官渡，准备与您决出胜负。您以极弱小的兵力去抵挡强大的敌人，如果不能制服他们，就一定会被敌人压倒，这是得失天下的关键时刻。而袁绍只不过是个平庸的领袖罢了。他能收集人才，却不会合理使用他们。凭借您的非凡武功，英明才智，再加上名正言顺，人心所向，就能无往不胜。"曹操接受了他的意见。

孙策听说曹操和袁绍相对峙，就谋划袭击许都，还没有出兵，便被刺客杀死了。在汝南投降的贼人刘辟等叛变，响应袁绍，在许都城外抢掠。袁绍派刘备去帮助刘辟，曹操派曹仁把刘备打败。刘备逃走，曹仁攻下了刘辟的营垒。

[原文]

袁绍运谷车数千乘①至，公用荀攸计，遣徐晃、史涣邀击②，大破之，尽烧其车。公与绍相拒连月，虽比战③斩将，然众少粮尽，士卒疲乏，公谓运者曰："却十五日为汝破绍，不复劳汝矣。"

冬十月，绍遣车运谷，使淳于琼等五人将兵万余人送之，宿绍营北四十里。绍谋臣许攸贪财，绍不能足，来奔，因说公击琼等。左右疑之，荀攸、贾诩(xǔ)劝公。公乃留曹洪守，自将步骑五千人夜往，会明至。琼等望见公兵少，出陈门外。公急击之，琼退保营，遂攻之。绍遣骑救琼。左右或言："贼骑稍近，请分兵拒之。"公怒曰："贼在背后，乃白！"士卒皆殊死战④，大破琼等，皆斩之。绍初闻公之击琼，谓长子谭曰："就彼攻琼等，吾攻拔其营，彼固无所归矣！"乃使张郃(hé)、高览攻曹洪。郃等闻琼破，遂来降。绍众大溃，绍及谭弃军走，渡河。追之

不及，尽收其辎重图书珍宝，虏其众。公收绍书中，得许下及军中人书，皆焚之。冀州诸郡多举城邑降者。

［注释］

①乘：古时计量单位，一车四匹马为一乘。②邀击：拦击，截击。③比战：每次交战。④死战：拼了性命，决一死战。

［译文］

袁绍的运粮车来了几千辆，曹操用荀攸的计策，派徐晃、史涣去袭击粮车，大败袁军，把其运粮车全部烧光。曹操与袁绍相持了几个月，即使每次交战都能杀死敌将，但是士兵少，军粮用尽，战士疲乏不堪。曹操对运粮的人们说："再过十五天，我为你们打垮袁绍，就不用再劳累你们了。"

冬季十月，袁绍派车辆去运粮，让淳于琼等五人率领一万多名士兵护送，驻在袁绍大营以北四十里。袁绍的谋臣许攸贪财，袁绍不能满足他，他就来投奔曹操，就势劝说曹操攻打淳于琼等人。曹操的部下怀疑许攸，只有荀攸、贾诩鼓励曹操出兵。曹操就留下曹洪守营，亲自带领步兵、骑兵五千人夜里出兵前往，天刚亮就到了敌营。淳于琼等人看见曹军人少，就出兵在营门外摆开阵势。曹操猛攻袁军，淳于琼退回守营，曹操就攻打军营。袁绍派遣骑兵来救淳于琼。曹操的手下有人说："敌军骑兵逼近了，请分出一支部队去挡住他们。"曹操发怒说："敌军到了背后，再报告。"士兵们都拼死作战，大败淳于琼等人，把他们都杀死了。袁绍起先听说曹操去攻打淳于琼时，对他的长子袁谭说："趁着他去攻打淳于琼等人，我去攻占他的大营，他就无处可归了。"便派张郃、高览去攻打曹洪。张郃等人听说淳于琼被打败，就来投降曹操。袁绍军队大溃败。袁绍和袁谭弃军而逃走，渡过黄河。曹操追击他们，却没有追上。曹军缴获了他们的全部物资、地图、文书、珍宝等，俘虏了许多士兵。曹操在缴获的袁绍文书中，找到许都和自己军中的人给袁绍的很多书信，但他全都给烧了。冀州各郡中，很多守将都献出城池，投降了曹操。

［原文］

初，桓帝时有黄星[1]见于楚、宋之分，辽东殷馗(kuí)善天文，言后五十岁当有真人起于梁、沛之间，其锋不可当。至是凡五十年，而公破绍，天下莫敌矣。

六年夏四月，扬兵河上，击绍仓亭军，破之。绍归，复收散卒，攻定诸叛郡县。

九月，公还许。绍之未破也，使刘备略汝南，汝南贼共都等应之。遣蔡扬击都，不利，为都所破。公南征备。备闻公自行[2]，

袁绍去世

走奔刘表，都等皆散。

七年春正月，公军谯(qiáo)，令曰："吾起义兵，为天下除暴乱。旧土③人民，死丧略④尽，国中终日行，不见所识，使吾凄怆(chuàng)伤怀。其举义兵已来，将士绝无后者，求其亲戚以后⑤之，授土田，官给耕牛，置学师以教之。为存者立庙，使祀其先人，魂而有灵，吾百年之后何恨哉！"遂至浚仪，治睢(suī)阳渠，遣使以太牢祀桥玄。进军官渡。

绍自军破后，发病欧⑥血，夏五月死。小子尚代，谭自号车骑将军，屯黎阳。秋九月，公征之，连战。谭、尚数败退，固守。

[注释]

①黄星：土星，又称作镇星，或填星。②行：出行，此处为带兵打仗。③旧土：故乡。④略：几乎，差不多。⑤求：寻求。后：后嗣。⑥欧：呕吐。

[译文]

早先，汉桓帝时，在天空上属于楚州、宋州的分野中出现了一颗黄星。辽东人殷馗擅长天文，预言说五十年后会有真命天子在梁、沛之间兴起，势不可挡。从那时起到曹操打败了袁绍这一年正好间隔五十年，天下没有人能胜过曹操了。

建安六年（201）夏季四月，曹操挥兵黄河边，攻打袁绍在仓亭的驻军，打败了他们。袁绍回去以后，又收集了逃散的士兵，平定了反叛他的各个郡县。

九月，曹操回到许都。袁绍还没有被打败时，派刘备去攻取汝南。汝南的贼人共都等人响应他。曹操派蔡扬去攻打共都，没有取胜，被共都打败了。曹操向南亲征刘备。刘备听说曹操亲自出征，逃去投奔刘表。共都等人全都溃散了。

建安七年（202）春季正月，曹操的军队驻扎在谯县，发布命令，说："我兴起义兵，为天下除去暴乱。故乡的人民差不多死光了。在县境内走上一天，也见不到一个认识的人，这让我非常痛心。自从兴义兵以来，我军将士绝了后的，就寻找他们的亲戚做他们的后嗣，分给土地，官府发给他们耕牛，设立学校，派老师教育他们。帮助活下来的人建立宗庙，让他们能祭祀自己的祖先，如果死者有魂灵的话，我死后也就没有什么遗憾了。”于是曹操到浚仪，修治睢阳渠，派使者用太牢的祭品祭祀桥玄。接着又进军官渡。

袁绍自军队被曹操打败后，得了重病，于夏五月吐血而死。他的小儿子袁尚承袭了他的职位。袁谭自称为车骑将军，驻在黎阳。秋季九月，曹操去征讨他们，接连打了几仗。袁谭、袁尚连连败退，坚守黎阳。

[原文]

八年春三月，攻其郭①，乃出战，击，大破之，谭、尚夜遁。夏四月，进军邺(yè)。五月还许，留贾信屯黎阳。

己酉，令曰：“《司马法》‘将军死绥(suí)’，故赵括之母，乞不坐括。是古之将者，军破于外，而家受罪于内也。自命将征行，但赏功而不罚罪，非国典也。其令诸将出征，败军者抵罪，失利者免官爵。”

秋七月，令曰：“丧乱已来，十有五年，后生者不见仁义礼让之风，吾甚伤之。其令郡国各修文学，县满五百户置校官②，选其乡之俊造③而教学之，庶几④先王之道不废，而有以益于天下。”

八月，公征刘表，军西平。公之去邺而南也，谭、尚争冀州，谭为尚所败，走保平原。尚攻之急，谭遣辛毗(pí)乞降请救。诸将皆疑，荀攸劝公许之，公乃引军还。

冬十月，到黎阳，为子整与谭结婚。尚闻公北，乃释平原还邺。东平吕旷、吕翔叛尚，屯阳平，率其众降，封为列侯。

遣使求救

[注释]

①郭：外城。②校官：主管学校的官员。③俊造：俊士和造士。俊士指才智俊秀的人，造士指有一定的学业成就的人。④庶几：也许可以。表示希望的意思。

[译文]

建安八年（203）春季三月，曹操攻打袁谭他们驻守的外城，袁军才出来交战。曹操攻击袁军，把他们打得大败。袁谭、袁尚连夜逃走。

夏季四月，曹操进军邺城，五月回到许都，留下贾信驻守黎阳。

己酉那天，曹操下令："《司马法》上说：'将军因为退却而被处死。'所以赵括的母亲请求不要因赵括打败仗而受连坐。这是由于古代将领在外面打了败仗，自己的亲属就要在国内被治罪。自从我委派将领出征以来，只奖赏有功的而不惩罚有罪的，这不符合国家的典章。现在命令各位将领出征时，作战失败的要依法治罪，作战不利的免去官职与爵位。"

秋季七月，曹操下令说："战乱以来已经十五年了。青年人没有见到仁义礼让的风气，我为此十分担忧。现在命令各个郡国都要提倡文化教育。满五百户人口的县要设置学官，挑选当地的优秀子弟来教育。这样才不会使先王的道义荒废，并且有益于天下。"八月，曹操去征讨刘表，驻扎在西平。曹操离开邺城向南进发时，袁谭与袁尚争夺冀州。袁谭被袁尚打败，逃到平原防守。袁尚加紧攻打他。袁谭派辛毗去向曹操乞求投降并请求支援。曹军众将领都怀疑袁谭，只有荀攸劝说曹操答应。曹操便领兵回去了。

冬季十月，曹操到达黎阳，让儿子曹整与袁谭女儿结婚。袁尚听说曹操北上，就停止对平原的进攻，回到邺城。东平人吕旷、吕翔背叛了袁尚，驻扎在阳平。他们率领部下投降了曹操，被封为列侯。

决漳河许攸献计

[原文]

九年春正月，济河，遏淇（qí）水入白沟以通粮道。

二月，尚复攻谭，留苏由、审配守邺。公进军到洹水，由降。既至，攻邺，为土山、地道。武安长尹楷屯毛城，通上党[1]粮道。夏四月，留曹洪攻邺，公自将击楷，破之而还。尚将沮鹄[2]守邯郸，又击拔之。易阳令韩范、涉长梁岐（qí）举县降，赐爵关内侯。

五月，毁土山、地道，作围堑，决漳（zhāng）水灌城；城中饿死者过半。

秋七月，尚还救邺，诸将皆以为“此归师，人自为战，不如避之”。公曰：“尚从大道来，当避之；若循西山来者，此成禽耳。”尚果循西山来③，临滏水为营。夜遣兵犯围，公逆击破走之，遂围其营。未合，尚惧，遣故豫州刺史阴夔（kuí）及陈琳乞降④，公不许，为围益急。尚夜遁，保祁山，追击之。其将马延、张顗（yǐ）等临陈降，众大溃，尚走中山。尽获其辎重，得尚印绶节钺，使尚降人示其家，城中崩沮。

八月，审配兄子荣夜开所守城东门内兵⑤。配逆战，败，生禽配，斩之，邺定。公临祀绍墓，哭之流涕；慰劳绍妻，还其家人宝物，赐杂缯絮，廪（lǐn）食之。

[注释]

①上党：地名，治所在今山西东南部。②沮鹄：人名，袁绍的谋士。③西山：也就是太行山。④乞降：乞求投降。⑤内：通“纳”，接纳。

[译文]

建安九年（204）春季正月，曹操渡河，阻截了淇河，让河水流入白沟，以打通运粮的道路。

二月，袁尚又去攻打袁谭，留下苏由与审配守卫邺城。曹操进军到了洹水，苏由投降了。曹操到了邺城以后，发兵攻打，修筑了土山与地道。武安县长尹楷驻扎在毛城，保证上党的粮道畅通。夏季四月，曹操留下曹洪攻打邺城，他亲自率领士兵攻打尹楷，把他打垮以后才回来。袁尚的部将沮鹄守卫邯郸，曹操又攻克了邯郸。易阳令韩范、涉长梁岐献出本县投降，被赐予关内侯的爵位。

五月，曹操拆毁了土山与地道，修建了围城的深沟，掘开漳河水灌入城内，城内人有一半多饿死。

秋季七月，袁尚回来救邺城，众将领都认为：“这是回来救城的军队，为保家而战，我们不如避开他们。”曹操说：“袁尚从大道回来，我们应当避开他们；如果他沿着西山过来，这就是要被我们擒获了。”

审配引颈受刑

袁尚果然沿着西山回来，到滏水边上扎了营垒。袁尚在夜里派兵侵犯包围，曹操迎击，打跑了他们，接着就包围了袁尚的营垒。还没有合围时，袁尚就害怕了，派遣以前的豫州刺史阴夔和陈琳来乞求投降，曹操不答应，对袁尚的围攻更急。袁尚在夜里逃跑，守卫祁山。曹操追击他。袁尚的部将马延、张颛等人临阵投降，全军大溃败，袁尚逃向中山。曹操获得了袁尚的全部辎重，得到了袁尚的印章、绶带与符节、斧钺，让投降的袁尚部下拿给他们的家人看。城中守军的士气崩溃。

八月，审配的侄子审荣夜里打开他守卫的城东门放进曹军。审配迎战，战败。曹军活捉了审配，砍了他的头。邺城被平定了。曹操到袁绍的墓前祭祀，痛哭流泪；慰问了袁绍的妻子，送还她的家人和宝物，并赐给他们杂色布帛与丝絮，由官府仓库供给他们粮食。

[原文]

初，绍与公共起兵，绍问公曰："若事不辑①，则方面何所可据？"公曰："足下②意以为何如？"绍曰："吾南据河，北阻燕、代，兼戎狄③之众，南向以争天下，庶可以济乎？"公曰："吾任天下之智力，以道御之，无所不可。"

九月，令曰："河北罹④袁氏之难，其令无出今年租赋！"重⑤豪强兼并之法，百姓喜悦。天子以公领冀州牧，公让还兖州。公之围邺也，谭略取甘陵、安平、勃海、河间。尚败，还中山。谭攻之，尚奔故安，遂并其众。公遗谭书，责以负约，与之绝婚，女还，然后进军。谭惧，拔平原，走保南皮。

十二月，公入平原，略定诸县。

驰书绝婚

[注释]

①辑：成功。②足下：对别人的敬称。③燕、代：春秋两个国家的名字，相当于今河北省北部和山西东北部的一带。戎狄：我国对少数民族的泛称。古代称西方的游牧部落为戎；北方的游牧部落为狄。④河北：黄河以北地区。罹：遭受。⑤重：加重。

[译文]

当初，袁绍与曹操共同起兵。袁绍问曹操说："如果大事没有成功，那么哪个地区可以占据？"曹操说："您认为应该怎么办？"袁绍说："我南面依据黄河，北面靠燕、代地区的险阻，加上戎狄的军队，向南以争夺天下，差不多可以成功吧？"曹操说："我任用天下的才智与力量，以道义去统帅他们，没有不可以办成的事。"

九月，曹操下令说："黄河以北人民蒙受袁氏造成的灾难，不用交纳今年的租赋。"这是一部加重惩治豪强兼并的法律，老百姓们很高兴。天子任命曹操兼任冀州牧，曹操辞让，回到了兖州。曹操围攻邺城的时候，袁谭夺取了甘陵、安平、渤海、河间等地。袁尚被打败后，退回中山。袁谭去攻打他，袁尚又逃到故安，袁谭就吞并了袁尚的军队。曹操给袁谭送去书信，责备他违反了誓约，和他断绝联姻关系，先把袁谭的女儿送回去，然后再进军。袁谭害怕了，撤出平原，逃到南皮去防守。

十二月，曹操进入平原城，平定了各县。

[原文]

十年春正月，攻谭，破之，斩谭，诛其妻子，冀州平。下令曰："其与袁氏同恶者，与之更始①。"令民不得复私仇，禁②厚葬，皆一之于法。是月，袁熙大将焦触、张南等叛攻熙、尚，熙、尚奔三郡乌丸。触等举其县降，封为列侯。初讨谭时，民亡椎(chuí)冰，令不得降。顷之，亡民有诣门首者，公谓曰："听③汝则违令，杀汝则诛首，归深自藏，无为吏所获。"民垂泣而去；后竟捕得。

夏四月，黑山贼张燕率其众十余万降，封为列侯。故安赵犊、霍奴等杀幽州刺史、涿(zhuō)郡太守。三郡乌丸攻鲜于辅于犷(guǎng)平④。

秋八月，公征之，斩犊等，乃渡潞(lù)河救犷平，乌丸奔⑤走出塞。

敲冰拽船

[注释]

①更始：重新开始，改过自新。②禁：禁止，不允许。③听：听任，任凭。④犷平：县名，属于渔阳镇，在现在的北京市密云县的东北。⑤奔：逃跑。

[译文]

建安十年（205）春季正月，曹操攻打袁谭，打败了他，杀了袁谭和他的妻子儿女。冀州平定了。曹操下令说："那些与袁氏一起作恶的人，给他们一个改过自新的机会。"曹操下令百姓们不得私自复仇，禁止厚葬，全都用法律统一治理。这个月，袁熙的大将焦触、张南等人叛变，攻打袁熙、袁尚。袁熙、袁尚逃到三郡乌丸人那里去了。焦触等人献出所在的县城投降，被封为列侯。先前征讨袁谭时，有些被征用凿冰的百姓逃跑了，曹操下令不许接受这些人投降。不久，有个逃亡的百姓到军营门口来自首。曹操说："接受你投降，就是违反了命令。杀了你又属诛杀自首的人。你回去藏到深山里，不要让官吏们捉到。"这个百姓哭着走了，最终还是被官府捕获。

夏季四月，黑山贼人张燕率领他的部下十几万人投降，被封为列侯。故安人赵犊、霍奴等人杀死了幽州刺史和涿郡太守。三郡乌丸在犷平攻打鲜于辅。

秋季八月，曹操征讨他们，杀死了赵犊等人，就渡河去援救犷平，乌丸人逃到塞外。

[原文]

九月，令曰："阿党比周①，先圣所疾也②。闻冀州俗，父子异部，更相毁誉③。昔直不疑④无兄，世人谓之盗嫂；第五伯鱼三娶孤女，谓之挝(zhuā)妇翁；王凤擅权⑤，谷永比之申伯；王商忠议，张匡谓之左道：此皆以白为黑，欺天罔(wǎng)君者也。吾欲整齐风俗，四者不除，吾以为羞。"

冬十月，公还邺。

初，袁绍以甥高幹领并州牧，公之拔邺，幹降，遂以为刺史。幹闻公讨乌丸，乃以州叛，执上党太守，举兵守壶关口。遣乐进、李典击之，幹还守壶关城。

十一年春正月，公征幹。幹闻之，乃留其别将守城，走入匈奴，求救于单于，单于不受。公围壶关三月，拔之。幹遂走荆州，上洛都尉王琰(yǎn)捕斩之。

[注释]

①阿党：结成私党。比周：互相勾结。②疾：厌恶、痛恨。③更相：相互。毁誉：诽谤与吹捧。④直不疑：人名，南阳人，汉文帝时做郎官。⑤擅权：独揽大权。

[译文]

九月，曹操下令说："结成私党互相袒护，这是古代圣贤最痛恨的。我听说冀州地方的风俗是父亲与儿子各自结成一帮，互相诋毁或吹捧。过去直不疑没有兄长，世人却说他与嫂嫂私通；第五伯鱼三次结婚娶的都是孤女，人们却说他殴打岳父；王凤独霸大权，谷永把他比喻成贤明的申伯；王商忠诚地为朝廷谋划，张匡却说他是旁门左道。这些全都是颠倒黑白，欺骗上天与君主的事例。我想要端正社会风俗，这四种弊端不消除，我认为是耻辱。”

冬季十月，曹操回到邺城。

早先，袁绍让他的外甥高幹兼任并州牧，曹操攻下邺城，高幹投降，就任命他做并州刺史。高幹听说曹操去讨伐乌丸，就在并州叛乱，抓住了上党太守，发兵守住壶关关口。曹操派乐进和李典去攻打他。高幹退回防守壶关城。

建安十一年（206）春季正月，曹操讨伐高幹。高幹听说后，便留下他的偏将守壶关城，自己逃到匈奴，向匈奴单于求救，匈奴单于没有答应。曹操包围壶关三个月，攻克了壶关城。高幹就逃向荆州，上洛都尉王琰抓住高幹，把他杀了。

[原文]

秋八月，公东征海贼管承，至淳于①，遣乐进、李典击破之，承走入海岛。割东海之襄贲(bēn)、郯②、戚以益琅邪(láng yá)，省昌虑郡③。三郡乌丸承天下乱，破幽州，略有汉民合十余万户。袁绍皆立其酋豪为单于，以家人子为己女，妻焉。辽西单于蹋顿尤强，为绍所厚，故尚兄弟归之，数入塞为害。公将征之，凿渠，自呼沲(tuó)入泒(gū)水，名平虏渠；又从沟河口凿入潞河，名泉州渠，以通海。

十二年春二月，公自淳于还邺。丁酉，令曰：“吾起义兵诛暴乱，于今十九年，所征必克，岂吾功哉？乃贤士大夫之力也。天下虽未悉定，吾当要与贤士大夫共定之；而专飨(xiǎng)其劳④，吾何以安焉！其促定功行封。”于是大封功臣二十余人，皆为列侯，其余各以次受封，及复⑤死事之孤，轻重各有差。

投奔辽东

[注释]

①淳于：县名，在今山东省安丘市东北。②郯：地名，在今山东省。③省：减省，引申为撤销。昌虑郡：建安三年（198）曹操新建，治所在昌虑县。④飨：享受。⑤复：免除徭役租税。

[译文]

秋季八月，曹操东征沿海的贼寇管承，到了淳于，派乐进、李典去打败了管承，管承逃到海岛上去。曹操从东海郡割出襄贲、郯县、戚县划归琅玡郡，撤销了昌虑郡。三郡乌丸人趁着天下大乱，攻下幽州，抢走十几万户汉族百姓。袁绍把他们的酋长和豪强都立为单于，把亲属的女儿认作自己的女儿，嫁给这些酋豪做妻子。辽西单于蹋顿的势力最强，受到袁绍的优待，所以袁尚兄弟去投奔他。他们多次进入塞内，造成危害。曹操准备去讨伐他们，便开凿河渠，从呼沲河通到泒水，给它起名叫平虏渠。曹军又从泃河口挖渠通入潞河，叫作泉州渠，通过它和大海相连。

建安十二（207）年春季二月，曹操从淳于回到邺城。二月丁酉那一天，下令说："我兴起义兵讨伐暴乱，至今已十九年了。每次出征一定取得胜利，这难道是我的功劳吗？这是贤明的士大夫们的功劳啊。虽然天下还没有全部平定，我必须要和各位贤明的士大夫一起平定天下；但是让我独自占有这些功劳，我怎么能安心呢？要赶快评定各人的功劳，给予封赏。"于是封赏了二十多名功臣，把他们都封为列侯，其余的人按照功劳大小依次受封，并且给战死的将士遗孤们免除了徭役赋税，其轻重多少按照等级有所不同。

[原文]

将北征三郡乌丸，诸将皆曰："袁尚，亡虏耳①，夷狄贪而无亲，岂能为尚用？今深入征之，刘备必说刘表以袭许。万一为变，事不可悔。"惟郭嘉策②表必不能任备，劝公行。夏五月，至无终。

秋七月，大水，傍海道不通，田畴请为乡导③，公从之。引军出卢龙塞，塞外道绝不通，乃堑山堙(yīn)谷五百余里，经白檀，历平冈④，涉鲜卑庭，东指柳城。未至二百里，虏乃知之。尚、熙与蹋顿、辽西单于楼班、右北平单于能臣抵之等将数万骑逆军。

八月，登白狼山，卒与虏遇，众甚盛。公车重在后，被甲者少，左右皆惧。公登高，望虏陈不整，乃纵兵击之，使张辽

为先锋，虏众大崩，斩蹋顿及名王已下，胡、汉降者二十余万口。辽东单于速仆丸及辽西、北平诸豪，弃其种人⑤，与尚、熙奔辽东，众尚有数千骑。初，辽东太守公孙康恃远不服。及公破乌丸，或说公遂征之，尚兄弟可禽也。公曰："吾方使康斩送尚、熙首，不烦兵矣。"

九月，公引兵自柳城还，康即斩尚、熙及速仆丸等，传其首。诸将或问："公还而康斩送尚、熙，何也？"公曰："彼素畏尚等，吾急之则并力，缓之则自相图，其势然也。"

十一月至易水，代郡乌丸行单于普富卢、上郡乌丸行单于那楼将其名王来贺。

[注释]

①亡虏：逃亡的敌人。耳：罢了，语气词。②策：推断。③田畴：人物名，字子泰。乡导：向导。④平冈：县名，西汉置县，在今辽宁西部。⑤种人：同一个部族的人。

[译文]

曹操要去北方征讨三郡乌丸。众将领都说："袁尚是个丧家之犬。夷狄部族贪财又不近人情，怎么会被袁尚利用呢？现在深入乌丸境内去征伐他们，刘备一定会鼓动刘表来袭击许都，万一出现变故，后悔也来不及了。"只有郭嘉估计刘表一定不会任用刘备，劝曹操出征。夏季五月，曹操到了无终。

秋季七月，发大水，沿海的道路不通。田畴请求做向导，曹操答应了。田畴领兵从卢龙塞出关。塞外的道路断了，无法通行。曹军就开凿山路，填平河谷，修路五百多里，经过白檀、平冈，穿过鲜卑的居住区，向东直奔柳城。距柳城还有二百多里时，敌人才知道。袁尚、袁熙和蹋顿、辽西单于楼班、右北平单于能臣抵之等人率领几万名骑兵迎击曹军。

郭嘉遗计定辽东

八月，曹操登上白狼山，突然与敌人相

遇，敌兵很多。曹操军队的辎重车辆都在后面，披甲的士兵很少。侍卫和将领都很惊慌害怕。曹操登上高处，看到敌人的阵容不整齐，就派出军队出击，让张辽做先锋。敌人军队被彻底击溃。曹军杀死了蹋顿和其他有名望的单于等各级乌丸首领，招降的胡人、汉人一共二十多万。辽东单于速仆丸和辽西、北平各部酋长，扔下了他们部族的人民，和袁尚、袁熙逃往辽东，他们只剩几千名骑兵。起初，辽东太守公孙康依仗地区偏远，不服从曹操，等到曹操打败乌丸后，有的人劝说曹操趁势征伐辽东，可以抓住袁尚兄弟。曹操说："我正要让公孙康砍下袁尚、袁熙二人的头送来，不用烦劳军队了。"

九月，曹操领兵从柳城回来，公孙康立即砍下了袁尚、袁熙和速仆丸等人的头，把它们用驿马送来。将领中有人问道："您一收兵回来，公孙康就砍下了袁尚、袁熙的头送来，这是为什么呢？"曹操说："公孙康一直害怕袁尚等人。我逼急了，他们就会合力抵抗；我放松一点，他们就会互相残杀。这是形势发展的必然。"

十一月，曹操到易水，代郡乌丸行单于普富卢、上郡乌丸行单于那楼率领有名望的乌丸首领们前来祝贺。

［原文］

十三年春正月，公还邺，作玄武池以肄(yì)[1]舟师。汉罢三公官，置[2]丞相、御史大夫。

夏六月，以公为丞相。

秋七月，公南征刘表。八月，表卒，其子琮(cóng)代，屯襄阳，刘备屯樊。九月，公到新野[3]，琮遂降，备走夏口。公进军江陵，下令荆州吏民，与之更始。乃论荆州服从之功，侯者十五人，以刘表大将文聘为江夏太守，使统本兵，引用荆州名士韩嵩、邓义等。益州牧刘璋[4]始受征役，遣兵给军。

训练水军

十二月，孙权为备攻合肥。公自江陵征备，至巴丘，遣张憙(xǐ)救合肥。权闻憙至，乃走。公至赤壁，与备战，不利。于是大疫，吏士多死者，乃引军还。备遂有荆州江南诸郡[5]。

[注释]

①肄：练习，学习。②罢：废除。置：设置。③新野：地名，在今河南新野。④益州：州名，治所在今成都。刘璋：人名，字季玉。⑤江南诸郡：指武陵、零陵、长沙、贵阳等。

[译文]

建安十三年（208）春季正月，曹操回到邺城，修建了玄武池训练水军。汉朝廷废除了三公的官职，设置了丞相和御史大夫。

夏季六月，汉献帝任命曹操为丞相。

秋季七月，曹操南征刘表。八月，刘表去世，他的儿子刘琮接替了他的职位，驻扎在襄阳，刘备驻扎在樊城。九月，曹操到达新野，刘琮就投降了，刘备逃往夏口。曹操进军江陵，向荆州的官员和百姓下达命令，叫他们跟从新主人，开始新生活。曹操又评议这次降服荆州官员们的功绩，给十五个人封了侯位，任命原刘表的大将文聘为江夏太守，让他统领原有的军队，又选用了荆州的名士韩嵩、邓义等人。益州牧刘璋也开始接受朝廷征派的徭役，派士兵来补充曹操的军队。

十二月，孙权为了刘备而攻打合肥。曹操从江陵出发征讨刘备，到了巴丘，派张憙去救合肥。孙权听说张憙到了，就撤退了。曹操到了赤壁，与刘备作战，没有取胜。这时在那个地方发生了大瘟疫，官吏士兵中很多人都病死了。曹操就领兵回去。刘备便占有了荆州在长江以南的各个郡。

[原文]

十四年春三月，军至谯（qiáo），作轻舟，治①水军。秋七月，自涡入淮，出肥水②，军合肥。辛未，令曰：“自顷已来，军数征行，或遇疫气，吏士死亡不归，家室怨旷③，百姓流离，而仁者岂乐之哉？不得已也。其令死者家无基业不能自存者，县官④勿绝廪（lǐn），长吏存恤抚循，以称吾意。”置扬州郡县长吏，开芍陂⑤屯田。

十二月，军还谯。

十五年春，下令曰：“自古

铜雀台

受命及中兴之君，曷尝不得贤人君子与之共治天下者乎！及其得贤也，曾不出闾（lǘ）巷，岂幸相遇哉？上之人不求之耳。今天下尚未定，此特求贤之急时也。‘孟公绰为赵、魏老则优，不可以为滕（téng）、薛大夫。’若必廉士而后可用，则齐桓其何以霸世！今天下得无有被褐怀玉而钓于渭滨者乎？又得无盗嫂受金而未遇无知者乎？二三子其佐我明扬仄（zè）陋，唯才是举，吾得而用之。”冬，作铜雀台。

[注释]

①治：训练。②肥水：水名，在安徽省中部。③家室：夫妇，也指家属、家庭。怨旷：男女成年不能婚配的，男的称旷男，女的称为怨女。④县官：西汉时指政府或皇帝。⑤芍陂：古代淮水最著名的水利工程。

[译文]

建安十四年（209）春季三月，曹军到了谯县，制造轻快的小型战船，操练水军。秋季七月，曹军从涡河进入淮河，经肥水上陆，驻扎在合肥。辛未那一天，曹操下命令说：“自从近几年以来，军队多次出征。有时会遇上瘟疫，官吏和士兵死亡，回不了家，家属怨恨，夫妻离别，百姓们流离失所。这难道是仁义之士愿意见到的吗？只是不得已啊。现在命令：对那些死亡将士家中没有产业，家属无法养活自己的，官府不得停止供应口粮，地方长官要加以抚恤慰问。这样才符合我的心意。”曹操设置了扬州各郡县的长官，开挖了芍陂，让军队屯田。

曹操大宴铜雀台

十二月，曹军回到谯县。

建安十五年（210）春天，曹操下令说：“自古以来，承受天命建国的君主与中兴的君主，有谁没有得到过贤人与君子和他一起治理天下呢？那些被他们得到的贤人，有些还没有走出过里巷，难道是他们侥幸相遇的吗？只不过是有些执政的人不去寻访罢了。现在天下还没有平定，这正是特别急切地寻求贤人的时候。‘孟公绰做赵国、魏国的长老就很优秀，但做滕国、薛国的大夫却很平庸。’如果都像这样一定要任用廉洁的士人，那么齐桓公靠什么在世上称霸？现在天下难道没有像姜太公那样穿着粗布衣、胸怀大才，在渭河边上钓鱼的人吗？又难道没有像陈平那样有私通嫂嫂、接受贿赂的名声，却没有遇到魏无知那样的伯乐的吗？你们要帮助我推举选用地位卑贱的贤人，只依据才能举荐，让我能够得到他们，任用他们。”冬季，曹操建造了铜雀台。

［原文］

十六年春正月，天子命公世子丕为五官中郎将，置官属[1]，为丞相副。太原商曜(yào)等以大陵叛，遣夏侯渊、徐晃围破之。张鲁据汉中，三月，遣钟繇(yáo)讨之。公使渊等出河东与繇会。是时关中诸将疑繇欲自袭，马超遂与韩遂、杨秋、李堪、成宜等叛。遣曹仁讨之。超等屯潼(tóng)关，公敕[2]诸将：“关西兵精悍，坚壁勿与战。”

秋七月，公西征，与超等夹关而军。公急持[3]之，而潜遣徐晃、朱灵等夜渡蒲阪(bǎn)津，据河西为营。公自潼关北渡，未济，超赴船急战。校尉丁斐因放牛马以饵贼[4]，贼乱取牛马，公乃得渡，循[5]河为甬道而南。贼退，拒渭口，公乃多设疑兵，潜以舟载兵入渭，为浮桥，夜，分兵结营于渭南。贼夜攻营，伏兵击破之。超等屯渭南，遣信求割河以西请和，公不许。

九月，进军渡渭。超等数挑战，又不许；固请割地，求送任子，公用贾诩计，伪许之。韩遂请与公相见，公与遂父同岁孝廉，又与遂同时侪(chái)辈，于是交马语移时，不及军事，但说京都旧故，拊手欢笑。既罢，超等问遂：“公何言？”遂曰：“无所言也。”超等疑之。他日，公又与遂书，多所点窜，如遂改定者；超等愈疑遂。公乃与克日会战，先以轻兵挑之，战良久，乃纵虎骑夹击，大破之，斩成宜、李堪等。遂、超等走凉州，杨秋奔安定，关中平。诸将或问公曰：“初，贼守潼关，渭北道缺，不从河东击冯翊(yì)而反守潼关，引日而后北渡，何也？”公曰：“贼守潼关，若吾入河东，贼必引守诸津，则西河未可渡，吾故盛兵向潼关；贼悉众南守，西河之备虚，故二将得擅取西河；然后引军北渡，贼不能与吾争西河者，以有二将之军也。

连车树栅，为甬道而南，既为不可胜，且以示弱。渡渭为坚垒，虏至不出，所以骄之也；故贼不为营垒而求割地。吾顺言许之，所以从其意，使自安而不为备，因畜士卒之力，一旦击之，所谓疾雷不及掩耳，兵之变化，固非一道也。”始，贼每一部到，公辄有喜色。贼破之后，诸将问其故。公答曰：“关中长远，若贼各依险阻，征之，不一二年不可定也。今皆来集，其众虽多，莫相归服，军无适主，一举可灭，为功差易，吾是以喜。”

[注释]

①官属：主官的属吏。②敕：命令，告诫。③持：挟持，牵制。④饵贼：诱惑敌人。⑤循：沿着。

[译文]

建安十六年（211）春季正月，汉献帝任命曹操的世子曹丕做五官中郎将，设置了五官中郎将的属官，让曹丕做丞相的助手。太原人商曜等人占领大陵叛变。曹操派遣夏侯渊、徐晃包围大陵，攻克了它。张鲁占据了汉中，三月曹操派遣钟繇去讨伐他，又派夏侯渊等人从河东出发与钟繇会合。当时关中的众将领都疑心钟繇会来袭击自己，马超便与韩遂、杨秋、李堪、成宜等人叛变。曹操派遣曹仁讨伐他们。马超等人驻扎在潼关。曹操告诫各路将领说：“关西的军队精锐强悍，你们要坚壁防守，不要与他们作战。”

曹操抹书间韩遂

秋季七月，曹操西征，与马超等人在潼关两侧相对驻军。曹操紧紧地牵制住马超，同时悄悄地派徐晃、朱灵等人在夜里渡过蒲阪津，依据黄河西边扎营。曹操从潼关向北渡河，尚未完全渡过时，马超赶来猛攻曹操的战船。校尉丁斐便把牛马放出来作为诱饵，马超军去乱抢牛马，曹操才得以渡河，沿着黄河修筑通道向南进军。马超军退回去，在渭口抵挡曹军。曹操就大设疑兵，悄悄地用船把军队运入渭河，造了浮桥，在夜里调动一支军队到渭河南岸扎营。马超军在夜里来攻打曹营。曹操埋伏的军队打败了他们。马超等人退守渭河南岸，派人送信请求割让黄河以西的土地讲和，曹操不答应。

九月，曹操进军，渡过渭河。马超等人多次挑战，曹操又不应战。马超等人一再请求割让土地，并送子弟作为人质。曹操采纳了贾诩的建议，假装答应了。韩遂请求和曹操相见。曹操与韩遂的父亲在同一年被选为孝廉，又和韩遂年龄相近，辈分相同。于是两个人骑马并行，谈了很久，谈话中不牵扯军事，只是提及京城中旧日的朋友，兴致高处两人拍手欢笑。谈完以后，马超等人问韩遂："曹操跟你讲了些什么？"韩遂说："没有说什么要紧的。"马超等人便开始起疑心了。过了几天，曹操又给韩遂写信。信中文字有很多处涂改，像是经韩遂改动过的样子。马超等人更加怀疑韩遂了。曹操就和马超等人约定日子会战，先派出轻装的军队来挑战，交战很久，曹操再出动勇猛的骑兵从两面夹击，把敌人打得大败，杀死了成宜、李堪等人。韩遂、马超等人逃到凉州去，杨秋逃到安定去，关中地区被平定了。曹操的部将中有人问曹操："起初，敌人守住潼关，渭北的道路无人防备。我们不从河东去攻打冯翊，却紧盯着潼关，拖延了很长时间才北渡黄河。这是为什么呢？"曹操说："敌军守住潼关，如果我们到河东去，敌军一定移过来守卫各个渡口，这样就无法渡过黄河西岸。我故意用重兵向潼关进攻；敌人就把全部兵力放在南面守卫，西河的守备空虚，所以我方的两位将军才能全力攻占西河；然后我们领兵北渡，贼军不能和我们争夺西河的原因，就是因为那里已有我们两位将军的军队了。我们把军车相连，修起栅栏，筑成通道向南进军，既让敌人无法袭击取胜，又向敌人表示我们力量弱小。渡过渭河，筑起坚固的堡垒，敌军到来也不出战，让敌人骄傲轻敌；所以敌人不修筑营垒，只请求割地讲和。我顺着他们的话答应，用来依从他们的意思，让他们安心，不加防备，趁机积蓄力量，休养士兵，一旦进攻敌人，就是迅雷不及掩耳的力量。用兵变化莫测，本来就不能有一定的程式。"起先，敌人每一支部队来临时，曹操就面露喜色。敌军被打败后，众将军问他为什么面带喜色。曹操回答说："关中地区辽阔广大，如果敌军各自凭借险阻守卫，我们去征讨他们，没有一、二年的工夫是不能平定的。现在他们全集合到这里来，敌人的军队虽然多，但他们互相之间不服，没有归属感，军队中没有一个统帅，我们可以一举歼灭，比较容易成功。我因此感到高兴。"

[原文]

冬十月，军自长安北征杨秋，围安定。秋降，复①其爵位，使留抚其民人。

十二月，自安定还，留夏侯渊屯长安。

十七年春正月，公还邺。天子命公赞拜不名②，入朝不趋③，剑履上殿④；如萧何故事⑤。马超余众梁兴等屯蓝田，使夏侯渊击平之。割河内之荡阴、朝歌、林虑，东郡之卫国、顿丘、东武阳、发干，钜鹿之廮(yǐng)陶、曲周、南和，广平之任城，赵之襄国、邯郸、易阳以益魏郡。

冬十月，公征孙权。

夏侯渊

十八年春正月，进军濡须口，攻破权江西营，获权都督公孙阳，乃引军还。诏书并十四州，复为九州。夏四月，至邺。

[注释]

①复：恢复。②赞拜：古代臣子朝拜皇帝时司仪在旁边唱导。不名：不直接称呼姓名，只称官职。③趋：小步快走，表示恭敬。④剑履上殿：允许佩戴着剑、穿着鞋上殿。⑤故事：旧例。

[译文]

冬季十月，曹操的军队从长安向北征讨杨秋，包围了安定。杨秋投降。曹操恢复了他旧有的爵位，让他留在当地安抚民众。

十二月，曹操从安定回来，把夏侯渊留下来驻守长安。

建安十七年（212）春季正月，曹操率领军队回到邺城。献帝允许曹操朝见行礼时，司仪唱礼不用提及名讳，进入朝堂可以不用小步急走，还可以带着兵器、穿上鞋上殿，和西汉初年萧何所享受的待遇一样。马超的手下梁兴等人聚集残兵驻扎蓝田，曹操命夏侯渊去予以平定。割出河内郡的荡阴、朝歌、林虑，东郡的卫国、顿丘、东武阳、发干，钜鹿郡的廮陶、曲周、南和，广平郡的任城，赵郡的襄国、邯郸、易阳并入魏郡，来增加魏郡的地盘。

冬季十月，曹操领兵讨伐孙权。

建安十八年（213）春季正月，曹操进军濡须口，攻克孙权在长江西岸的军营，俘虏了孙权的都督公孙阳，然后领兵回来。汉献帝下诏书将十四个州合并为九个州。夏季四月，曹操回到邺城。

[原文]

五月丙申，天子使御史大夫郗虑持节策命公为魏公曰：朕[1]以不德，少遭愍（mǐn）凶[2]，越在西土，迁于唐、卫。当此之时，若缀旒（liú）[3]然，宗庙乏祀，社稷无位；群凶觊觎（jì yú）[4]，分裂[5]诸夏，率土之民，朕无获焉，即我高祖之命将坠于地。朕用夙兴假寐，震悼于厥心，曰：“惟祖惟父，股肱先正，其孰能恤朕躬？”乃诱天衷，诞育丞相，保乂（yì）我皇家，弘济于艰难，朕实赖之。今将授

君典礼，其敬听朕命。

昔者董卓初兴国难，群后释位以谋王室，君则摄进，首启戎行，此君之忠于本朝也。后及黄巾反易天常，侵我三州，延及平民，君又翦(jiǎn)之以宁东夏，此又君之功也。韩暹(xiān)、杨奉专用威命，君则致讨，克黜(chù)其难，遂迁许都，造我京畿(jī)，设官兆祀，不失旧物，天地鬼神于是获乂，此又君之功也。袁术僭逆，肆于淮南，慑惮君灵，用丕显谋，蕲(qí)阳之役，桥蕤(ruí)授首，棱威南迈，术以陨溃，此又君之功也。回戈东征，吕布就戮，乘辕将返，张杨殂毙，眭固伏罪，张绣稽服，此又君之功也。袁绍逆乱天常，谋危社稷，凭恃其众，称兵内侮，当此之时，王师寡弱，天下寒心，莫有固志，君执大节，精贯白日，奋其武怒，运其神策，致届官渡，大歼丑类，俾我国家拯于危坠，此又君之功也。济师洪河，拓定四州，袁谭、高幹，咸枭其首，海盗奔迸，黑山顺轨，此又君之功也。乌丸三种，崇乱二世，袁尚因之，逼据塞北，束马县车，一征而灭，此又君之功也。刘表背诞，不供贡职，王师首路，威风先逝，百城八郡，交臂屈膝，此又君之功也。马超、成宜，同恶相济，滨据河、潼，求逞所欲，殄之渭南，献馘(guó)万计，遂定边境，抚和戎狄，此又君之功也。鲜卑、丁零，重译而至，箄(bì)于、白屋，请吏率职，此又君之功也。君有定天下之功，重之以明德，班叙海内，宣美风俗，旁施勤教，恤慎刑狱，吏无苛政，民无怀慝(tè)；敦崇帝族，表继绝世，旧德前功，罔不咸秩；虽伊尹格于皇天，周公光于四海，方之蔑如也。

[注释]

①朕：自从秦始皇开始，“朕”成了皇帝用来称呼自己的专称。②慼：忧患，忧伤。凶：灾难。③缀旒：用来比喻在这个位置上却没有实际权力。④觊觎：非分的希望、企图。⑤分裂：使分裂。

[译文]

五月丙申，汉献帝派御史大夫郗虑手持符节来册封曹操为魏公。诏书说：我因

焚金阙董卓行凶

为缺乏修养，从小就遭受到灾祸和不幸，先迁到西部地区，又辗转于古代唐国、卫国一带。当时，我的命运像旗子上缝缀的飘带一样，飘忽不定。这时宗庙没有人去祭祀，社稷神位没有固定的地点安置。大批恶徒们心怀叵测，想篡夺政权，分裂国家。全国的百姓，没有一个人属于我。我们高祖皇帝开创的基业，眼看就要崩溃了。我因此无法安眠，心中非常哀痛，常说："祖宗啊，父亲啊，辅佐我们的公卿大夫啊，有谁能帮助我呢？"这样才感动了上天，赐给我曹丞相，来保护我们皇室的平安，是您从艰难困苦中把我们拯救出来的，朕实在是依靠了您。现在要为曹丞相您举行典礼，请敬听我的册命。

过去董卓刚一发动叛乱，各地诸侯都离开自己的辖地来保卫王室，是您督促他们进军，首先向敌军攻击，这是您忠心于本朝的表现。后来黄巾军违背天意，侵占了我们三个州，连平民百姓都受到危害；您又把他们消灭，平定了东方，这又是您的功劳。韩暹和杨奉专权，您前去讨伐，消除了祸害，接着迁都到许昌，修建了京城，设置了百官，恢复宗庙祭祀，旧日的制度没有丧失，天地鬼神都得到安宁，这又是您的功劳。袁术伪称皇帝叛乱，在淮南横行霸道，但他也惧怕您的威严。您施展高妙的谋略，在蕲阳交战，杀死了桥蕤，趁着军威向南进军，把袁术军队打败，袁术丧命，这又是您的功劳。回师东征，将吕布捕获处死，大军将要返回时，又把张杨消灭，眭固认罪被诛，张绣叩头降伏，这又是您的功劳。袁绍叛乱，扰乱天道，阴谋危害社稷，他凭借自己兵马众多，发动军队挑起内战。在这个时候，国家的军队力量薄弱，天下的人民都感到失望恐惧，没有坚定的意志。您坚守大节，您的精诚使上天也显示出征兆，振奋您的勇武气魄，运用您的神妙计策，到达官渡，歼灭大量敌人，从危难中拯救了我的国家，这又是您的功劳。带领军队渡过大河，平定了四州，袁谭，高幹等人都被您斩首，海盗逃窜，黑山贼人投降，这又是您的功劳。乌丸三支部族，两代人都在扰乱边疆，袁尚利用他们，占据塞北，您整顿军队，不费吹灰之力，一举消灭了他们，这又是您的功劳。刘表荒谬昏乱，背叛朝廷，不交纳租赋，国家的军队刚上路出征，刘表就丧失了威风，八个郡的上百座城池纷纷投降，这又是您的功劳。马超、成宜，狼狈为奸，占据了黄河、潼关一带，妄想实现他们的企图，您在渭南消灭了他们，杀死的敌人数以万计。从此平定了边境，安抚了戎狄部族，这又是您的功劳。鲜卑、丁零这些民族，靠多重翻译辗转来到京城朝贡。箄于、白屋这些民族，称臣纳贡，请求派官吏去治理，这又是您的功劳。您有平定天下的功绩，再加上高尚的德行，整顿了全国的秩序，推行良好的社会风俗，普遍认真地施行教育，体恤下情，谨慎地处理刑事案件，官吏们没有苛刻的政令，百姓们没有欺诈狡猾之心。您真诚地尊敬和优待皇室亲族，上表让绝后的王族有人继承，对过去的功臣和有道德的人，全都给予官职任用。即便说伊尹的功德感动了上帝，周公的政绩照耀了四海之内，但和您相比都不如啊！

［原文］

朕闻先王并建明德[1]，胙[2]之以土，分之以民，崇其宠章[3]，备其礼物，所以藩卫[4]王室，左右厥世也。其在周成[5]，管、蔡不静，惩难念功，乃使邵康公赐齐太公履；东至于海，西至于河，南至于穆陵，北至于无棣，五侯九伯，实得征之，世祚太师，以表东海；爰及襄王，亦有楚人不供王职，又命晋文登为侯伯，锡以二辂、虎贲、𫓧钺、秬鬯、弓矢，大启南阳，世作盟主。故周室之不坏，繄二国是赖。今君称丕显德，明保朕躬，奉答天命，导扬弘烈，绥爰九域，莫不率俾，功高于伊、周，而赏卑于齐、晋，朕甚恧焉。朕以眇眇之身，托于兆民之上，永思厥艰，若涉渊水，非君攸济，朕无任焉。今以冀州之河东、河内、魏郡、赵国、中山、常山、钜鹿、安平、甘陵、平原凡十郡，封君为魏公。锡君玄土，苴以白茅，爰契尔龟，用建冢社。昔在周室，毕公、毛公入为卿佐，周、邵师保出为二伯，外内之任，君实宜之。其以丞相领冀州牧如故。又加君九锡，其敬听朕命。以君经纬礼律，为民轨仪，使安职业，无或迁志，是用锡君大辂、戎辂各一，玄牡二驷。君劝分务本，穑人昏作，粟帛滞积，大业惟兴，是用锡君衮冕之服，赤舄副焉。君敦尚谦让，俾民兴行，少长有礼，上下咸和，是用锡君轩县之乐，六佾之舞。君翼宣风化，爰发四方，远人革面，华夏充实，是用锡君朱户以居。君研其明哲，思帝所难，官才任贤，群善必举，是用锡君纳陛以登。君秉国之钧，正色处中，纤毫之恶，靡不抑退，是用锡君虎贲之士三百人。君纠虔天刑，章厥有罪，犯关干纪，莫不诛殛，是用锡君𫓧钺各一。君龙骧虎视，旁眺八维，掩讨逆节，折冲四海，是用锡君彤弓一，彤矢百，玈弓

十，玈矢千。君以温恭为基，孝友为德，明允笃诚，感于朕思，是用锡君秬鬯一卣，珪瓒副焉。魏国置丞相已下群卿百寮，皆如汉初诸侯王之制。往钦哉，敬服朕命！简恤尔众，时亮庶功，用终尔显德，对扬我高祖之休命！

[注释]

①并建：分封。明德：这里指大的功劳和高尚的道德。②胙：赐，赏赐。③崇：崇尚。宠章：加恩特赐的典章。④藩卫：包围。藩，篱笆。⑤周成：指周成王。

[译文]

我听说先前的帝王都给德行崇高的人封爵，赐给他们土地，分给他们人民，给他们崇高的荣誉，为他们备齐礼仪制度用品，用他们保卫王室，辅佐君王治理天下。在周成王时，管叔、蔡叔叛乱，平定祸乱后评定功臣，就派邵康公赐给齐太公封地；向东到海边，向西到黄河，向南到穆陵，向北到无棣，其中的五侯九伯，齐太公都可以去征讨，让他世代担任太师，在东海边立表宣扬他的功绩。到了周襄王时，楚国不履行对周王的义务，不纳贡。周王就任用晋文公为诸侯的首领，赐给他两辆大车、勇士、斧钺、米酒与弓箭，让他在南阳大量开拓土地，世代做诸侯的盟主。周王室之所以没有衰败，全靠了这两个国家。现在您有崇高的品行，全心保卫我，顺应天意，做出伟大的功绩，使九州安宁，百姓循规蹈矩。您的功劳比伊尹、周公还高，而得到的奖赏却比齐太公、晋文公少，对此我感到很惭愧。我这一个渺小的人，位居亿万人民之上，经常想到执政的艰难，就如身临深渊，足履薄冰一样。没有您的帮助，我无法胜任这个重任。现在把冀州的河东、河内、魏郡、赵国、中山、常山、钜鹿、安平、甘陵、平原一共十个郡赐给您，封您为魏公。赐给您黑色的土壤，包上白色茅草，您去刻灼龟甲占卜，选地建立魏国的宗庙社稷。过去在周朝，毕公、毛公到朝廷来做辅佐大臣，周公、邵公以太师太保的身份到外地做方伯。朝廷内外的重任，您都适合担当。您还可以像以前一样以丞相的官职兼任冀州牧。又给您加赐九锡，您敬听我的命令。因为您安排制定了礼仪和法律，让它们成为人民的规范准则，使人民安于自己的职业，没有人三心二意，所以我赐给您一辆君王的大车、一辆兵车、八匹黑马。您劝说百姓们守住本分，发展农业，农民努力耕作，粮食布帛有了大量储存，国家兴旺发达，因此赐给您衮冕礼服，配上红色的厚底鞋。您真诚地提倡谦让，让人民仿效实行，青年人与老年人都有礼貌，上下之间都很和睦，因此赐给您成套的乐器，六队舞人演出的舞乐。您推广宣传风化，传扬到四方，使远方的人们洗心革面，中原地区富裕充实，因此赐给您红色大门的居室。您研究贤王的智慧，为帝王分担困难的事务，给有才能的人官职，任用贤人，所有的优秀人才都得到推荐，因此赐给您从殿檐下的阶梯上殿的荣誉。您掌握国家的权柄，庄严地处在公正执中的地位，哪怕有一丝一毫的邪恶，也不会不予以斥退及抑止，因此赐给您三百名护卫勇士。您认真地监察朝廷的刑罚，揭露那些有罪的人，对那些违犯国家法律的人，没有不受到诛杀的，因此赐给您斧、钺各一件。您像龙马一样奔驰，像猛虎一样环视，旁观八方，征讨叛臣逆贼，击败四海之内的敌人，因此赐给您一张红色的弓、一百支红色的箭、十张黑色的弓、一千支黑色的箭。您以温恭为基本，把孝敬父母、友爱兄弟作为美德，聪明、守信、真诚、忠实，使我非常感动，因此赐给您芬芳的美酒一坛，配上玉制的酒勺。魏国可以设置丞相以下的各级官员，完全和汉代初年诸侯王的官属制度一样。您去魏国吧！要恭敬地听从我的命令，选拔和抚慰您的部下，经常建立功勋，来完善您的崇高品德，回报并颂扬我们高祖皇帝的美好遗命。

[原文]

秋七月，始建魏社稷宗庙。天子聘公三女为贵人①，少者待年于国。

九月，作金虎台，凿渠引漳水入白沟以通河。

冬十月，分魏郡为东西部，置都尉。

十一月，初置尚书、侍中、六卿。马超在汉阳，复因羌、胡为害，氐王千万叛②应超，屯③兴国。使夏侯渊讨之。

十九年春正月，始耕籍田④。南安赵衢(qú)、汉阳尹奉等讨超，枭其妻子，超奔汉中。韩遂徙金城，入氐王千万部，率羌、胡万余骑与夏侯渊战，击，大破之，遂走西平⑤。渊与诸将攻兴国，屠之。省安东、永阳郡。安定太守毌(guàn)丘兴将之官，公戒之曰："羌、胡欲与中国通，自当遣人来，慎勿遣人往。善人难得，必将教羌、胡妄有所请求，因欲以自利；不从便为失异俗意，从之则无益事。"兴至，遣校尉范陵至羌中，陵果教羌，使自请为属国都尉。公曰："吾预知当尔，非圣也，但更事多耳。"

[注释]

①聘：按照礼节明媒正娶。贵人：妃嫔的第一级。②叛应：反叛并响应。③屯：驻扎军队。④籍田：古代的天子、诸侯征用民力耕种的田。⑤走：逃跑。西平：郡名，东汉建安中分金城郡置。

[译文]

建安十八年（213）秋季七月，曹操开始建立魏国的宗庙社稷。汉献帝聘娶了曹操的三个女儿做后宫贵人，其中最小的一个留在魏国等长大以后再进宫。

九月，修建金虎台，开凿水渠把漳河水引进白沟，以便与黄河相通。

冬季十月，把魏郡分成东西两部，设置了都尉。

十一月，魏国开始设置尚书、侍中、六卿等官员。马超在汉阳，又依靠羌人、胡人祸害百姓。氐王千万叛变，响应马超，驻扎在兴国。曹操派夏侯渊去讨伐。

建安十九年（214）春季正月，曹操第一次举行“耕籍田”的礼仪。南安人赵衢、汉阳人尹奉等将领去讨伐马超，斩杀了他的妻子儿女，马超逃到汉中去。韩遂迁往金城，进入氐王千万的部落，率领一万多名羌人、胡人的骑兵和夏侯渊交战。夏侯渊将之击败。韩遂逃往西平。夏侯渊与众将领攻打兴国，屠杀居民，撤销了安东和永阳两个郡。安定太守毌丘兴将要赴任。曹操告诫他说：“羌人、胡人想要与中原往来，就会自己派人来，你千万不要派人去。因为很难找到合适的使者。一般人一定会教唆羌人、胡人狂妄地提出过分的要求，他好从中得利。我们不答应这些要求，会失掉羌人、胡人的拥护，答应这些要求，又对国家没有益处。”毌丘兴到任后，派校尉范陵去羌人部落。范陵果然唆使羌人，让他们请求封自己做属国都尉。曹操说：“我早就预料到会是这样。我不是圣人，只不过经历的事情多些罢了。”

［原文］

三月，天子使魏公位在诸侯王上，改授金玺、赤绂（fú）、远游冠。

秋七月，公征孙权。初，陇西宋建自称河首平汉王，聚众枹罕①，改元，置百官，三十余年。遣夏侯渊自兴国讨之。

冬十月，屠枹罕，斩建，凉州平。公自合肥还。

十一月，汉皇后伏氏坐昔与父故屯骑校尉完书，云帝以董承被诛怨恨公，辞甚丑恶，发闻②，后废黜死，兄弟皆伏法③。

十二月，公至孟津。天子命公置旄（máo）头④，宫殿设钟虡（jù）。乙未，令曰：“夫有行⑤之士未必能进取，进取之士未必能有行也。陈平岂笃行，苏秦岂守信邪？而陈平定汉业，苏秦济弱燕。由此言之，士有偏短，庸可废乎！有司明思此义，则士无遗滞，官无废业矣。”又曰：“夫刑，百姓之命也，而军中典狱者或非其人，而任以三军死生之事，吾甚惧之。其选明达法理者，使持典刑。”于是置理曹掾（yuàn）属。

二十年春正月，天子立公中女为皇后。省云中、定襄、五原、朔方郡，郡置一县领其民，合以为新兴郡。

伏皇后

三月，公西征张鲁，至陈仓，将自武都入氏(dī)；氏人塞道，先遣张部、朱灵等攻破之。

夏四月，公自陈仓以出散关，至河池。氏王窦茂众万余人，恃险不服。

五月，公攻屠之。西平、金城诸将麴(qū)演、蒋石等共斩送韩遂首。

秋七月，公至阳平。张鲁使弟卫与将杨昂等据阳平关，横山筑城十余里，攻之不能拔，乃引军还。贼见大军退，其守备解散。公乃密遣解㯼、高祚等乘险夜袭，大破之，斩其将杨任，进攻卫，卫等夜遁，鲁溃奔巴中。公军入南郑，尽得鲁府库珍宝。巴、汉皆降。复汉宁郡为汉中；分汉中之安阳、西城为西城郡，置太守；分锡、上庸郡，置都尉。

八月，孙权围合肥，张辽、李典击破之。

九月，巴七姓夷王朴胡、賨(cóng)邑侯杜濩(huò)举巴夷、賨民来附，于是分巴郡，以胡为巴东太守，濩为巴西太守，皆封列侯。天子命公承制封拜诸侯守相。

[注释]

①枹罕：地名，在现在的甘肃临夏的东北方向。②发闻：发觉，发现。③伏法：判处死刑。④旄头：也就是旄头骑，是古代皇帝出行时在最前面开道的警卫骑兵。⑤行：德行。

[译文]

三月，汉献帝让魏公曹操的地位列于诸侯王以上，改授他金印、红色的绶带和远游冠。

秋季七月，曹操征讨孙权。当初，陇西人宋建自称为河首平汉王，在枹罕聚集

曹操杖杀伏皇后

兵马，改换年号，设置百官，已经有三十多年了。曹操派遣夏侯渊从兴国去讨伐他。

冬季十月，曹军屠枹罕城，杀死了宋建，平定了凉州。曹操从合肥回到邺城。

十一月，汉献帝皇后伏氏曾在给父亲的前任屯骑校尉伏完的信中说，汉献帝由于董承被诛杀而怨恨曹操，用词十分恶毒。信被发现以后，伏后因此被废黜处死，她的兄弟也都被处死。

十二月，曹操到了孟津，汉献帝命令曹操可以在出行的仪仗中设置警卫骑兵，可以在宫殿中摆设钟架。乙未那天，曹操下令说："有德行的人不一定能进取功名，进取功名的人不一定能有德行。陈平难道有敦厚的德行？苏秦难道守信用吗？但是陈平却奠定了汉朝的大业，苏秦扶持弱小的燕国强盛起来。由此看来，士人都有缺点，怎么就能废弃不用呢？主管选拔任用的人想明白这个道理，就不会有遗漏的人才，官府也就没有荒废的事务了。"他又说："刑法是关系到百姓性命的大事，但是军队中主管刑狱的人有些不称职，把有关三军将士生死的大事交给他们，我很担心害怕。要选用通晓法律事理的人才，让他们主持刑狱。"于是专门设置了理曹掾属的官职。

建安二十年（215）春季正月，汉献帝将曹操的二女儿立为皇后，撤销了云中、定襄、五原、朔方各郡，把这几个郡改成一县来统领百姓，然后再合并为新兴郡。

三月，曹操向西去征讨张鲁，到了陈仓，将要从武都进入氐人地区；氐人堵塞了道路，曹操先派出张郃、朱灵等人打垮了他们。

夏季四月，曹操从陈仓出大散关，到了河池。氐王窦茂拥有一万多名士兵，凭借天险，不肯降服。

五月，曹操攻打河池，大开杀戒。西平和金城的将领麹演、蒋石等人一起杀死韩遂，把他的头送交曹操。

秋季七月，曹操到了阳平。张鲁让他的弟弟张卫与部将杨昂等人据守阳平关，在山腰修筑了十几里长的城墙。曹操无法攻克，就领兵回去。贼军见曹操的大军退去，防守便松懈了。曹操就秘密地派出解僄、高祚等人越过天险去夜袭敌人，大败敌军，杀死了敌人的将军杨任，又去进攻张卫。张卫等人连夜逃走，张鲁溃败，逃向巴中。曹操的军队进入南郑，把张鲁仓库中的珍宝全部缴获。巴郡、汉中地区全部投降。曹操把汉宁郡重新定为汉中郡，又把汉中的安阳、西城划分出来成立西城郡，设置了太守；划分出锡郡与上庸两郡，设置了都尉。

八月，孙权围攻合肥，被张辽和李典打败。

九月，巴郡的七姓夷王朴胡和賨邑侯杜濩率领巴人和賨人前来归附。曹操便把巴郡分成东西两郡。任命朴胡做巴东郡太守，杜濩做巴西郡太守，把两个人都封为列侯。汉献帝授予曹操分封诸侯、任命太守和国相的权力。

[原文]

冬十月，始置名号侯至五大夫，与旧列侯、关内侯凡六等，以赏军功。

十一月，鲁自巴中将其余众降。封鲁及五子皆为列侯。刘备袭刘璋，取益州，遂据巴中；遣张郃(hé)击之。

十二月，公自南郑还，留夏侯渊屯汉中。

二十一年春二月，公还邺(yè)。

三月壬寅，公亲耕籍田。

夏五月，天子进公爵为魏王。代郡乌丸行单于普富卢与其侯王来朝。天子命王女为公主，食汤沐邑①。

秋七月，匈奴南单于呼厨泉将其名王来朝，待以客礼，遂留魏，使右贤王去卑监其国。

八月，以大理②钟繇(yáo)为相国。

冬十月，治兵，遂征孙权，十一月至谯。

二十二年春正月，王军居巢③，二月，进军屯江西郝谿④。权在濡须口筑城拒守，遂逼攻之，权退走。三月，王引军还，留夏侯惇、曹仁、张辽等屯居巢。

夏侯惇

[注释]

①汤沐邑：诸侯朝见天子，皇帝赐给京城以内的供诸侯住宿和斋戒沐浴的封邑。②大理：官名，也就是汉朝的廷尉，掌管司法刑狱。③居巢：地名，在今安徽。④郝谿：地名。

[译文]

冬季十月，开始设置名号为侯到五大夫的爵位名称，加上过去的列侯、关内侯一共有六等，用来奖赏有军功的人。

十一月，张鲁率领残余的军队从巴中来投降。朝廷把张鲁和他的五个儿子都封为列侯。刘备袭击刘璋，夺取了益州，占据了巴中。曹操派张郃去攻打刘备。

十二月，曹操从南郑回来，留下夏侯渊驻守汉中。

建安二十一年（216）春季二月，曹操回到邺城。

三月壬寅，曹操亲自参加耕籍田的仪式。

夏季五月，汉献帝把曹操晋爵为魏王。代郡乌丸部族的行单于普富卢和他部下的侯王来朝见。汉献帝赐封魏王曹操的女儿为公主，给予供沐浴的食邑。

秋季七月，匈奴南单于呼厨泉率领他手下有名望的酋长来朝见，曹操用宾客的礼节招待他们。于是他们就留在魏国，让右贤王去卑监管匈奴国。

八月，任命大理卿钟繇做相国。

冬季十月，曹操操练军队之后，便去征讨孙权，十一月到达谯郡。

建安二十二年（217）春季正月，曹操的军队驻扎在居巢。二月，进军驻扎在江西郝谿。孙权在濡须口筑城防守。曹操就逼近去攻打，孙权撤军逃走。三月，曹操领兵退回，留下夏侯惇、曹仁、张辽等人驻守居巢。

[原文]

夏四月，天子命王设天子旌(jīng)旗，出入称警跸(bì)[1]。五月，作泮(pàn)宫[2]。六月，以军师华歆(xīn)为御史大夫。冬十月，天子命王冕十有二旒(liú)，乘金根车，驾六马，设五时副车[3]，以五官中郎将丕为魏太子。刘备遣张飞、马超、吴兰等屯下辩；遣曹洪拒之。

二十三年春正月，汉太医令吉本与少府耿纪、司直韦晃等反[4]，攻许，烧丞相长史王必营[5]，必与颍川典农中郎将严匡讨斩之。曹洪破吴兰，斩其将任夔等。三月，张飞、马超走汉中，阴平氐强端斩吴兰，传其首。夏四月，代郡、上谷乌丸无臣氐等叛，遣鄢(yǎn)陵侯彰讨破之。

六月，令曰："古之葬者，必居瘠薄之地。其规西门豹祠西原上为寿陵，因高为基，不封不树。《周礼》冢人掌公墓之地，凡诸侯居左右以前，卿大夫居后，汉制亦谓之陪陵。其公卿大臣列将有功者，宜陪寿陵，其广为兆域，使足相容。"

秋七月，治兵，遂西征刘备，九月，至长安。

[注释]

①警跸：指皇帝出入的地方严加戒备，断绝行人。警，警戒。②泮宫：古代诸侯所设立的学官。③设：设置。④反：谋反，叛乱。⑤丞相长史：官名，丞相府属官的最高长官。

曹彰

[译文]

夏季四月，汉献帝命令曹操可以设置天子用的旌旗，出入可以用警卫清道戒严。五月，曹操修建泮宫。六月，任命军师华歆做御史大夫。冬季十月，汉献帝命令曹操可以戴有十二条旒的冠冕，乘坐金根车，车用六匹马驾驭，配有五时副车，册封五官中郎将曹丕为魏太子。刘备派遣张飞、马超、吴兰等人驻守下辩；曹操派曹洪去抵御他们。

建安二十三年（218）春季正月，汉朝太医令吉本和少府耿纪、司直韦晃等人造反，攻打许都，烧毁了丞相长史王必的军营。王必和颍川典农中郎将严匡讨伐他们，把他们都杀死了。曹洪打败了吴兰，杀死了吴兰的部将任夔等人。三月，张飞、马超逃往汉中。阴平的氐人强端杀死吴兰，把他的首级传送到朝廷。夏季四月，代郡和上谷的乌丸无臣氐等人发动叛乱。曹操派鄢陵侯曹彰打败了叛军。

六月，曹操下令说："古代人埋葬，一定选用瘠薄的土地。可将西门豹祠以西的高原规划为我的墓地，依照原有的高山作为陵墓的基址，不起坟冢，也不种树。《周礼》规定：冢人掌管国家的公墓，凡是诸侯，都葬在王陵前面的左右两边，卿大夫们葬在诸侯后面。汉代的制度也把它叫作陪陵。那些有功劳的公卿大臣将军们，应该在我的陵区内陪葬。现在扩充陵墓的地域，让它可以容下陪葬的人。"

秋季七月，曹操操练兵马，向西征讨刘备。九月，到达长安。

[原文]

冬十月，宛守将侯音等反，执南阳太守，劫略吏民，保宛。初，曹仁讨关羽，屯樊城，是月使仁围宛。

二十四年春正月，仁屠宛，斩音。夏侯渊与刘备战于阳平，为备所杀。三月，王自长安出斜谷，军遮要以临汉中，遂至阳平。备因险拒守[①]。夏五月，引军还长安。秋七月，以夫人卞氏为王后。遣于禁助曹仁击关羽。八月，汉水溢，灌禁军，军没，

遣送羽匣

羽获禁，遂围仁。使徐晃救之。九月，相国钟繇坐西曹掾魏讽反免。冬十月，军还洛阳。孙权遣使上书，以讨关羽自效。王自洛阳南征羽，未至，晃攻羽，破之，羽走，仁围解。王军摩陂。

二十五年春正月，至洛阳。权击斩羽，传其首。

庚子，王崩于洛阳，年六十六。遗令曰：“天下尚未安定，未得遵古也。葬毕，皆除服②。其将兵屯戍者，皆不得离屯部。有司各率乃③职。敛以时服④，无藏金玉珍宝。”谥曰武王。二月丁卯，葬高陵。

评曰：汉末，天下大乱，雄豪并起，而袁绍虎视四州，强盛莫敌。太祖运筹演谋，鞭挞宇内，揽申、商之法术，该韩、白之奇策，官方授材，各因其器，矫情任算，不念旧恶，终能总御皇机，克成洪业者，惟其明略最优也。抑可谓非常之人，超世之杰矣。

[注释]

①拒守：据险坚守。②除服：也叫除丧，除掉丧服。③乃：其，他。④敛：给尸体穿上衣服放进棺材里。

[译文]

冬季十月，宛城守将侯音等人造反，抓住了南阳太守，抢劫官吏和平民的财产，在宛城防守。之前，曹仁为攻打关羽，驻在樊城。当月曹操就派曹仁去包围宛城。

建安二十四年（219）春季正月，曹仁屠杀宛城军民，杀死了侯音。夏侯渊和刘备在阳平交战，被刘备杀死。三月，曹操从长安经斜谷进军，在险要地点驻军守卫，逼近汉中，到达阳平。刘备利用险要地势防守。夏季五月，曹操领兵回到长安。秋季七月，曹操立夫人卞氏为王后。派于禁去帮助曹仁攻打关羽。八月，汉水泛滥，淹了于禁的军营，曹军被消灭。关羽抓住了于禁，又去包围曹仁。曹操派徐晃去救援曹仁。九月，相国钟繇因为西曹掾魏讽造反受到牵连，被免职。冬季十月，曹军回到洛阳。孙权派使节送信，愿意讨伐关羽，为朝廷效力。曹操从洛阳向南征讨关羽，他还没有到战场，徐晃已去攻打关羽，打败了他，关羽逃走，对曹仁的包围被解除。曹操在摩陂驻军。

建安二十五年（220）春季正月，曹操到了洛阳。孙权攻打关羽，杀死了他，把首级传送给曹操。

正月庚子，曹操在洛阳去世，终年六十六。他在遗嘱中说："天下还没有安定，不要遵守古代的葬制。安葬完毕，大家就不要守丧了。率领士兵驻防的将领都不要离开自己的驻地，各级官员仍然坚守自己的职责。用平常穿的衣服给我收殓，墓中不要藏金玉珍宝。"他的谥号是"武王"。二月丁卯，将他埋葬在高陵。

评论说：汉朝末年，天下大乱，豪强同时起兵，袁绍在北方四州虎视眈眈，力量强大，没有人是他的对手。曹操运筹帷幄，用武力征讨国内，采取申不害、商鞅的法家治国方略，通晓韩信、白起的用兵奇计，根据每个人的才能授予官职，使人尽其才，克制感情，讲求谋略，不计旧仇，终于能完全掌握了国家机要，建成大业，就因为他具有最卓越的智慧和才略。曹操可以说是个非凡的人物、盖世的豪杰。

董二袁刘传

［原文］

董卓字仲颖，陇西临洮(táo)人也。少好侠，尝游羌中，尽与诸豪帅[1]相结。后归耕于野，而豪帅有来从之者，卓与俱还，杀耕牛与相宴乐。诸豪帅感其意，归相敛[2]，得杂畜千余头以赠卓。汉桓帝末，以六郡良家子为羽林郎。卓有才武，旅力[3]少比，双带两鞬(jiān)，左右驰射。为军司马，从中郎将张奂征并州有功，拜[4]郎中，赐缣(jiān)九千匹，卓悉以分与吏士。迁广武令，蜀郡北部都尉，西域戊己校尉，免。征拜[5]并州刺史、河东太守，迁[6]中郎将，讨黄巾，军败抵罪。韩遂等起凉州，复为中郎将，西拒遂。于望垣硖(yuán xiá)北，为羌、胡数万人所围，粮食乏绝。卓伪欲捕鱼，堰其还道当所渡水为池，使水渟满数十里，默[7]从堰下过其军而决堰。比羌、胡闻知追逐，水已深，不得渡。时六军上陇西，五军败绩，卓独全众而还，屯住扶风。拜前将军，封斄乡侯，征

为并州牧。

[注释]

①豪帅：地方土豪，也指部落首领，这里指羌族首领。②敛：聚集，聚拢。③旅力：体力。④拜：指授予官职。⑤征拜：征召任命，授予官职。⑥迁：升官调职。⑦默：暗地里，私下里。

[译文]

董卓

董卓字仲颖，陇西临洮人。他年轻的时候，非常喜欢行侠仗义，曾经到羌族各地漫游，与羌族的各部首领都有交往。后来回到了故乡从事农耕，那些羌族的首领们有的来投奔他，董卓就与他们一起回到故乡，宰杀用于耕地的耕牛来款待他们，与他们一起饮酒作乐。首领们被董卓的诚意所打动，回去以后搜集东西，共得到一千多头牲畜，并把这些牲畜送给了董卓。东汉桓帝末年，董卓凭借六郡大户子弟的地位而担任羽林郎这一官职。董卓智勇双全，体力超强，很少有人能和他相比，他身体的左右两侧都挂有弓袋，在骑马奔驰的时候能够左右开弓。当时，董卓任军司令，追随中郎将张奂讨伐并州，立了大功，遂被任命为郎中，赏赐细绢九千匹，董卓将这些绢全部分给了手下的将士。历任广武令，蜀郡北部都尉，西域戊己校尉，后来因事被罢免官职。后来又被征召为并州刺史、河东太守，升为中郎将，讨伐农民起义军黄巾军，战争失败，遂被免掉职务来抵罪。韩遂等人在凉州起兵造反，董卓又被朝廷征召为中郎将，在西边抵御韩遂。在望垣硖北面，被数万羌族和胡族人包围，粮食断绝。董卓假装出去捕鱼，在岸边筑堤把他回军时要渡过的河挡为水池，使满满数十里的河水停止流动，在他的军队从堤下通过后，暗地里决开土堤。等到羌人和胡人听到消息赶到这里时，水已经很深了，人不能渡过去。当时有六支军队在陇西作战，其中有五支战败，只有董卓带领的这支队伍没有受到任何损伤而胜利返回，驻扎在扶风地区。朝廷任命他为前将军，封侯奖赏，后来又被征召为并州牧。

[原文]

灵帝崩，少帝即位。大将军何进与司隶校尉袁绍谋诛诸阉官，太后不从。进乃召卓使将兵诣①京师，并密令上书曰：“中常侍张让等窃幸乘宠，浊乱②海内。昔赵鞅(yāng)兴晋阳之甲，以逐君

侧之恶。臣辄③鸣钟鼓如洛阳，即讨让等。”欲以胁迫太后。卓未至，进败。中常侍段珪等劫帝走小平津，卓遂将其众迎帝于北芒，还宫。时进弟车骑将军④苗为进众所杀，进、苗部曲无所属，皆诣卓。卓又使吕布杀执金吾丁原，并其众，故京都兵权唯在卓。

董卓保驾

先是，进遣骑都尉太山鲍(bào)信所在募兵，适至，信谓绍曰：“卓拥强兵，有异志，今不早图，将为所制；及其初至疲劳，袭之可禽也。”绍畏卓，不敢发，信遂还乡里。

[注释]

①诣：前去，前往。②浊乱：使混乱，扰乱破坏。③辄：立即，马上。④车骑将军：官名，西汉汉文帝的时候开始设置，掌管征伐的大事，地位仅次于大将军。

[译文]

灵帝去世后，少帝继承了皇位，大将军何进和司隶校尉袁绍谋划杀掉宫里的宦官，何太后不同意这样做。于是，何进派人去找董卓，要他率领军队到京城，而且暗地里指使他向皇帝上奏书，奏书里这样说：“中常侍张让等人暗地里倚仗着皇上您的宠幸，把国家搞得乱七八糟。以前的时候，赵鞅发动晋阳的军队来清除皇帝身边的小人。现在，臣率领军队鸣钟击鼓来到洛阳，为的就是讨伐张让等小人。”想以此来威胁诱逼太后，让太后同意他们的计划。但是，董卓还没有赶到京城，何进就失败了。中常侍段珪等人劫持少帝逃到了小平津，董卓便带领他的军队在北芒迎接少帝，于是少帝就回到了宫中。就在这个时候，何进的弟弟车骑将军何苗被何进的将士所杀害，何进、何苗的将士没有归属，都归顺了董卓。董卓又让吕布杀掉了执金吾丁原，吞并了他的军队，所以，京城的兵权只握在董卓一个人手中。

在此之前，何进派遣骑都尉太山鲍信就地招募士兵，鲍信招完兵，回来便对袁绍说：“董卓拥有强大的兵力，他另有打算，现在如果不趁早把他除掉，以后将会被他牵制；现在，我们趁他才到京城，非常疲惫的时候，对他进行袭击，就可以把他抓住。”袁绍害怕董卓，不敢发兵袭击他，于是鲍信就回乡了。

[原文]

于是以久不雨，策①免司空刘弘而卓代之，俄迁太尉，假节

董卓议立陈留王

钺虎贲。遂废帝为弘农王。寻②又杀王及何太后。立灵帝少子陈留王，是为献帝。卓迁相国，封郿侯，赞拜③不名，剑履上殿，又封卓母为池阳君，置家令、丞。卓既率精兵来，适值帝室大乱，得专废立，据有武库甲兵，国家珍宝，威震天下。卓性残忍不仁，遂以严刑胁众，睚眦④之隙必报，人不自保。尝遣军到阳城。时适二月社⑤，民各在其社下，悉就断其男子头，驾其车牛，载其妇女财物，以所断头系车辕轴，连轸而还洛，云攻贼大获，称万岁。入开阳城门，焚烧其头，以妇女与甲兵为婢妾。至于奸乱宫人公主。其凶逆如此。

初，卓信任尚书周毖，城门校尉伍琼等，用其所举韩馥、刘岱、孔伷、张咨、张邈等出宰⑥州郡。而馥等至官，皆合兵将以讨卓。卓闻之，以为毖、琼等通情卖己，皆斩之。

[注释]

①策：同“册”，指皇帝下的诏书。②寻：立即，随即。③赞拜：一种礼节。古代臣子朝见皇帝时，有司仪在旁边唱礼。唱礼的时候要直呼朝拜臣子的名字。④睚眦：瞪大眼睛愤怒地注视别人。借指极小的仇恨。⑤社：古代人们祭祀土地神的场所。祭祀时，同社的人在一起宴饮、歌舞。⑥宰：主管，掌管。

[译文]

于是，皇帝以久旱不下雨为借口，下令免除了司空刘弘的官职，而让董卓取代他，不久，董卓就升至太尉，皇帝赐给他符节斧钺、虎贲卫士。不久，董卓把少帝废为弘农王。很快又杀掉了弘农王和何太后。立灵帝的小儿子陈留王为皇帝，这就是历史上的汉献帝。董卓升为相国，封为郿侯，他朝拜皇帝的时候可以不用称自己的姓名，可以带剑穿鞋上朝，皇帝又封董卓的母亲为池阳君，下面设置了家令、家丞等官员。董卓已经率领精兵来到京城，又正好赶上皇室大乱，所以他有废立皇帝的专权，全部掌控了武器库里的铠甲、兵器，国家的珍奇异宝，因此他威震天下。董卓性情残忍，不仁慈。动辄就用严刑威胁民众，即使是瞪了一眼这样的微小不满也要实施报复，弄得人人自身难保。董卓曾经派遣军队到阳城。那时，正好是二月，是民间祭祀土地神的时候，乡民都集中在土地庙前，士兵把全部男子的头都砍掉，驾着他们的车牛，装载着妇女和财物，把砍下的男子的头挂在车辕轴上，一辆接一辆的赶回到了洛阳，对百姓说袭击了盗贼，并且取得了大胜，而且高呼万岁。进入开阳城后，把那些人头焚烧掉，把掠来的妇女赏给士兵做婢女或者妾。董卓甚至于淫乱宫人和公主。他竟然凶逆到了这样的程度。

最初的时候，董卓信任尚书周毖、城门校尉伍琼等人，任用他们所推荐的韩馥、刘岱、孔伷、张咨、张邈等人到京外任州郡长官。但是，韩馥等人到任后，都把队伍集合起来准备讨伐董卓。董卓听到这个消息后，以为周毖、伍琼等人和韩馥等人事先串通起来，把他出卖了，因此，杀害了周、伍等人。

[原文]

河内太守王匡，遣泰山兵屯河阳津，将以图卓。卓遣疑兵若将于平阴渡者，潜遣锐众从小平北渡，绕击其后，大破之津北，死者略尽。卓以山东豪杰并起，恐惧不宁。初平元年二月，乃徙天子都长安。焚烧洛阳宫室，悉发掘陵墓，取宝物。卓至西京，为太师[1]，号曰尚父。乘青盖金华车，爪画两幡，时人号曰竿摩车。卓弟旻(mín)为左将军，封鄠(hù)侯；兄子璜为侍中、中军校尉典兵；宗族内外并列朝廷。公卿见卓，谒(yè)拜[2]车下，卓不为礼。召呼三台尚书以下自诣卓府启事。筑郿(méi)坞，高与长安城埒(liè)[3]，积谷为三十年储，云事成，雄据天下，不成，守此足以毕老。尝至郿行坞，公卿已下祖道于横门外。卓豫施[4]帐幔饮，诱降北地反者数百人，于坐中先断其舌，或斩手足，或凿眼，或镬(huò)煮之，未死，偃转杯案间，会者皆战栗亡失匕箸，而卓饮食自若。太史望气，言当有大臣戮死者。故太尉张温时为卫尉，素不善卓，卓心怨之，因天有变，欲以塞咎[5]，使人言温与袁术交关，遂笞杀之。法令苛酷，爱憎淫刑，更相被诬，冤死者千数。百姓嗷嗷，道路以目。悉椎破铜人、钟虡，及坏五铢钱。更铸为小钱，大五分，无文章，肉[6]好无轮郭，不磨[7]鑢(lǜ)。于是货轻而

焚金阙董卓行凶

物贵，谷一斛至数十万。自是后钱货不行。

[注释]

①太师：官名，位于太傅之上。②谒拜：通名而拜，即拜见的时候报上名字。③埒：相等，相同。④豫施：事先做好准备。豫，通“预”。⑤塞咎：阻止这次灾难。咎，灾难，灾祸。⑥肉：钱币的边。⑦磨：打磨制造。

[译文]

河内太守王匡，派遣泰山兵驻扎在河阳津，准备起兵讨伐董卓。董卓派出疑兵假装要在平阴渡河，私下里派遣精锐队伍从小平津过河到达北岸，绕到王匡军队的背后对其进行袭击，结果在河阳津北岸大败王匡的军队，王匡的士兵大都死掉了。因为山东一带的豪杰纷纷起兵反抗，董卓心中恐惧不已。初平元年（190）二月，便把皇帝迁到长安，把长安作为都城，把洛阳的宫室焚烧掉，把陵墓全部挖掘出来，盗取里面的宝物。董卓到了长安以后，当上了太师，号称尚父。出门乘坐的是青盖金华车，车厢两侧都是精美的彩绘，当时，人们把这种车子称为竿摩车。董卓的弟弟董旻任左将军，封为鄠侯；他的侄子董璜任侍中、中军校尉，掌握着朝廷的兵权；董姓家族及其亲戚都在朝廷做官。公卿等大官遇见董卓也要跪拜于其车下，自报姓名，董卓也不回礼。而且召唤官职在三台尚书以下的官员自行到其府中禀报政事。他修筑郿坞，城墙筑得和长安城的城墙一样高，储存的粮食足够三十年用的，他说，如果大事成了，就占据天下称王，如果不成，就守着这些家产足以度过余生。他曾经到郿坞视察，公卿以下的官员都在横门外为他设宴饯行。董卓事先设置了帐篷，准备了酒席，诱降了三百多名北地的反叛者，于座席间先把他们的舌头割掉，或者把他们的手脚砍掉，或者把他们的眼睛挖掉，或者用大锅煮，当时没有立即死掉的，就跌倒在桌子中间翻转抽搐，吓得所有参加宴会的人都战战兢兢，筷子和汤匙都掉在了地上，而董卓却在那里喝酒吃菜，神色不变。太史观看天象，说将会有大臣被杀害，原太尉张温当时任卫尉，和董卓的关系素来就不好，董卓心里非常忌恨他，因为观天象，朝廷将有灾变，所以董卓想用他来抵挡灾祸，便派人故意扬言张温和袁术有勾结，于是，便对他实施鞭笞，直至死掉。朝廷的法令残酷苛刻，董卓依据自己的爱憎滥用刑罚，人们互相诬陷，冤死的人不下千人。老百姓怨声载道，在路上遇见了熟人只能用眼睛示意。把所有的铜人、钟虡都砸碎，又废除五铢钱。另外，把铜铸成小钱，每个小钱有五分那么大，小钱上面没有文字和花纹，钱的边缘和小孔没有轮廓，也不磨整齐，于是，钱币的价值轻了，但是物价却上涨了。谷达到几十万钱一斛。从此以后，钱币就不通用了。

［原文］

三年四月，司徒王允、尚书仆射士孙瑞、卓将吕布共谋诛卓。是时，天子有疾新愈，大会未央殿。布使同郡骑都尉李肃等，将亲兵十余人，伪著卫士服守掖(yè)门①。布怀诏书。卓至，肃等格卓。卓惊呼布所在。布曰“有诏”，遂杀卓，夷三族②。主簿③田景前趋卓尸，布又杀之；凡所杀三人，余莫敢动。长安士庶咸相庆贺，诸阿附④卓者皆下狱死。

初，卓女婿中郎将牛辅典兵别屯陕，分遣校尉李傕(jué)、郭汜、张济略陈留、颍川诸县。卓死，吕布使李肃至陕，欲以诏命诛辅。辅等逆⑤与肃战，肃败走弘农，布诛肃。其后辅营兵有夜叛出者，营中惊，辅以为皆叛，乃取金宝，独与素所厚支胡赤儿等五六人相随，逾城北渡河，赤儿等利其金宝，斩首送长安。

除凶暴吕布助司徒

［注释］

①掖门：指旧时宫殿的侧门。②夷三族：杀掉三族。夷，诛杀。三族，指父族、母族、妻族。③主簿：官名。汉朝时开始设置，在中央和地方郡属掌管文书和印鉴的官吏。④阿附：指奉承迎合。⑤逆：指迎战敌人。

［译文］

初平三年（192）四月，司徒王允、尚书仆射士孙瑞、董卓的大将吕布联合起来谋划杀掉董卓。这个时候，皇上病体刚刚复原，在未央殿设宴款待群臣。吕布指使同郡的骑都尉李肃等人，带着十几个亲信士兵，换上卫士的服装，假装守卫掖门。吕布怀里揣着诏书。当董卓到达掖门的时候，李肃等人突袭董卓，将他捉住，董卓惊慌失措，大叫吕布在哪里。吕布回说“我这里有皇帝的诏书”，于是杀掉了董卓，而且灭了他的三族。主簿田景上前扑向董卓的尸体，吕布就连带着把田景也杀了；一共杀了三人，其余的人就不敢再动了。长安城里的各界民众都互相庆贺，那些依附董卓的人都被关进牢狱判处了死刑。

当初，董卓的女婿中郎将牛辅率领军队驻扎在陕县，他分别派遣校尉李傕、郭汜、张济等将抢劫掠夺陈留、颍川等地。董卓死后，吕布派遣李肃到陕县，准备凭借皇帝的命令杀掉牛辅。牛辅等人率领众士兵迎战李肃，结果李肃大败，逃到弘农，吕布就把李肃杀了。后来，牛辅军队中的士兵有夜里叛逃的，兵营中一片惊慌，牛辅以为士兵都叛变了，于是便带上金银财宝，独自与素来关系不错的支胡赤儿等五六个人一起逃跑了，穿越城北，渡过黄河，支胡赤儿等人贪图他的金银财宝，把他杀掉后将其首投送到了长安。

[原文]

比傕等还，辅已败，众无所依，欲各散归。既无赦书，而闻长安中欲尽诛凉州人，忧恐不知所为。用贾诩策，遂将其众而西，所在收兵，比至长安，众十余万，与卓故部曲樊稠、李蒙、王方等合围长安城。十日城陷，与布战城中，布败走。傕等放兵略[1]长安老少，杀之悉尽，死者狼籍。诛杀卓者，尸王允于市。葬卓于郿，大风暴雨震卓墓，水流入藏[2]，漂其棺椁（guǒ）。傕为车骑将军、池阳侯，领司隶校尉、假节。汜为后将军、美阳侯。稠为右将军、万年侯。傕、汜、稠擅朝政。济为骠骑将军、平阳侯，屯弘农。

是岁，韩遂、马腾等降，率众诣长安。以遂为镇西将军，遣还凉州，腾征西将军，屯郿。侍中马宇与谏议大夫种邵（shào）、左中郎将刘范等谋，欲使腾袭长安，己为内应，以诛傕等。腾引兵至长平观，宇等谋泄，出奔槐里。稠击腾，腾败走，还凉州；

改葬卓尸

又攻槐里，宇等皆死。时三辅民尚数十万户，傕等放兵劫略，攻剽(piāo)[3]城邑，人民饥困，二年间相啖(dàn)[4]食略尽。

［注释］

①略：掠夺，抢掠。②藏：埋葬棺材的坑穴。③剽：抢劫，抢掠。④啖：指吃的意思。

［译文］

等到李傕等人从陈留回来后，牛辅已经战败了，众人失去了可以依靠的人，纷纷想解散回家。既没有赦罪的诏书，又听说长安城中的人将要杀掉全部的凉州人，都非常忧愁害怕，不知道该做什么好。李傕等人采用贾诩的计策，于是带领他们的军队向西面进军，一路上不断收集走散的士兵，等他们率兵到达长安时，部队已经有十几万人了，于是他们就和董卓的老部下樊稠、李蒙、王方等将联合起来把长安城从四面包围了起来。两军交战了十天，最后攻破了长安城，与吕布在城中激战，吕布战败逃走。李傕等人放任士兵掠夺长安城里的大人小孩，并且把他们全部杀光，尸体散乱地躺在地上。诛杀原来谋害董卓的人，把司徒王允的尸体扔在大街上。李傕等人把董卓的尸体埋葬在郿县，有一天狂风暴雨震开了董卓的坟墓，雨水流进了坟坑，棺材被雨水漂浮了起来。李傕做了车骑将军、池阳侯，兼任司隶校尉、持符节。郭汜做了后将军、美阳侯。樊稠做了右将军、万年侯。三个人一起把持着朝政大权。任命张济为骠骑将军、平阳侯，率兵驻扎在弘农地区。

这年，韩遂、马腾等人向李傕投降，带领军队来到了长安。于是，任命韩遂为镇西将军，派遣他返回凉州，任命马腾为征西将军，率军驻扎在郿县。侍中马宇和谏议大夫种邵、左中郎将刘范等人秘密谋划，想让马腾率兵偷袭长安，他们率军在城内作为内应，以此铲除李傕等人。等到马腾率军到达长平观的时候，马宇等人的计划泄露了，于是他们就逃到了槐里。樊稠率兵迎战马腾，马腾战败逃到了凉州；樊稠又攻打槐里，马宇等人全部战败身亡。当时，三辅地区的人总共还有几十万户，李傕等将领放任士兵对这些地区进行掠夺，到处烧杀抢掠，人们饱受饥饿痛苦，两年的时间里，人吃人的现象经常发生，最后，人几乎全部灭绝了。

［原文］

诸将争权，遂杀稠，并其众。汜(sì)与傕转相疑，战斗长安中。傕质天子于营，烧宫殿城门，略官寺，尽收乘舆服御物置其家。傕使公卿诣汜请和，汜皆执[1]之。相攻击连月，死者万数。

傕将杨奉与傕军吏宋果等谋杀傕，事泄，遂将兵叛傕。傕众叛，稍衰弱。张济自陕和解之，天子乃得出，至新丰、霸陵间。郭汜复欲胁天子还都郿。天子奔奉营，奉击汜破之。汜走

李傕、郭汜杀樊稠

南山，奉及将军董承以天子还洛阳。傕、汜悔遣天子，复相与和，追及天子于弘农之曹阳。奉急招河东故白波帅韩暹、胡才、李乐等合，与傕、汜大战。奉兵败，傕等纵兵杀公卿百官，略宫人入弘农。天子走陕，北渡河，失辎重，步行，唯皇后、贵人②从，至大阳，止人家屋中。奉、暹等遂以天子都安邑，御乘牛车。太尉杨彪、太仆韩融近臣从者十余人。以暹为征东、才为征西、乐征北将军，并与奉、承持政。遣融至弘农，与傕、汜等连和，还所略宫人公卿百官，及乘舆车马数乘。是时蝗虫起，岁旱无谷，从官食枣菜。诸将不能相率，上下乱，粮食尽。奉、暹、承乃以天子还洛阳。出箕关，下轵道，张杨以食迎道路，拜大司马。语在《杨传》。天子入洛阳，宫室烧尽，街陌荒芜③，百官披荆棘，依丘墙间。州郡各拥兵自卫，莫有至者。饥穷稍甚，尚书郎以下，自出樵采，或饥死墙壁间。

[注释]

①执：逮捕的意思。②贵人：皇帝嫔妃的名号，地位仅次于皇后。③街陌：街道的意思。

[译文]

李傕等将领互相争权夺利，于是他们便杀了樊稠，吞并了他的队伍。郭汜和李傕互相之间又有了猜疑，他们在长安城里发生了冲突。李傕把皇帝扣押在兵营里作人质，放火烧了宫殿城门，抢劫掠夺官府，把皇帝平时用的车轿、穿的衣服、日常用的物品等全部搜集起来放在了自己的家里。他又指使朝中的公卿大臣到郭汜那里请求讲和，但是郭汜把这些去求和的人全部扣押了起来。双方互相争斗了几个月，死伤数万人。

李傕的部下杨奉以及军吏宋果等人秘密谋划杀害李傕，后来事情被泄露，他们两个人便带领队伍起来反叛李傕。李傕的军队里发生叛变后，势力逐渐减弱。张济从陕县来到长安，想调和郭、李之间的矛盾，这时候皇帝才被李傕放了出来，来到了新丰、霸陵之间。郭汜又想胁迫皇帝在郿县建都。情急之下，皇帝逃到了杨奉的兵营，杨奉率军打败了郭汜。郭汜逃到了南山，杨奉和将军董承请皇帝回到洛阳。李傕和郭汜都后悔把皇帝放跑了，所以又重新和好，在弘农曹阳追上了正在赶回洛阳途中的皇帝。杨奉连忙召集河东郡原白波起义首领韩暹、胡才、李乐等人与自己会合，同李傕和郭汜展开大战。杨奉军队大败，李傕等将领放任士兵屠杀朝中的公卿百官，抢掠宫人，把他们带到弘农郡。皇帝逃到陕县，一直往北走渡过了黄河，路上把车马和行李都弄丢了，只好步行，皇帝身边只有皇后和贵人们跟随，当他们走到大阳的时候，只好歇息在平常百姓的家里。杨奉、韩暹等人追赶上皇上，把皇上一行人暂时安排在安邑县，此时皇帝出门乘坐的是牛车。跟随皇帝的有太尉杨彪、太仆韩融以及皇帝的亲近臣子等十多人。任命韩暹为征东将军、胡才为征西将军、李乐为征北将军，与杨奉、董承一起主持朝政。又派遣韩融到弘农与李傕、郭汜等人讲和，李傕、郭汜把俘虏去的公卿百官和宫人放了回去，归还了皇帝的数套车马。这时，民间闹蝗灾，又逢干旱天气，粮食歉收，跟随的官员只好以枣、菜为食，而各个将领又各属于不同的派别，所以从上到下都非常混乱，粮食早已经吃完。杨奉、韩暹、董承便请皇帝回到洛阳。出了箕关，走过轵道，太守张杨带着粮食在路上迎接皇帝一行，皇帝便封张杨为大司马。这件事被记载在《张杨传》中。皇帝进入洛阳以后，只见宫殿全部都被烧毁，街道荒废而且长满了杂草，百官只好屈膝拔除荆棘乱草，暂时在土堆断墙旁边安顿下来。地方上，州郡长官都拥兵自立，没有一个愿意来保护皇帝。饥饿穷困越来越严重，官职在尚书郎以下的官员都要亲自出城上山砍柴、采摘野菜，有的官员竟然饿死在断墙破壁之间。

[原文]

太祖乃迎天子都许。暹、奉不能奉王法，各出奔，寇徐、扬间，为刘备所杀。董承从太祖岁余，诛。建安二年，遣谒者仆射裴茂率关西诸将诛傕，夷三族。汜为其将五习所袭，死于郿(méi)。济饥饿，至南阳寇略，为穰人所杀，从子[1]绣摄其众。才、乐留河东，才为怨家所杀，乐病死。遂、腾自还凉州，更相寇，后腾入为卫尉，子超领其部曲。十六年，超与关中诸将及遂等反，太祖征破之。语在《武纪》。遂奔金城，为其将所杀。超据汉阳，腾坐[2]夷三族。赵衢(qú)等举义兵[3]讨超，超走汉中从张鲁，

马腾

后奔刘备，死于蜀。

[注释]

①从子：指侄子。②坐：因亲属犯罪而遭到连坐。③义兵：这里指帮助朝廷镇压叛乱的地方武装。

[译文]

曹操迎接献帝在许昌建都。韩暹和杨奉不执行王法，都各自逃跑了，他们率军在徐州、扬州一带烧杀抢掠，后来被刘备杀掉了。董承追随太祖一年多，后被杀掉。建安二年（197），朝廷派遣谒者仆射裴茂率领关西各个战将把李傕除掉了并且灭掉了他三族之内的亲人。郭汜被他的部将五习偷袭，死在郿县。张济因为没有东西吃，到南阳一带烧杀抢夺，被穰人杀掉了，侄儿张绣统帅了他的军队。胡才、李乐留守河东郡，后来胡才被他的仇人所杀害，李乐病死了。韩遂、马腾各自率军回到凉州，过了不久两军又互相攻击。后来，马腾进了朝廷做了卫尉，他的儿子马超统帅了他的军队。建安十六年（211），马超和关中诸位将领以及韩遂等人率军反抗朝廷，曹操亲自征讨叛军并且攻破了他们。这件事被记载在《武帝纪》里。韩遂逃到金城，后被他的部将杀害。马超占据了汉阳，他的父亲马腾因为此事受到牵连被灭了三族之内的亲戚。赵衢等人组织义军讨伐马超，马超逃到汉中追随了张鲁，后来投奔了刘备，最后死在蜀地。

[原文]

袁绍字本初，汝南汝阳人也。高祖父安，为汉司徒。自安以下四世居三公位，由是势倾天下。绍有姿貌威容，能折节下士，士多附之，太祖少与交焉。以大将军掾[yuàn]①为侍御史，稍迁中军校尉，至司隶。

灵帝崩，太后兄大将军何进与绍谋诛诸阉官，太后不从。乃召董卓，欲以胁太后。常侍、黄门闻之，皆诣进谢，唯所错置。时绍劝进便可于此决之，至于再三，而进不许。令绍使洛阳方略②武吏，检司诸宦者。又令绍弟虎贲中郎将术选温厚虎贲[bēn]

二百人，当入禁中③，代持兵④黄门陛守门户。中常侍段珪等矫⑤太后命，召进入议，遂杀之，宫中乱。术将虎贲烧南宫嘉德殿青琐门，欲以迫出珪(guī)等。珪等不出，劫帝及帝弟陈留王走小平津。绍既斩宦者所署⑥司隶校尉许相，遂勒兵捕诸阉人，无少长皆杀之。或有无须而误死者，至自发露形体而后得免。宦者或有行善自守而犹见及。其滥如此。死者二千余人。急追珪等，珪等悉赴河死。帝得还宫。

[注释]

①掾：所属的官员。②方略：计策，谋略。③禁中：这里指宫中。④兵：兵器，武器。⑤矫：谎称，诈称。⑥署：任命的意思。

[译文]

袁绍字本初，汝南郡汝阳县人。他的高祖父袁安在汉朝做过司徒。从袁安以下，四代人都官居三公的高位，所以，袁家的势力遍及全国。袁绍本人长得相貌堂堂，而且能够放低自己的身价去结识有本事的人，这些人大多数都依附于他，太祖年轻的时候也和他有过来往。后来，袁绍以大将军的属官在朝廷做了侍御史，官位逐渐升至中军校尉，后来官居司隶校尉。

袁绍

灵帝驾崩以后，太后的哥哥大将军何进和袁绍一起谋划着杀掉宫里所有的太监，太后不同意，何进就把董卓招来，想用董卓来威胁太后。常侍、黄门听到这个消息后，都到何进那里谢罪，所有的人都愿听他的处置。当时，袁绍劝何进趁着这个机会把宦官都杀掉，而且反复地向他说明这样做的理由，但是何进始终不肯答应。他命令袁绍到洛阳策划组织武官，监视宦官的举动。又指使袁绍的兄弟虎贲中郎将袁术挑选二百名温厚的虎贲勇士，准备进入宫中，代替手持兵器的黄门来守卫宫门。中常侍段珪等假托太后的旨意，把何进召进宫里商量事情，借机把他除掉了。宫里顿时混乱了起来。袁术率领武士放火烧掉了南宫嘉德殿青琐门，想凭借这个事情迫使段珪等从宫里出来，段珪等不愿意出来，把少帝及其弟弟陈留王劫持到了小平津。袁绍杀了张让、段珪等所任命的司隶校尉许相之后，便指使其部下士兵将所有的宦官都捉拿起来，不论年龄大小，统统都杀掉。其中有不少没有胡子的人也被他们误认为是宦官杀掉了，以至于有的人在亲自脱掉衣服赤身露体之后才可以不被误杀。有些安分守己、不做坏事的宦官也被杀掉了。袁绍滥杀无辜竟然到了这样的程度。被杀掉的人达到二千余人。袁绍又派人急忙追赶段珪等，段珪等逃到黄河边上，最后全部投河自杀了。皇帝就这样回到宫里。

[原文]

董卓呼绍，议欲废帝，立陈留王。是时绍叔父隗(wěi)为太傅，绍伪许之，曰："此大事，出当与太傅议。"卓曰："刘氏种不足复遗。"绍不应，横刀长揖而去。绍既出，遂亡奔冀州。侍中周毖(bì)、城门校尉伍琼、议郎何颙(yóng)等，皆名士也，卓信之，而阴为绍[①]，乃说卓曰："夫废立大事，非常人所及。绍不达大体，恐惧故出奔，非有他志也。今购之急[②]，势必为变。袁氏树恩四世，门生故吏遍于天下，若收豪杰以聚徒众，英雄因之而起，则山东非公之有也。不如赦之，拜一郡守，则绍喜于免罪，必无患矣。"卓以为然，乃拜绍勃海太守，封邟乡侯。

废汉帝陈留践位

[注释]

①阴：暗中，私下。②购：这里指悬赏捕捉犯人。

[译文]

董卓召袁绍过去，和他一起商议准备废除少帝，立少帝的弟弟陈留王为帝。这时袁绍的叔父袁隗为太傅，袁绍表面上假装答应了这件事，说："这件事是大事，我应该回去和太傅商量一下。"董卓说："刘氏后代不值得再被留下了。"袁绍不答应，横拿着佩刀作了一个长长的揖就离开了。袁绍出来以后，就逃到了冀州。侍中周毖、城门校尉伍琼、议郎何颙等人都是朝廷里的名人，董卓信任他们，而他们私下帮助袁绍，他们劝董卓说:“废立皇帝是一件大事，不是平常人所能做到的事情。袁绍不识大体，因为惊恐惧怕才出逃，并没有别的阴谋。现在急着捉捕他，必然会引起他的叛变。袁家树立的恩惠已经有四代了，学生和旧的属吏遍布全天下，假如他广泛地收揽豪杰、聚集门徒和随从，天下的英雄都会依附于他，跟随他起来造反，如果那样的话，山东就不能被您所拥有了。不如赦免他，授给他一郡太守的官职，那么袁绍就会因自己被免罪而感到高兴，必定没有祸患。”董卓认为他们说得有道理，于是任命袁绍为渤海太守，封为邟乡侯。

［原文］

绍遂以勃海起兵，将以诛卓。语在《武纪》。绍自号车骑将军，主盟，与冀州牧韩馥立幽州牧刘虞为帝，遣使奉章诣虞，虞不敢受。后馥军安平，为公孙瓒(zàn)所败。瓒遂引兵入冀州，以讨卓为名，内欲袭馥。馥怀不自安。会卓西入关，绍还军延津，因馥惶遽，使陈留高幹、颍川荀谌等说馥曰：“公孙瓒乘胜来向南，而诸郡应之，袁车骑引军东向，此其意不可知，窃[①]为将军危之。”馥曰：“为之奈何？”谌曰：“公孙提燕、代之卒，其锋不可当。袁氏一时之杰，必不为将军下。夫冀州，天下之重资也，若两雄并力，兵交于城下，危亡可立而待也。夫袁氏，将军之旧，且同盟也，当今为将军计，莫若举冀州以让袁氏。袁氏得冀州，则瓒不能与之争，必厚德将军。冀州入于亲交，是将军有让贤之名，而身安于泰山也。愿将军勿疑！”馥素恇(kuāng)怯[②]，因然其计。馥长史耿武、别驾闵(mǐn)纯、治中李历谏馥曰：“冀州虽鄙[③]，带甲百万，谷支十年。袁绍孤客穷军，仰我鼻息，譬如婴儿在股掌之上，绝其哺乳，立可饿杀。奈何乃欲以州与之？”馥曰：“吾，袁氏故吏，且才不如本初，度[④]德而让，古人

绍据冀州

所贵，诸君独何病⑤焉！”从事赵浮、程奂请以兵拒之，馥又不听。乃让绍，绍遂领冀州牧。

［注释］

①窃：暗地，私下。这里指表达个人意见时用的谦辞。②恇怯：害怕畏缩。③鄙：指地理位置比较偏远的地方。④度：估测，估量。⑤病：担心，忧虑。

［译文］

袁绍就从渤海郡起兵，将要讨伐董卓。这件事被记载在《武帝纪》里。袁绍自己封自己为车骑将军，担任盟主，与冀州牧韩馥一起立幽州牧刘虞做皇帝，并且派使者拿着奏章前去觐见刘虞，但是刘虞不敢接受。后来，韩馥的队伍驻扎在安平，被公孙瓒打败。于是公孙瓒便率领军队进入冀州，他以讨伐董卓为名，心里打算袭击韩馥。韩馥心里忐忑不安。正好在这个时候董卓向西进入潼关，于是袁绍就带领队伍回到了延津，因为韩馥心里非常害怕，袁绍就让陈留人高幹、颍川人荀谌等人劝韩馥说：“公孙瓒乘胜向南来到这里，而各郡都响应他的号召。袁绍率军向东转移，我们还不知道他的图谋，我们私下感到将军您的处境很危险。”韩馥说：“我现在该怎么办呢？”荀谌说：“公孙瓒统领燕、代两地的军队，他的锋芒是任何人无法抵挡的。袁绍是当今世道的豪杰，当然不会甘心居于将军您之下。而冀州，又是天下重要的郡，假如他们两支强有力的军队都来攻击您，交战于城下，您的危险马上就来了。袁绍是您认识多年的朋友了，又是您讨伐董卓的同盟，现在，我们替您打算，将军您不如把冀州割让给袁绍。袁绍得到了冀州，公孙瓒就不能和他争夺这个地方了，袁绍必然会深深地感激您。这样，冀州到了您的亲密的朋友手里，而将军您又得到了一个让贤的美名，自己也会像泰山一样稳定。希望将军您不要再迟疑了！”韩馥向来胆小，因而觉得荀谌等人的计策很有道理。韩馥的长史耿武、别驾闵纯、治中李历劝阻他说：“冀州虽然地处偏僻，但是拥有百万军队，粮食充足足以支持十年之需。袁军已经是一支无人支持的穷途末路的军队，他们要依附于我们才能生存，就像怀中的婴儿在手上一样，不给他喂奶，他就会立刻饿死。为什么要把冀州让给袁绍呢？”韩馥说：“我，是袁绍的老部将，而且我的才能不如袁绍，权衡自己的才德后把位子让给贤能的人，这是古人所推崇的美德，你们偏偏忧虑什么呢？”从事赵浮、程奂请求用武力抗击袁绍，韩馥没有听他们的建议。于是，韩馥把冀州让给了袁绍，袁绍便做了冀州牧。

［原文］

从事沮(jǔ)授说绍曰：“将军弱冠登朝，则播名海内；值废立之际，则忠义奋发；单骑出奔，则董卓怀怖；济河而北，则勃海稽首①。振一郡之卒，撮(cuō)②冀州之众，威震河朔，名重天下。虽

黄巾猾乱，黑山跋扈，举军东向，则青州可定；还讨黑山，则张燕可灭；回众北首③，则公孙必丧；震胁戎狄，则匈奴必从。横大河之北，合四州之地，收英雄之才，拥百万之众，迎大驾④于西京，复宗庙于洛邑，号令天下，以讨未复⑤，以此争锋，谁能敌之？比及数年，此功不难。”绍喜曰：“此吾心也。”即表授为监军、奋威将军。卓遣执金吾胡母班、将作大匠吴修赍(jī)诏书喻绍，绍使河内太守王匡杀之。卓闻绍得关东，乃悉诛绍宗族太傅隗等。当是时，豪侠多附绍，皆思为之报，州郡蜂起，莫不假其名。馥怀惧，从绍索去，往依张邈。后绍遣使诣邈，有所计议，与邈耳语。馥在坐上，谓见图构，无何⑥起至溷(hùn)自杀。

[注释]

①稽首：叩头到地上。这是古代的一种跪拜的礼节，在这里表示投降归顺的意思。②撮：聚集，聚拢。③北首：头朝向北面。④大驾：这里指皇帝。⑤复：投降的意思。⑥无何：不久，形容时间短促。

[译文]

从事沮授劝说袁绍道：“将军您年轻的时候在朝廷做官，扬名海内外；正当董卓打算废掉少帝、立献帝的时候，您则发扬忠义的精神；一个人跑出京城，使董卓感到非常害怕；当您渡过黄河向北而去以后，渤海内的所有豪杰都低头向您跪拜。您发动了渤海郡的军队，聚集了冀州的人马，威震河北，名声扬于天下。虽然黄巾军狡猾作乱，黑山军蛮横无礼，只要将军您率兵东征，青州的黄巾叛军就可以被平定；回来再讨伐黑山军，就可以把张燕这支队伍灭掉；您再率领队伍掉转头向北前进，那么公孙瓒必死无疑；如果您以强大的威力震慑威胁戎狄，那么匈奴必然会服从于您。横扫黄河以北的地区，兼并四州的土地，聚集天下的英才，统领百万大军，然后在西京迎接皇帝的到来，在洛阳重建宗庙，向全天下发号施令，继续讨伐还没有归顺朝廷的地方州郡，将军如果您以这样的力量来争强取胜，有谁能够阻挡的了呢？等到几年以后，建立这样的功业并不困难。”袁绍听了非常高兴，说：“你的这些话正好符合我的心意。”于是，他就向皇帝推荐沮授任监军、奋威将军。董卓派遣执金吾胡母班、将作大匠吴修带着皇帝的命令劝说袁绍，袁绍指使河内太守王匡把这两个特使杀了。董卓听到袁绍占据了关东地区的消息后，就派人把袁氏家族的太傅袁隗等人全部杀掉。正当这时，天下的豪杰侠客大多数都依附于袁绍，都想替他报这个家仇，州郡蜂拥而起，都假借他的名义。韩馥心里非常害怕，于是就向袁绍请求离开，然后前往张邈的军队并投靠他。后来有一次袁绍派遣使者到张邈那里

公孙瓒

商议事情，使者和张邈附耳密语。韩馥当时在座位上看到了他们的这一举动，以为他们要谋害自己，过了一会儿就起身去厕所自尽了。

[原文]

初，天子之立非绍意，及在河东，绍遣颍(yǐng)川郭图使焉。图还说绍迎天子都邺，绍不从。会太祖迎天子都许，收河南地，关中皆附。绍悔，欲令太祖徙天子都鄄(juàn)城以自密近，太祖拒之。天子以绍为太尉，转为大将军，封邺(yè)侯，绍让侯不受。顷之。击破瓒于易京，并其众。出长子谭为青州，沮授谏绍："必为祸始。"绍不听，曰："孤欲令诸儿各据一州也。"又以中子①熙为幽州，甥高幹为并州。众数十万，以审配、逢纪统军事，田丰、荀谌、许攸为谋主，颜良、文丑为将率，简②精卒十万，骑万匹，将攻许。

[注释]

①中子：指排行居中的儿子。②简：挑选，挑拣。

[译文]

当初，立献帝并不是袁绍的本意，等到了河东的时候，袁绍便派遣颍川人郭图为使者朝见汉献帝。郭图回来以后就劝说袁绍迎接献帝建都邺城，袁绍没有采用这个建议。正赶上曹操迎接天子建都许昌，并且收复了河南各地，关中各地区全部归附于曹操。袁绍非常后悔，就希望曹操把献帝迁到鄄城建都，以便自己能够密切地接近献帝，曹操拒绝了袁绍的请求。献帝任命袁绍为太尉，不久又升为大将军，封为邺侯，袁绍不接受侯爵的封号。不久，袁绍在易京打败了公孙瓒，而且吞并了他的队伍。让大儿子袁谭出任青州刺史，沮授劝阻袁绍说："您这种做法必定是祸乱的开端。"袁绍不听从他的告诫，说："我要让我的儿子们各自占据一个州。"他又让他的第二个儿子袁熙出任幽州刺史，让他的外甥高幹出任并州刺史。袁绍拥有几十万军队，设审配、逢纪主管军队的事务，田丰、荀谌、许攸为他的主要谋士，颜良、文丑为将军，又挑选十万名精锐士兵，一万匹战马，准备进攻许昌。

[原文]

先是，太祖遣刘备诣(yì)徐州拒袁术。术死，备杀刺史车胄(zhòu)，引军屯沛。绍遣骑佐之。太祖遣刘岱、王忠击之，不克。建安五年，太祖自东征备。田丰说绍袭太祖后，绍辞以子疾，不许，丰举杖击地曰："夫遭①难遇之机，而以婴儿之病失其会②，惜哉！"太祖至，击破备；备奔绍。

[注释]

①遭：指遇到。②会：机会，时机。

[译文]

在此之前，曹操派刘备到徐州抵抗袁术。袁术死了以后，刘备除掉了徐州刺史车胄，自己率军驻扎在沛县。袁绍派遣人马协助他。曹操派刘岱、王忠攻击刘备，没有取得胜利。建安五年（200），曹操亲自东征，征讨刘备。田丰劝说袁绍趁机偷袭曹操的后方，袁绍以儿子有病为借口把这事推辞了，没有采纳他的建议。田丰举起手杖敲打着地面说："碰上这样一个难以遇到的机会，却因为孩子的病失去了这个机会，真是可惜啊！"曹操到了徐州，攻克了刘备的队伍；刘备投奔了袁绍。

文丑

[原文]

绍进军黎阳，遣颜良攻刘延于白马。沮(jǔ)授又谏绍："良性促狭，虽骁勇不可独任。"绍不听。太祖救延，与良战，破斩良。绍渡河，壁延津南，使刘备、文丑挑战。太祖击破之，斩丑，再战，禽绍大将。绍军大震。太祖还官渡。沮授又曰："北兵数众而果劲不及南，南谷虚少而货财不及北；南利在于急战，北

利在于缓搏。宜徐持久，旷以日月。”绍不从。连营稍前①，逼官渡，合战，太祖军不利，复壁。绍为高橹，起土山，射营中，营中皆蒙楯(dùn)，众大惧。太祖乃为发石车，击绍楼，皆破，绍众号曰霹雳车。绍为地道，欲袭太祖营。太祖辄于内为长堑(qiàn)②以拒之，又遣奇兵③袭击绍运车，大破之，尽焚其谷。太祖与绍相持日久，百姓疲乏，多叛应绍，军食乏。会绍遣淳于琼等将兵万余人北迎运车，沮授说绍："可遣将蒋奇别为支军于表④，以断曹公之钞⑤。”绍复不从。琼宿乌巢，去绍军四十里。太祖乃留曹洪守，自将步骑五千候夜潜往攻琼。绍遣骑救之，败走。破琼等，悉斩之。太祖还，未至营，绍将高览、张郃等率其众降。绍众大溃，绍与谭单骑退渡河。余众伪降，尽坑之。沮授不及绍渡，为人所执，诣太祖，太祖厚待之。后谋还袁氏，见杀。

[注释]

①稍前：渐渐地向前推进。②堑：壕沟。③奇兵：进行突然袭击的队伍。④表：外围。⑤钞：通“抄”，掠夺，夺取。

[译文]

袁绍率军进攻黎阳，派遣颜良在白马向刘延发起进攻。沮授又向袁绍劝说道："颜良的性格非常孤僻、急躁，虽然非常勇猛，但是不可以独自受此重任。”袁绍没有听取他的劝告。双方开战后，曹操率军来援助刘延，和颜良展开了战斗，大破颜良的军队，并且杀掉了他。袁绍率军渡过黄河，在延津南侧设立壁垒，指使刘备、文丑挑起战争。曹操打败了他们，杀了文丑，接着再战，俘虏了袁绍的一名大将。袁军大为震惊。曹操率军回到了官渡。这时，沮授又对袁绍说："北方军队虽然人数众多，但是不如南方军队果敢强劲，南方军队的粮食储备以及物资财富赶不上北方军队；南方军队适合迅速作战，北方军队适合持久作战。我们应该打持久战，拖延作战的时间。”袁绍不听从沮授的建议。把军营连接起来慢慢向前移动，逼近官渡，双方展开了争战，曹操的军队出师不利，回到军营坚守壁垒。袁绍在军营内垒起高楼，把土堆积成山，向曹操的军营射箭，曹军中的官兵都举着盾牌护住头部，大家大为惊慌。于是，曹操便制造发石车，用来攻击袁绍营中的高楼，把它们全部都摧毁了，袁军把这种发石车称作霹雳车。袁绍又挖地道，想暗中偷袭曹操的军营。曹操就在营内挖了长长的深沟来抗击袁军，又派骑兵偷袭袁绍的运粮车，击败了他运粮的队伍，把他的军粮全部都烧光了。曹操和袁绍的军队相持的时间很长，百姓被折磨得非常疲劳困苦，大多数都背叛了曹操投靠了袁绍，军粮也已经缺乏。正好在这个时候，袁绍派部将淳于琼等人率领一万余名士兵往北出发迎接运粮车，沮授提醒袁绍说：“您应该派将军蒋奇率军在淳于琼所带队伍的外围保护，以防止曹公抢劫。”袁绍又没有听从他的告诫。淳于琼率军在乌巢宿营，离袁绍的军营只有四十里地。于是，曹操便让曹洪留守军营，亲自带领步兵、骑兵共五千余人在夜间暗地里前去偷袭淳于琼。袁绍派遣骑兵前去救援，但是被打败落逃。曹操打败淳于琼等人，将他们全部杀掉。曹操返回军营，还没等他走到营地，袁绍的部将高览、张郃等率领他们的队伍前来向曹操投降。袁绍的军队大大地溃散了，袁绍和袁谭单枪匹马闯出重围后渡过黄河。剩下的兵士假装投降，被发现后都被活埋了。沮授没来得及和袁绍一起渡过黄河，被人抓获，押送去见曹操，曹操非常友好地款待了他。后来，沮授企图逃回袁绍那里，被曹操杀掉。

[原文]

初，绍之南也，田丰说绍曰：“曹公善用兵，变化无方，众虽少，未可轻也，不如以久持之。将军据山河之固，拥四州之众，外结英雄，内修农战①，然后简其精锐，分为奇兵，乘虚迭（dié）出②，以扰河南，救右则击其左，救左则击其右，使敌疲于奔命，民不得安业；我未劳而彼已困，不及二年，可坐克也。今释庙胜之策，而决成败于一战，若不如志，悔无及也。”绍不从。丰恳谏，绍怒甚，以为沮③众，械系之。绍军既败，或谓丰曰：“君必见重。”丰曰：“若军有利，吾必全，今军败，吾其死矣。”绍还，谓左右曰：“吾不用田丰言，果为所笑。”遂杀之。绍外宽雅④，有局度，忧喜不形⑤于色，而内多忌害⑥，皆此类也。

田丰

[注释]

①农战：这里指推广农耕，加强防备。②迭：替换，轮流。③沮：破坏，败坏。④宽雅：宽厚文雅，形容人的品质非常好。⑤形：表现，流露。⑥忌害：猜疑陷害别人。

[译文]

当初，袁绍率军南下，田丰劝他说：“曹公善于用兵，兵术变化无常，军队虽少，不可以轻视，不如用持久战与他相持。将军您依据山河地理的险固，拥有四州的民众，对外结交天下的英雄们，对内修治农耕、积极备战，然后挑选精锐的队伍，分成几支奇兵，趁对方空虚无人的时候不断出击，以此来骚扰黄河以南的地区，曹军援助右边我们就攻击他们的左边，救助左边我们就进攻他们的右边，使敌人来回奔波，疲劳至极，百姓不能安居乐业；我军没有感到疲劳而敌军已经疲乏困倦了，不出两年的时间，我们就可以坐取胜利。现在放弃可以克敌制胜的策略，而是把成功与否放在一场会战上，如果我们不能如愿取得胜利，后悔就来不及了。”袁绍不采纳田丰的建议，田丰诚恳地进谏，袁绍非常生气，认为这些话挫伤了士气，就给他带上刑具，把他关进了监牢。袁绍的军队打了败仗，有人对田丰说：“你肯定会受到重用。”田丰说：“如果我军打了胜仗，我还能保全性命，现在我军打了败仗，我肯定会死的。”袁绍回到营中，对身边的人说：“我没有采纳田丰的建议，果然被他笑话了。”于是就把田丰杀了。从外表看来，袁绍为人宽厚文雅，非常有气度，忧愁和喜悦都不在脸上表现出来，但是内心好猜疑陷害别人，都像这件事一样。

[原文]

冀州城邑多叛，绍复击定之。自军败后发病，七年，忧死。

绍爱少子尚，貌美，欲以为后[1]而未显。审配、逢纪与辛评、郭图争权，配、纪与尚比[2]，评、图与谭比。众以谭长，欲立之。配等恐谭立而评等为己害，缘绍素意，乃奉尚代绍位。谭至，不得立，自号车骑将军。由是谭、尚有隙。太祖北征谭、尚。谭军黎阳，尚少与谭兵，而使逢纪从谭。谭求益兵，配等议不与。谭怒，杀纪。太祖渡河攻谭，谭告急于尚。尚欲分兵益谭，恐谭遂夺其众，乃使审配守邺，尚自将兵助谭，与太祖相拒于黎阳。自九月至二月，大战城下，谭、尚败退，入城守。太祖将围之，乃夜遁。追至邺，收其麦，拔阴安，引军还许。太祖南征荆州，军至西平。谭、尚遂举兵相攻，谭败奔平原。尚攻之急，谭遣辛毗诣太祖请救。太祖乃还救谭，十月至黎阳。尚闻太祖北，释平原还邺。其将吕旷、吕翔叛尚归太祖，谭复阴刻将军印假旷、翔。太祖知谭诈，与结婚以安之，乃引军还。尚使审配、苏由守邺，复攻谭平原。太祖进军将攻邺，到洹水，

去邺五十里，由欲为内应，谋泄，与配战城中，败，出奔太祖。太祖遂进攻之，为地道，配亦于内作堑以当之。配将冯礼开突门，内太祖兵三百余人，配觉之，从城上以大石击突中栅门，栅门闭，入者皆没。太祖遂围之，为堑，周四十里，初令浅，示若可越。配望而笑之，不出争利。太祖一夜掘之，广深二丈，决漳水以灌之，自五月至八月，城中饿死者过半。尚闻邺急，将兵万余人还救之，依西山来，东至阳平亭，去邺十七里，临滏(fǔ)水，举火以示城中，城中亦举火相应。配出兵城北，欲与尚对决围。太祖逆击之，败还，尚亦破走，依曲漳为营，太祖遂围之。未合，尚惧，遣阴夔、陈琳乞降，不听。尚还走滥口，进复围之急，其将马延等临陈降，众大溃，尚奔中山。尽收其辎重，得尚印绶(shòu)、节钺及衣物，以示其家，城中崩沮③。配兄子荣守东门，夜开门内太祖兵，与配战城中，生禽配。配声气壮烈，终无挠辞④，见者莫不叹息。遂斩之。高幹以并州降，复以幹为刺史。

袁谭、袁尚争冀州

[注释]

①后：指嗣子，即爵位或者职位的继承人。②比：亲近。这里指关系密切。③崩沮：这里指崩溃瓦解。④挠辞：这里指表示屈从的言辞。

[译文]

冀州一些地方的军队大多数背叛了袁绍，袁绍派兵重新平定了这些地方。袁绍自从被曹军打败之后就生了病，在建安七年（202），忧郁愤怒而死。

袁绍非常喜欢他的小儿子袁尚，袁尚长得非常俊美，袁绍想让他做自己的继承人，但是没有公开的宣布。当时，审配、逢纪和辛评、郭图争权夺利，审配、逢纪与袁尚勾结在一起，辛评、郭图与袁谭勾结在一起。众人因为袁谭是袁绍的大儿子，想拥立他做袁绍的继承人。审配等人害怕袁谭被拥立起来之后辛评等人会谋害自己，便按照袁绍平素的想法，拥护袁尚继承了袁绍的位置。袁谭便去了冀州，因为不能够成为继承人，便自称为车骑将军，从此，袁谭和袁尚之间就产生了矛盾。曹操率军北上讨伐袁谭和袁尚。当时，袁谭率军驻扎在黎阳，袁尚给他的兵力很少，而且让逢纪跟随着袁谭。袁谭向袁尚请求增加兵力，审配等人商议不给他兵力。袁谭一怒之下杀了逢纪。曹操率军渡过黄河进攻袁谭的队伍，袁谭向袁尚告急，袁尚打算派一部分队伍去援助袁谭，但是又害怕袁谭趁机吞并了他的队伍，就命令审配留守邺城，自己亲自率军来支援袁谭，与曹操在黎阳交战。从头年九月到第二年二月，双方在城下展开了激战，袁谭、袁尚败退下来，退到城里坚守。曹操准备从外面把他们包围起来，但是袁谭、袁尚夜间趁机逃跑了。追到邺城，割收了他们的麦子，攻占了阴安，然后又率领军队回到了许昌。曹操继续向南征讨荆州，军队攻到了西平。袁谭、袁尚出兵互相攻击，袁谭战败跑到了平原。袁尚的进攻很猛烈，袁谭便派辛毗到曹操那里请求援助。曹操便掉转军队援助袁谭，十月到了黎阳。袁尚听说曹操挥军北上，马上放弃对平原的包围退回到了邺城。他的部将吕旷、吕翔背叛了他投降了曹操，袁谭又暗地里刻了将军的印章送给了吕旷、吕翔。曹操知道袁谭非常阴险狡诈，就让自己的儿子娶了袁谭的女儿，以安袁谭的心，于是，曹操就率军回去了。袁尚命令审配、苏由留守邺城，自己率军再次向固守平原的袁谭发起进攻。曹操率军准备攻打邺城，到达洹水的时候，离邺城还有五十里远，苏由准备在城中作为内应，与曹操里应外合，阴谋被泄露，苏由与审配在城中发生了争斗，战败，从城里逃出来投奔曹操。于是曹操进攻邺城，挖地道，审配也在城里挖了壕沟进行抵抗。审配的部将冯礼把突门打开，把曹操的三百多名将士放进城里，审配发现后，从城墙上用大石块袭击突门中的栅门，栅门便被关闭了。进入突门的曹军都被砸死。曹操便包围了邺城，在四周挖壕沟，长四十余里，刚开始的时候挖得非常浅，看上去好像可以越过去。审配在城上看到以后觉得好笑，没有出兵争夺有利的战机。曹操在一夜之间，挖了一条宽度和深度都有两丈的壕沟，又决开漳水使其流进沟里，从那年的五月到八月，城中一半以上的人饿死了。袁尚听说邺城的情况非常紧急，就带了一万多名士兵前来援救，他们沿着西山奔来，往东一直走到阳平亭，这里离邺城有十七里远，靠近滏水的时候，就燃起大火向城中的人暗示援兵已经来到，城中的人

决水灌城

也燃起火与他们相呼应。审配率军从北门出城，想与袁尚内外呼应冲破曹军的包围。曹操率军迎战，审配败回城内，袁尚也败走，沿着曲漳扎营，曹操便率军包围了他。还没有完全包围起来，袁尚深感恐惧，派阴夔、陈琳到曹操那里乞求投降，曹操没有答应。袁尚往回逃到滥口，曹操又进军把他包围了起来，情况更加紧急，袁尚的部将马延等临阵投降，军队立即溃散，袁尚逃到了中山。曹操缴获了他全部的军需物品，得到了袁尚的印绶、符节、斧钺以及衣物，把这些衣物拿给他的家人看，守军的士气顿时崩溃。审配哥哥的儿子审荣留守东门，夜间打开东门把曹操的军队放了进来，曹操的军队与审配的军队在城中展开激战，审配被活捉，审配神情豪壮激昂，始终没有说一句求饶的话，在场的人没有不为他叹息的。曹操杀掉了他。高幹献出并州向曹操投降，曹操仍然任命他为并州刺史。

[原文]

太祖之围邺也，谭略取①甘陵、安平、勃海、河间，攻尚于中山。尚走故安从熙，谭悉收其众。太祖将讨之，谭乃拔平原，并南皮，自屯龙凑。十二月，太祖军其门，谭不出，夜遁奔南皮，临清河而屯。十年正月，攻拔之，斩谭及图等。熙、尚为其将焦触、张南所攻，奔辽西乌丸。触自号幽州刺史，驱率诸郡太守令长，背袁向曹，陈兵数万，杀白马盟，令曰："违命者斩！"众莫敢语，各以次歃。至别驾韩珩(héng)，曰："吾受袁公父子厚恩，今其破亡，智不能救，勇不能死，于义阙(quē)矣；若乃北面②于曹氏，所弗能为也。"一坐为珩失色。触曰："夫兴大事，当立大义，事之济否，不待一人，可卒③珩志，以励事君。"高幹叛，执上党太守，举兵守壶口关。遣乐进、李典击之，未拔。十一年，太祖征幹。幹乃留其将夏昭、邓升守城，自诣匈奴单于求救，不得，独与数骑亡，欲南奔荆州，上洛都尉捕斩之。十二年，太祖至辽西击乌丸。尚、熙与乌丸逆军战，败走奔辽东，公孙康诱斩之，送其首。太祖高韩珩节，屡辟④不至，卒于家。

[注释]

①略取：强行取得。②北面：这里指称臣。古时臣子拜见帝王时面向北，所以把向人称臣称为北面。③卒：完成，结束。④辟：征召，起用。

遣送本匣

[译文]

曹操包围邺城时，袁谭占领了甘陵、安平、渤海、河间，向驻守中山的袁尚发动进攻。袁尚败退到故安投靠袁熙，袁谭把他的军队全部收编。曹操准备征讨袁谭，袁谭占领了平原，并且吞并了南皮，自己则驻守在龙凑。十二月，曹操的军队到达他的门口，袁谭不敢出来迎战，夜间逃到南皮，沿着清河驻扎军队。建安十年（205）正月，曹操攻占了南皮，杀掉了袁谭和郭图等人。袁熙、袁尚被他的部将焦触、张南攻击，逃跑到辽西郡乌丸。焦触自封为幽州刺史，迫使各郡的太守、各县的县令、县长等，背叛袁氏家族投奔曹军，他集合了几万人的队伍，杀白马结盟宣誓，并下令说："违抗命令的杀头！"大家都不敢说话，每个人都按照次序用马血涂抹嘴唇，以示诚意。轮到别驾韩珩的时候，他说："我受袁家父子的大恩，现在袁家败亡，凭我的智慧我不能救他们，也没有为他们死的勇气，从大义上来说我已经非常欠缺了；如果我向曹氏称臣归降，那是我做不到的。"满座的人听到韩珩的话后都惊恐变色。焦触说："凡是干大事的人，应当建立人义，事情是否成功并不能靠一个人，我可以成全韩珩的心愿，以勉励侍奉先主的人。"高幹发动叛乱，拘留了上党太守，发兵守护壶口关。曹操派乐进、李典偷袭他，没有攻破壶口关。建安十一年（206），曹操征伐高幹。高幹便留他的部将夏昭、邓升守城，自己跑到匈奴单于那里求救，没有得到援助，高幹独自与几名骑兵逃走，想向南逃到荆州，上洛都尉把他们抓住杀掉了。建安十二年（207），曹操到达辽西攻击乌丸。袁尚、袁熙率军与乌丸的军队联合迎击曹军，战败逃到了辽东，公孙康将他们诱杀了，把他们的头献给了曹操，曹操赞赏韩珩的气节，屡次召他做官都不愿意，最后死在家里。

[原文]

袁术字公路，司空逢子，绍之从弟也。以侠气闻。举[1]孝廉，除[2]郎中，历职内外，后为折冲校尉、虎贲(bēn)中郎将。董卓之将废帝，以术为后将军；术亦畏卓之祸，出奔南阳。会长沙太守孙坚杀南阳太守张咨，术得据其郡。南阳户口数百万，而术奢淫肆欲，征敛无度，百姓苦之。既与绍有隙，又与刘表不平而北连公孙瓒；绍与瓒不和而南连刘表。其兄弟携贰[3]，舍近

交远如此。引军入陈留。太祖与绍合击，大破术军。术以余众奔九江，杀扬州刺史陈温，领其州。以张勋、桥蕤(ruí)等为大将军。李傕入长安，欲结术为援，以术为左将军，封阳翟(zhái)侯，假节，遣太傅马日磾因循行[4]拜授。术夺日磾节，拘留不遣。

［注释］

①举：推荐，引荐。②除：任命的意思。③携贰：离心，有二心。④循行：指巡行，视察。

［译文］

袁术字公路，是司空袁逢的儿子，袁绍的堂弟。以侠义气度闻名天下，被推举为孝廉，被授予郎中的头衔，在朝廷内外历任官职，后来任折冲校尉、虎贲中郎将。董卓准备废掉少帝时，任命袁术为后将军；袁术也害怕董卓的祸患，于是逃到南阳。恰好长沙太守孙坚杀了南阳太守张咨，袁术才得以占据南阳。南阳有几百万的户口，而袁术穷奢极欲，荒淫无度，没有节制地向百姓征粮征税，百姓深受其苦。袁术既同袁绍有怨，又同刘表不和而与北方的公孙瓒联合；袁绍与公孙瓒不和而向南联合刘表。他们兄弟之间不团结，有二心，舍近交远竟然到了这样的程度。袁术率军北上进入陈留郡。曹操和袁绍联合起来偷袭袁术，结果袁术大败。袁术带着剩下的士兵逃到九江，杀了扬州刺史陈温，占领了扬州。任命张勋、桥蕤为大将军。李傕率军进入长安后，想结交袁术作为他的外援，就以献帝的名义任命袁术为左将军，封为阳翟侯，授予符节，又派太傅马日磾借巡行视察的名义授予袁术官职。袁术夺走了马日磾的符节，将他扣留不让他回朝廷。

［原文］

时沛相下邳(pī)陈珪(guī)，故太尉球弟子也。术与珪俱公族子孙，少共交游，书与珪曰：“昔秦失其政，天下群雄争而取之，兼智勇者卒受其归。今世事纷扰，复有瓦解之势矣，诚英乂有为之时也。与足下[1]旧交，岂肯左右[2]之乎？若集大事，子实为吾心膂。”珪中子应时在下邳，术并胁质[3]应，图必致珪。珪答书曰：“昔秦末世，肆暴恣情，虐流天下，毒被生民，下不堪命[4]，故遂土崩。今虽季世，未有亡秦苛暴之乱也。曹将军神武应期，兴复典刑，将拨平凶慝(tè)[5]，清定海内，信有征矣。以为足下当戮力同心，匡翼[6]汉室，而阴谋不轨，以身试祸，岂不痛哉！若迷

而知反，尚可以免。吾备旧知，故陈至情，虽逆于耳，骨肉之惠也。欲吾营私阿附，有犯死不能也。”

[注释]

①足下：古时对人的一种尊称。②左右：控制。让别人向左就向左，向右就向右。③胁质：挟持作为人质。④堪命：忍受命运的安排和摆布。⑤凶慝：凶恶，狠毒。⑥匡翼：辅佐，扶助。

[译文]

当时沛相下邳人陈珪，是原太尉陈球弟弟的儿子。袁术与陈珪都是公族子孙，年轻时一起游玩，写信对陈珪说：“以前秦朝政治腐败，天下众多英雄争着想取代它，智勇兼备的人终于获得成功。当今世上非常混乱，又出现了瓦解的势态，这正是英雄豪杰大有作为的时候。我与您是老交情，怎么会随意就控制您呢？如果聚众做大事，您实在是我的心腹和依靠的对象。”陈珪的二儿子陈应当时正在下邳，袁术劫持他作为人质，希望陈珪务必来投靠他。陈珪回信说：“以前秦朝衰败的时候，任性残暴、胡作非为，虐政流遍天下，毒害人们，下面的人不堪忍受，所以政权就土崩瓦解了。现在虽然是衰败时期，但是并不如秦亡时那样苛刻、暴虐。曹将军神明英武，顺应形势，恢复国家的典章制度，将要派兵清除各地的军阀，平定国家的动乱，这确实是非常可信的了。我始终以为您能同心协力，协助汉室，没想到您竟然暗中另有阴谋，自找灾祸，怎么不让人心痛呢！如果迷了路但是能知道返回的话，还可以免除灾祸。我作为您一个老朋友，所以表达我最真挚的情意，虽然不好听，但是确是兄弟般的爱护。要让我为了私人的利益来投靠您，我死也不能这样做。

[原文]

兴平二年冬，天子败于曹阳。术会群下谓曰：“今刘氏微弱，海内鼎沸。吾家四世公辅，百姓所归，欲应天顺民，于诸君意如何？”众莫敢对。主簿阎象进曰：“昔周自后稷至于文王，积德累功，三分天下有其二，犹服事殷。明公[1]虽奕世克昌，未若有周[2]之盛，汉室虽

袁术丧身

微，未若殷纣之暴也。”术嘿然不悦。用河内张炯(jiǒng)之符命，遂僭(jiàn)号。以九江太守为淮南尹。置公卿，祠南北郊。荒侈滋甚，后宫数百皆服绮縠(hú)，余粱肉，而士卒冻馁[3]，江淮间空尽，人民相食。术前为吕布所破，后为太祖所败，奔其部曲雷薄、陈兰于灊山，复为所拒，忧惧不知所出。将归帝号于绍，欲至青州从袁谭，发病道死。妻子依术故吏庐江太守刘勋，孙策破勋，复见收视。术女入孙权宫，子耀拜郎中，耀女又配于权子奋。

[注释]

①明公：古时对有地位的人的尊称，这里指袁术。②有周：西周。有，是一个词头，加在朝代名称的前面，没有实际意义。③冻馁：忍冻挨饿。

[译文]

兴平二年（195）冬天，汉献帝在曹阳战败，袁术召集部下说：“现在刘氏政权已经衰弱，国内就像一锅烧开了的水，动荡不安。我家四代做公卿辅佐皇室，为百姓所拥护，要想顺应天意民心，不知道各位有什么意见？”众人没有敢答话的。主簿阎象进言说：“以前西周从后稷到文王，积累了很多恩德功勋，拥有全国三分之二的土地，但是仍然作为服侍殷朝的臣子。您家虽然数代都很兴旺发达，也不如周王朝这么强盛，汉室虽然非常微弱，但是还不如商纣王那样残暴。”袁术沉默不语，很不高兴。袁术后来用河内人张炯造的符命，自称起了皇帝。任命九江太守为淮南尹。下面设置公卿百官，在南北城郊祭祀天地。荒淫奢侈日益严重，后宫几百人都穿着绫罗绸缎，有吃不尽的山珍海味，但是士兵们却饥寒交迫，江淮之间的财物都耗尽，人民互相吞食。袁术最先被吕布打败，后来又被曹操打败，到灊山投奔他的部将雷薄、陈兰，又被他们拒绝，他非常忧虑害怕，不知道怎么办。他准备把皇帝的尊号送给袁绍，想到青州投靠袁谭，生病死在路上。妻子儿女都投靠了袁术的老部下庐江太守刘勋。孙策打败刘勋后，又被孙策收留。袁术的女儿入了孙权的宫中，儿子袁耀被任命为郎中，袁耀的女儿又嫁给了孙权的儿子孙奋。

[原文]

刘表字景升，山阳高平人也。少知名，号八俊。长八尺余，姿貌甚伟。以大将军掾为北军中候。灵帝崩，代王睿(ruì)为荆州刺史。是时山东兵起，表亦合兵军襄阳。袁术之在南阳也，与孙坚合从，欲袭夺表州，使坚攻表。坚为流矢[1]所中死，军败，术遂不能胜表。李傕、郭汜入长安，欲连表为援，乃以表为镇南

孙坚陨命

将军、荆州牧，封成武侯，假节。天子都许，表虽遣使贡献，然北与袁绍相结。治中邓羲（xī）谏表，表不听，羲辞疾而退，终表之世。张济引兵入荆州界，攻穰（ráng）城，为流矢所中死。荆州官属皆贺，表曰："济以穷来，主人无礼，至于交锋，此非牧意，牧受吊，不受贺也。"使人纳其众；众闻之喜，遂服从。长沙太守张羡叛表，表围之连年不下。羡病死，长沙复立其子怿，表遂攻并怿，南收零、桂，北据汉川，地方数千里，带甲[2]十余万。

[注释]

①流矢：指没有明确目标的乱箭。②带甲：指身披盔甲的将士，在这指军队。

[译文]

刘表字景升，山阳高平人。年轻时很有名，号称八俊。身高八尺多，姿态容貌非常雄伟。以大将军的属官担任北军中候。灵帝死后，他代替王睿担任荆州刺史。这时崤山以东的地方起兵，刘表也集合队伍驻扎在襄阳。袁术在南阳时，曾经和孙坚联合，想偷袭夺取刘表的荆州，让孙坚攻击刘表。孙坚中流箭而死，军队大败，袁术就因为这不能战胜刘表。李傕、郭汜进入长安后，想联合刘表作为他们的外援，于是任命刘表为镇南将军、荆州牧，封为成武侯，授予符节。天子在许昌建都，刘表虽然派使者进献了贡品，但是在北面却与袁绍互相勾结。治中邓羲劝刘表不要这样做，刘表不听，邓羲借口生病辞掉官职离去，直到刘表死掉。张济率军进入荆州界内，进攻穰城，激战中被流箭射中死亡。荆州的官员都来向刘表道贺，刘表说："张济穷困潦倒而来，主人却没有依照礼节来迎接他，以至于互相争战，这不是我的本意，我只接受悼念，不接受祝贺。"刘表派人接纳张济的队伍，士兵们听了都很高兴，就服从了刘表。长沙太守张羡背叛了刘表，刘表把他包围起来连续好几年攻不下来。张羡病死，长沙人又拥立他的儿子张怿，刘表便攻占了长沙并吞并了张怿的队伍，向南收复零陵、桂阳二郡，向北占据了汉川，土地方圆几千里，有十几万军队。

[原文]

太祖与袁绍方相持于官渡，绍遣人求助，表许之而不至，亦不佐太祖，欲保江汉间[1]，观天下变。从事中郎韩嵩、别驾刘先说表曰："豪杰并争，两雄相持，天下之重，在于将军。将军若欲有为，起乘其弊[2]可也；若不然，固将择所从。将军拥十万之众，安坐而观望。夫见贤而不能助，请和而不得，此两怨必集于将军，将军不得中立矣。夫以曹公之明哲，天下贤俊皆归之，其势必举[3]袁绍，然后称兵[4]以向江汉，恐将军不能御也。故为将军计者，不若举州以附曹公，曹公必重德将军；长享福祚，垂[5]之后嗣，此万全之策也。"表大将蒯(kuǎi)越亦劝表，表狐疑，乃遣嵩诣太祖以观虚实。嵩还，深陈太祖威德，说表遣子入质。表疑嵩(sōng)反为太祖说，大怒，欲杀嵩，考杀随嵩行者，知嵩无他意，乃止。表虽外貌儒雅[6]，而心多疑忌，皆此类也。

[注释]

①江汉间：这里指荆州，因为其境内有江水和汉水。②弊：疲惫，疲困。③举：攻下，攻克。④称兵：发兵，举兵。⑤垂：流传。⑥儒雅：文雅，形容人的外表斯文出众。

[译文]

曹操和袁绍在官渡对峙，袁绍派人向刘表请求帮助，刘表答应了他的请求却不派兵去，也不帮助曹操，想保住他在江、汉之间的地盘，坐观天下的变化。从事中郎韩嵩、别驾刘先劝刘表说："现在天下的豪杰相互争夺地盘，袁绍与曹操两雄相持不下，天下的重心在于将军您。将军如果想有所作为，便可以趁他们两败俱伤的时候兴起；如果不这样做的话，就应该选择站在哪一边。将军拥有十万士兵，却安然坐着观察他们的成败。遇上有才能的人不能帮助他，也不可能劝和，这样一来，两家必然把怨恨集中在将军您身上，将军想要保持中立的态度是不可能的。凭借曹公的才能，天下的贤士俊杰都会归附于他，他肯定会消灭袁绍。然后发兵向江汉进攻，恐怕将军抵抗不了他的进攻。所以我替将军着想，不如率领荆州的百姓归附于曹公，曹公肯定非常感激将军，那么将军就可以长久地享受福禄，还可以传给子孙后代，这是万全的计策。"刘表的部将蒯越也劝他这样做，刘表犹豫不决，就派韩嵩到曹操那里观察虚实动静。韩嵩回来后，非常称赞曹操的威武恩德，并且劝刘表派其儿子去曹操那里做人质。刘表怀疑韩嵩反过来替曹操说话，非常生气，要杀掉

玄德荆州依刘表

韩嵩，将韩嵩的随从拷打致死，后来知道韩嵩没有二心之后才不追究。刘表虽然从外表看起来很儒雅，但内心却好猜疑和妒忌，都像上面所说的这种情况一样。

[原文]

刘备奔表，表厚待之，然不能用。建安十三年，太祖征表，未至，表病死。

初，表及妻爱少子琮(cóng)，欲以为后，而蔡瑁(mào)、张允为之支党①，乃出长子琦为江夏太守，众遂奉琮为嗣。琦与琮遂为仇隙。越、嵩及东曹掾(yuàn)傅巽(xùn)等说琮归太祖，琮曰：“今与诸君据全楚之地，守先君②之业，以观天下，何为不可乎？”巽对曰：“逆顺有大体③，强弱有定势。以人臣而拒人主，逆也；以新造之楚而御国家，其势弗当也；以刘备而敌曹公，又弗当也。三者皆短，欲以抗王兵之锋，必亡之道也。将军自料何与刘备？”琮曰：“吾不若④也。”巽曰：“诚以刘备不足御曹公乎，则虽保楚之地，不足以自存也；诚以刘备足御曹公乎，则备不为将军下也。愿将军勿疑。”太祖军到襄阳，琮举州降。备走奔夏口。

[注释]

①支党：党羽，同伙。②先君：指死去的父亲，这里指刘表。③体：纲领，要义。④若：比得上，如。

[译文]

刘备投奔到刘表门下，刘表很厚待他，但是不能重用他。建安十三年（208），曹操征伐刘表，还没有到达，刘表就病死了。

当初，刘表和妻子都喜欢小儿子刘琮，想让他做继承人，而蔡瑁、张允是刘琮的党羽，于是他把大儿子刘琦派出去做江夏太守，众人便拥立刘琮做了刘表的继承人。刘琦和刘琮便成了仇敌。蒯越、韩嵩和东曹掾傅巽等人劝说刘琮归附于曹操，刘琮说：“现在，我和大家共同占据了整个楚地，守卫先父遗留下来的基业，据此观察天下的变化，为什么不可以呢？”傅巽说：“叛逆和归顺都有一定的道理，强大和羸弱都有一定的形势。我们处于臣属的地位而抗拒君主，这是背叛；以新开辟的土地和朝廷对抗，从形势上看我们不是朝廷的对手；用刘备去抵抗曹公，也不是他的对手。对于这三者，我们都处于劣势，想抵抗朝廷军队的锋芒，这是必然灭亡的道路。将军自己衡量一下自己比刘备怎么样？”刘琮说：“我比不上刘备。”傅巽说：“你真的认为刘备抵抗不了曹军，那么即使我们保住了楚地，还是不能保存自己；你真的认为刘备的确能抵抗曹公呢，那么刘备也不会屈居在将军的名下了。我希望将军不要再迟疑。”曹操的军队到达襄阳后，刘琮率领荆州的全部百姓投降。刘备逃到夏口。

［原文］

太祖以琮为青州刺史、封列侯。蒯(kuǎi)越等侯者①十五人。越为光禄勋；嵩，大鸿胪(lú)；羲，侍中；先，尚书令；其余多至大官。

评曰：董卓狼戾(lì)贼忍②，暴虐不仁，自书契③已来，殆④未之有也。袁术奢淫放肆，荣不终己，自取之也。袁绍、刘表，咸有威容、器观，知名当世。表跨蹈⑤汉南，绍鹰扬河朔，然皆外宽内忌，好谋无决，有才而不能用，闻善而不能纳，废嫡(dí)立庶，舍礼⑥崇爱，至于后嗣颠蹶⑦，社稷倾覆，非不幸也。昔项羽背范增之谋，以丧其王业；绍之杀田丰，乃甚于羽远矣！

［注释］

①侯者：这里指被封侯的人。②狼戾贼忍：比喻人的行为像狼一样凶狠，像贼一样残忍。③书契：这里指文字。契是刻的意思，纸没有出现的时候，将文字刻在竹简上。④殆：或许，恐怕。表示猜测。⑤跨蹈：占据，占有。⑥礼：这里指封建道德规范和准则。⑦颠蹶：衰败，困窘。

［译文］

曹操任命刘琮为青州刺史，封为列侯。与蒯越等人一起封侯的共有十五人。蒯越任光禄勋，韩嵩任大鸿胪，邓羲任侍中，刘先任尚书令，其余的人大多也作了大官。

评论说：董卓就像豺狼虎豹一样凶暴残忍，暴虐且不仁爱，自从有书籍记载的历史以来，大概还没有这样的记载。袁术荒淫奢侈、放荡无度，不能享受终身的荣禄，这是他自找的。袁绍、刘表都仪表出众、气宇非凡，闻名于世上。刘表称雄江汉之间，袁绍在河北逞威，但是他们都是外表宽厚而内心多猜忌的人，喜欢谈论计谋但是不能作决定，有人才而不能任用，听到良言而不采纳，废掉长子而立幼子，违背礼仪而宠信自己喜欢的人，以至于子孙后代陷入颠沛流离的困境，丧失了祖宗的基业，这并不是命运不幸的原因。当年项羽不采纳范增的谋略，丧失了西楚霸王的基业；袁绍杀掉田丰，比项羽更昏庸。

吕布张邈臧洪传

[原文]

吕布字奉先，五原郡九原人也。以骁武①给并州。刺史丁原为骑都尉，屯河内，以布为主簿(bù)，大见亲待。灵帝崩，原将兵诣洛阳。与何进谋诛诸黄门②，拜执金吾。进败，董卓入京都，将为乱，欲杀原，并其兵众。卓以布见信于原，诱布令杀原。布斩原首诣卓，卓以布为骑都尉，甚爱信之，誓为父子。

[注释]

①骁武：勇猛强健。②黄门：这里指宦官。汉代供职内廷的黄门令、中黄门、小黄门等都是由宦官充任的。

[译文]

吕布字奉先，五原郡九原县人，因为骁勇有武艺在并州当差。此时并州刺史丁原做了骑都尉，在河内驻兵，任命吕布为主簿，非常受丁原宠信和厚待。灵帝死了以后，丁原带兵到达洛阳。与何进谋划杀掉宫里的宦官，被任命为执金吾。何进失败，董卓进入京城，准备制造叛乱，想杀掉丁原，吞并他的队伍，董卓因为知道吕布深受丁原的信任，诱使吕布让他杀掉丁原。吕布砍下丁原的头颅去见董卓，董卓任命吕布为骑都尉，非常宠爱信任他，两人发誓做父子。

吕布

[原文]

布便弓马，膂(lǚ)力过人，号为飞将。

稍迁至中郎将，封都亭侯。卓自以遇人无礼[1]，恐人谋己，行止[2]常以布自卫。然卓性刚而褊(biǎn)[3]，忿不思难，尝小失意，拔手戟掷布。布拳捷[4]避之，为卓顾谢[5]，卓意亦解。由是阴怨卓。卓常使布守中閤，布与卓侍婢私通[6]，恐事发觉，心不自安。

[注释]

①遇人无礼：待人没有礼貌。遇，对待。②行止：意思是无论在什么地方。③褊：心胸狭隘。④拳捷：有力量而又动作敏捷。⑤顾谢：道歉请罪。⑥私通：秘密的相好，指不正当的男女关系。

[译文]

吕布善于射箭骑马，体力超过一般的人，号称飞将。他在军中逐渐升至中郎将，封为都亭侯。董卓知道自己对人刻薄，没有恩情，怕别人谋害自己，出入时都叫吕布保护自己。然而董卓性情刚烈而心胸狭窄，生气的时候不考虑后果，吕布曾经犯过一个小小的过失，董卓拔出手戟就投向吕布。吕布用尽全力快速地躲开，然后心态平和地向董卓赔礼道歉，董卓的怒气也就消除了。吕布由此就暗恨董卓。董卓经常让吕布守卫内室，吕布和董卓身边的婢女私通，他恐怕事情被发现，所以内心不安。

[原文]

先是，司徒王允以布州里壮健，厚接纳[1]之。后布诣允，陈卓几见杀状。时允与仆射士孙瑞密谋诛卓，是以告布使为内应。布曰："奈如父子何！"允曰："君自姓吕，本非骨肉。今忧死不暇，何谓父子？"布遂许之，手刃刺卓。语在《卓传》。允以布为奋武将军，假节，仪[2]比三司，进封温侯，共秉朝政。布自杀卓后，畏恶凉州人，凉州人皆怨。由是李傕等遂相结还攻长安城。布不能拒，傕等遂入长安。卓死后六

设计杀董卓

旬，布亦败。将数百骑出武关，欲诣袁术。

[注释]

①接纳：结交，结识。②仪：根据制度所受到的礼遇、所使用的仪仗等等。

[译文]

在此之前，司徒王允因为吕布是州里的健壮人士，便用心结交，并对他非常好。后来吕布到王允那里去，告诉他自己差点被董卓杀死的状况，当时王允与仆射士孙瑞秘密谋划要杀掉董卓，因此要吕布做内应。吕布说："我们的父子关系怎么办啊！"王允说："你本姓吕，并不是亲生骨肉，现在担心自己的性命还来不及呢，还说什么父子？"吕布就答应了，亲手杀了董卓。这件事被记载在《董卓传》里。王允任命吕布为奋武将军，授予符节，仪节与三司相同，晋封为温侯，共同把持朝政。吕布自从把董卓杀掉后，害怕并厌恶凉州人，凉州人也都很怨恨他。于是，李傕等人便互相勾结率军攻打长安城。吕布抵抗不了，李傕等人便进驻长安。董卓死后六十天，吕布也战败了。带了几百名骑兵逃出了武关，想去投靠袁术。

[原文]

布自以杀卓为术报仇，欲以德[1]之。术恶其反覆，拒而不受。北诣袁绍，绍与布击张燕于常山。燕精兵万余，骑数千。布有良马曰赤兔。常与其亲近成廉、魏越等陷锋突陈，遂破燕军。而求益[2]兵众，将士钞掠，绍患忌之。布觉其意，从绍求去。绍恐还为己害，遣壮士夜掩杀布，不获。事露，布走河内，与张杨合。绍令众追之，皆畏布，莫敢逼近者。

[注释]

①德：感谢，报答。这里用作动词。②益：增加，增多。

[译文]

吕布自以为杀了董卓是替袁术报了仇，所以想要袁术报答他，袁术则恨吕布反复无常，不愿意接纳他。吕布就往北投靠袁绍，袁绍与他在常山袭击张燕。张燕有一万多名精兵，几千匹战马。吕布有一匹好马名为赤兔。他经常和他的亲信成廉、魏越等一起冲锋陷阵，终于打败了张燕的队伍。于是吕布要求扩充队伍，但是他的士兵却烧杀抢掠，袁绍非常担心。吕布发觉了袁绍的心思，就去他那里要求离开。袁绍怕他以后会成为自己的强敌，就派壮士连夜刺杀吕布，但是没有成功。事情败露后，吕布逃到河内，和张杨联合起来。袁绍派兵追杀他，追他的士兵都怕吕布，没有人敢靠近他。

[原文]

张邈字孟卓，东平寿张人也。少以侠闻，振穷[①]救急，倾家无爱[②]，士多归之。太祖、袁绍皆与邈友。辟公府，以高第[③]拜骑都尉，迁陈留太守。董卓之乱，太祖与邈首举义兵。汴水之战，邈遣卫兹将兵随太祖。袁绍既为盟主，有骄矜(jīn)[④]色，邈正议责绍。绍使太祖杀邈，太祖不听，责绍曰：“孟卓，亲友也，是非当容之。今天下未定，不宜自相危也。”邈知之，益德太祖。太祖之征陶谦，敕家曰：“我若不还，往依孟卓。”后还，见邈，垂泣相对。其亲如此。

[注释]

①振穷：救济穷人。振，救济。②爱：吝惜，吝啬。③高第：考试成绩被列入优等，这里指官吏的考绩优等。④骄矜：骄傲自大。

[译文]

张邈字孟卓，东平寿张县人。年轻的时候以侠义闻名于天下，救济贫穷救助危难，即使倾家荡产也毫不吝啬，士人大都归附于他。曹操、袁绍都和他是朋友。曾经被征召到三公府，因为业绩好被封为骑都尉的官职，升任陈留太守。董卓作乱，曹操和张邈首先发起义军。与董卓在汴水交战，张邈派遣自己的部将卫兹率兵追随曹操。袁绍做了盟主之后，流露出骄傲的神情，张邈义正词严地责备他，袁绍让曹操杀掉张邈，曹操没有听从，责怪袁绍说：“孟卓是我们的亲密朋友，即使有过错也应该宽容他。现在天下还没有平定下来，我们不应该自相残杀。”张邈知道这件事后更加感激曹操。曹操征伐陶谦的时候，告诉家里人：“我如果不能活着回来，你们就去投靠孟卓。”后来回来，见到张邈，两人相对而哭。他们的关系亲密到这样的程度。

[原文]

吕布之舍袁绍从张杨也，过邈临别，把手共誓。绍闻之，大恨。邈畏太祖终为绍击己也，心不自安。兴平元年，太祖复征谦，邈弟超，与太祖将陈宫、从事中郎许汜、王楷共谋叛太祖。宫说邈曰：“今雄杰并起，天下分崩[①]，君以千里之众，当四战之地，抚剑顾眄(miǎn)[②]，亦足以为人豪，而反制于人，不以鄙乎！今州军东征，其处空虚，吕布壮士，善战无前，若权迎之，

陈宫

共牧③兖州，观天下形势，俟④时事之变通，此亦纵横之一时也。”邈从之。太祖初使宫将兵留屯东郡，遂以其众东迎布为兖州牧，据濮(pú)阳。郡县皆应，唯鄄(juàn)城、东阿、范为太祖守。太祖引军还，与布战于濮阳，太祖军不利，相持百余日。是时岁旱、虫蝗、少谷，百姓相食，布东屯山阳。二年间，太祖乃尽复收诸城，击破布于钜野。布东奔刘备。邈从布，留超将家属屯雍丘。太祖攻围数月，屠之，斩超及其家。邈诣袁术请救未至，自为其兵所杀。

[注释]

①分崩：指四分五裂。②顾眄：左右察看。③牧：官名，这里用作动词，意谓治理。④俟：等待，等候。

[译文]

吕布离开袁绍去投奔张杨，临分别时去拜访张邈，两个人握手发誓。袁绍听说后非常痛恨张邈。张邈害怕曹操到最后会帮助袁绍攻打自己，心中非常不安。兴平元年（194），曹操再次讨伐陶谦，张邈的弟弟张超和曹操的部将陈宫、从事中郎许汜、王楷一起谋划背叛曹操。陈宫劝说张邈：“现在天下的英雄豪杰纷纷起兵，天下四分五裂，您拥有占地千里的军队，居于四方必争的重要地区，手中拿着佩剑四处观望，这些也使您足能做人中的豪杰，您却反而受别人控制，难道不是太没出息了吗！现在兖州军向东征讨，城内空虚，吕布是位壮士，能征善战、一往无前。如果暂时把他拉过来，共同治理兖州，观察天下的形势，等待形势发生变化，这也是驰骋天下的良好机会啊。”张邈采纳了他的建议，曹操当初让陈宫带兵留守在东郡，陈宫便率他的部队迎接吕布担任兖州牧，驻守濮阳。兖州所属的郡县都起来响应，只有鄄城、东阿、范县仍然为曹操坚守。曹操带兵回来以后同吕布在濮阳展开激烈的战斗，曹操的军队在战争中处于不利地位，双方相持一百多天。这个时候天大旱、出现蝗虫、缺少粮食，百姓出现了人吃人的现象，吕布率军向东驻守山阳。在两年时间里，曹操便把各城全部都收了回来，在钜野打败了吕布。吕布向东逃去投奔刘备。张邈追随吕布，留下弟弟张超带领全家人据守雍丘。曹操把雍丘围攻了几个月，最后攻陷，屠杀了全城的百姓，杀了张超和他的全家。张邈到袁术那里请求援助，还没有走到那里就被他的部将杀掉了。

［原文］

备东击术，布袭取下邳（pī），备还归布。布遣备屯小沛。布自称徐州刺史。术遣将纪灵等步骑三万攻备，备求救于布。布诸将谓布曰："将军常欲杀备，今可假手于术。"布曰："不然。术若破备，则北连太山诸将，吾为在术围中，不得不救也。"便严[①]步兵千、骑二百，驰往赴备。灵等闻布至，皆敛兵[②]不敢复攻。布于沛西南一里安屯，遣铃下[③]请灵等，灵等亦请布共饮食。布谓灵等曰："玄德，布弟也。弟为诸君所困，故来救之。布性不喜合斗，但喜解斗耳。"布令门候[④]于营门中举一只戟（jǐ），布言："诸君观布射戟小支，一发中者诸君当解去，不中可留决斗。"布举弓射戟，正中小支。诸将皆惊，言"将军天威也"！明日复欢会，然后各罢。

［注释］

①严：这里是紧急调遣的意思。②敛兵：停止战斗。③铃下：这里指随从士兵。④门候：守门的士兵。

［译文］

刘备向东进攻袁术，吕布攻下了下邳，刘备回来以后就归附了吕布，吕布派刘备驻守在小沛。吕布自称为徐州刺史。袁术派大将纪灵等人率领三万名步兵骑兵进攻刘备，刘备向吕布请求援助。吕布的部将对他说："将军常常想杀掉刘备，现在可以借袁绍的手来杀掉他。"吕布说："不能这样做，袁术如果打败了刘备，就会和北方太山郡的一些

吕奉先射戟辕门

将领联合起来，我们正好陷入他们的包围之中，所以不能不援助刘备。”于是紧急调遣一千名步兵、二百名骑兵向刘备那里奔去。纪灵等人听说吕布来了，都收兵不敢再进攻。吕布在小沛城西南一里远的地方安营扎寨，派卫士请纪灵等人，纪灵等人也请吕布一起赴宴饮酒。吕布对纪灵说：“玄德是我的弟弟。弟弟被各位将军围困，所以我来救助他。我天性不喜欢和别人争斗，只喜欢为别人调解纷争。”吕布命令守门的士兵在营门竖立一支戟。吕布说：“大家请看我射这支戟的小支，如果我一次就射中的话就请各位撤军回去，如果一次射不中的话就留下来决战。”于是举弓射箭，正中戟的小支，在场的将士们都震惊了，说道：“将军实在是有天生的神威啊！”第二天又聚会畅饮，然后各自撤兵离去。

[原文]

术欲结布为援，乃为子索布女，布许之。术遣使韩胤(yìn)以僭(jiàn)号①议告布，并求迎妇。沛相陈珪(guī)恐术、布成婚，则徐、扬合从，将为国难，于是往说布曰：“曹公奉迎天子，辅赞国政，威灵命世，将征四海，将军宜与协同策谋，图太山之安。今与术结婚，受天下不义之名，必有累卵之危。”布亦怨术初不已受也，女已在涂②，追还绝婚，械送韩胤，枭(xiāo)首③许市。珪欲使子登诣太祖，布不肯遣。会使者至，拜布左将军。布大喜，即听登往，并令奉章谢恩。登见太祖，因陈布勇而无计，轻于去就，宜早图之。太祖曰：“布，狼子野心，诚难久养，非卿莫能究其情也。”即增珪秩(guī)④中二千石，拜登广陵太守。临别，太祖执登手曰：“东方之事，便以相付。”令登阴合⑤部众以为内应。

办奁送女

[注释]

①僭号：古代指私自称帝的人的名号。僭，超越本分。②在涂：就是在路上的意思。涂，通“途”。③枭首：古代杀死犯人后，一般把头悬挂在木杆上示众。这里是斩杀的意思。④秩：官吏的职位、等级、俸禄的总称。⑤阴合：暗地集结。

[译文]

袁术想与吕布联合起来让

吕布作他的外援，便替自己的儿子求取吕布的女儿做妻子，吕布答应了他的请求。袁术便派使者韩胤把他想自己称帝的阴谋告诉了吕布，同时要求把儿媳妇迎接过去。沛相陈珪害怕袁术、吕布结为亲家，这样一来，徐州、扬州就会连在一起，这将是国家的灾难，于是劝吕布说："曹公迎接皇帝，辅佐朝政，声威显扬当世，将要征服天下，将军应该与他同心协力共同谋划，使自己像泰山一样牢固，现在和袁术结为亲家，担负不义的名声，必定会有很大的危险。"吕布也怨恨袁术当初不收纳自己，可是女儿已经在路上了，便派人把她追了回来断绝了这门亲事，给韩胤戴上刑具送给曹操，在许昌斩首示众。陈珪想派儿子陈登去拜见曹操，吕布不愿意。正好这时朝廷的使者来到，任命吕布为左将军，吕布很高兴，就同意陈登去京城许昌，而且让他带着奏章去谢恩。陈登见到曹操，向他汇报了吕布有勇无谋，轻率地与别人分和，劝曹操早点对他动手。曹操说："吕布有狼子般的野心，实在是不能久养，除了您之外，没有人能这样清楚透彻地了解实际情况。"于是把陈珪的俸禄增为中二千石，任命陈登为广陵太守。临分别的时候，曹操拉着陈登的手说："东部的事情，我就托付给您了。"让陈登暗地里集合军队作他的内应。

［原文］

始，布因[1]登求徐州牧，登还，布怒，拔戟斫(zhuó)几曰："卿父劝吾协同曹公，绝婚公路；今吾所求无一获，而卿父子并显重，为卿所卖耳！卿为吾言，其说云何？"登不为动容[2]，徐[3]喻之曰："登见曹公言：'待将军譬如养虎，当饱其肉，不饱则将噬(shì)人。'公曰：'不如卿言也。譬如养鹰，饥则为用，饱则扬去。'其言如此。"布意乃解。

术怒，与韩暹(xiān)、杨奉等连势，遣大将张勋攻布。布谓珪曰："今致术军，卿之由也，为之奈何？"珪曰："暹、奉与术，卒合之军耳，策谋不素定[4]，不能相维持，子登策[5]之，比之连鸡，势不俱栖，可解离也。"布用珪策，遣人说暹、奉，使与己并力共击术军，军资所有，悉许暹、奉。于是暹、奉从之，勋大破败。

［注释］

①因：依靠，依赖。②动容：改变脸色。③徐：慢慢地。④素定：事先制订，事先准备好。⑤策：估计，估测。

［译文］

起初，吕布委托陈登向朝廷索求徐州牧的官职，陈登回来后，吕布大怒，拔戟砍桌子，说："你的父亲劝我协助曹公，与袁术断绝亲事；现在我想要的东西都没有得到，而你们父子却都显赫起来，我被你们出卖了！你对我讲讲，曹公是怎么对你说的？"陈登脸色不变，慢慢开导他说："我见到了曹公，对他说：'养将军就像养虎一样，要让他吃饱，如果吃不饱就要咬人。'曹公说：'事情不是你说的那样。养将军就像养鹰一样，饿的时候就被我们所用，饱的时候他就会飞走。'他是这样说的。"吕布的怒气才消解。

袁术非常生气，与韩暹、杨奉等人联合起来，派遣大将张勋攻打吕布。吕布对陈珪说："现在招惹来袁术的大军，是由你造成的，怎么办呢？"陈珪说："韩暹、杨奉和袁术，只不过是仓促联合起来的军队，计谋不是预先确定的，因此不能维持太长的时间，我的儿子陈登估计他们就像被绑在一起的鸡，势必不能栖息在一处，可以将他们拆散。"吕布采纳了陈珪的计策，派人说服韩暹、杨奉，让他们与自己同心协力共同向袁术的军队发起进攻，并且答应他们将获得的所有军需物资全部都给他们。于是，韩暹、杨奉答应了吕布的要求，张勋大败。

[原文]

建安三年，布复叛为术，遣高顺攻刘备于沛，破之。太祖遣夏侯惇(dūn)救备，为顺所败。太祖自征布，至其城下，遗布书，为陈[1]祸福。布欲降，陈宫等自以负罪深，沮其计。布遣人求救于术，自将千余骑出战，败走，还保城，不敢出。术亦不能救。布虽骁猛，然无谋而多猜忌，不能制御[2]其党，但信诸将。诸将各异意自疑，故每战多败。太祖堑围之三月，上下离心，其将侯成、宋宪、魏续缚陈宫，将其众降。布与其麾下[3]登白门楼。兵围急，乃下降。遂生缚布，布曰："缚太急，小缓之。"太祖曰："缚虎不得不急也。"布请曰："明公所患不过于布，今已服矣，天下不足忧。明公将步，令布将骑，则天下不足定也。"太祖有疑色。刘备进曰："明公不见布之事丁建阳及董太师乎！"太祖颔之。布因指备曰："是儿最叵(pǒ)[4]信者。"于是缢(yì)杀布。布

吕布殒命

与宫、顺等皆枭首送许，然后葬之。

[注释]

①陈：陈述，讲述。②制御：控制驾驭。③麾下：部下。麾是古代用来指挥军队的旗帜。④叵：不能，不可以。

[译文]

建安三年（198），吕布又背叛了曹操，替袁术效力，他派遣高顺到小沛攻击刘备，打败了刘备。曹操派夏侯惇救助刘备，被高顺打败。曹操亲自讨伐吕布，到达下邳城下以后给吕布写了一封信，替他分析了利害关系。吕布想投降，陈宫等人自认为罪过很深，便阻拦他的计划。吕布派人向袁术请求援助，亲自带领一千多人马出来迎战，战败逃走，回去以后坚守城门，不敢再出来。袁术也不能过来救助。吕布虽然非常勇猛，但是没有谋略而且性格多猜疑妒忌，不能控制驾驭他的同党，只相信几个将领。而将领们各自有自己的想法以至于互相猜疑，因此每次战斗大都以失败结束。曹操挖了壕沟对下邳围攻了三个月，吕布的部下涣散离心，他的部将侯成、宋宪、魏续将陈宫绑起来，带领他们的队伍向曹操投降。吕布和他的部将登上白门楼。整个城被众兵包围，而且情势非常危急，于是下楼投降。曹军便活捉了吕布并把他捆绑起来，吕布说："绑得太紧了，稍微松一点吧。"曹操说："捆绑老虎不得不紧点啊！"吕布请求曹操道："您担心的是我，现在我已经投降服从您了，您夺取天下已经没有什么忧虑了。您率领步兵，让我吕布率领骑兵，天下就不难平定了。"曹操露出疑虑的表情。刘备进言道："明公不是看到吕布是怎么样对待丁原和董卓的吗？"曹操点了点头。吕布因此指责刘备说："你这小子是最不值得信任的人。"于是下令将吕布绞死。吕布和陈宫、高顺等人都被砍掉头送往许昌示众，然后把他们埋葬了。

[原文]

太祖之禽宫也，问宫欲活老母及女不？宫对曰："宫闻孝治天下者不绝人之亲，仁施四海者不乏[1]人之祀，老母在公，不在宫也。"太祖召养其母终其身，嫁其女。

陈登者，字元龙，在广陵有威名。又掎(jǐ)角吕布有功，加伏波将军，年三十九卒。后许汜与刘备并在荆州牧刘表坐，表与备共论天下人，汜曰："陈元龙湖海之士，豪气不除。"备谓表曰："许君论是非？"表曰："欲言非，此君为善士，不宜虚言；欲言是，元龙名重天下。"备问汜："君言豪，宁有事邪？"汜曰："昔遭乱过下邳(pī)，见元龙。元龙无客主之意，久不相与语，

自上大床卧，使客卧下床。”备曰：“君有国士之名，今天下大乱，帝主失所，望君忧国忘家，有救世之意，而君求田问舍，言无可采，是元龙所讳[2]也，何缘当与君语？如小人，欲卧百尺楼上，卧君于地，何但上下床之间邪？”表大笑。备因言曰：“若元龙文武胆志，当求之于古耳，造次[3]难得比也。”

[注释]

①乏：荒废，这里引申为断绝的意思。②讳：禁忌，忌讳。③造次：仓促，匆忙。比喻时间紧迫。

[译文]

曹操捉住陈宫的时候，问陈宫想不想让母亲和女儿活下去，陈宫回答说：“我听说凭借孝道治理天下的人不会杀害别人的亲人，凭借仁德施行天下的人不会断绝别人的后代，母亲的生死完全在于你，而不在于我。”曹操把他的母亲接过来奉养直到她去世，并且把他的女儿嫁了出去。

陈登，字元龙，在广陵一带很有名气。又因为牵制吕布立下功劳，被封为伏波将军，三十九岁的时候死去。后来许汜和刘备同时在荆州牧刘表家里做客，刘表和刘备一起谈论天下的人物，许汜说：“陈元龙是个豪放大气的人，粗豪的习气没有去掉。”刘备对刘表说：“许汜的评论对还是不对？”刘表说：“如果说不对，但许汜是一个善良的人，不会撒谎；如果说对，元龙在全国的名气很大。”刘备又问许汜：“您说陈元龙粗豪，有事实作根据吗？”许汜说：“以前遭受兵乱时我曾经经过下邳，拜访过陈元龙。他没有诚意款待客人，见了很久也不跟我说话，自己到大床睡觉，让客人睡在下床。”刘备说：“您拥有国中杰出人物的声名，现在天下大乱，皇帝也流离失所，希望您为国家担忧而忘记小家，有拯救时局的志向，但是您只知道购置田产房屋，说的话没有一点值得采纳的地方，这正是陈元龙所忌讳的事情，他怎么会和您交谈呢？如果换了我，我还要睡到百尺高的楼上，让您睡在地下，哪里只有上下床的间隔呢？”刘表听了大笑。刘备又趁机说：“像陈元龙这样文武双全且有气魄、有志向的人，应当回到古人当中去寻找，匆忙之间很难找到能与他相比的人啊。”

[原文]

臧洪字子源，广陵射阳人也。父旻，历匈奴中郎将、中山、太原太守，所在有名。洪体貌魁(kuí)梧[1]，有异于人，举孝廉为郎[2]。时选三署郎以补县长；琅邪赵昱为莒长，东莱刘繇下邑长，东海王朗菑(zī)丘长，洪即丘长。灵帝末，弃官还家，太守张超请洪为功曹。

董卓杀帝，图危社稷[3]，洪说超曰：“明府历世受恩，兄弟并据大郡，今王室将危，贼臣未枭，此诚天下义烈报恩效命之秋也。今郡境尚全，吏民殷富，若动桴鼓，可得二万人，以此诛除国贼，为天下倡先，义之大者也。”超然其言，与洪西至陈留，见兄邈计事。邈亦素有心，会于酸枣，邈谓超曰：“闻弟为郡守，政教威恩，不由己出，动任臧洪，洪者何人？”超曰：“洪才略智数优超，超甚爱之，海内奇士也。”邈即引见洪，与语大异之。致之于刘兖州公山、孔豫州公绪，皆与洪亲善。乃设坛场[4]，方共盟誓，诸州郡更相让，莫敢当，咸共推洪。洪乃升坛操槃(shà)歃血而盟曰：“汉室不幸，皇纲[5]失统，贼臣董卓乘衅(xìn)纵害，祸加至尊，虐流百姓，大惧沦丧社稷，翦(jiǎn)覆[6]四海。兖州刺史岱、豫州刺史伷、陈留太守邈、东郡太守瑁(mào)、广陵太守超等，纠合义兵，并赴国难。凡我同盟，齐心戮(lù)力，以致臣节，殒首丧元，必无二志。有渝此盟，俾坠其命，无克遗育[7]。皇天后土[8]，祖宗明灵，实皆鉴之！”洪辞气慷慨，涕泣横下，闻其言者，虽卒伍厮养[9]，莫不激扬，人思致节[10]。顷之，诸军莫适先进，而食尽众散。

[注释]

①魁梧：形容身材高大健壮。②郎：跟随在皇帝身边的侍从的通称。③社稷：指国家。社，土神；稷，谷神。④坛场：用土建筑的高台，用于祭祀、盟誓等大事。⑤皇纲：朝廷的纲纪。纲，原来指网上的总绳，这里比喻权力。⑥翦覆：颠覆。这里是灭亡的意思。⑦育：后裔，后代。⑧皇天后土：指天地。⑨厮养：指仆役等身份低下的人。⑩致节：尽节。节是气节的意思。

[译文]

臧洪字子源，广陵郡射阳县人。父亲叫臧旻。历任匈奴中郎将、中山、太原两郡的太守，他在他任职的地方的名声很好。臧洪的体格相貌魁梧，与一般人不一样，被推举为孝廉当了郎官。当时朝廷选拔三署的郎官担任县长；琅玡人赵昱担任莒县的县长，东莱郡人刘繇担任下邑县长，东海郡人王朗担任菑丘县长，臧洪担任即丘县长。汉灵帝末年，他辞去官职回到家乡，太守张超请他担任功曹。

董卓谋杀少帝，企图危害国家，臧洪对张超说：“明府您家世代受到皇帝的恩泽，兄弟都掌握大郡，现在皇室将有危险，乱臣没有被消灭掉，这正是天下的忠烈之士报答皇恩为国效力的时候。现在本郡还算完整，官民富足，如果击鼓召集士兵，可以得到两万人，率领这支队伍消灭乱贼，是全国的先导，这是大义啊。”张超也赞同他的建议，和臧洪向西行到达陈留，会见了哥哥张邈商量起兵的大事。张邈本来就有这种想法，他们在酸枣会合，张邈对张超说：“我听说弟弟担任郡守，政事、教化、奖励和惩罚这样的大事都不是自己做主，凡事都让臧洪去做，臧洪是什么人？”张超说：“臧洪的才能胆略智谋都比我强，我非常喜欢他，他是国内的一个奇人。”张邈就邀请臧洪前来相见，与他交谈后对他产生很大的敬异，把他介绍给兖州刺史刘岱、豫州刺史孔伷，他们和臧洪的关系都很亲密友好。于是设立了祭坛，以期宣誓结成盟约，各个州郡互相推让，没有人敢担任盟主的职位，都共同推举臧洪。臧洪便走上祭坛端起放着杯子的托盘喝了杯血酒宣誓：“汉朝王室非常不幸，朝廷的政纲失去了控制，乱臣董卓趁机作乱，灾祸降临到了皇帝的身上，暴虐的行动殃及百姓，最害怕国家沦亡、江山遭到颠覆。今天兖州刺史刘岱、豫州刺史孔伷、陈留太守张邈、东郡太守桥瑁、广陵太守张超等人，召集义军，共同赶赴国难。所有参加盟会的人都要齐心协力，尽到作为大臣的节操，即使头掉身亡，也不会有二心。如果有人敢违背这个誓约，神灵将使他丢掉性命，使他没有后代。天地神灵，祖宗英灵，都看得非常清楚！”臧洪言辞慷慨，涕泪交零，听到他誓言的人，即使是士兵仆役听到这些话也没有不慷慨激昂的，每个人都愿意尽节。不久，各个部队竟然没有带头率先进攻的，粮食吃完以后队伍就散了。

[原文]

超遣洪诣大司马刘虞谋，值公孙瓒之难，至河间，遇幽、冀二州交兵，使命不达。而袁绍见洪，又奇重之，与结分合好。会青州刺史焦和卒，绍使洪领①青州以抚其众。洪在州二年，群盗奔走。绍叹其能，徙②为东郡太守，治东武阳。

[注释]

①领：兼任的意思。②徙：迁移，移动。

[译文]

张超派遣臧洪去见大司马刘虞一同谋划。正逢公孙瓒起兵发难，到了河间，又碰上幽州和冀州的军队交战，使命不能传达到刘虞那里。而袁绍遇到了臧洪，特别器重他，和他成为好朋友。正好青州刺史焦和死去，袁绍让臧洪兼任青州刺史，以安抚民众。臧洪在青州待了两年，强盗和土匪都逃走了。袁绍赞叹他的才能，改任他为东郡太守，治所在东武阳。

[原文]

陈琳

太祖围张超于雍丘，超言："唯恃①臧洪，当来救吾。"众人以为袁、曹方睦，而洪为绍所表用，必不败好②招祸，远来赴此。超曰："子源，天下义士，终不背本者，但恐见禁制，不相及逮③耳。"洪闻之，果徒跣(xiǎn)号泣，并勒④所领兵，又从绍请兵马，求欲救超，而绍终不听许。超遂族灭。洪由是怨绍，绝不与通。绍兴兵围之，历年不下。绍令洪邑人陈琳书与洪，喻以祸福，责以恩义。

洪答曰：隔阔⑤相思，发于寤(wù)寐(mèi)。幸相去步武⑥之间耳，而以趣舍异规，不得相见，其为怆恨，可为心哉！前日不遗⑦，比辱雅贶(kuàng)，述叙祸福，公私切至。所以不即奉答者，既学薄才钝，不足塞诘；亦以吾子携负侧室，息肩⑧主人，家在东州，仆为仇敌。以是事人，虽披中情，堕(duò)肝胆，犹身疏有罪，言甘见怪，方首尾不救，何能恤人？且以子之才，穷该典籍，岂将暗于大道，不达余趣哉！然犹复云云者，仆以是知足下之言，信不由衷，将以救祸也。必欲算计长短，辩谘(zī)⑨是非，是非之论，言满天下，陈之更不明，不言无所损。又言伤告绝之义，非吾所忍行也，是以捐弃纸笔，一无所答。亦冀遥忖(cǔn)⑩其心，知其计定，不复渝变⑪也。重获来命，援引古今，纷纭六纸⑫，虽欲不言，焉得已哉！

[注释]

①恃：依靠、依赖。②败好：损害情意。③逮：等到。④勒：统帅，带领。⑤隔阔：久别，远离。⑥步武：指相距不远。六尺为一步，半步为一武。⑦不遗：不嫌弃。⑧息肩：把肩上的行李放下来休息，这里比喻陈琳投靠袁绍的事

情。⑨辩谘：辩论，商量。⑩忖：揣度，考虑。⑪渝变：改变，改动。⑫纷纭：形容多，满。

[译文]

曹操在雍丘包围了张超，张超说："我只依靠臧洪，他会来援救我的。"大家认为袁绍、曹操现在非常友好，而臧洪被袁绍任用，臧洪一定不会破坏这种友好关系而招来灾祸，远来这里援救张超。张超却说："子源是天下的义士，绝对不会背弃其根本的，只怕他受到别人的控制，不能及时赶到这里罢了。"臧洪听到张超被围困的消息后，果然赤脚痛哭，于是调遣自己统领的军队，并向袁绍请求调派军队，要去救张超，但是袁绍最终拒绝了他的请求。于是张超遭到灭族的灾祸。臧洪因此非常怨恨袁绍，绝对不与他再来往。袁绍发兵包围了他，与他对峙了一年多仍然没有攻下。袁绍让臧洪的同乡陈琳写信告诉臧洪利害关系，责备他忘恩负义。

臧洪回信说："久别相思，日夜动情，幸好我们离得不远，但是由于志向不同，不能经常相见，这种悲痛的心情是难以忍受的！前一段时间承蒙您不嫌弃，屡次来信，叙述利害关系，于公于私都非常恳切。我之所以没有及时回信给您，既因为我才疏学浅不能回答您的责难；也因为您携带家人投奔了我以前的主人，我们都曾经居住在东州，但是现在我已经成了您的敌人，以我现在这样的处境再侍奉故主袁绍，即使表达真情，袒露肝胆，也还是会被疏远而且被定罪，说得再好听也要被责怪，真的是自身难保，又怎么能顾及别人呢？况且以您的才识，遍读典籍，难道您还不明白大道理，不了解我的志向吗！但是您还是反复这样劝说，所以我知道您所说的话不是出于您的内心，而是想使我免除灾祸罢了。如果您一定要弄清楚长短利弊，辨别谁对谁错，而议论是非的讨论充斥天下，陈述这些将会变得更不清楚，不说也没有什么损害。说了反而会伤害感情而断绝情谊，我不忍心这样做，所以就放下纸笔，没有答复一句话，也希望您能够深切地体会到我的心意，知道我的主意已经拿定，不会再改变了。这一次又收到您的来信，引用古今道理，写了满满的六大张，虽然我不想说，但怎么能不说呢！

[原文]

仆小人①也，本因行役，寇窃大州，恩深分②厚，宁乐今日自还接刃！每登城勒兵，望主人之旗鼓，感故友之周旋，抚弦搦（nuò）矢，不觉流涕之覆面也。何者？自以辅佐主人，无以为悔。主人相接，过绝等伦③。当受任之初，自谓究竟大事，共尊王室。岂悟天子不悦，本州见侵，郡将遘（gòu）④牖（yǒu）里之厄，陈留克创兵之谋，谋计栖迟⑤，丧忠孝之名，杖策携背，亏交友之分。揆（kuí）此二者，与其不得已，丧忠孝之名与亏交友之道，轻重殊涂，亲疏异画，

故便收泪告绝。若使主人少垂⑥故人，住者侧席，去者克己，不汲汲⑦于离友，信刑戮(lù)以自辅，则仆抗季札之志，不为今日之战矣。何以效之？昔张景明亲登坛喢(shà)血，奉辞奔走，卒使韩牧让印，主人得地；然后但以拜章朝主，赐爵获传之故，旋时⑧之间，不蒙观过⑨之贷，而受夷灭之祸。吕奉先讨卓来奔，请兵不获，告去何罪？复见斫刺，滨于死亡。刘子璜奉使逾时，辞不获命，畏威怀亲，以诈求归，可谓有志忠孝，无损霸道者也；然辄僵毙麾下，不蒙亏除。仆虽不敏⑩，又素⑪不能原始见终，睹微知著，窃度主人之心，岂谓三子宜死，罚当刑中哉？实且欲一统山东，增兵讨仇，惧战士狐疑，无以沮劝，故抑废⑫王命以崇承制，慕义者蒙荣，待放者被戮(lù)，此乃主人之利，非游士之愿也。故仆鉴戒前人，困穷死战。仆虽下愚，亦尝闻君子之言矣。此实非吾心也。乃主人招焉。凡吾所以背弃国民，用命此城者，正以君子之违，不适敌国故也。是以获罪主人，见攻逾时，而足下更引此义以为吾规，无乃辞同趋异⑬，非君子所为休戚者哉！

[注释]

①小人：文中指地位低下的人，是臧洪的自谦之词。②分：情分，情意。③等伦：同辈。④遘：遇到，遭遇。⑤栖迟：滞留，搁置。⑥少垂：稍微地加以垂念。⑦汲汲：心情非常急切的样子。⑧旋时：即时，说明时间仓促。⑨观过：观察人的过失。⑩敏：明智，聪慧。⑪素：本来，原来。⑫抑废：废弃。⑬趋异：兴趣爱好不同。

[译文]

我只是一个小人物，本来是为了谋生而在外面奔走，能够在冀州窃据一个职位，确实是主人袁绍待我的恩情非常深厚的原因，我难道愿意出现和他刀兵相见的局面吗？每当我登上城楼调遣军队的时候，远远地望见主人的旗鼓，有感于老朋友您在中间周旋，抚摸着弓弦拿着箭杆，禁不住泪流满面。为什么呢？我自以为过去辅佐主人，没有什么感到后悔的。主人对我，恩泽也超过了我们的同辈。当初接受任命的时候，自以为深切地明白国家大事，共同侍奉朝廷。谁知道天子不高兴，本州因此受到了攻击，郡州将遭到像牖里那样的危险，在陈留实现了组建联军共同讨伐董卓的计划，但是计划被搁置，丢掉了忠孝的名声，现在我扬鞭而去，背叛了主人，失掉了我们之间的情谊。估计这两方面，与其在不得已时丧失忠孝的名声和失掉我们之间的情谊，轻重是不一样的，亲疏的界限非常明显，还不如因此就收住眼泪宣告绝交。如果主人稍微挂念旧友，留下的就以礼相待，离去的就克制自己，不会急于绝交，施用惩罚来辅助自己，那么我将会效法吴季札那样的高尚节操，就不会有现在的战争爆发了。怎么样证明这些呢？从前张景明曾经亲自登上高坛歃血结盟，又奉主人的命令到处奔走联络，最终使冀州牧韩馥交出印章，主人得到冀州；后来只是因为他呈奏章朝见皇上，皇帝赏赐给他爵禄符信，转眼之间，竟然察人的过失，招来了杀身之祸。吕布刺杀董卓后投奔主人您，向主人请求援兵没有得到应允，要求离开又有什么罪呢？后又被刺客砍杀，差点被杀死。刘勋奉命出使，时间超过了期限，告辞回去又不同意，他惧怕主人的威严，怀念家中的亲人，只好讲了谎话要求回去，可以说他是有忠君孝顺的志向，对主人的大业并没有什么损害；然而随后就被主人诛杀于军旗下面，没有获得减罪和赦免。我虽然不够明智，向来不能从追溯事物发展的开端来预见事物发展的结果，不能从细微的地方看到事物的发展，但是暗地里猜测主人的心思，难道认为这三个人都应该被处死吗？主人的惩罚量刑得当合理吗？实际上主人是想统一崤山以东，将加强兵力来讨伐所有的敌人，担心将士犹豫不定，没有办法加以阻止劝勉，所以违背王侯的命令而推重秉承皇帝的旨意，爱慕虚名的得到嘉奖，要求离开的被杀掉，这纯粹是主人为了自身的利益，而不是游士们的愿望。所以我才以前人为鉴戒，即使穷困也要死战到底。我虽然愚蠢到极点，也曾经听到过君子的言论啊。这实在不是我的本意，是主人逼我这样做的。我之所以背弃国民，在这个孤城拼命，正是因为君子逃亡不应该去敌国的原因。因此我得罪了主人，被您围攻了很长时间。现在您竟然用这个道理来说服我，恐怕是语言相同而意思恰好相反吧，该不是君子所感到的欢乐和忧愁的事吧！

[原文]

吾闻之也，义不背亲，忠不违君，故东宗①本州以为亲援，中扶郡将以安社稷，一举二得以徼(jiǎo)②忠孝，何以为非？而足下欲使吾轻本③破家，均君主人。主人之于我也，年为吾兄，分为笃友，道乖告去，以安君亲，可谓顺矣。若子之言，则包胥宜致命于伍员，不当号哭于秦庭矣。苟区区④于攘患，不知言乖乎道理矣。足下或者见城围不解，救兵未至，感婚姻之义，惟⑤平生之好，以屈节而苟生，胜守义而倾覆也。昔晏婴不降志于白刃，南史不曲笔以求生，故身著图象，名垂后世，况仆据金城之固，驱士民之力，散三年之畜，以为一年之资，匡困补乏，以悦天下，何图筑室反耕哉！但惧秋风扬尘，伯珪马首南向，张杨、

飞燕，膂(lǚ)力作难，北鄙将告倒县⑥之急，股肱(gōng)奏乞归之诚耳。主人当鉴我曹辈，反旌(jīng)退师，治兵邺垣，何宜久辱盛怒，暴威于吾城下哉？足下讥吾恃黑山以为救，独不念黄巾之合从邪！加飞燕之属悉以受王命矣。昔高祖取彭越于钜(jù)野，光武创基兆于绿林，卒能龙飞中兴，以成帝业，苟可辅主兴化，夫何嫌哉！况仆亲奉玺书，与之从事⑦。

[注释]

①宗：尊崇的意思。②徼：求取。③轻本：丢掉了根本。④区区：形容人喜悦自得的样子。⑤惟：思念，想念。⑥倒县：比喻处境非常艰难和危急，就像被人倒挂起来一样。县，通“悬”。⑦从事：治理政事。

[译文]

我听说过，讲义气的人不会背弃亲人，尽忠的人不会背弃君主，因此向东尊奉本州作为亲近的声援，衷心地支持郡将来安定社稷，这是求得忠孝两全的一举两得的方法，怎么会不正确呢？您现在竟要我抛弃最根本的忠孝、毁坏故家，和您一起效忠于主人。对于我来说，主人在年龄上可以作我兄长，在情分上我们是亲密的朋友，志向不同才要求离去，使君王和双亲安宁，可以说这是顺理成章的事情。按照您的建议，申包胥应该为伍子胥效命，不应该到秦国朝廷上大哭了。如果仅仅是为了躲避灾祸的话，岂不知这些做法已经违背了大道理了。或许您只是看到我的孤城被围困而我无力解除包围，而且援兵又没有来到，念及您和我有亲戚关系，看在您和我平生友好的份上，让我委屈名节以苟且保全自己的性命，认为我这样做要比因坚守正义而招致败亡强很多。从前晏婴不愿意在刀刃下降低志气，南史也不为了苟全性命而歪曲史实，因此他们的形象见于画像，名声流传于后代，更何况我占据着坚固的城池，驱使民众的力量，散尽三年的积蓄，作为一年的费用，尽可能地救济贫困补救不足，从而取悦于天下的百姓，哪里会害怕主人长期围困不肯撤兵呢？我只是怕秋风扬起尘土，公孙瓒发兵南下，张杨、飞燕，极力发难，北方边境将会出现人体倒挂那样的危急情况，而且他的亲信会向他报告请求回家的诚意罢了。主人应该看清楚我是什么性格的人，赶紧撤兵，退保邺城，怎么可以长期地不消怒气，在我的城下大耍威风呢？您嘲笑我只是依靠张燕的黑山军作为救援，唯独没想到我会和黄巾军联合起来啊！再加上张燕的黑山军都已经接受了天子的诏书而归顺朝廷了。以前汉高祖在钜野收编了彭越，光武帝创建的基业依靠于绿林军的兵力，他们最后都登基称帝，成就一番帝王的伟业，假如能辅佐君主弘扬教化，还忧虑什么呢！况且我还亲自得到皇帝下的诏书，允许我和他们合作共事。

[原文]

行矣孔璋！足下徼(jiǎo)利于境外，臧洪授命于君亲；吾子托身

于盟主，臧洪策名于长安。子谓余身死而名灭，仆亦笑子生死而无闻焉，悲哉！本同而末离，努力努力，夫复何言！

绍见洪书，知无降意，增兵急攻。城中粮谷以尽，外无强救，洪自度①必不免，呼吏士谓曰："袁氏无道，所图不轨，且不救洪郡将。洪于大义，不得不死，念诸君无事空与②此祸！可先城未败，将妻子出。"将吏士民皆垂泣曰："明府与袁氏本无怨隙，今为本朝郡将之故，自致残困，吏民何忍当舍明府去也！"初尚掘鼠煮筋角③，后无可复食者。主簿启内厨米三斗，请中分稍以为糜(mí)粥，洪叹曰："独食此何为！"使作薄粥，众分歠(chuò)之，杀其爱妾以食将士。将士咸流涕，无能仰视者。男女七八千人相枕④而死，莫有离叛。

[注释]

①度：估测，估量。②空与：白白地遭受。③筋角：用来制造弓箭弩和刀剑鞘的材料。④相枕：重合，互相偎依。

[译文]

再见了，孔璋，您在境外谋求利益，而我只能听命于朝廷，您把自己托付给了盟主，而我则把名声传到了都城长安。您认为我会身死名灭，我也笑您不论生死都会默默无闻，可悲啊！我们原先志同道合而最后却各走各的道路，都努力吧，还需要再说什么呢！

袁绍看到臧洪写的信，明白他没有投降的意向，于是增加兵力猛烈攻打，城中的粮食已经吃完了，外面又没有强大的救兵，臧洪自己权衡，觉得一定不会免于死亡，便召集队伍对他们说："袁氏大逆不道，图谋不轨，而且不愿意援助我的郡守。从大义上来说，我不能不死，想到各位本来没有犯错误却白白地遭受这个灾难！你们可以趁着城破之前带着妻子儿女逃出去。"将士民众都哭着说："您同袁氏本来没有仇恨，现在因为朝廷的郡守而招来灾祸，我们怎么能忍心丢开您而独自逃离呢？"刚开始还挖掘老鼠，把兵器的皮革煮烂充饥，后来再也没有可以吃的东西了。主簿打开内厨拿出剩下的三斗米，请求分一些略微煮点稠粥喝，臧洪感叹着说："我怎么能独自吞食呢？"让主簿煮作稀粥，大家分着喝，又杀死他的爱妾把肉分给将士们吃。将士们都流下眼泪，没有人能够抬头看他。七八千男女互相靠着死去，没有一个人背叛逃走。

[原文]

城陷，绍生执洪。绍素亲洪，盛施帏幔(wéi màn)，大会诸将见洪，

谓曰：“臧洪，何相负若此！今日服未？”洪据地①瞋目曰：“诸袁事汉，四世五公，可谓受恩。今王室衰弱，无扶翼②之意，欲因际会③，希冀非望，多杀忠良以立奸威。洪亲见呼张陈留为兄，则洪府君亦宜为弟，同共戮力，为国除害，何为拥众观人屠灭！惜洪力劣，不能推刃为天下报仇，何谓服乎！”绍本爱洪，意欲令屈服，原④之；见洪辞切，知终不为己用，乃杀之。洪邑人陈容少为书生，亲慕洪，随洪为东郡丞；城未败，洪遣出。绍令在坐，见洪当死，起谓绍曰：“将军举大事，欲为天下除暴，而专先诛忠义，岂合天意！臧洪发举为郡将，奈何杀之！”绍惭，左右使人牵出，谓曰：“汝非臧洪俦⑤，空复尔为！”容顾曰：“夫仁义岂有常，蹈⑥之则君子，背之则小人。今日宁⑦与臧洪同日而死，不与将军同日而生！”复见杀。在绍坐者无不叹息，窃相谓曰：“如何一日杀二烈士！”先是，洪遣司马二人出，求救于吕布；比⑧还，城已陷，皆赴敌死。

[注释]

①据地：身体盘踞在地上。②扶翼：扶持，帮助。③际会：这里是遇合的意思。④原：原谅。⑤俦：同辈，同一类的人。⑥蹈：实践，行动。⑦宁：宁愿，宁可。⑧比：等到。

[译文]

冀州城陷落后，袁绍活捉了臧洪，袁绍与臧洪素来关系就不错，于是装饰好帐篷，把所有的将领集合起来和臧洪见面，对他说：“臧洪，你为什么辜负我到这样的程度！今天顺服吗？”臧洪坐在地上睁大眼睛说：“袁家侍奉朝廷，四代中有五个人被封为公爵，可以说受到了皇帝的厚恩，现在朝廷衰弱，你没有扶持的心意，还想趁着天下混乱的机会达到自己的非分的想法，杀害了很多忠良的人来树立自己的淫威。我亲眼看到你把陈留太守张邈叫作哥哥，我的府君张超也应该是你的弟弟，你应该和他们一起奋斗，为朝廷除害才对，为什么拥有强大的兵力却看着别人被杀害呢？可惜我的力量非常薄弱，不能拔刀为天下人报这个仇恨，说什么顺服不顺服！”袁绍本来爱惜臧洪，想让他顺服，原谅他；可是听到臧洪的言辞非常激切，知道他最终也不会为自己效力，便杀掉了他。臧洪的同乡陈容年轻时是一个书生，爱慕臧洪，跟随臧洪在东郡做过郡丞；城还没有失守之前，臧洪就让他逃出去。袁绍也让他在座，他看到臧洪即将被处死，站起来对袁绍说：“将军要担当天下的重任，想为天下除掉暴徒，现在却专门杀害忠义的人士，怎么能合乎天意呢？臧洪发兵起事是为了他的郡守，为什么要杀他？”袁绍听了感到很惭愧，他身边的人叫人把陈容赶出去，对陈容说："你不是臧洪一党的人，何必与他一样被杀掉呢？”陈容回头对袁绍说："仁义怎么会是固定不变的，遵从它就是君子，违反它就是小人。现在我宁愿和臧洪一起死，也不愿意和将军同一天生！”于是被杀害。在座的人没有不叹息的，暗地里互相说："怎么在一天之内杀害了两个有志气的人呢？”当初，臧洪派司马二人出城向吕布请求援助；等到他们回来，城池已经被攻破，都同敌人拼死。

[原文]

评曰：吕布有虓(xiāo)①虎之勇，而无英奇②之略，轻狡③反覆，唯利是视。自古及今，未有若此不夷灭也。昔汉光武谬(miù)④于庞萌，近魏太祖亦蔽于张邈。知人则哲，唯帝难之，信矣！陈登、臧洪并有雄气壮节，登降年⑤夙陨，功业未遂，洪以兵弱敌强，烈志⑥不立，惜哉！

[注释]

①虓：虎怒吼。②英奇：英明奇异。③轻狡：轻率狡猾。这里形容一个人的品质恶劣。④谬：错误。这里用作动词。⑤降年：寿命短。⑥烈志：指人的壮志。

[译文]

评论说：吕布有猛虎般的勇猛，但是没有雄伟不凡的谋略，轻率狡猾而且反复无常，只看到手头的小利。从古到今，这种人没有不灭亡的。以前汉光武帝对庞萌判断有误，近来魏太祖又受到张邈的蒙蔽。由此可见，认清人才就是明智，即使皇帝也很难做到，可信啊！陈登、臧洪都有英雄般的气概、壮士的气节，陈登短命早死，没有成就功业，臧洪凭借弱兵对抗袁绍的强兵，壮志不能实现，可惜啊！

荀彧荀攸贾诩传

[原文]

荀彧(yù)字文若，颍川颍阴人也。祖父淑，字季和，朗陵令。当汉顺、桓之间，知名当世。有子八人，号曰八龙。彧父绲(gǔn)，济南相。叔父爽，司空。

彧年少时，南阳何颙(yóng)异之，曰："王佐才也。"永汉元年，

荀彧

举孝廉，拜守宫令。董卓之乱，求出补[1]吏。除[2]亢父令，遂弃官归，谓父老曰：“颍川，四战之地也，天下有变，常为兵冲[3]，宜亟(jí)去之，无久留。”乡人多怀土犹豫，会冀州牧同郡韩馥遣骑迎之，莫有随者，彧独将宗族至冀州。而袁绍已夺馥位，待彧以上宾之礼。彧弟谌及同郡辛评、郭图，皆为绍所任。彧度绍终不能成大事，时太祖为奋武将军，在东郡，初平二年，彧去绍从太祖。太祖大悦曰：“吾之子房也。”以为司马，时年二十九。是时，董卓威陵[4]天下，太祖以问彧，彧曰：“卓暴虐已甚，必以乱终，无能为也。”卓遣李傕等出关东，所过虏略，至颍川、陈留而还。乡人留者多见杀略。明年，太祖领兖州牧，后为镇东将军，彧常以司马从。

兴平元年，太祖征陶谦，任彧留事。会张邈、陈宫以兖州反，潜[5]迎吕布。布既至，邈乃使刘翊(yì)告彧曰：“吕将军来助曹使君击陶谦，宜亟供其军食。”众疑惑。彧知邈为乱，即勒兵设备，驰召东郡太守夏侯惇，而兖州诸城皆应布矣。时太祖悉军攻谦，留守兵少，而督将大吏多与邈、宫通谋。惇至，其夜诛谋叛者数十人，众乃定。豫州刺史郭贡帅众数万来至城下，或言与吕布同谋，众甚惧。贡求见彧，彧将往。惇等曰：“君，一州镇也，往必危，不可。”彧曰：“贡与邈等，分非素结也，今来速，计必未定；及其未定说之，纵不为用，可使中立，若先疑之，彼将怒而成计。”贡见彧无惧意，谓鄄(juàn)城未易攻，遂引兵去。又与程昱计，使说范、东阿，卒全三城，以待太祖。太祖

自徐州还击布濮(pú)阳，布东走。二年夏，太祖军乘氏，大饥，人相食。

[注释]

①补：补授官职。②除：拜官，授职。③兵冲：用兵的要冲。④威：权势，力量。陵：凌驾。⑤潜：暗中。

[译文]

荀彧字文若，是颍川颍阴人。他的祖父是荀淑，字季和，曾做过朗陵令，在汉顺帝、汉桓帝之间，是当时的名士。共有八个儿子，在当时称为八龙。荀彧的父亲荀绲，曾做过济南相。他的叔父荀爽，做过司空。

荀彧年轻时，南阳人何颙很欣赏他，何颙说："荀彧是辅佐帝王的人才。"永汉元年（189），举荐他做孝廉，任命他做守宫令。董卓叛乱时，要求他出任地方官。他被任命为亢父县的县令，于是他弃官回到家里了，他对父老乡亲说："颍川是四面受敌的地方，天下要是有变乱发生，首先受到冲击，咱们应该快快离开，不要长久地留在这里。"乡里的人都很怀念故土不想离开，恰巧赶上冀州牧来自同郡的人韩馥派人来迎接他们，却没有一个人愿意跟着去，他只带领着宗族到了冀州。这时候，袁绍已经夺下了韩馥的官位，袁绍用接待上等宾客的礼节接待了荀彧。荀彧的弟弟荀谌还有同郡的辛评、郭图，都被袁绍重用了。但是荀彧考虑到袁绍最终成不了大事，这时候，曹操担任奋武将军，驻守在东郡，初平二年（191），荀彧离开了袁绍跟随了曹操。曹操非常高兴地说："你是我的张子房啊。"任命他做司马，那时候他才二十九岁。正在这时候，董卓靠他的势力威慑天下，曹操因此询问荀彧，荀彧说："董卓生性很暴虐，最终会造成祸乱，自取灭亡，成不了大气候的。"董卓派李傕等出关东，所经过的地方都遭到了掠夺，等他们到了颍川、陈留才回来。颍川留下的百姓都被杀光了。第二年，曹操担任兖州牧，后来担任镇东将军，荀彧常常以司马的身份跟随在曹操的身边。

兴平元年（194），曹操征伐陶谦，让荀彧管理留守的事务。这时候正赶上张邈、陈宫在兖州造反，他们暗中迎接吕布。等到吕布一来，张邈就派刘翊报告荀彧说："吕将军来帮助曹使君攻打陶谦，应该立刻给他供给军粮。"大家都十分不解。荀彧知道张邈要造反，立即率领军队设置防备，派快马召见东郡太守夏侯惇来援助，可是兖州各个城都响应吕布了。这时，曹操带领全部军队攻打陶谦，留守的兵力很少，而且督战的将领和高级官吏多数和张邈、陈宫暗中勾结。夏侯惇来到后，当夜就诛杀了谋叛人达数十人，于是大家才安定了下来。豫州刺史郭贡带领好几万的人马来到了城下，有人说郭贡要和吕布一起谋反，大家都很惶恐。郭贡要求见荀彧，荀彧打算前去见他。夏侯惇说："您可是一州的州长，您要去一定有危险，千万不能去。"荀彧说："郭贡和张邈这些人，不是一开始就勾结，现在他这么着急来，肯定还没来得及拿定主意；趁着他的主意还没拿定的时候劝说他，即使不能利用他，还可以让他保持中立，要是现在就怀疑他，那么他会一生气而拿定主意了。”郭贡看见荀彧没有一点害怕的意思，他认为鄄城不那么容易攻打，于是带领军队回去了。荀彧又和程昱商量，让他去劝说范县、东阿县，最终保全了这三城，等待曹操回来。曹操从徐州返回来在濮阳攻打吕布，吕布向东逃跑了。第二年夏天，曹操驻军乘氏县，当地发生了重大的灾荒，甚至出现了人吃人的现象。

[原文]

陶谦死，太祖欲遂取徐州，还乃定布。或曰："昔高祖保关中，光武据河内，皆深根固本以制天下，进足以胜敌，退足以[1]坚守，故虽有困败而终济[2]大业。将军本以兖(yǎn)州首事，平山东之难，百姓无不归心悦服。且河、济[3]，天下之要地也，今虽残坏，犹易以自保，是亦将军之关中、河内也，不可以不先定。今以破李封、薛兰，若分兵东击陈宫，宫必不敢西顾，以其间勒兵收熟麦，约食畜谷，一举而布可破也。破布，然后南结扬州，共讨袁术，以临淮、泗。若舍布而东，多留兵则不足用，少留兵则民皆保城，不得樵(qiáo)采[4]。布乘虚寇暴，民心益危，唯鄄(juàn)城、范、卫可全，其余非己之有，是无兖州也。若徐州不定，将军当安所归乎？且陶谦虽死，徐州未易亡也。彼惩往年之败，将惧而结亲，相为表里。今东方皆以收麦，必坚壁清野[5]以待将军，将军攻之不拔，略之无获，不出十日，则十万之众未战而自困耳。前讨徐州，威罚实行，其子弟念父兄之耻，必人自为守，无降心，就能破之，尚不可有也。夫事固有

曹孟德大破吕布

弃此取彼者，以大易小可也，以安易危可也，权一时之势，不患本之不固可也。今三者莫利，愿将军熟虑之。”太祖乃止。大收麦，复与布战，分兵平诸县。布败走，兖州遂平。

[注释]

①以：凭借，依靠。②济：成功，成就。③河、济：黄河与济水流域。④樵采：砍柴拾草。⑤清野：清除郊野，把粮食收藏起来，使敌人掠夺不到物资，是一种对待优势敌人入侵的作战方法。

[译文]

陶谦死后，曹操想马上攻打徐州，等到回去后再平定吕布。荀彧说：“从前汉高祖保住关中，光武帝依据河内，这些地方都是可以建立牢固的根基取得天下的，前进能够战胜敌人，后退还可以坚持防守，即使有一些困难和失败，但最终还是能成大业的。将军您本来是凭借兖州首先起义的，平定了崤山以东的祸乱，百姓没有不心甘情愿归顺您的。并且黄河、济水，这样的地方是天下的要害，现在虽然被破坏，但还可以凭借它求得自保，这也是将军的关中、河内啊，不可以不先平定这些地方的。现在已经打败了李封、薛兰，要是兵分几路分头向东攻打陈宫，陈宫一定不敢顾及西面，就在这一段时间里派士兵去收割熟了的麦子，节约粮食储存谷物，一举就能打垮吕布。打败了吕布之后，然后再向南联合扬州，一起讨伐袁术，这样可以控制淮水、泗水。要是放弃攻打吕布向东进军，多留下一些兵力驻守，那么用于进攻的兵力就不够用，少留一些兵驻守，那么全民就得出来保城，没有时间外出打柴拾草了。吕布会乘虚攻城，残害百姓，民心就更加不稳，只有鄄城、范县、卫县可以保全，其他的州县就不会属于咱们了，因此也就失掉兖州了。要是徐州还不能被平定，将军还有什么地方可以回呢？并且陶谦虽然死了，徐州还是不容易被攻破。他们吸取了往年战败的教训，由于害怕他们一定会相互团结在一起，内外援助，相互接应。现在东方都在忙着收割麦子，一定会坚壁清野等待将军的到来，将军要是攻打他们取不得胜利，那么就没有任何收获，不到十天的工夫，十万的军队不用交战就会疲惫不堪的。以前讨伐徐州，对那里实行了威严的惩罚，那里的百姓会想到自己的父亲兄弟受到的耻辱，一定会主动去防守的，他们不会有投降的想法，就是能打败他们，也是不能占有这个地方的。因此任何事情都有放弃这个得到那个的道理，拿大的来交换小的是可以的，要是拿安全的来交换不安全的是很危险的，权衡一时的形势，不用担心根基还没有稳固啊。现在这三方面都没有好处，希望您仔细考虑清楚了。”曹操于是打消了这个念头。大力收割麦子，后来又与吕布交战，分兵几路平定了各县。吕布被打败后逃跑了，兖州于是也被平定了。

[原文]

建安元年，太祖击破黄巾。汉献帝自河东还洛阳。太祖议奉迎都许，或以山东未平，韩暹(xiān)、杨奉新将天子到洛阳，北连张杨，未可卒①制。彧劝太祖曰："昔晋文纳周襄王而诸侯景从，高祖东伐为义帝缟(gǎo)素②而天下归心。自天子播越，将军首唱义兵，徒以山东扰乱，未能远赴关右，然犹分遣将帅，蒙③险通使，虽御难于外，乃心无不在王室，是将军匡④天下之素志也。今车驾旋轸(zhěn)，东京榛芜(zhēn wú)，义士有存本之思，百姓感旧而增哀。诚因此时，奉主上以从民望，大顺也；秉至公以服雄杰，大略也；扶弘义以致⑤英俊，大德也。天下虽有逆节，必不能为累，明矣。韩暹、杨奉其敢为害！若不时定，四方生心，后虽虑之，无及。"太祖遂至洛阳，奉迎天子都许。天子拜太祖大将军，进彧为汉侍中，守尚书令。常居中持重，太祖虽征伐在外，军国事皆与彧筹焉。太祖问彧："谁能代卿为我谋者？"彧言"荀攸、钟繇。"先是，彧言策谋士，进戏志才。志才卒，又进郭嘉。太祖以彧为知人，诸所进达皆称职，唯严象为扬州，韦康为凉州，后败亡。

郭嘉

[注释]

①卒：通"猝"，突然。此处指最终。②缟素：白色的丧服。缟、素都是白色的生绢。③蒙：冒，遭受。④匡：扶正。⑤致：招徕。

[译文]

建安元年（196），曹操一举攻破了黄巾军。汉献帝从河东回到了洛阳。曹操商量迎接汉献帝并且迁都城到许昌，有人认为崤山以东还没有被平定，韩暹、杨奉最近把天子送到洛阳，北面联合张杨，还没有完全控制局势。荀彧劝告曹操说："从前晋文王接待了周襄王返回王城，诸侯就像影子一样忠实地跟随着他，以前汉高祖向东讨伐项羽，为义帝穿白戴孝，因此收服了天下人的心。自从天子流亡在外，将军首先倡导义兵，只是因为山东地区的扰乱，没能到关中、陇右这么远的地方，但是还是分别派了将帅，冒着危险和朝廷取得联系，虽然在外面抵抗暴乱，但是心里还是每时每刻都忠实于王室的，这也是将军您匡扶天下的愿望。现在皇上车驾回到了京城，东京已经荒芜了，杂草丛生，义士都有保存朝廷根本的想法，百姓都会怀念先前的君主而更加感伤。您应该在这个时候，拥戴皇上回城，以此来顺应民心，这实在是再好不过的了；主持公正就能使英雄豪杰归顺您，这是极好的谋略啊；通过匡扶大义能够吸引来更多的优秀人才，这才是最大的德行啊。天下虽然还有叛乱，一定不会牵累到咱们，这是很明显的。韩暹、杨奉他们哪里还敢作乱呢！要是不及时平定叛乱，各地都产生了叛离的想法，事后虽然能想到这些，但也是没法挽救的了。"曹操于是到了洛阳，迎接天子并迁都到许昌。天子给曹操授官为大将军，晋升荀彧担任汉侍中，代理尚书令。荀彧经常在朝中处理重要的事务，曹操虽然在外面征伐，但军国大事都和荀彧一起商量。曹操问荀彧："谁能代替您和我商量谋略呢？"荀彧说："荀攸、钟繇都可以。"在这之前，荀彧谈到能够出谋策划的人，他向曹操推荐过戏志才。戏志才死了，又向曹操推荐了郭嘉。曹操认为他很知人善用，他所推荐的人都很称职，只有严象担任扬州刺史，韦康担任凉州刺史，后来这两个人都战败死在战场上。

[原文]

自太祖之迎天子也，袁绍内怀①不服。绍既并河朔②，天下畏其强。太祖方东忧吕布，南拒张绣，而绣败太祖军于宛。绍益骄，与太祖书，其辞悖(bèi)慢。太祖大怒，出入动静变于常，众皆谓以失利于张绣故也。钟繇以问彧，彧曰："公之聪明，必不追咎往事，殆有他虑。"则见太祖问之，太祖乃以绍书示彧，曰："今将讨不义，而力不敌，何如？"彧曰："古之成败者，诚有其才，虽弱必强，苟非其人，虽强易弱，刘、项之存亡，足以观矣。今与公争天下者，唯袁绍尔。绍貌外宽而内忌，任人而疑其心，公明达不拘，唯才所宜，此度胜也。绍迟重③少决，失在后机④，公能断大事，应变无方⑤，此谋胜也。绍御军宽缓，法令不立，士卒虽众，其实难用，公法令既明，赏罚必行，士卒虽寡，皆争致死，此武胜也。绍凭世资，从容饰智，以收名

誉，故士之寡能好问者多归之，公以至仁待人，推诚心不为虚美，行己谨俭，而与有功者无所吝惜，故天下忠正效实之士咸愿为用，此德胜也。夫以四胜辅天子，扶义征伐，谁敢不从？绍之强其何能为！”太祖悦。彧曰：“不先取吕布，河北亦未易图也。”太祖曰：“然。吾所惑者，又恐绍侵扰关中，乱羌(qiāng)、胡，南诱蜀汉，是我独以兖、豫抗天下六分之五也。为将奈何？”彧曰：“关中将帅以十数，莫能相一，唯韩遂、马超最强。彼见山东方争，必各拥众自保。今若抚以恩德，遣使连和，相持虽不能久安，比公安定山东，足以不动。钟繇可属以西事。则公无忧矣。”

[注释]

①怀：怀有。②河：黄河。朔：北方。③迟重：迟疑，犹豫。④后机：错过时机。⑤无方：没有固定的程序。

[译文]

自从曹操迎接天子回来，袁绍心里就对他不服。袁绍已经兼并了黄河以北的地区，天下都很害怕他的强大。曹操正担心盘踞东方的吕布，南边还要抵抗张绣，张绣在宛县打败了曹操的军队。袁绍更加骄横了，他给曹操写信，里边的措辞非常傲慢无礼。曹操非常愤怒，连行为举止都和平常不一样了，大家都认为他是因为和张绣打仗失败的缘故。钟繇问荀彧这件事，荀彧说：“曹公那么聪明，一定不是为过去的事情悔恨的，肯定还会有其他的顾虑。”于是他去拜见曹操并问起了这件事，曹操于是把袁绍写的信拿给他看。曹操说：“我现在就想讨伐这个不义的人，可是力量又敌不过他，应该怎么办呢？荀彧说：“自古以来较量胜败的人，都是很有才能的，表面上看起来弱但实际上很强大，如果不是那样的人，即使开始时很强大，最终也会变得很弱小的，从刘邦、项羽的存亡，我们就能看出来。现在那些和您争夺天下的人，只是袁绍一个人。袁绍这个人外表看起来很宽宏大量，但是内心却很狭窄，他重用别人却怀疑这个人的忠心，您却明智通达，不拘泥于小节，只要有才能就任用这个人，您在气度上就超过了袁绍啊。袁绍做事喜欢犹豫不决，容易失去时机，您却能当机立断，懂得随机应变，在谋略上也超过他了。袁绍治理军队宽大松弛，法令都没有确立，虽然人数很多，但是不能被重用，您制定了严明的法令，赏罚一定要实行，兵士虽然少点，可是都能为您效力去死，这在武力上就超过了他。袁绍凭借祖宗传下来的资本，举止装得很有智慧的样子，用来骗得好名声，因此归顺他的人都是没有真实才能只是喜欢好声誉的人，您却尽您的仁爱之心对待身边的人，靠的是诚心，不是虚名，自己办事谨慎，非常节约，可是对那些有功的人却赏赐丰厚，所以天下忠诚、正直、注重实际的人都愿意被您所用，这是在德行上超过了袁绍。您靠这四方面的优势去辅佐天子，扶持正义，讨伐叛臣，谁能不听从您的呢？袁绍再强大又有什么用呢！”曹操于是非常高兴。荀彧说：“不首先攻打吕布，黄河以北也不是那么好拿下的。”曹操说：“我也是这么想的。我所担心的是，怕袁绍侵扰关中，勾结羌、胡作乱，向南诱使蜀汉，那样的话我就只能靠兖州、豫州抵抗天下六分之五了。那我该怎么办呢？”荀彧说：“关中将帅有好几十人，没有人能够统一起来，只有韩遂、马超最强大。他们看到崤山以东正在征战，肯定会各自拥兵保全自己。现在您要是用恩德来安抚他们，派使者和他们连和，即使不能维持长久的安定，等到您安定崤山以东的时候，完全可以保证他们不行动。钟繇可以去办西边的事情。您就不用忧虑了。”

［原文］

三年，太祖既破张绣，东禽吕布，定徐州，遂与袁绍相拒。孔融谓彧曰：“绍地广兵强；田丰、许攸，智计之士也，为之谋；审配、逢纪，尽忠之臣也，任其事；颜良、文丑，勇冠三军，统其兵：殆难克乎！”彧曰：“绍兵虽多而法不整。田丰刚而犯上，许攸贪而不治。审配专而无谋，逢纪果而自用①，此二人留知后事②，若攸家犯其法，必不能纵也，不纵，攸必为变。颜良、文丑，一夫之勇耳，可一战而禽也。”五年，与绍连战。太祖保官渡，绍围之。太祖军粮方尽，书与彧，议欲还许以引③绍。彧曰：“今军食虽少，未若楚、汉在荥（xíng）阳、成皋（gāo）间也。是时刘、项莫肯先退，先退者势屈也。公以十分居一之众，画地而守之，扼其喉而不得进，已半年矣。情见势竭，必将有变，此用奇之时，不

孔融

可失也。”太祖乃住。遂以奇兵袭绍别屯，斩其将淳于琼等，绍退走。审配以许攸家不法，收其妻子，攸怒叛绍；颜良、文丑临阵授首；田丰以谏见诛：皆如彧所策。

[注释]

①果：果断。自用：自恃聪明，办事不听别人劝告。②后事：后方的事务。③引：引退。

[译文]

建安三年（198），曹操已经攻下了张绣，向东捉拿了吕布，并且平定了徐州，于是就和袁绍交战。孔融对荀彧说：“袁绍的领地广阔、兵力强大；田丰、许攸，这些足智多谋的人为他出谋划策；审配、逢纪，这些忠诚于主子的人为他效力；颜良、文丑，在三军中是最为勇猛的人，让他们来统领袁绍的军队，实在是难以攻克的！”荀彧说：“袁绍的兵力虽然多但是他的军纪不行啊。田丰这个人果敢而性格刚烈好冒犯主上，许攸这个人贪财却不知道约束自己。审配专横却没有谋略，逢纪这个人刚愎自用，不听别人意见，让这两个人留守来主持后方的事务，如果许攸触犯了法规，一定不会放过他，一定要惩罚的话，许攸就会发生叛乱。颜良、文丑这两个人，都是有勇无谋的人，只要一交战就能把他们拿下的。”建安五年（200），曹操和袁绍接连交战。曹操守卫官渡，袁绍包围了曹操。曹操的军粮已经快吃完了，他写信给荀彧，打算回到许都来引退袁绍。荀彧说：“现在军粮虽然缺少，但还不像楚、汉军队在荥阳、成皋那里的情况一样。那时候刘邦、项羽都不想先撤退，谁先撤退谁就占劣势。您现在以十分之一的兵力抗拒袁绍，划定地盘防守，卡住敌人的咽喉使他不能动已经半年了。现在的形势出现了衰竭的现象，一定会有变化发生的，这是运用奇计取胜的时机啊，一定坚持住，不能失去好的机会啊。”曹操于是打消了这个念头。于是用奇兵在别屯偷袭袁绍，将他的大将淳于琼等斩首，袁绍败退逃跑了。审配以许攸家不守法为理由，把他的妻子和儿女都逮捕了，许攸一怒之下叛变了袁绍；颜良、文丑临阵被杀；田丰因为劝谏被袁绍杀了：一切都像荀彧所说的那样。

[原文]

六年，太祖就谷[1]东平之安民，粮少，不足与河北相支，欲因[2]绍新破，以其间击讨刘表。彧曰：“今绍败，其众离心，宜[3]乘其困，遂定之；而背兖、豫，远师江、汉，若绍收其余烬，承虚以出人后，则公事去矣。”太祖复次于河上。绍病死。太祖渡河，击绍子谭、尚，而高干、郭援侵略河东，关右震动，钟繇

帅马腾等击破之。语在《繇传》。八年，太祖录彧前后功，表封彧为万岁亭侯。九年，太祖拔邺(yè)，领冀州牧。或说太祖“宜复古置九州，则冀州所制④者广大，天下服矣。”太祖将从之，彧言曰：“若是，则冀州当得河东、冯翊(yì)、扶风、西河、幽、并之地，所夺者众。前日公破袁尚，禽审配，海内震骇，必人人自恐不得保其土地，守其兵众也；今使分属冀州，将皆动心。且人多说关右诸将以闭关之计；今闻此，以为必以次⑤见夺。一旦生变，虽有守善者，转相胁为非，则袁尚得宽其死，而袁谭怀贰，刘表遂保江、汉之间，天下未易图也。愿公急引兵先定河北，然后修复旧京，南临荆州，责贡之不入，则天下咸知公意，人人自安。天下大定，乃议古制，此社稷长久之利也。”太祖遂寝九州议。

[注释]

①就谷：就食。移兵到粮食多的地方，就能使军队获得足够的供给。②因：利用，凭借。③宜：应该，应当。④制：管辖。⑤以次：依次。

[译文]

建安六年（201），曹操为取得供给把军队调到东平的安民，由于粮食很少，不能够和黄河以北的敌人相持久，所以打算利用袁绍刚被打败的形势，趁这个时机讨伐刘表。荀彧说：“现在袁绍被打败了，他已经众叛亲离了，应该趁着这个好时机，赶紧把他给平定了；但是一旦离开兖州、豫州，率领部队远征长江、汉水这些地方，要是这个时候袁绍重新整合起以前的部队，乘虚进入我们的后方，那么您的大事就没希望了。”曹操又在黄河边上驻军。袁绍得了病去世了。曹操渡过黄河，奋力攻击袁绍的儿子袁谭、袁尚，这个时候，高幹、郭援侵犯河东，关西动荡，钟繇带领马腾等把他们给攻破了。这事在《钟繇传》中有记载。建安八年（203），曹操记录了荀彧前后所立的战功，上表给皇上封他做万岁亭侯。建安九年（204），曹操拿下了邺城，兼任冀州牧。有人劝说曹操“应该恢复古代设置的九州，那么冀州所能管辖的地方就扩大了，天下就容易归降了。”曹操打算听从这个建议，荀彧说：“要是这样的话，那么冀州就应该得到河东、冯翊、扶风、西河、幽州、并州的地盘，所要夺取的地方太大了。目前您只是打败了袁绍，活捉了审配，全国的人都感到震惊，一定会有人担心不能保住自己的地盘，拥有自己的军队；要是现在就让他们分别归属于冀州，那么人心就很惶恐。而且现在很多人在劝说关西的将领们采取闭关自守的政策；现在要是听说这件事，都会认为他们会被您逐一夺下了。一旦有变故发生，即使有保持善良愿望的人，也会因为受到压迫转过来干坏事的，那么袁尚就能延缓他灭亡的时间，而袁谭就会怀有二心，刘表就能在长江、汉水之间保存实力，天下也就不容易得到了。现在我希望您带领军队先快速平定黄河以北，然后再恢复原来的京都洛阳，向南平定荆州，谴责刘表不向天子朝贡，那么天下的人都知道您的心愿了，人心就会得到稳定。等到天下太平了以后，那时候再商议恢复九州的古制，这才是为国家长远打算的计谋啊。”曹操于是把九州的建议放在一边了。

[原文]

是时荀攸常为谋主①。彧兄衍以监军校尉守邺，都督河北事。太祖之征袁尚也，高幹密遣兵谋袭邺，衍逆②觉，尽诛之，以功封列侯。太祖以女妻彧长子恽(yùn)，后称安阳公主。彧及攸并贵重，皆谦冲③节俭，禄赐散之宗族知旧④，家无余财。十二年，复增彧邑千户，合二千户。

太祖将伐刘表，问彧策安出，彧曰：“今华夏已平，南土知困矣。可显出宛、叶而间行轻进，以掩其不意。”太祖遂行。会表病死，太祖直趋宛、叶如彧计，表子琮以州逆降。

十七年，董昭等谓太祖宜进爵国公，九锡备物，以彰殊勋，密以谘(zī)彧。彧以为太祖本兴义兵以匡朝宁国，秉忠贞之诚，守⑤退让之实；君子爱人以德，不宜如此。太祖由是心不能平。会征孙权，表请彧劳军于谯，因辄留彧，以侍中光禄大夫持节，参丞相军事。太祖军至濡(rú)须，彧疾留寿春，以忧薨(hōng)，时年五十。谥曰敬侯。明年，太祖遂为魏公矣。

献荆州粲说刘琮

[注释]

①谋主：出谋划策的主要人物。②逆：预先。③谦冲：谦虚。冲，虚。④知旧：相识的旧朋友。⑤守：保持。

荀攸

[译文]

这时候荀攸是曹操最主要的谋士。他的哥哥荀衍以监军校尉的身份驻守邺城，管理黄河以北的事务。讨伐袁尚的时候，高幹秘密派兵想偷袭邺城，荀衍事先觉察出来了，把他们都诛杀了，因为这次战功，他被封为列侯。曹操把自己的女儿嫁给荀彧的长子荀恽做妻子，后来被称为安阳公主。荀彧和荀攸都是官位显赫，权力重大的人，但是他们都非常谦和、节俭，他们的俸禄和赏赐都分给同宗族的人和朋友了，家里没有什么多余的财物。建安十二年（207），曹操又为荀彧增加了食邑千户，合计食邑为二千户。

曹操要讨伐刘表，问荀彧应该采用什么计策，荀彧说:“现在中原已经被平定了，南方的占领者已经知道自己的困境了。现在可以公开地向宛县、叶县地区出兵了，可以抄小路轻装上阵，出其不意地偷袭他们。”曹操于是采纳了他的计策。这时候正好赶上刘表得病去世了，曹操于是直接赶往宛县、叶县。一切按照荀彧说的去做。刘表的儿了刘琮献出荆州投降了。

建安十七年（212），董昭等对曹操说他应该给自己晋升爵位为国公，置办了九锡的物件，用来表彰曹操的特殊的功劳，曹操暗中问荀彧的意见。荀彧认为曹操本来就是为了匡扶国家才成立了义军，应该怀着对国家忠诚的心意，保持谦虚礼让的品质；君子应该靠高尚的品德去爱别人，不应该这样做。曹操因为这件事心里很不平。正赶上讨伐孙权，曹操上表请求让荀彧去谯县慰劳军队，找机会把荀彧留在那里了，凭借侍中光禄大夫的身份拿着符节，参与丞相府里的军事事务。曹操的军队到达了濡须，荀彧得了病留在了寿春，因为长期忧郁而去世了，死时才五十岁。谥号是敬侯。第二年，曹操被封为魏公。

[原文]

子恽(yùn)，嗣侯，官至虎贲中郎将。初，文帝与平原侯植并有拟论，文帝曲礼事彧。及彧卒，恽又与植善，而与夏侯尚不穆①，文帝深恨恽。恽早卒，子甝(hán)、霬(yì)，以外甥故犹宠待。恽弟俣(yǔ)，御史中丞，俣弟诜(shēn)，大将军从事中郎，皆知名，早卒。诜弟顗(yǐ)，咸熙中为司空。恽子甝嗣，为散骑常侍，进爵广阳乡侯，年三十薨。子頵嗣。霬官至中领军，薨，谥曰贞侯，追赠骠(piào)骑将军。

子恺嗣。翼妻，司马景王、文王之妹也，二王皆与亲善。咸熙中，开建五等，翼以著勋前朝，改封恺(kǎi)南顿子。

荀攸字公达，或从子也。祖父昙，广陵太守。攸少孤。及昙(tán)卒，故吏张权求守昙墓。攸年十三，疑之，谓叔父衢(qú)曰："此吏有非常②之色，殆将有奸③！"衢寤，乃推问④，果杀人亡命。由是异之。何进秉政，征海内名士攸等二十余人。攸到，拜黄门侍郎。董卓之乱，关东兵起，卓徙都长安。攸与议郎郑泰、何颙(yóng)、侍中种辑、越骑校尉伍琼等谋曰："董卓无道⑤，甚于桀纣，天下皆怨之，虽资强兵，实一匹夫耳。今直刺杀之以谢百姓，然后据殽(xiáo)、函，辅王命，以号令天下，此桓文之举也。"事垂就而觉，收颙、攸系狱，颙忧惧自杀，攸言语饮食自若，会卓死得免。弃官归，复辟公府，举高第，迁任城相，不行。攸以蜀汉险固，人民殷盛，乃求为蜀郡太守，道绝不得至，驻荆州。

［注释］

①穆：和睦。②非常：不正常。③奸：邪恶，奸诈。④推问：推究，追问。⑤无道：不合道义，倒行逆施。

［译文］

荀彧的儿子荀恽，继承了父亲的侯爵，官至虎贲中郎将。当初，魏文帝和平原侯曹植都有被确立为太子的拟论，文帝用超出荀彧身份的礼节对待他。等到荀彧死后，他的儿子荀恽却和曹植很友好，但是他和夏侯尚不和睦，文帝对荀恽非常怨恨。荀恽很年轻就去世了，留下了两个儿子叫荀甝和荀霬，因为他们是文帝外甥的缘故受到了不一般的宠爱。荀恽的弟弟荀俁，做了御史中丞，荀俁的弟弟荀诜，担任大将军从事中郎，在当时他们都很有名望，但早年去世。荀诜的弟弟荀顗，在咸熙年担任司空的职务。荀恽的儿子荀甝，继承了父亲的散骑常侍的

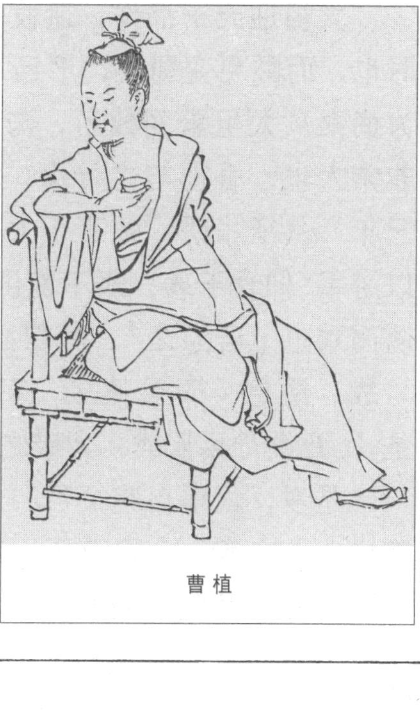

曹植

官位，晋爵为广阳乡侯，三十岁的时候就去世了。他的儿子荀頵继承了爵位。荀霬官至中领军，荀霬死后，谥号为贞侯，追赠他为骠骑将军。他的儿子荀恺继承了父业。荀霬的妻子，是司马景王、文王的妹妹，这两个王对他都很好。咸熙年间，开始建立五等爵位，荀霬因为对前朝的建立立下了很大的功劳，改封荀恺为南顿子。

荀攸字公达，是荀彧的侄子。他的祖父荀昙，是广陵太守。荀攸很小的时候父亲就去世了。等到祖父荀昙去世了，荀昙原先手下的官吏张权要求为荀昙守墓。荀攸那一年正好十三岁，他很疑惑这件事，对叔父荀衢说："这个人的神色不正常，恐怕他会使诈！"荀衢顿时醒悟了，于是对他进行追查询问，这个人果然是杀了人正在逃命。他于是对荀攸另眼相看了。何进执掌政权时，征召了像荀攸这样全国有名的人士等二十多人。等到荀攸到朝廷的时候，授予他黄门侍郎的职务。董卓叛乱时，关东兵起义，董卓把都城迁到长安。荀攸和议郎郑泰、何颙、侍中种辑、越骑校尉伍琼等一起出谋划策道："董卓没有人道，比夏桀、商纣王还要厉害，天下都很怨恨他，现在他虽然凭借着强大的兵力，实际上只是个武夫罢了。现在我们直接把他杀了向天下的百姓谢罪，然后凭借着淆山、函谷关，一起来辅佐王命，命令天下的人，这是齐桓公、晋文公的壮举啊。"事情快被实施的时候被发觉了，董卓逮捕了何颙、荀攸并把他们打入大牢。何颙非常害怕就自杀了，但是荀攸却像正常一样说话、吃饭，等到董卓死了的时候他被赦免了。于是他辞官回到家里，后来他又被召进公府，他的政绩很高，后来升为任城的丞相，他没有去上任。荀攸认为蜀汉这个地方非常艰险稳固，人民非常富裕，于是请求做蜀郡太守，由于道路阻隔不能到达，于是他留驻在荆州。

[原文]

太祖迎天子都许，遗攸书曰："方今天下大乱，智士劳心之时也，而顾观变蜀汉，不已[1]久乎！"于是征攸为汝南太守，入为尚书。太祖素闻攸名，与语大悦，谓荀彧、钟繇曰："公达，非常人也，吾得与之计事，天下当何忧哉！"以为军师。建安三年，从征张绣。攸言于太祖曰："绣与刘表相恃[2]为强，然绣以游军[3]仰食于表，表不能供也，势必离。不如缓军以待之，可诱而致也；若急之[4]，其势必相救。"太祖不从[5]，遂进军之穰(ráng)，与战。绣急，表果救之。军不利。太祖谓攸曰："不用君言至是。"乃设奇兵复战，大破之。

是岁，太祖自宛征吕布，至下邳，布败退固守，攻之不拔，连战，士卒疲，太祖欲还。攸与郭嘉说曰："吕布勇而无谋，今三战皆北，其锐气衰矣。三军以将为主，主衰则军无奋意。夫

陈宫有智而迟，今及布气之未复，宫谋之未定，进急攻之，布可拔也。”乃引沂(yí)、泗(sì)灌城，城溃，生禽布。

下邳城曹操鏖兵

[注释]

①已：太，甚。②恃：依赖，依靠。③游军：无固定防地，流动作战的军队。④急之：急于进军。⑤从：听从。

[译文]

曹操奉迎天子到达都城许昌，他给荀攸写信说：“现在天下正大乱，也是有才智的人劳心的时候，可是我观察蜀汉的变化，已经没多长时间了！”于是征召荀攸担任汝南太守，入宫做了尚书。曹操平时就听说了荀攸的声名，和他一交谈心里就十分高兴，于是他对荀彧、钟繇说：“公达，他可不是一般的人才啊，我要是能和他计议国家大事，天下还有什么可以愁的事情啊！”曹操让他做了军师。建安三年（198），荀攸跟随着曹操讨伐张绣。荀攸对曹操说：“张绣和刘表都相互依靠对方的势力才变得强大，但是张绣是带领着游动的部队向刘表讨一点粮食，要是刘表不给他供给的话，两个人一定会产生摩擦的。现在不如减缓行军速度以等待时机，可以诱使他来归降的；要是急于进军的话，他们两个人势必会相互救助。”曹操不听从他的意见，向穰县快速进军，在那里和张绣交战了。张绣非常着急，刘表果然救了他。曹操的军事行动非常不顺利。曹操对荀攸说：“这是我不用你的计谋才这样的。”于是又布置了奇兵再次和张绣交战，把张绣打败了。

就在这一年，曹操从宛县征伐吕布，等到了下邳城，吕布败退坚守阵地，曹操攻打吕布却攻不下，连着战了好几天，士兵都十分疲惫了，曹操打算回去。荀攸和郭嘉劝说他道：“吕布虽然很勇猛但是他没有计谋，现在多次交战却都战败了，他的锐气也被挫败了。三军以将帅为主，要是将帅的锐气消减了，那么整个军队也就没有斗志了。至于陈宫，他虽然有智慧但是行动迟缓，现在趁着吕布的锐气还没有恢复，陈宫还没定下什么计谋，应该快速攻打他们，吕布就可以被打败了。”于是曹操掘开沂水、泗水把下邳城给淹了。下邳城被冲破了，曹操活捉了吕布。

[原文]

后从救刘延于白马，攸画策斩颜良。语在《武纪》。太祖拔

徐晃

白马还，遣辎重循①河而西。袁绍渡河追，卒②与太祖遇。诸将皆恐，说太祖还保营，攸曰：“此所以禽敌，奈何去之！”太祖目③攸而笑。遂以辎重饵贼，贼竞奔之，陈乱④。乃纵步骑击，大破之，斩其骑将文丑，太祖遂与绍相拒于官渡。军食方尽，攸言于太祖曰：“绍运车旦暮至，其将韩莫锐而轻敌，击可破也。”太祖曰：“谁可使？”攸曰：“徐晃可。”乃遣晃及史涣邀⑤击破走之，烧其辎重。会许攸来降，言绍遣淳于琼等将万余兵迎运粮，将骄卒惰，可要击也。众皆疑。唯攸与贾诩劝太祖。太祖乃留攸及曹洪守。太祖自将攻破之，尽斩琼等。绍将张郃、高览烧攻橹降，绍遂弃军走。郃之来，洪疑不敢受，攸谓洪曰：“郃计不用，怒而来，君何疑？”乃受之。

[注释]

①辎重：军用物资。循：沿着。②卒：通“猝”，突然。③目：看。④陈：通“阵”，队伍。⑤邀：中途拦截。

[译文]

荀攸后来跟随着曹操到白马县去营救刘延，荀攸为曹操出了个主意将颜良斩杀了。这件事记在《武帝纪》中。曹操攻下白马县回来，命令运输战资的部队沿着黄河往西走。袁绍渡过黄河追击，突然和曹操相遇了。每个将领都很害怕，劝说曹操回师保护军营，荀攸说：“这正是捉拿敌人的大好时机，怎么能回去呢！”曹操看着荀攸笑了。于是曹操用军械等物资来引诱敌人，敌人居然跑着去抢这些东西，队伍顿时很混乱。曹操于是派遣步兵、骑兵一起来攻打他们，把他们打败了，斩杀了他们的骑将文丑，曹操于是才和袁绍在官渡这个地方交战。军队的粮食正好快吃完了，荀攸对曹操说：“袁绍运军粮的车早晚都会来的，他的大将韩莫非常勇猛但是轻敌，只要攻打就能打败他们。”曹操说：“那么谁能去干这件事呢？”荀攸说：“徐晃就可以。”于是曹操派徐晃和史涣在中途拦下敌人并将他们打败了，把他们的军用物资烧毁了。这时候正赶上许攸来投降，他说袁绍正派淳于琼等带领着一万多的士兵护送运粮的队伍，但是袁绍军队的将领骄傲、士兵懒散，可以中途拦击。大家都很疑惑。只有荀攸和贾诩劝说曹操。曹操于是留下荀攸和曹洪驻守。曹操亲自带兵去攻打送粮的军队，把将领都斩杀了。袁绍的大将张郃、高览烧毁了进攻用的望楼之后前来投降了，袁绍于是丢下军队独自逃跑了。张郃前来归降后，曹洪还怀疑不敢接受，荀攸对曹洪说：“张郃是因为他的计谋没有被袁绍采纳很生气才来投奔您的，为什么还怀疑他呢？”于是接受了他的投降。

[原文]

七年，从讨袁谭、尚于黎阳。明年，太祖方征刘表，谭、尚争冀州。谭遣辛毗(pí)乞降请救，太祖将许之，以问群下。群下多以为表强，宜先平之，谭、尚不足忧也。攸曰：“天下方有事，而刘表坐保江、汉之间，其无四方志①可知矣。袁氏据四州之地，带甲十万，绍以宽厚得众，借使二子和睦以守其成业②，则天下之难③未息也。今兄弟遘(gòu)恶④，此势不两全。若有所并则力专，力专则难图也。及其乱而取之，天下定矣，此时不可失也。”太祖曰：“善。”乃许谭和亲⑤，遂还击破尚。其后谭叛，从斩谭于南皮。冀州平，太祖表封攸曰：“军师荀攸，自初佐臣，无征不从，前后克敌，皆攸之谋也。”于是封陵树亭侯。十二年，下令大论功行封，太祖曰：“忠正密谋，抚宁内外，文若是也。公达其次也。”增邑四百，并前七百户，转为中军师。魏国初建，为尚书令。

兄弟交锋

[注释]

①四方志：借喻成就大事业的志向。②成业：已成就的事业，现有的基业。③难：灾难。④遘恶：构成仇敌。⑤和亲：指曹操的儿子娶袁谭的女儿。

[译文]

建安七年（202），荀攸跟随曹操在黎阳讨伐袁谭、袁尚。第二年，曹操正准备征讨刘表时，袁谭、袁尚正在争夺冀州。袁谭派辛毗向曹操乞求投降并请求曹操给予援救，曹操打算答应他的请求，就这件事问他的部下。群下多数都认为刘表很强大，应该先平定他，袁谭、袁尚不值得忧虑。荀攸说："天下现在正在发生大的变化，可是刘表坐守长江、汉水之间，他心无大志这是大家都知道的。袁氏却占据着青州、冀州、幽州、并州这四个州，带领着十万大军，袁绍因为对部下宽厚才受到部下的拥戴，要是这两个儿子能和睦相处的话，保持住他们现在的基业，那么天下的灾难还是不能停止的。现在他们兄弟两个相互敌视，肯定不会使两方都并存下来。要是一方被另一方吞并的话，那么袁氏的力量就会会聚在一块了。要是他们的力量一旦集中在一块，那么就难以征伐他们了，现在可不能失去这个机会啊。"曹操说："太好了。"于是就答应了和袁谭和亲，回过头来击败了袁尚。后来袁谭叛变了，在南皮这个地方曹操斩杀了他。冀州被平定以后，曹操上表要求封荀攸说："军师荀攸，自从开始辅佐我以来，每次征战都会跟随，前后所攻克的敌人，没有一个不是靠荀攸的计谋的。"于是封荀攸做陵树亭侯。建安十二年（207），下令大张旗鼓地论功行赏，曹操说："为人忠诚正直，谋划周密，对内、对外实行安抚的是文若，还有公达。"为他增加食邑四百户，连同以前的一共七百户，后来又转升他为中军师。魏国刚建立的时候，任命他担任尚书令。

[原文]

攸深密有智防[1]，自从太祖征伐，常谋谟(mó)[2]帷幄(wò)，时人及子弟莫知其所言。太祖每称曰："公达外愚内智，外怯内勇，外弱内强，不伐善[3]，无施劳[4]，智可及[5]，愚不可及，虽颜子、宁武不能过也。"文帝在东宫，太祖谓曰："荀公达，人之师表也，汝当尽礼敬之。"攸曾病，世子问病，独拜床下，其见尊异如此。攸与钟繇善，繇言："我每有所行，反覆思惟，自谓无以易；以咨公达，辄复过人意。"

公达前后凡画奇策十二，唯繇知之。繇撰集未就，会薨，故世不得尽闻也。攸从征孙权，道薨。太祖言则流涕。

[注释]

①智防：善于料事而又明哲自保。②谋谟：谋划。③伐善：夸耀自己的长处。④施劳：夸耀自己的功劳。⑤及：够得上。

[译文]

荀攸考虑问题深入而且周密，他很有智慧，而又能明哲自保，自从跟随曹操征伐，他经常在军帐中出谋划策，当时的人和他的子弟都不知道他说了什么。曹操常常赞赏他说："公达表面上看愚钝，其实很聪慧，表面上看怯懦，实际上很勇敢，外表软弱但是内心刚强，不喜欢自夸，不炫耀自己的功劳，他的聪明是有人可以赶得上的，但是他的愚钝是没人能赶得上的，即使是颜回、宁武也不能超过他。"文帝身为太子时，曹操对他说："荀公达，是可以为人师表的人，你定要按照礼节来对待他啊。"荀攸曾经生病了，太子去看望他，跪拜在床前，他竟被尊敬到这种程度了。荀攸和钟繇关系很好，钟繇说："我每次有什么行动，都是反复思考的，自己认为是没必要更改的；每次拿去和荀攸商量，他的答复总是出乎人的意料的。"

公达前后共谋划的奇策有十二个，只有钟繇知道。钟繇撰写集子还没有完成就去世了，所以世上再也没有人知道了。荀攸跟随曹操征讨孙权，在路上去世了。曹操每次说起他就流泪。

[原文]

长子缉，有攸风，早没。次子适嗣，无子，绝。黄初中，绍封攸孙彪为陵树亭侯，邑三百户，后转封丘阳亭侯。正始中，追谥攸曰敬侯。

贾诩(xǔ)字文和，武威姑臧人也。少时人莫知，唯汉阳阎忠异[1]之，谓诩有良、平之奇。察孝廉为郎，疾病去官，西还至汧，道遇叛氐，同行数十人皆为所执[2]。诩曰："我段公外孙也，汝别埋[3]我，我家必厚赎之。"时太尉段颎(jiǒng)，昔久为边将，威震西土，故诩假以惧氐(dī)。氐果不敢害，与盟而送之，其余悉死。诩实非段甥，权以济事[4]，咸[5]此类也。

贾诩

[注释]

①异：认为不平凡。②执：捉住，逮捕。③埋：埋没，隐藏。此处指伤害。④济事：成

事。⑤咸：都。

[译文]

荀攸的长子荀缉，很有荀攸的风范，很年轻的时候就去世了。他的次子荀适继承了父业，他没有儿子，所以爵位断绝了。黄初年间，绍封荀攸的孙子荀彪担任陵树亭侯，食邑为三百户，后来转封他做丘阳亭侯。正始年间，追封荀攸，谥号为敬侯。

贾诩字文和，是武威姑臧人。年轻的时候没有人知道他，只有汉阳的阎忠很欣赏他，说贾诩有张良、陈平的奇才。他被举荐做了孝廉，担任郎官，因为生病就辞官了，向西还乡到了汧县，路上遇上了氐族叛乱，同行的几十个人都被叛乱的氐族逮捕了。贾诩说："我是段公的外孙，你千万别伤害我，我家一定会用重金来赎我的。"这时候的太尉段颎，原先很长时间都担任边防的将军，在西部边疆很有名声，所以贾诩用谎言使氐族害怕。氐族的叛贼果然不敢杀害他，和他订立了盟约并送他回去了，其余的人都被杀死了。其实贾诩不是段太尉的外甥，只不过是随机应变地办事罢了，就好比这类情况。

[原文]

董卓之入洛阳，诩以太尉掾(yuàn)为平津都尉，迁讨虏校尉。卓婿中郎将牛辅屯陕，诩在辅军。卓败，辅又死，众恐惧，校尉李傕、郭汜、张济等欲解散，间行归乡里。诩曰："闻长安中议欲尽诛凉州人，而诸君弃众单行，即一亭长能束①君矣。不如率众而西，所在收兵，以攻长安，为董公报仇，幸而事济②，奉国家③以征天下，若不济，走未后也。"众以为然。傕乃西攻长安。语在《卓传》。后诩为左冯翊(yì)，傕等欲以功侯之，诩曰："此救命之计，何功之有！"固辞不受。又以为尚书仆射，诩曰："尚书仆射，官之师长，天下所望，诩名不素重，非所以服人也。纵诩昧④于荣利，奈国朝何！"乃更拜诩尚书，典选

犯长安李傕听贾诩

举，多所匡济⑤，傕等亲而惮之。会母丧去官，拜光禄大夫。傕、汜等斗长安中，傕复请诩为宣义将军。傕等和，出天子，祐护大臣，诩有力焉。天子既出，诩上还印绶。是时将军段煨（wēi）屯华阴，与诩同郡，遂去傕托煨。诩素知名，为煨军所望。煨内恐其见夺，而外奉诩礼甚备，诩愈不自安。

［注释］

①束：制约。此处指捆绑。②济：成功。③国家：指朝廷。④昧：贪图。⑤匡济：匡正，保全。

［译文］

董卓进入都城洛阳，贾诩以太尉属官的身份担任平津都尉，后来又升为讨虏校尉。董卓的女婿中郎将牛辅驻扎在陕西，贾诩在牛辅的军队中担任职务。董卓被打败后，牛辅这时候又死了，士兵都很害怕，这时候，校尉李傕、郭汜、张济等都想解散军队，抄小路回到家乡。贾诩说："我听说长安城里有人打算把凉州人都杀光了，但是各位将领却打算丢下部队单独回到家乡，只要是个亭长就能捆绑你们。倒不如带领着部队往西，到所到的地方招收士兵，到时候再攻打长安，替董公报仇，要是幸运的话成就了大事，我们就可以尊奉国家去征讨天下的叛贼，要是不成功的话，那么再逃跑也不晚。"大家都认为这样做是有道理的。李傕于是向西攻打长安。这件事记载在《董卓传》中。后来贾诩担任左冯翊，李傕等想因为这次功劳封他做侯，贾诩说："这只不过是用来救命的计谋，哪里有什么功劳啊！"坚决不接受。后来又让他做尚书仆射，贾诩说："尚书仆射，那是百官的师长，是被天下人所仰望的，我贾诩的声名向来就不显赫，不值得让众人服我。即使贾诩我贪慕虚荣，那么对国家又有什么好处呢！"于是又改任命贾诩做尚书，掌管选举贤才的事务，对人事有所匡正、保全，李傕等跟他亲近但是又害怕他。后来赶上贾诩的母亲去世了，他辞掉了官职，授予他光禄大夫。李傕、郭汜在长安中战斗的时候，李傕又请求贾诩担任宣义将军。李傕等讲和，放出天子，保护大臣，全靠贾诩的力量。天子被放出以后，贾诩上前归还了官印和绶带。这时候将军段煨驻守在华阴，他和贾诩是一郡的，贾诩离开了李傕归顺了段煨。贾诩向来名声很好，段煨很敬重他。段煨内心害怕自己的权势被贾诩夺去，表面上对贾诩很好，可是实际上却心口不一，贾诩感到非常不安。

［原文］

张绣在南阳，诩（xǔ）阴①结绣，绣遣人迎诩。诩将行，或谓诩曰："煨（wēi）待君厚矣，君安去之？"诩曰："煨性多疑，有忌②诩意，礼虽厚，不可恃，久将为所图。我去必喜，又望吾结大援于外，

曹操官渡战袁绍

必厚吾妻子。绣无谋主，亦愿得诩，则家与身[3]必俱全矣。”诩遂往，绣执子孙礼，煨果善视其家。诩说绣与刘表连和。太祖比征之，一朝引军退，绣自追之。诩谓绣曰：“不可追也，追必败。”绣不从，进兵交战，大败而还。诩谓绣曰：“促更追之，更战必胜。”绣谢曰：“不用公言，以至于此。今已败，奈何复追？”诩曰：“兵势有变，亟往必利。”绣信之，遂收散卒赴追，大战，果以胜还。问诩曰：“绣以精兵追退军，而公曰必败；退以败卒击胜兵，而公曰必克。悉如公言，何其反而皆验也？”诩曰：“此易知耳。将军虽善用兵，非曹公敌也。军虽新退，曹公必自断后；追兵虽精，将既不敌，彼士亦锐，故知必败。曹公攻将军无失策，力未尽而退，必国内有故；已破将军，必轻军速进，纵留诸将断后，诸将虽勇，亦非将军敌，故虽用败兵而战必胜也。”绣乃服。是后，太祖拒袁绍于官渡，绍遣人招绣，并与诩书结援。

绣欲许之，诩显于绣坐上谓绍使曰：“归谢袁本初，兄弟不能相容，而能容天下国士乎？”绣惊惧曰：“何至于此！”窃谓诩曰：“若此，当何归？”诩曰：“不如从曹公。”绣曰：“袁强曹弱，又与曹为仇，从之如何？”诩曰：“此乃所以宜从也。夫曹公奉天子以令天下，其宜从一也。绍强盛，我以少众从之，必不以我为重。曹公众弱，其得我必喜，其宜从二也。夫有霸王之志者，固将释私怨，以明德于四海，其宜从三也。愿将军无疑！”绣从之，率众归太祖。太祖见之，喜，执诩手曰：“使我信重于天下者，子也。”表诩为执金吾，封都亭侯，迁冀州牧。冀州未平，留参司空军事。袁绍围太祖于官渡，太祖粮方尽，问诩计焉出，诩曰：“公明胜绍，勇胜绍，用人胜绍，决机胜绍，有此四胜而半年不定者，但顾万全故也。必决其机，须臾可定也。”太祖曰：“善。”乃并兵出，围击绍三十余里营，破之。

绍军大溃，河北平。太祖领冀州牧，徙诩为太中大夫。建安十三年，太祖破荆州，欲顺江东下。诩谏曰：“明公昔破袁氏，今收汉南，威名远著，军势既大；若乘旧楚之饶，以飨（xiǎng）吏士，抚安④百姓，使安土乐业，则可不劳众而江东稽（jī）服⑤矣。”太祖不从，军遂无利。太祖后与韩遂、马超战于渭南，超等索割地以和，并求任子。诩以为可伪许之。又问诩计策，诩曰：“离之而已。”太祖曰：“解。”一承用诩谋。语在《武纪》。卒破遂、超，诩本谋也。

[注释]

①阴：暗地里，偷偷地。②忌：顾忌，嫉妒。③身：自己。④抚安：安抚，安顿，抚恤。⑤稽服：诚心诚意地信服。

[译文]

张绣驻守在南阳时，贾诩暗中和张绣勾结，张绣派人迎接贾诩。贾诩打算启程前去，有人劝贾诩说：“段煨对您那么好，您为什么还要离开他呢？”贾诩说：“段煨这个人生性多疑，而且还有嫉妒我的心意，虽然对我很礼貌，对我很好，可是我不能长久地依靠他，要是我长久待在这里，他就怀疑我要取代他。我走了他肯定很高兴，他肯定还希望我在外面结交更强大的力量作为外援，他肯定对我的妻子和儿女很好。张绣没有可以商量大计的人，也愿意我去投靠他，那么我的家室和我自己都能得到保全。”贾诩于是起身去投靠张绣了，张绣以小辈对待长辈的礼节对待贾诩，段煨果真对待贾诩的家人非常好。贾诩劝说张绣和刘表联合。曹操连着攻打张绣，有一天早上他突然下令撤退军队，张绣亲自带着士兵追击他。贾诩对张绣说：“您一定不可以去追击他，要是追的话肯定会失败的。”张绣不听贾诩的话，出兵和曹操交战，结果吃了败仗回来了。贾诩对张绣说：“现在快速去追曹操，再战一场的话肯定能取得胜利。”张绣道歉说：“我没有听您的话才到了现在这个局面。现在

抹书离间

已经吃了败仗了，为什么还要去追他呢？”贾诩说：“军队的势力是有变化的，马上去追击他肯定是有利的。”张绣于是相信了他，聚集起散乱的部下去追击曹操，和曹操大打了一仗，结果胜利归来。他问贾诩说：“张绣凭借着精兵追击曹操撤退的军队，您却说我肯定会失败的；等我撤回来您却让我用打了败仗的士兵去追击曹操打了胜仗的军队，而您说我一定会获胜。一切都像您说的那样，为什么这些违反常理的事情却全部得到了验证了呢？”贾诩说：“这是非常容易知道的！将军您虽然很擅长用兵打仗，但不是曹操的对手。曹操的军队虽然刚刚撤退，曹操肯定会亲自截断后路的；追击的军队虽然很精良，但是将领却不能对抗，他们的士兵还是很勇猛的，所以我就知道您会失败的。曹操的将领在反攻时没有什么失误，但是没有耗尽战斗力的时候就撤退了，肯定是国内临时发生了变故；而且他们已经打败了您，一定会轻装快速前进，即使留下将领来断绝军队的后路，这些将领虽然勇猛，也不是将军您的对手，所以虽然用打过败仗的士兵还是能够取得胜利的。”张绣于是对贾诩很是佩服。从这以后，曹操在官渡和袁绍交战，袁绍派人去招降张绣，而且给贾诩写信邀请和他结成援助的关系。

张绣打算同意他的请求，贾诩在张绣的座席上毫不顾忌地对袁绍派来的使者说：“请您回去告诉袁本初，兄弟都不能相容，还能容天下杰出的人才吗？”张绣非常害怕地说道：“为什么要这样呢！”他偷偷地对贾诩说：“要是这样的话，应该归附谁啊？”贾诩说：“不如归顺曹操吧。”张绣说：“袁绍的兵力强大，曹操的兵力弱小，而且我又与曹操结了怨恨，归顺他又怎么样呢？”贾诩说：“这就是为什么要归顺他的原因。曹公是奉天子的命令来号令天下的，这也是为什么一定要归顺他的第一原因。袁绍现在虽然强大，要是我们靠这么点人马去投靠他，他肯定不会重用咱们的。曹公虽处于弱势，要是我们去投靠他，他一定会特别高兴的，这就是应该归顺他的第二个原因。这个人有霸王的志向，肯定会放下以前的私怨的，用以来向天下的人表明自己的高尚品德，这是第三个一定要归顺他的原因。请将军不要再迟疑了！”张绣听从贾诩的建议，带领着部队归顺了曹操。曹操看到他们来归降心里非常高兴，他拉着贾诩的手说：“使我的信誉被天下人看重的人是您啊。”曹操上表为贾诩请求做执金吾，封为都亭侯，后来又升为冀州牧。冀州那时候还没有被平定，留下贾诩担任参司空军事谋划。袁绍在官渡把曹操围困了，那时候曹操的军粮已经吃完了，他问贾诩有没有好的计策，贾诩说：“您的智慧胜过袁绍，勇气也胜过袁绍，用人也比袁绍高一招，对时机的把握也胜过袁绍，您有这四个方面的优势却半年的时间还没有攻下袁绍，只是为了做到万无一失的缘故。必须要果断地把握住时机，在很短的时间里就可以把他平定了。”曹操说：“太好了。”于是一起出兵，包围并且抗击袁绍多达三十余里营地，把袁绍的军队打败了。

袁绍的军队溃败，黄河以北也被平定了。曹操兼任冀州牧，提拔贾诩担任太中大夫。建安十三年（208），曹操平定了荆州，打算顺江东下。贾诩劝谏他说：“明公过去打败了袁绍，现在又收复了汉水以南的地区，您的威名已经传播很远了，军势也已经得到了壮大；如果利用荆州原来就富饶的条件，来对官兵实行赏赐，安抚百姓，让他们能够安居乐业，那么不用劳师动众就能够使江东地区臣服了。”曹操不听从他的意见，于是作战后没有取得什么利益。曹操后来和韩遂、马超在渭南交战，马超等想让曹操割给他们土地来和好，并请求放回人质。贾诩认为可以假装答应他们的要求。曹操又问贾诩有什么计策，贾诩说：“只要离间他们就行了。”曹操说：“我明白了。”一一采用贾诩的计谋。这些都记录在《武帝纪》中。最终曹操击败了韩遂、马超的军队，这本来就是贾诩出的计谋。

[原文]

是时，文帝为五官将，而临菑(zī)侯植才名方盛[1]，各有党与[2]，有夺宗之议。文帝使人问诩自固之术[3]，诩曰：“愿将军恢崇德度，躬素士之业，朝夕孜孜，不违子道。如此而已。”文帝从之，深自砥砺(dǐ lì)。太祖又尝屏除左右问诩，诩嘿[4]然不对。太祖曰：“与卿言而不答，何也？”诩曰：“属[5]适有所思，故不即对耳。”太祖曰：“何思？”诩曰：“思袁本初、刘景升父子也。”太祖大笑，于是太子遂定。诩自以非太祖旧臣，而策谋深长，惧见猜疑，阖(hé)门自守，退无私交，男女嫁娶，不结高门，天下之论智计者归之。

文帝即位，以诩为太尉，进爵魏寿乡侯，增邑三百，并前八百户。又分邑二百，封小子访为列侯。以长子穆为驸马都尉。帝问诩曰：“吾欲伐不从命以一天下，吴、蜀何先？”对曰：“攻取者先兵权，建本者尚德化。陛下应期受禅，抚临率土，若绥之以文德而俟其变，则平之不难矣。吴、蜀虽蕞(zuì)尔小国，依阻山水，刘备有雄才，诸葛亮善治国，孙权识虚实，陆议见兵势，据险守要，泛舟江湖，皆难卒谋也。用兵之道，先胜后战，量敌论将，故举无遗策。臣窃料群臣，无备、权对，虽以天威临之，未见万全之势也。昔舜舞干戚而有苗服，臣以为当今宜先

文后武。”文帝不纳。后兴江陵之役，士卒多死。诩年七十七，薨（hōng），谥曰肃侯。子穆嗣，历位郡守。穆薨，子模嗣。

评曰：荀彧清秀通雅，有王佐之风，然机鉴先识，未能充其志也。荀攸、贾诩，庶乎算无遗策，经达权变，其良、平之亚欤！

[注释]

①盛：兴盛。②党与：同党的人。③固：安定，巩固。术：手段，策略。④嘿：通“默”，沉默。⑤属：恰好，正好。

[译文]

在这个时候，曹丕担任五官中郎将，而临菑侯曹植的才能和名声正是很兴盛的时候，他们各自有自己的党羽，都有互相争夺王位的说法。曹丕派人请问贾诩能够巩固自己地位的办法，贾诩说：“希望将军能够崇尚美德，放宽胸怀，亲自认真学习贫寒士人的学业，一天从早到晚都勤奋学习，不要违背做儿子的操行就行了。”曹丕听从他的意见，刻苦地磨炼自己。曹操又把身边的人屏退后悄悄问贾诩，贾诩沉默不回答。曹操说：“我和你说话，你却不回答，到底是为什么呢？”贾诩说：“我恰好在思考问题，所以不能立即回答您。”曹操于是问：“你在想什么呢？”贾诩回答说：“我在想袁本初、刘景升父子。”曹操听了后大笑，于是立太子的事最终确定下来了。贾诩认为他不是曹操的老臣，但是他的计谋却很长远，害怕因此受到猜疑，于是整天闭门不出来，回家后也不和别人交往，儿女嫁娶，也不攀结达官贵族，天下的人谈论起有智谋的人没有人不想起他的。

曹丕登上了皇位，任命贾诩担任太尉，把他晋爵为魏寿乡侯，增加食邑三百户，和以前的加起来一共八百户。后来又分给他食邑二百户，封他的小儿子贾访为列侯。任命他的长子贾穆担任驸马都尉。文帝问贾诩道：“我现在想讨伐那些不听从命令的人来实现天下统一，吴国、蜀国这两个国家到底先攻打哪个？”贾诩回答说：“夺取领土首先要靠的是武力，建立根基大业一定要靠道德教化。陛下应该接受上天的禅让，安抚天下，要是用道德教化来安抚天下的百姓的话，那么平定天下就没什么困难了。吴国、蜀国虽然是非常小的国家，但是他们凭借着天然形成的山水优势，而且刘备很有才能，诸葛亮又非常擅长治理国家，孙权懂得用兵的虚实，陆议懂得分析军事形势，他们依靠着险要的地势来防守，水军在江湖上游荡，这些都不是一下子就能除掉的。用兵之道，在于先分析有取胜的把握再去作战，估量敌人的实力，分析对方的将领，所以打起仗来就不会有什么失策的地方。我私下里分析我们的群臣中，没有能是刘备、孙权的对手的，您现在虽然靠天威取得了天下，还不是万无一失的时候。从前舜舞动盾和斧使有苗服从了他，我现在认为应该先用文治，再动用武力。”文帝不采纳他的建议。后来发动了江陵的战役，士兵死伤很多。贾诩在七十七岁的时候去世。他的谥号是肃侯。他的儿子贾穆继承了爵位，一直担任郡守。贾穆去世后，贾穆的儿子贾模继承了爵位。

评论说：荀彧清俊不俗，通达高雅，有辅佐王位的风范，可是他的机智和高远的见识还有富有远见的才能，没有让他的志向充分发挥出来。荀攸、贾诩，这两个人几乎没有失算过，他们懂得通达，会随机应变，应该是张良、陈平一类的人吧！

钟繇华歆王朗传

[原文]

钟繇字元常，颍川长社人也。尝与族父①瑜俱至洛阳，道遇相者②，曰："此童有贵相③，然当厄④于水，努力慎之！"行未十里，度桥，马惊，堕水几死。瑜以相者言中，益贵繇，而供给资费，使得专学。举孝廉⑤，除尚书郎、阳陵令，以疾去。辟三府，为廷尉正、黄门侍郎。是时，汉帝在西京，李傕(jué)、郭汜等乱长安中，与关东断绝。太祖领兖(yǎn)州牧，始遣使上书。傕、汜等以为"关东欲自立天子，今曹操虽有使命，非其至实"，议留太祖使，拒绝其意。繇说傕、汜等曰："方今英雄并起，各矫命专制，唯曹兖州乃心王室，而逆其忠款，非所以副将来之望也。"傕、汜等用繇言，厚加答报，由是太祖使命遂得通。太祖既数听荀彧之称繇，又闻其说傕、汜，益虚心。后傕胁天子，繇与尚书郎韩斌同策谋。天子得出长安，繇有力焉。拜御史中丞，迁侍中尚书仆射，并录前功封东武亭侯。

[注释]

①族父：族兄弟之父，泛指同族的伯伯、叔叔。②道：在路上。相者：看相的人。③贵相：富贵的相貌。④厄：灾难。⑤孝廉：古代选官的两种科目名称。孝，指孝子。廉，指廉洁的人。

[译文]

钟繇字元常，是颍川长社人。他曾经和族父钟瑜一起去洛阳，在路上遇到了相面的人，那个人对钟瑜说："这个孩子有富贵相，可是会遭到水淹的灾害，一定要慎重啊！"走了没过十里，过桥时，马由于受到惊吓，钟繇掉到水里差点淹死了。

钟瑜相信相面人所说的了，就更加器重钟繇，并且供给他费用，使他能够专心学习。钟繇被举荐为孝廉，又授予他做尚书郎、阳陵令，因为得了疾病就辞掉官职了。三公府征召他，他在这里担任廷尉正、黄门侍郎。就在这时候，汉帝在西京，李傕、郭汜等在长安城中掀起叛乱，与关东断绝了联系。曹操兼任兖州牧，才派遣使者上书朝廷。李傕、郭汜等以为“关东打算独立，任命自己做天子，现在曹操虽然派来了使者，但并不是他的真心实意。”于是他们商量着扣留曹操派来的使者，拒绝曹操的意思。钟繇劝说李傕、郭汜等说：“现在正是英雄纷纷兴起的时候，都假托皇帝命令独断专行，只有曹兖州对王室是忠心的，现在应该欢迎他，而不是拒绝他，这并不是咱们将来的愿望。”李傕、郭汜等采用了钟繇的意见，于是对使者给予丰厚的回报，因此曹操的使命能够得到传达。曹操已经听过荀彧好几次称赞钟繇了，又听说他劝说过李傕、郭汜，就对他更仰慕了。后来李傕胁迫天子，钟繇和尚书郎韩斌一起出谋划策。天子之所以能够离开长安，都是钟繇的功劳。钟繇被任命为御史中丞，后来升为侍中尚书仆射，加上以前建立的功劳被封为东武亭侯。

[原文]

时关中诸将马腾、韩遂等，各拥强兵相与争。太祖方有事山东，以关右[1]为忧。乃表[2]繇以侍中守司隶校尉，持节督关中诸军，委之以后事，特使不拘科制[3]。繇至长安，移书腾、遂等，为陈祸福，腾、遂各遣子入侍。太祖在官渡，与袁绍相持，繇送马二千余匹给军。太祖与繇书曰：“得所送马，甚应其急。关右平定，朝廷无西顾之忧，足下[4]之勋也。昔萧何镇守关中，足食成军，亦适当尔。”其后匈奴单于作乱平阳，繇帅诸军围之，未拔；而袁尚所置河东太守郭援到河东，众甚盛。诸将议欲释之去，繇曰：“袁氏方强，援之来，关中阴与之通[5]，所以未悉叛者，顾吾威名故耳。若弃而去，示之以弱，所

勤王室马腾举义

在之民，谁非寇仇？纵吾欲归，其得至乎！此为未战先自败也。且援刚愎好胜，必易吾军，若渡汾为营，及其未济击之，可大克也。”张既说马腾会击援，腾遣子超将精兵逆之。援至，果轻渡汾，众止之，不从。济水未半，击，大破之，斩援，降单于。语在《既传》。其后河东卫固作乱，与张晟(shèng)、张琰(yǎn)及高幹等并为寇，繇又率诸将讨破之。自天子西迁，洛阳人民单尽，繇徙关中民，又招纳亡叛以充之，数年间民户稍实。太祖征关中，得以为资，表繇为前军师。

［注释］

①关右：地区名，也就是关西，因为古人把西边称作右，所以就有这种叫法。②表：古代奏章的一种，这里指给皇上上表。③科制：科条制度。④足下：对对方的敬称。古代用来下级对上级或同辈之间的敬称。⑤阴：暗地里。通：勾结。

［译文］

这时候关中的各个将领像马腾、韩遂等，都靠着强大的兵力相互争夺领地。曹操正赶上在崤山以东有战事，他正担心着关西的局势。于是上表请求任命钟繇担任侍中守司隶校尉，持符节率领关中的各个军队，把后方的事托付给他，特许他不受科条制度的限制。钟繇到达了长安，他写信给马腾、韩遂等，向他们陈说利害关系，马腾、韩遂都派了自己的儿子来到京城侍奉皇帝。曹操正在官渡和袁绍相对战，钟繇给军队送去了两千多匹马。曹操给钟繇写信道：“我收到了您送来的马，真是太及时了。关西已经被平定了，朝廷没有西顾之忧了，这可是您的功劳啊。从前萧何镇守关中，给军队提供了足够的粮食，您的功劳和他的相当啊。”在这之后，匈奴单于在平阳作乱，钟繇带领各路军队围攻他，没能取得胜利；而且袁尚所设的河东太守郭援到达了河东，他的部下很多。将领们商量着撤退，钟繇说：“袁氏正是强大的时候，郭援的到来，关中有人暗中和他勾结，之所以没有全部背叛，是因为看在我的声名上。要是就这么回去了，就会显得我们很软弱，咱们现在这个地方的老百姓，哪个不是咱们的仇敌呢？是我们想回去就能够回得去吗？这样做是不战自败。况且郭援刚愎好胜，一定会轻视咱们的军队，若是他们渡过汾河在那里安营扎寨，在他们还没有过河的时候攻打他们，一定能打败他们的。”张既劝说马腾一起联合攻击郭援，马腾派他的儿子马超带领精兵迎战。郭援到了，果真打算轻装渡过汾河，部下都想劝阻他，他不听。渡河还没渡到一半，钟繇带领军队出击，把郭援打败了，斩杀了郭援，降服了单于。这些在《张既传》中有记载。后来河东的卫固起兵作乱，与张晟、张琰及高幹等一起做寇贼抢掠，钟繇又带领将领们讨伐他们并把他们打败了。自从天子向西迁都长安，洛阳的人口就减少了，钟繇迁徙关中的人们过去了，又招纳了叛逃的人来补充，几年的工夫，洛阳的百姓和户口多了起来。曹操征伐关中时，能够得到足够的物资，他上表请求派钟繇担任前军师。

［原文］

魏国初建，为大理①，迁相国②。文帝在东宫③，赐繇五熟釜（fǔ），为之铭曰：“于赫有魏，作汉藩辅。厥（jué）相惟钟，实干心膂（lǚ）。靖恭夙夜，匪遑安处。百寮师师，楷兹度矩④。”

数年，坐西曹掾（yuàn）魏讽谋反⑤，策罢就第。

文帝即王位，复为大理。及践阼（zuò），改为廷尉，进封崇高乡侯。迁太尉，转封平阳乡侯。时司徒华歆（xīn）、司空王朗，并先世名臣。文帝罢朝，谓左右曰：“此三公者，乃一代之伟人也，后世殆难继矣！”明帝即位，进封定陵侯，增邑五百，并前千八百户，迁太傅。繇有膝疾，拜起不便。时华歆亦以高年疾病，朝见皆使载舆车，虎贲舁（bēn yú）上殿就坐。

是后三公有疾，遂以为故事。

［注释］

①大理：官名，即廷尉。掌管刑狱，是九卿之一。②相国：官名，是辅佐皇帝的最高官吏。③东宫：太子居住的官殿。④楷：楷模，示范。度矩：法度，规则。⑤坐：因为……犯罪受到牵连。掾：官名，为丞相府的属官，掌管属吏任免。

［译文］

魏国刚刚建立的时候，钟繇担任大理，后来被提升为相国。曹丕做太子的时候，曾经赏赐给钟繇五熟釜，上面雕刻上：“伟大的魏国，是汉朝的藩屏辅佐。相国钟繇是国家的栋梁啊，日夜为国家操劳，不能安心睡觉，百官应该向您学习，您是他们的楷模啊。”

几年之后，钟繇受到西曹掾魏讽谋反这件事的牵连，被罢官回家了。

当曹丕登上了王位，又任命他做大理。等到曹丕登上了皇位，改任为廷尉，晋封为崇高乡侯。后来升为太尉，转封为平阳乡侯。这时候司徒华歆、司空王朗都是前朝的名臣。文帝罢朝后，对身边的人说：“这三公啊，是一代的伟人啊，后代是难以继承了！”等到曹叡即位，进封钟繇为定陵侯，增加食邑五百户，连同以前的一共是一千八百户，升他做太傅。钟繇的膝盖有疾病，跪拜不方便。此时华歆也因为年龄大了有疾病了，每次朝见，明帝都命令手下用车拉着他们，由虎贲抬着上殿就座。

这以后，三公有病，就以这作为惯例。

[原文]

初，太祖下令，使平议死刑可宫割者[1]。繇以为“古之肉刑，更历圣人[2]，宜复施行，以代死刑。”议者以为非悦民之道，遂寝。及文帝临飨[3]群臣，诏谓“大理欲复肉刑，此诚圣王之法。公卿当善共议。”议未定，会有军事，复寝。

太和中，繇上疏曰：“大魏受命，继踪虞、夏。孝文革法，不合古道。先帝圣德[4]，固天所纵，坟典之业[5]，一以贯之。是以继世，仍发明诏，思复古刑，为一代法。连有军事，遂未施行。陛下远追二祖遗意，惜斩趾可以禁恶，恨入死之无辜，使明习律令，与群臣共议。出本当右趾而入大辟者，复行此刑。《书》云：‘皇帝请问下民，鳏(guān)寡有辞于苗。’此言尧当除蚩尤、有苗之刑，先审问于下民之有辞者也。若今蔽狱之时，讯问三槐、九棘、群吏、万民，使如孝景之令，其当弃市，欲斩右趾者许之。其黥(qíng)、劓(yì)、左趾、宫刑者，自如孝文，易以髡(kūn)、笞。能有奸者，率年二十至四五十，虽斩其足，犹任生育。今天下人少于孝文之世，下计所全，岁三千人。张苍除肉刑，所杀岁以万计。臣欲复肉刑，岁生三千人。子贡问能济民可谓仁乎？子曰：‘何事于仁，必也圣乎，尧、舜其犹病诸！’又曰：‘仁远乎哉？我欲仁，斯仁至矣。’若诚行之，斯民永济。”

魏太祖曹操

书奏，诏曰：“太傅学优才高，留心政事，又于刑理深远。此大事，公卿群僚(liáo)善共平议。”司徒王朗议，以为“繇欲轻减大辟之条，以增益刖[yuè]刑之数，此即起偃为竖，化尸为人矣。然臣之愚，犹有未合微异之意。夫五刑之属，著在科律，自有减死一等之法，不死即为减。施行已久，不待远假斧凿于彼肉刑，然后有罪次也。前世仁者，不忍肉刑之惨酷，是以废而不用。不用已来，历年数百。今复行之，恐所减之文未彰于万民之目，而肉刑之问已宣于寇雠[chóu]之耳，非所以来远人也。今可按繇所欲轻之死罪，使减死之髡、刖。嫌其轻者，可倍其居作之岁数。内有以生易死不訾之恩，外无以刖易釱[dì]骇耳之声。”

议者百余人，与朗同者多。帝以吴、蜀未平，且寝。

太和四年，繇薨。帝素服临吊，谥曰成侯。子毓[yù]嗣。初，文帝分毓户邑，封繇弟演及子劭[shào]、孙豫列侯。

[注释]

①平议：商议、评论。官割：官刑，又称腐刑，是破坏生殖机能的刑罚。②更历：经历。圣人：这里指皇帝。③临飨：用酒食款待。④圣德：圣明高尚的大德。⑤坟典之业：三坟五典，泛指古代的典籍，这里指古代的典章制度。

[译文]

起初，曹操下令，让大家讨论死刑是否可以改成宫刑。钟繇认为“古代以来的肉刑，经过以往圣人的使用，可以再次施行，可以用它来代替死刑”。参加议论的人认为这个方法不是能够让民众高兴的事情，于是这件事就被搁置下来了。等到魏文帝宴请群臣的时候，下诏说“大理打算实行肉刑，这实在是圣王的法度。公卿你们应该在一起好好讨论讨论。”讨论还没有决定下来，正好赶上战事发生，于是又被搁置下来了。

太和年间，钟繇上疏说：“大魏自从奉受天命以来，继承追寻着虞、夏。汉朝的孝文帝改革法令，并不遵循古道。先帝非常圣明，并且有大德，本来就是上天所赐予的，古代的典章制度是一定要遵循的，应该贯彻到底的。所以继承皇位后，接连下达了好几道英明的诏书，我想恢复古代的刑法，并把它作为整个朝代的典章。正好赶上接连的战事，最终没能实行。陛下应该追念两位先祖的遗愿，怜悯那些被砍去脚趾仍能阻止作恶的人，悲痛那些被无辜判处死刑死去的人，让熟知法律的人，和群臣一起商议。宽恕那些应该被砍去右脚趾却被列入死刑的人，仍旧对他们实行这种刑罚。《尚书》说：‘皇帝详细询问老百姓的时候，鳏寡都对有苗氏有怨言。’这也就是说尧帝在除掉蚩尤、有苗的刑罚时，是先征求那些有怨言的百姓的。要是现在断案的时候，讯问三公、九卿、群臣、万民，使他们按照孝景帝的法令那样，对那些应当判处死刑的人，那些愿意砍掉右趾的人应该答应他们。至于被判处刺字、割鼻、砍掉左趾、实行宫刑的犯人，应该像孝文帝那样，换成剃头发、鞭笞。可是对于那些犯奸淫罪的人，要是年龄在二十岁至四五十岁的，即便是被砍去了脚，还是能够生育的。现在的人口比起孝文帝那时候少多了，估计实行这样的刑罚，每年能够多保全三千人。张苍废除肉刑，每年要多杀上万的人。我现在想恢复肉刑，每年能多活三千人。子贡曾经问能够拯救民众就可以说是“仁”了吗？孔子说：‘这哪里只是仁啊，已经是圣德了，即使是尧、舜都很难做到！’他又说：‘仁离我们很远吗？我想要仁，仁已经来了。’如果能好好实行下去，老百姓就会永远得到好处。”

奏折被呈上以后，明帝下诏说：“太傅的学问和才能实在是高，又那么关心政事，对于刑理研究很深入。对于这样的大事，公卿和百官一定要好好一起讨论。”司徒王朗发表自己的看法，他认为“钟繇想减轻和减少死刑的条款，来增加刖刑的人数，这就好比让倒下的人站起来，让死尸变成人。但是我还是有一点和这个不相同的想法。设立五刑的条款，都是写在科律里的，本来就有减免死刑一等的法令，只要是不处死就已经是减免了。而且已经实行很长时间了，没有必要靠着斧凿实行肉刑，然后才有罪刑的差别。以前推行仁政的人，是不忍心肉刑的残酷的，因此才废除不用的。已经有一百多年不用了。现在要是再实行，恐怕减刑的文书还没有给老百姓看，实行肉刑的消息就传到敌人的耳朵里去了，使远方的人也不会来臣服了。现在可以采纳钟繇想减轻死罪的想法，把死刑变成髡刑、刖刑。如果觉得这样还轻的话，可以增加服役的年数。在国内我们就能有用生来换死的恩德，在国外我们就消除了实行肉刑的恐惧了。”

参加议论的有上百人，大家都同意王朗的说法。明帝借口吴国、蜀国还没有被平定，把这件事给搁置下了。

太和四年（230），钟繇去世。明帝穿着丧服为他吊丧，封他谥号为成侯。他的儿子钟毓继承爵位。当初，文帝分给钟毓户邑，封钟繇的弟弟钟演及他的儿子钟劭、孙子钟豫为列侯。

诸葛亮围攻祁山

[原文]

毓[yù]字稚叔。年十四为散骑侍郎，机捷谈笑，有父风。太和初，蜀相诸葛亮围祁山，明帝欲西征，毓上疏曰：“夫策贵庙胜[1]，功尚帷幄[wéi wò][2]，不下殿堂之上，而决

胜千里之外。车驾[3]宜镇守中土，以为四方威势之援。今大军西征，虽有百倍之威，于关中之费[4]，所损非一。且盛暑行师，诗人所重，实非至尊动轫之时也[5]。”迁黄门侍郎。时大兴洛阳宫室，车驾便幸许昌，天下当朝正许昌。许昌逼狭，于城南以毡为殿，备设鱼龙曼延，民罢劳役。毓谏，以为“水旱不时，帑(tǎng)藏空虚，凡此之类，可须丰年。”又上“宜复关内开荒地，使民肆力于农。”事遂施行。正始中，为散骑常侍。大将军曹爽盛夏兴军伐蜀，蜀拒守，军不得进。爽方欲增兵，毓与书曰：“窃以为庙胜之策，不临矢石；王者之兵，有征无战。诚以干戚可以服有苗，退舍足以纳原寇，不必纵吴汉于江关，骋韩信于井陉也。见可而进，知难而退，盖自古之政。惟公侯详之！”爽无功而还。后以失爽意，徙侍中，出为魏郡太守。爽既诛，入为御史中丞、侍中廷尉。听君父已没，臣子得为理谤，及士为侯，其妻不复配嫁，毓所创也。

[注释]

①策：指国家大事的决策。庙胜：指临战前朝廷制定的克敌制胜的作战策略。②帷幄：军帐。③车驾：本来指皇帝外出时所乘的车子，因此拿来作为皇帝的代称。④费：损耗。⑤至尊：至高无上的地位，现在拿来作为皇帝的代称。动轫：指车子起行。轫，刹住车轮转动的木头。

[译文]

钟毓字稚叔。在十四岁的时候就担任散骑侍郎，人很机灵，思维敏捷，喜欢谈笑，有他父亲的风范。太和初年，蜀相诸葛亮围攻祁山，明帝打算向西征讨他，钟毓上疏说：“政策可贵的地方在于朝廷制定战胜敌人的策略，建立功业应该在帷帐中运筹，在殿堂上不用下台阶，就能取得千里之外的胜利。皇上应该镇守中原，作为各个地方得力的后援。现在大军西征，即使有百倍的威力，在关中所耗费的，不是一点点的损失啊。更何况在大夏天进军，诗人都很慎重，还没到您亲自去征讨的时候啊。”升钟毓做黄门侍郎。这时候正在大力建造洛阳宫室，皇上到许昌去，天下的官员要在许昌朝见天子。许昌的宫殿很狭小，于是在城南用毡搭了个殿，又准备了鱼龙曼延的节目，老百姓被这种劳役弄得很疲惫。钟毓进谏，他认为“水旱灾害还不时发生，国库空虚，这类的东西，应该在收成好的年份再搞。”他又上书说“应该再开垦关内的荒地，让民众都去种地去。”没过多久就被执行了。正始年间，他担任散骑常侍。

大将军曹爽在大夏天去讨伐蜀国，蜀国坚决防守，大军不能前进。曹爽正要求增兵，钟毓给他写信说：“我认为决胜于朝廷的政策，不是靠石块和箭的；王者的军队，是只征讨而不交战的。这实在是舞动盾与斧就可以让有苗臣服的，后退三十里就能让原来的敌人臣服了，也没必要像吴汉那样出兵到江关，像韩信那样自己跑到井陉去了。应该知道什么时候可以前进，什么时候应该后退，这恐怕是自古以来打仗的策略，您一定要考虑清楚了！”曹爽没立下功劳就回来了。后来钟毓因为不合曹爽的心意，把他调离了侍中，出京城做了魏郡太守。曹爽被杀后，他又被调进京城做了御史中丞、侍中廷尉。听到君父死了，臣子应该为他辩护，等到士人被封为侯，他的妻子就不能被改嫁了，这是钟毓所首创的。

司马昭破诸葛诞

[原文]

正元中，毌(wú)丘俭、文钦反，毓(yù)持节至扬、豫州班行赦令①，告谕(yù)②士民，还为尚书。诸葛诞反，大将军司马文王议自诣寿春讨诞。会③吴大将孙壹率众降，或以为“吴新有衅(xìn)，必不能复出军。东兵已多，可须后问”。毓以为“夫论事料敌，当以己度人④。今诞举淮南之地以与吴国，孙壹所率，口不至千，兵不过三百。吴之所失，盖为无几。若寿春之围未解，而吴国之内转安，未可必其不出也。”大将军曰：“善。”遂将毓行。淮南既平，为青州刺史，加后将军，迁都督徐州诸军事，假节⑤，又转都督荆州。景元四年薨，追赠车骑将军，谥曰惠侯。子骏嗣。毓弟会，自有传。

[注释]

①班：颁布。赦令：减免罪行的命令。②告谕：向民众宣布说明。③会：正好赶上。④以己度人：从自己的方面出发去猜测别人。⑤假节：假以符节。持节，古代使臣出使时持节作为凭证，所以叫假节。魏晋以后假节是官名，平时没有权利处置人，战时可斩杀犯军令的人。

[译文]

钟繇之子钟会

正元年间，毌丘俭、文钦造反，钟毓持符节到扬州、豫州颁布并执行赦免令，他清楚地告诉那里的官民。回来后担任尚书。诸葛诞造反，大将军司马文王商量着要亲自前往寿春讨伐诸葛诞。正巧吴国的大将孙壹带领着部下归降，有的人认为“吴国现在出现了新的矛盾，肯定不会再出兵了。我们东面的军队已经足够多了，可以以后再打算。”钟毓却认为“处理事情预测敌人，一定要根据自己的情况去估计别人。现在诸葛诞把淮南的地方都给了吴国，孙壹所带领的，只有三百兵力和上千口人。吴国等于没有任何损失。要是寿春的围困还不能解除，吴国的内乱被平息了，他们没准会出兵的。”大将军说：“实在太好了。”于是按照钟毓说的办。淮南被平定后，钟毓担任青州刺史，加封为后将军，提升为统领徐州诸军事，持皇帝节符，又转任统领荆州。景元四年（263）去世，追赠他做车骑将军，谥号为惠侯。儿子钟骏继承爵位。钟毓的弟弟钟会，自己有传。

[原文]

华歆字子鱼，平原高唐人也。高唐为齐名都，衣冠无不游行市里。歆为吏，休沐①出府，则归家阖(hé)门②。议论持平，终不毁伤人。同郡陶丘洪亦知名，自以明见③过歆(xīn)。时王芬与豪杰谋废灵帝。语在《武纪》。芬阴呼歆、洪共定计，洪欲行，歆止之曰：“夫废立大事，伊、霍之所难。芬性疏而不武④，此必无成，而祸将及族。子其无往！”洪从歆言而止。后芬果败，洪乃服⑤。举孝廉，除郎中，病，去官。灵帝崩，何进辅政，征河南郑泰、颍川荀攸及歆等。歆到，为尚书郎。董卓迁天子长安，歆求出为下邽(guī)令，病不行，遂从蓝田至南阳。时袁术在穰(ráng)，留歆。歆说术使进军讨卓，术不能用。歆欲弃去，会天子使太傅马日磾安集关东，日磾辟歆为掾(yuàn)。东至徐州，诏即拜歆豫章太

守，以为政清静不烦，吏民感而爱之。孙策略地江东，歆知策善用兵，乃幅巾奉迎。策以其长者，待以上宾之礼。后策死。太祖在官渡，表天子征歆。孙权欲不遣，歆谓权曰："将军奉王命，始交好曹公，分义未固，使仆得为将军效心，岂不有益乎？今空留仆，是为养无用之物，非将军之良计也。"权悦，乃遣歆。宾客旧人送之者千余人，赠遗数百金。歆皆无所拒，密各题识，至临去，悉聚诸物，谓诸宾客曰："本无拒诸君之心，而所受遂多。念单车远行，将以怀璧为罪，愿宾客为之计。"众乃各留所赠，而服其德。

碧眼儿坐领江东

[注释]

①休沐：休息沐浴，是古代官吏的例假。②阖门：关上大门。③明见：才智，见识。④疏：放纵，不拘小节。武：勇武。⑤服：信服。

[译文]

华歆字子鱼，是平原高唐人。高唐是齐国的名都，士大夫没有不到街市里游的。华歆那时候是官吏，正赶上休假不在官府，回到家里就把门关起来。他议论人时都很公平，始终都不中伤别人。同郡的陶丘洪也很有名声，他自以为自己的见识比华歆高明。这时候，王芬和地方的豪强势力打算联合起来废除灵帝。这些在《武帝纪》中有记载。王芬暗地里召唤华歆、陶丘洪一起去商量大计，陶丘洪想去，华歆阻止他说："废立是国家的大事，伊尹、霍光对这都感到为难。王芬这个人的本性就放纵，但是他不勇武，这样做肯定不会成功的，而且会给三族带来祸患。您千万不要去啊！"陶丘洪听从了华歆的话没有去。后来王芬果然事情败露，陶丘洪才服了华歆。华歆被举荐为孝廉，授予他郎中的官职，后来因为生病就辞官回家了。灵帝去世后，何进辅佐朝政，征召河南的郑泰、颍川的荀攸和华歆等。华歆到达后，担任尚书郎。董卓把天子迁移到长安，华歆要求出任为下邽令，由于得了疾病不能到任，于是就从蓝田到了南阳。这时候，袁术在穰县，扣留了华歆。华歆劝说袁术，让他进军讨伐董卓，袁术不听他的。华歆想逃跑离开他，正赶上天子派太傅马日磾去安抚关东，日磾任命华歆为掾。向东行到了徐州，下诏任命华歆为豫章太守，由于他处理政事很清廉并且不害怕麻烦，那里的官吏和百姓都很爱戴他。孙策占领了江东地区，华歆知道孙策擅长用兵打仗，于是头上戴了幅巾前去迎接他。孙策认为他是长辈，所以用上宾的礼节接待了他。后来孙策死了。曹操驻守在官渡，上表给天子请求征召华歆。孙权却不想放他走，华歆对孙权说："将军要尊奉王命，应该和曹公建立好的交情，现在情谊还不牢固，让我为您效力，难道不好吗？如果您现在留下我，就好比是养着一个没有用处的东西，这不是将军的好计策。"孙权听了很高兴，于是让华歆走了。宾客旧人为他送行的达上千人，送给他盘缠好几百金。华歆都收下了，在上面暗中做了记号，等到要走的时候，把所收到的礼金都放在一起，对宾客说："我不是有意拒绝你们的心意的，所以我接受的就很多。想着我要驾着单车走那么远的路，将会因为带着贵重的物品而招致祸患，希望宾客们为我考虑。"于是宾客把送给他的东西都收回了，暗地里很佩服他的品德。

［原文］

歆至，拜议郎①，参司空军事，入为尚书，转侍中，代荀彧为尚书令。太祖征孙权，表歆为军师。魏国既建，为御史大夫。文帝即王位，拜相国，封安乐乡侯。及践阼（zuò）②，改为司徒。歆素清贫，禄赐以振施亲戚故人，家无担石之储。公卿尝并赐没入生口，唯歆出而嫁之。帝叹息，下诏曰："司徒，国之俊老，所与和阴阳理庶事也③。今大官重膳，而司徒蔬食，甚无谓也。"特赐御衣，及为其妻子男女皆作衣服。三府议："举孝廉，本以德行，不复限以试经。"歆以为"丧乱以来，六籍堕（duò）废，当务存立，以崇④王道。夫制法者，所以经盛衰⑤。今听孝廉不以经试，恐学业遂从此而废。若有秀异，可特征用。患于无其人，何患不得哉？"帝从其言。

［注释］

①议郎：官名，西汉设置的，掌管顾问应对，属光禄勋。②践阼：登上皇位。③阴阳：这里指表里。庶事：众多的事物。④崇：尊崇，推崇。⑤经：治理。盛衰：此处是指衰世。

［译文］

等到华歆来了，皇帝授予他议郎的官职，参与司空军事，后来入朝担任尚书，转任侍中，代荀彧担任尚书令。曹操征讨孙权，上表请求让华歆担任他的军师。魏国建立后，华歆担任御史大夫。曹丕登上王位后，拜他做相国，封安乐乡侯。等到登上皇位后，改任为司徒。华歆一直都很清贫，他的俸禄都分给了他的族人和老朋友了，家里连一担米的储蓄都没有。公卿都曾经接受赏赐的没入官府的仆人，只有华歆把仆人放了出去嫁了人。文帝赞叹很久，他下诏说："司徒，是国家的良材，是辅佐国家、协调内外、治理各种事物的人。现在大臣们都有丰盛的膳食，只有司徒吃的是粗茶淡饭，真是不合理啊。"于是特意赏赐给他御衣，还为他的妻子儿女都制作了衣服。三公官府讨论决定："推举孝廉，本来只根据道德行为的标准，不再用考经典来限制了。"华歆认为"自从战乱以来，六经都已经散落了，现在最急着要干的是恢复、保存它们，用来推崇王道。至于制定法令，是用来治理衰世。现在我听说举荐孝廉不需要靠经试，学业恐怕从此就荒废了吧。要是有十分优秀的，也可以特别征召他们。最害怕的是没有这种人，有什么好担心得不到这种人才呢？"文帝听从了他的话。

[原文]

黄初中，诏公卿举独行①君子，歆举管宁，帝以安车征②之。明帝即位，进封博平侯，增邑五百户，并前千三百户，转拜太尉。歆称病乞退，让位于宁。帝不许。临当大会，乃遣散骑常侍缪(miù)袭奉诏喻③指曰："朕新莅(lì)庶事，一日万几，惧听断之不明。赖有德之臣，左右④朕躬，而君屡以疾辞位。夫量主择君，不居其朝，委荣弃禄，不究其位，古人固有之矣，顾以为周公、伊尹则不然⑤。絜(xié)身徇(xùn)节，常人为之，不望之于君。君其力疾就会，以惠予一人。将立席几筵(yán)，命百官总已，以须君到，朕然后御坐。"又诏袭："须歆必起，乃还。"歆不得已，乃起。

[注释]

①独行：指志节高尚，不随俗浮沉。②征：征召。③喻：说明旨意。④左右：帮助，辅佐。⑤不然：不这样。

[译文]

黄初年间，皇帝下诏让公卿们举荐志节行为高尚的人，华歆举荐管宁，皇帝用安车征召他。明帝即位后，进封华歆为博平侯，为他增加食邑五百户加上以前的一共是一千三百户，后来转任为太尉。华歆称病请求退休，把职位让给管宁。明帝不同意。到了召开群臣朝见的大会时，明帝就派散骑常侍缪袭奉诏书，说明皇上的旨意："朕最近亲自处理政务，每天都很繁忙，我很害怕处理不当。幸亏有才德很高的大臣，在我的身边辅佐我，但是您却屡次称有疾病要求辞官。您多想想君主，不去朝廷供职，不要荣誉和俸禄，不求职位，古代就有很多这样的人，但是我认为周公、伊尹就不这样。保持自身好的品德，坚持好的操守，这是普通人做的，我不希望您这样做。您应该继续带着病坚持上朝参加朝政，来帮助我。朕将站在筵桌旁，命令百官回到自己的职位上，等到您来之后，朕才就座。”还命令缪袭说：“一定等到华歆起身你才能回来。”华歆不得已，于是就起身前去了。

[原文]

太和中，遣曹真从子午道①伐蜀，车驾东幸许昌。歆上疏曰：“兵乱以来，过逾二纪②。大魏承天受命，陛下以圣德当成康之隆③，宜弘④一代之治，绍三王之迹。虽有二贼负险延命⑤，苟圣化日跻(jī)，远人怀德，将襁(qiǎng)负而至。夫兵不得已而用之，故戢而时动。臣诚愿陛下先留心于治道，以征伐为后事。且千里运粮，非用兵之利；越险深入，无独克之功。如闻今年征役，颇失农桑之业。为国者以民为基，民以衣食为本。使中国无饥寒之患，百姓无离土之心，则天下幸甚，二贼之衅(xìn)，可坐而待也。臣备位宰相，老病日笃，犬马之命将尽，恐不复奉望銮(luán)盖，不敢不竭臣子之怀，唯陛下裁察！”帝报曰：“君深虑国计，朕甚嘉之。贼凭恃山川，二祖劳于前世，犹不克平，朕岂敢自多，谓必灭之哉！诸将以为不一探取，无由自弊，是以观兵以窥其衅。若天时未至，周武还师，乃前事之鉴，朕敬不忘所戒。”时秋大雨，诏真引军还。太和五年，歆薨，谥曰敬侯。子表嗣。初，文帝分歆户邑，封歆弟缉列侯。表，咸熙中为尚书。

汉兵劫寨破曹真

[注释]

①子午道：古代的隧道名。汉平帝元

始五年（5）开辟的从关中到汉中的通道。②纪：世。③成康之隆：指周成王和周康王时代的兴隆。儒家宣扬“成康之道”。④宜：应当。弘：弘扬。⑤延命：苟延残喘。

［译文］

太和年间，明帝派曹真从子午道去讨伐蜀国，明帝向东到了许昌。华歆上疏说：“自从动乱以来，已经超过两代了。大魏承受天命，陛下您凭着圣德处于周成王、周康王兴隆的时候，应该发扬这一代的政绩，继承三王的路线。现在虽然还有这两个逆贼仍在奋力反抗，如果您的圣明教化一天天好起来，那么就能使远方的人怀念您的恩德，会背着小孩来归顺您。兵是不得已才用的，聚集起来的原因是必要的时候才用的。臣真心希望陛下先治理国家，把征伐的事放一放。并且路经千里运送粮食，这对用兵也是不利的；而且要经过很多艰险的地方，不会建立独胜的战功的。要是百姓听到今年要征兵的消息，就不会专心于农桑了。治国的人都是把民看作基础的，百姓以衣食为根本。要是能让国内没有饥寒的忧患，百姓没有离开故土的心，那么天下的人就很幸运了，这两个逆贼虽然在挑衅，咱们可以坐在家里等待着他们。臣现在空占着宰相的职位，而且年老病重，我为您效力的时候也尽了，恐怕不能再侍奉您了，不敢不尽我的能力，希望陛下能够慎重考虑！”明帝回答他说：“您忧虑国家的大计，朕非常高兴。但是逆贼凭借着山川，二祖在前世已经操劳了，还没有把他们平定，朕哪里敢自夸，认为一定可以消灭他们！将领们认为不去试一下的话，他们就不可能自行衰退，所以检阅军队是窥探他们。要是时机还不到的话，那么从前周武王撤军的事，就是我们的前鉴，朕是不敢忘记并以警戒自己的。”这时正赶上秋季的大雨，于是下诏让曹真带领军队回来了。太和五年(231)，华歆去世，谥号为敬侯。他的儿子华表继承了爵位。起初，文帝从华歆的户邑中分出一部分，封给了华歆的弟弟华缉，封他做列侯。华表在咸熙年间担任尚书。

［原文］

王朗字景兴，东海郯(tán)人也。以通经，拜郎中，除菑(zī)丘长。师太尉杨赐，赐薨，弃官行服①。举孝廉，辟公府，不应。徐州刺史陶谦察朗茂才。时汉帝在长安，关东兵起，朗为谦治中，与别驾赵昱等说谦曰：“《春秋》之义，求诸侯莫如勤王②。今天子越在西京，宜遣使奉承③王命。”谦乃遣昱奉章至长安。天子嘉其意，拜谦安东将军。以昱为广陵太守，朗会稽太守。孙策渡江略地。朗功曹虞翻以为力不能拒，不如避之。朗自以身为汉吏，宜保城邑，遂举兵与策战，败绩④，浮海至东冶。策又追击，大破之。朗乃诣策。策以朗儒雅，诘让而不害⑤。虽流移穷

困，朝不谋夕，而收恤亲旧，分多割少，行义甚著。

［注释］

①行服：服丧，守孝。②勤王：为帝王的事情效力。③奉承：接受，承接。④败绩：打了败仗。⑤诘让：责备。

［译文］

王朗字景兴，是东海郯人。他很通晓经学，皇上授予他郎中的官职，任命他做菑丘长。他拜太尉杨赐为老师，杨赐死后，他辞掉官职为老师穿孝服守丧。后来他被举荐为孝廉，征召进了公府，他坚决不应征。徐州刺史陶谦察举王朗为茂才。这时后汉帝正在长安，关东发生了战事，王朗被任命为陶谦治中，他和别驾赵昱等劝说陶谦："按照《春秋》的义理，要想当诸侯都不如为皇上效力。现在天子远在西京，应该立即派使者前去接受帝王的命令。"陶谦于是派赵昱拿着奏章到了长安。天子嘉奖了他的心意，授予陶谦安东将军的官职。任命赵昱担任广陵太守，王朗担任会稽太守。这时候孙策渡过长江侵略土地。王朗的功曹虞翻认为依靠他们的力量不能和孙策抗衡，还不如避开他，不和孙策交战。王朗认为自己是汉朝的官吏，就应该尽自己的力量保全城邑，于是带领军队和孙策交战，但是打了败仗，通过海路到达了东冶。孙策又继续追击他，把王朗彻底打败了。王朗于是拜见孙策。孙策认为王朗长得很儒雅，责备他但是不伤害他。王朗虽然流离在外，非常穷困，吃了上顿没下顿，可是他却尽自己的能力收容、抚恤他的亲友，分多割少，他的操行和道义特别显著。

［原文］

太祖表征之，朗自曲阿展转江海，积年乃至。拜谏议大夫，参司空军事。魏国初建，以军祭酒领魏郡太守，迁少府、奉常、大理。务在宽恕，罪疑从轻。钟繇明察当法，俱以治狱见称。

文帝即王位，迁御史大夫，封安陵亭侯。上疏劝育民省刑曰："兵起已来三十余年，四海荡覆，万国殄瘁(tiǎn cuì)①。赖先王芟(shān)除②寇贼，扶育孤弱，遂令华夏复有纲纪③。鸠集兆民④，于兹魏土，使封鄙之内⑤，鸡鸣狗吠，达于四境，蒸庶欣欣，喜遇升平。今远方之寇未宾，兵戎之役未息，诚令复除足以怀远人，良宰足以宣德泽，阡陌咸修，四民殷炽，必复过于曩(nǎng)时而富于平日矣。《易》称敕法，《书》著祥刑，一人有庆，兆民赖之，慎法狱之谓也。昔曹相国以狱市为寄，路温舒疾治狱之吏。夫治狱者得

其情，则无冤死之囚；丁壮者得尽地力，则无饥馑之民；穷老者得仰食仓廪，则无馁饿之殍（piǎo）；嫁娶以时，则男女无怨旷之恨；胎（tāi）养必全，则孕者无自伤之哀；新生必复，则孩者无不育之累；壮而后役，则幼者无离家之思；二毛不戎，则老者无顿伏之患。医药以疗其疾，宽繇以乐其业，威罚以抑其强，恩仁以济其弱，赈贷以赡其乏。十年之后，既笄（jī）者必盈巷。二十年之后，胜兵者必满野矣。”

［注释］

①殄瘁：困苦，困穷。②芟除：芟除杂草，引申为除掉。③纲纪：国家的法律、纪律。④鸠集：聚集。兆民：万民。⑤封鄙：疆域。鄙，边远地区。

［译文］

曹操上表征召王朗，王朗从曲阿辗转很多江河湖泊，用了一年的时间才到达。他受封谏议大夫，参与司空军事。魏国刚刚建国，王朗以军祭酒的身份兼任魏郡太守，后来被提升为少府、奉常、大理。他办案讲究宽恕罪行，难以决断时就从轻处理。钟繇明察秋毫，符合当时的法令，他们两个都是靠善于治理诉讼案件被称颂的。

曹丕即王位，提升王朗担任御史大夫，封他做安陵亭侯。王朗上疏劝谏曹丕要养育百姓，减轻刑罚。他说：“自从发生战事已经三十多年了，全国各地动荡不安，各个诸侯国都遭受苦难。依靠先王清除贼寇，扶育孤寡老弱，使国家有了法度。把百姓聚集到魏国的土地上，让我们疆域之内的鸡鸣狗叫的声音传到四方边境去，百姓生活快快乐乐，都很高兴赶上了太平盛世。现在远方的贼寇还没有被平定，战争还没有停止，应该下令免除赋税和徭役，这样的话就能让远方的人信服，来归顺我们，有才德的官员能够宣扬您的恩德，把农田都修治好，使百姓生活富裕，士农工商富裕兴旺。《周易》提倡整顿法令，《尚书》提倡用适当的刑罚，一个人做了好事，那么全民就会得到幸福，这是说要谨慎恰当地实行法律。从前曹相国把断案交给了后来的继承人，路温舒痛恨管理刑狱的官吏。执法的人能够知道真实的情况，那么就不会有冤死在狱中的人了；那些年轻身壮的人，要是能使出自己的力气，那么就不会有挨饿的人了；要是那些老人能够得到粮仓供应的粮食，那么就不会有饿死的人了；嫁娶能够及时的话，那么就不会有男子娶不到媳妇和女子找不到婆家的怨恨了；要是胎儿得到健全的保养，那么孕妇就不会有自己伤痛的悲哀了；新生的孩子能够得到好的养育，那么就没有养育不好孩子的忧患了；先让他们长大成人了之后再让他们服役，那么就不会有少年时离开家的思念了；头发白了的老人不服兵役，那么老人就没有困顿摔倒的忧虑了。要是得病能够及时就医，放宽徭役让百姓能够安居乐业，用严厉的刑罚来惩罚强暴，对弱小的施加恩惠，当他们困乏的时候救济他们。这样做十年之后，成年的妇女一定满大街都有。二十年之后，能够服兵役的人一定充满原野。

[原文]

及文帝践阼(zuò)，改为司空，进封乐平乡侯。时帝颇出游猎，或昏夜还宫。朗上疏曰：“夫帝王之居，外则饰周卫①，内则重禁门②，将行则设兵而后出幄③，称警而后践墀(chí)④，张弧⑤而后登舆，清道而后奉引，遮列而后转毂，静室而后息驾，皆所以显至尊，务戒慎，垂法教也。近日车驾出临捕虎，日昃而行，及昏而反，违警跸(bì)之常法，非万乘之至慎也。”帝报曰：“览表，虽魏绛称虞箴(zhēn)以讽晋悼，相如陈猛兽以戒汉武，未足以喻。方今二寇未殄(tiǎn)，将帅远征，故时入原野以习戎备。至于夜还之戒，已诏有司施行。”

[注释]

①周卫：严密的警卫。②禁门：宫门。③幄：帷帐。④墀：宫殿的台阶。⑤弧：指弓。

[译文]

王朗

等到曹丕登上了皇位，王朗改任为司空，进封乐平乡侯。当时文帝经常外出游猎，有时候到天黑了才回到宫里。王朗上疏说：“帝王的宫室，在外面都布置了周密的警卫，在里面设置了很多道门禁，打算外出的时候应该先派卫兵然后才从帷帐中出来，布置好了警卫然后才从殿阶上走下来，等到侍卫拉开弓才能上车，把道路清理之后才能引导着马车往前走，掩蔽好皇上的车驾之后才能够发车，居室清理干净之后皇上才能够休息，这一切都是为了显示皇上的至高无上。尽量谨慎地去戒备。给后人留下可以效法的典范。现在皇上出去捕捉老虎，太阳过了中午才出发，等到天黑了才回来。违背了帝王出行的规定，不符合皇上应该高度谨慎的规定。”文帝回答说：“看到了你上的表之后，即使是魏绛称引虞箴来讽谏晋悼帝，司马相如陈述猛兽来劝谏汉武帝，也赶不上你这样让人明白。现在这两个逆贼还没有被除掉，将帅们还在远方征战，所以有时候会到原野上练习备战。至于夜里回来时的警戒，已经按你说的去办了。”

[原文]

初，建安末，孙权始遣使称藩[1]，而与刘备交兵[2]。诏议“当兴师与吴并取蜀不？”朗议曰：“天子之军，重于华、岱，诚宜坐曜（yào）[3]天威，不动若山。假使权亲与蜀贼相持，搏战旷日，智均力敌，兵不速决，当须军兴以成其势者，然后宜选持重[4]之将，承寇贼之要[5]，相时而后动，择地而后行，一举更无余事。今权之师未动，则助吴之军无为先征。且雨水方盛，非行军动众之时。”帝纳其计。黄初中，鹈鹕（tí hú）集灵芝池，诏公卿举独行君子。朗荐光禄大夫杨彪，且称疾，让位于彪。帝乃为彪置吏卒，位次三公。诏曰：“朕求贤于君而未得，君乃翻然称疾，非徒不得贤，更开失贤之路，增玉铉之倾。无乃居其室出其言不善，见违于君子乎！君其勿有后辞。”朗乃起。

[注释]

①藩：藩国。②交兵：交战，作战。③曜：显示。④持重：沉稳，稳重。⑤要：要害。

[译文]

当初，建安末年，孙权开始派人到魏国称自己是属国，并且和刘备作战。皇上下诏议论“应不应该出兵和吴国一起攻打蜀国？”王朗商议道：“天子的军队，应该比华山、泰山还要重大，应该像大山一样不动。要是孙权亲自和蜀国交战，并且长时间交战，他们的智力和实力相当，战争不能迅速解决，等到我们动用大军来安定大局的时候，才可以选用稳重的将领，去袭击寇贼的要害地方，还要等待时机，在选择好的地形之后，只要一发兵就能控制大局。现在孙权还没有出动军队，那么援助吴国的军队也就没有必要先出征了。现在的雨水多并且非常大，也不是行军动众的好时机。”文帝采纳了王朗的计谋。黄初年间，鹈鹕在灵芝池聚集，文帝下诏要求公卿们举荐志节行为高尚的人。王朗举荐光禄大夫杨彪，并且借口说自己有病，想把职位让给杨彪。文帝于是给杨彪安排了官吏士卒，地位仅次于三公。下诏说：“朕向您寻求有才德的人没有求到，您却说有病，我不但没有得到有贤德的人，现在却反而失去了贤才，增加了玉铉倾倒的忧虑啊。是不是我在宫里说您的坏话了，违背了您的心意了！您还是不要辞官了。”王朗于是继续任职。

[原文]

孙权欲遣子登入侍，不至。是时车驾徙许昌，大兴屯田，欲举军东征。朗上疏曰：“昔南越守善，婴齐入侍，遂为冢嗣，还君其国。康居骄黠(xiá)，情不副辞，都护奏议以为宜遣侍子①，以黜(chù)无礼。且吴濞(bì)之祸，萌②于子入，隗嚣(wěi xiāo)之叛，亦不顾③子。往者闻权有遣子之言而未至，今六军戒严④，臣恐舆人未畅⑤圣旨，当谓国家愠于登之逋留，是以为之兴师。设师行而登乃至，则为所动者至大，所致者至细，犹未足以为庆。设其傲狠，殊无入志，惧彼舆论之未畅者，并怀伊邑。臣愚以为宜敕别征诸将，各明奉禁令，以慎守所部。外曜烈威，内广耕稼，使泊然若山，澹(dàn)然若渊，势不可动，计不可测。”是时，帝以成军遂行，权子不至，车驾临江而还。

[注释]

①侍子：古代诸侯或者属国的国君派遣入官侍奉皇帝的儿子。②萌：萌发，开始。③顾：顾念。④戒严：戒备森严。⑤畅：明白，知道。

[译文]

孙权想派他的儿子孙登入宫侍奉文帝，还没有到达。这时候文帝已经起身回到了许昌，他大力鼓励垦田，并且打算带领军队东征。王朗上疏说：“从前的南越王坚持做善事，婴齐前来做侍子，他被立为太子，等他回国就做了皇帝，治理国家去了。康居王为人很狡猾傲慢，说一套做一套，都护奏议应当让他派遣侍子进朝，来惩罚他的无礼。更何况吴濞的祸患，是由于他儿子入侍引发的，隗嚣的叛乱，也不顾及他的儿子。以前我听说过孙权打算派他的儿子入侍的传言，但是没有到达，现在六军戒备森严，臣恐怕众人不明白您的心意，会说国家是由于恼怒孙登拖延时间，所以才对吴国出兵的。要是我们派兵了，孙登这时候到了，那么做出的行动极大，所收到的效果却是很小的，这不值得庆幸。如果孙权非常傲慢，没有派他儿子来入侍的想法，我担心那些不明白您心意的人肯定很不畅快。臣认为还是分别命令出征的将领，各自严明地奉行禁令，小心地约束自己的部下。对外显示我们强大的武力，对内扩大耕种面积，使将士们坦然对待，像高山一样恬淡，像深潭一样平静，威势不可动摇，计谋不可揣测。”但是这时候，文帝已经集合了军队出发了，孙权的儿子没有到达，文帝到了长江边又返回来了。

[原文]

明帝即位，进封兰陵侯，增邑五百，并前千二百户。使至

邺(yè)省文昭皇后陵，见百姓或有不足。是时方营修宫室，朗上疏曰：“陛下即位已来，恩诏屡布，百姓万民莫不欣欣。臣顷①奉使北行，往反道路，闻众徭役，其可得蠲(juān)②除省减者甚多。愿陛下重留日昃(zè)③之听，以计制寇。昔大禹将欲拯天下之大患④，故乃先卑其宫室，俭其衣食，用能尽有⑤九州，弼成五服。勾践欲广其御儿之疆，馘夫差于姑苏，故亦约其身以及家，俭其家以施国，用能囊括五湖，席卷三江，取威中国，定霸华夏。汉之文、景亦欲恢弘祖业，增崇洪绪，故能割意于百金之台，昭俭于弋(yì)绨(tí)之服，内减太官而不受贡献，外省徭赋而务农桑，用能号称升平，几致刑错。孝武之所以能奋其军势，拓其外境，诚因祖考畜积素足，故能遂成大功。霍去病，中才之将，犹以匈奴未灭，不治第宅。明恤远者略近，事外者简内。自汉之初及其中兴，皆于金革略寝之后，然后凤阙猥(wěi)阅(kāng)，德阳并起。今当建始之前足用列朝会，崇华之后足用序内官，华林、天渊足用展游宴，若且先成阊(chāng)阖(hé)之象魏，使足用列远人之朝贡者，修城池，使足用绝逾越，成国险，其余一切，且须丰年。一以勤耕农为务，习戎备为事，则国无怨旷，户口滋息，民充兵强，而寇戎不宾，缉熙不足，未之有也。”转为司徒。

[注释]

①顷：近来。②蠲：除去，免除。③日昃：太阳到中午就要偏斜，比喻事物发展到一定的程度就会向相反的方向发展了。④大患：大的灾难。⑤尽有：全部占有。

[译文]

明帝即位，进封王朗为兰陵侯，增加食邑五百户，合计以前的一共是一千二百户。并派他到邺城去查看文昭皇后的陵墓，他看见有的百姓还衣食不足。当时正在修宫室，王朗上疏说：“自从陛下即位以来，颁布了很多恩诏，百姓万民都十分欢喜。我近来奉命到了北方，在我去和回来的道路上，一路打听百姓服徭役的事情，我知道那些服徭役的人很多都可以减轻或者免除的。希望陛下能够视日中就昃的说法，用计策制胜敌人。从前大禹想把百姓从祸患中解救出来，先是住在低矮的房子里，节衣缩食，靠自己的智谋占有了九州，四周的藩国形成五服。勾践想扩大他所统治的疆土，在姑苏把夫差杀了，所以也能约束自己和家人，把自己家里节省的财物拿来给了国家，因此他能够占领五湖，拥有三江，在中原取得威望，称霸华夏。汉朝的文帝、景帝都想恢复祖先的宏伟大业，扩大自己的业绩，所以才不建造耗费百金的露台，不让宫人穿华丽的衣服，对内减少了宫内太官的人数，不接受贡献，对外减轻徭役，鼓励农桑，所以才能称得上是升平，而且使刑罚几乎不被用到。汉武帝的军事优势之所以那么大，能够开拓疆域，那是因为祖先留下来的基业，所以才能成就大事业。霍去病，是中等才能的大将，想到匈奴还没有被消灭，不去建造宅第。这说明打算长远的人一定不会首先考虑眼前的利益。在外面想建立功业的人一定要先做到内部俭省。从汉初到中兴年间，都是战争消除了之后，才开始修建宫殿和宗庙的。可是现在正在修建始殿前足用来举行朝会，修建崇华殿的后足用来安排内官，华林、天渊足够用来开展游乐宴饮的了，现在先建成阊阖的象魏，使它能够安置下遥远地区前来朝贡的人，修城池，使它们能够用来禁绝攀越，成为皇宫的险要结构，其余的一切，等到丰年的时候再办吧。现在要以勤耕和备军为根本的事务，那么国家就没有什么幽怨独处的男女了，户口也就增多了，民多兵强，要是这样贼寇还不归顺，百姓还不和乐，那是不可能的。”转任他为司徒。

[原文]

时屡失皇子，而后宫就馆者少，朗上疏曰："昔周文十五而有武王，遂享十子之祚，以广诸姬之胤(yìn)[①]。武王既老而生成王，成王是以鲜[②]于兄弟。此二王者，各树圣德，无以相过，比其子孙之祚，则不相如[③]。盖生育有早晚，所产有众寡也。陛下既德祚兼彼二圣，春秋[④]高于姬文育武之时矣，而子发未举于椒兰之奥房[⑤]，藩王未繁于掖庭之众室。以成王为喻，虽未为晚，取譬(pì)伯邑，则不为夙。《周礼》六宫内官百二十人，而诸经常说，咸以十二为限，至于秦汉之末，或以千百为数矣。然虽弥猥，而就时于吉馆者或甚鲜，明'百斯男'之本，诚在于一意，不但在于务广也。老臣慺慺，愿国家同祚于轩辕之五五，而未及周文之二五，用为伊邑。且少小常苦被褥泰温，泰温则不能便柔肤弱体，是以难可防护，而易用感慨。若常令少小之缊袍，不至于甚厚，则必咸保金石之性，而比寿于南山矣。"帝报曰："夫忠至者辞笃，爱重者言深。君既劳思虑，又手笔将顺，三复德音，欣然无量。朕继嗣未立，以为君忧，钦纳至言，思闻良规。"朗著《易》《春秋》《孝经》《周官传》，奏议论记，咸传于世。太和二年薨(hōng)，谥曰成侯。子肃嗣。初，文帝分朗户邑，封一子

列侯，朗乞封兄子详。

武乡侯骂死王朗

[注释]

①胤：后代。②鲜：少。③相如：相比较，相等。④春秋：年龄。⑤奥房：指后妃居住的地方。

[译文]

当时出现了很多次皇子夭折的情况，可是后宫中和皇上共寝的人很少，王朗上疏说："从前周文王十五岁时就生了武王，于是有十个儿子的福气，使姬姓的后代增加了。武王老了的时候才有成王，成王的兄弟就很少。这两位帝王，都树立了大德，没有人能比得过他们，但是拿他们子孙的福气相比，就不一样了。因此生育有早晚，所生的孩子的个数也不一样。陛下的仁德和他们一样，年龄比文王生武王的时候要大，但是后宫中还没有皇子出生，藩王在妃嫔的宫室中也生得不多。现在拿成王相比还不是很晚，但是拿伯邑相比，那就不早了。《周礼》中记载六宫中有内官一百二十人，而且经文中常说，都以十二为限度，至于到了秦汉的末年，妃嫔就达到了成千上百了。虽然妃嫔的人数多，可是能够侍寝的并不多，说明'多子'的根本，的确在于只专心一意，不在于多。老臣诚心诚意希望您的福祚能像轩辕那样有二十五个儿子，可是现在没赶上周文王那样有十个儿子，所以我会忧虑。并且小孩常常由于被褥太暖和，会让身体很柔弱，因此难以保护，常常让人感叹。要是让小孩的缊袍不至于太暖和，不至于太厚，那么就能保住金石般的体质，寿命就会像南山一样长。"文帝回复他说："你的心意很忠诚，言语也很恳切，仁爱深重的人语言真切。你很善于思考，而且又亲自提笔上书顺势助成君王的美德，你三次上书了，我非常高兴。我的继承人还没有确立，你为这事忧虑。我很愿意接受你的劝告，愿意听到你的劝告。"王朗著《周易》《春秋》《孝经》《周官传》，奏议论记，在后世都有流传。太和二年（228）王朗去世，谥号为成侯。他的儿子王肃继承了爵位。当初，文帝把王朗的户邑，分了一部分封给他的儿子并将其封为列侯，王朗请求封他兄弟的儿子王详。

[原文]

肃字子雍。年十八，从宋忠读《太玄》，而更为之解。黄初中，为散骑黄门侍郎。太和三年，拜散骑常侍。四年，大司马曹真征蜀，肃上疏曰："前志有之，'千里馈粮，士有饥色，樵苏后爨（cuàn），师不宿饱①'，此谓平涂之行军者也。又况于深入阻

孔明祁山破曹真

险，凿路而前，则其为劳必相百也。今又加之以霖雨[2]，山坂峻[3]滑，众逼而不展，粮县[4]而难继，实行军者之大忌也。闻曹真发已逾月而行裁[5]半谷，治道功夫，战士悉作。是贼偏得以逸而待劳，乃兵家之所惮也。言之前代，则武王伐纣，出关而复还；论之近事，则武、文征权，临江而不济。岂非所谓顺天知时，通于权变者哉！兆民知圣上以水雨艰剧之故，休而息之，后日有衅，乘而用之，则所谓‘悦以犯难，民忘其死者矣。’”于是遂罢。又上疏：“宜遵旧礼，为大臣发哀，荐果宗庙。”事皆施行。又上疏陈政本曰：“除无事之位，损不急之禄，止浮食之费，并从容之官；使官必有职，职任其事，事必受禄，禄代其耕，乃往古之常式，当今之所宜也。官寡而禄厚，则公家之费鲜，进仕之志劝。各展才力，莫相倚仗。敷奏以言，明试以功，能之与否，简在帝心。是以唐、虞之设官分职，申命公卿，各以其事，然后惟龙为纳言，犹今尚书也，以出内帝命而已。夏、殷不可得而详。

“《甘誓》曰‘六事之人’，明六卿亦典事者也。《周官》则备矣，五日视朝，公卿大夫并进，而司士辨其位焉。其《记》曰：‘坐而论道，谓之王公；作而行之，谓之士大夫。’及汉之初，依拟前代，公卿皆亲以事升朝。故高祖躬追反走之周昌，武帝遥可奉奏之汲黯，宣帝使公卿五日一朝，成帝始置尚书五人。自是陵迟，朝礼遂阙。可复五日视朝之仪，使公卿尚书各

以事进。废礼复兴，光宣圣绪，诚所谓名美而实厚者也。”

[注释]

①宿饱：隔夜饱。②霖雨：连绵的大雨。③峻：陡峭。④县：遥远。⑤裁：才。

[译文]

王肃字子雍。他十八岁的时候，跟随宋忠读《太玄》，并且自己能重新做解释。黄初年间，担任散骑黄门侍郎。太和三年（229），授予他散骑常侍。太和四年（230），大司马曹真征伐蜀国，王肃上疏说：“以前的书上有记载，‘从千里之外运送粮食，士兵脸上就会露出饥饿的神色，等到砍完柴，打完草之后再去煮饭，士兵们晚上就会挨饿’，这就是在平坦的路上行军的情况啊。更何况是深入到道路艰险的地方呢，凿开道路往前走，那么他们肯定会劳累一百倍。现在又下着大雨，山坡那么高而且路又滑，部队拥挤而不能前进，粮食又难以到达，这真是用兵的大忌讳。我听说曹真出发已经一个月了，但是只走到子午谷的半道上，开路的事情，战士都能干。但是敌人却在远处以逸待劳，这是兵家最害怕的情况。说到前代，就有武王伐纣，出了关又回来的情况；说到近来的事，有武帝、文帝征讨孙权的情况，都已经到达了江边但是不渡江。难道是没有天时的帮助吗？那是因为他们知道孙权善于变化的缘故！百姓知道是因为下雨行军艰难才让他们休息的，以后有机会，能够趁机利用，就会出现百姓高兴地被利用，克服困难，民众就会忘死效力了。”于是停止了军事行动。又上疏说：“应该遵循过去的礼节，对大臣表示哀思，在宗庙摆上果品祭祀他们。”这些事情明帝都实行了。后来他又上疏陈述政事的根本问题说：“废除那些没用的职位，减少不急需的俸禄，停发靠别人生活的费用，裁减那些办事拖沓的官员；让每个官员都有事情干，任职就要干实事，干了实事就接受俸禄，俸禄能够代替耕种，自古以来就是这样的，现在也应该这样。官位少了而俸禄就多了，那么国家花费的就少了，这样能够鼓励士人做官。展示他们的才能，而且不相互倚仗。让官员们陈述政绩，然后按他们陈述的再进行考核，这些人谁能被任用，您的心里就有数了。因此唐、虞都设官分职，任命公卿，让他们各自干好自己的事情，然后让龙担任喉舌的官，就好比现在的尚书，让他们上传下达皇帝的命令。夏、殷的情况就不那么详细了。

“《甘誓》上说‘六事之人’，说明六卿也是管事的人。《周官》已经很详备了，每五日就上朝，公卿大夫都一起来，司士就能看出朝臣的位置了。《考工记》上说：‘坐着谈论政事的人，都是王公；具体去办事的人是士大夫。’等到汉朝初年，按照前代的旧例，公卿都亲自进朝办事。所以高祖亲自追回头就跑的周昌，武帝在远征的时候还能批复汲黯的奏章，宣帝命令公卿每五日上朝一次，成帝开始设置尚书五人。从此以后制度开始衰败了，朝礼也就不全了。可以恢复五日一上朝的礼仪，让公卿尚书上报要办的事情。废除的礼仪得到复兴，从而发扬光大圣王的事业，这实在是名声好而且实效大的事情啊！”

汉献帝

[原文]

青龙中，山阳公①薨，汉主也。肃上疏曰：“昔唐禅虞，虞禅夏，皆终三年之丧，然后践天子之尊。是以帝号无亏，君礼犹存。今山阳公承顺天命，允答民望，进禅大魏，退处宾位。公之奉魏，不敢不尽节。魏之待公，优崇而不臣。既至其薨(hōng)，榇敛(chèn liǎn)②之制，舆徒③之饰，皆同之于王者，是故远近归仁，以为盛美。且汉总帝皇之号，号曰皇帝。有别称帝，无别称皇，则皇是其差轻者也④。故当高祖之时，土无二王，其父见在而使称皇，明非二王之嫌也。况今以赠终，可使称皇以配其谥。”明帝不从，使称皇，乃追谥曰汉孝献皇帝。

[注释]

①山阳公：汉献帝刘协。曹丕取代汉朝称帝后，汉献帝被废，做了山阳公。②榇敛：给尸体穿上衣服放进棺材里。敛，通“殓”。③舆徒：运送灵柩的车子和护送灵柩的仆役。④别：分出，分开。此处指另外的。差：等第，等级。

[译文]

青龙年间，山阳公去世了，山阳公就是汉朝的皇帝。王肃上疏说：“以前的唐尧把君位禅让给虞，虞又禅让给夏启，都是守完了三年的丧，然后才登上了天子的位置。因此帝号没有改变，原先的君主的礼仪制度还是存在的。现在山阳公承接上天的命令，顺应百姓的愿望把王位禅让给大魏，自己退处在宾客的位置上。您现在侍奉魏国，不能不尽礼节。魏国国君对待您，也还是很尊崇您而不称臣。山阳公逝世以后殓葬的礼节，灵车的装饰，都按照帝王的标准，因此远近的人都很归顺仁德，他们都认为这是很美好的事情。并且汉朝拥有帝号和皇号，叫作皇帝。有另外称作帝的，没有另外称作皇的，因为皇的等级比帝轻一些。因此汉高祖的时候，国土上就没有两个帝王，要是父亲还在的话，就只称皇，主要是为了避开两个帝王的误会。况且现在是寿终正寝了，就可以称为皇来和他的谥号相配。”明帝还是没有采纳，不想让他称皇，于是追赠他谥号为汉孝献皇帝。

［原文］

后肃以常侍领秘书监[1]，兼崇文观[2]祭酒。景初间，宫室盛兴，民失农业，期信不敦[3]，刑杀仓卒。肃上疏曰：“大魏承百王之极，生民无几，干戈未戢[4]，诚宜息民而惠之以安静遐迩[5]之时也。夫务畜积而息疲民，在于省徭役而勤稼穑(jià sè)[6]。今宫室未就，功业未讫，运漕[7]调发，转相供奉。是以丁夫疲于力作，农者离其南亩[8]，种谷者寡，食谷者众，旧谷既没，新谷莫继。斯则有国之大患，而非备豫之长策也。今见作者三四万人，九龙可以安圣体，其内足以列六宫，显阳之殿，又向将毕，惟泰极已前，功夫尚大，方向盛寒，疾疢或作。诚愿陛下发德音，下明诏，深愍(mǐn)役夫之疲劳，厚矜兆民之不赡，取常食廪(lǐn)之士，非急要者之用，选其丁壮，择留万人，使一期而更之，咸知息代有日，则莫不悦以即事，劳而不怨矣。计一岁有三百六十万夫，亦不为少。当一岁成者，听且三年。分遣其余，使皆即农，无穷之计也。仓有溢粟，民有余力：以此兴功，何功不立？以此行化，何化不成？夫信之于民，国家大宝也。仲尼曰：‘自古皆有死，民非信不立。’夫区区之晋国，微微之重耳，欲用其民，先示以信，是故原虽将降，顾信而归，用能一战而霸，于今见称。前车驾当幸洛阳，发民为营，有司命以营成而罢。既成，又利其功力，不以时遣。有司徒营其目前之利，不顾经国之体。臣愚以为自今以后，傥复使民，宜明其令，使必如期。若有事以次，宁复更发，无或失信。凡陛下临时之所行刑，皆有罪之吏，宜死之人也。然众庶不知，谓为仓卒。故愿陛下下之于吏而暴其罪。钧其死也，无使污于宫掖而为远近所疑。且人命至重，难生易杀，气绝而不续者也，是以圣贤重之。孟轲称杀一无辜以取天下，仁者不为也。汉时有犯跸(bì)惊乘舆马者，廷尉张

释之奏使罚金，文帝怪其轻，而释之曰：'方其时，上使诛之则已。今下廷尉。廷尉，天下之平也，一倾之，天下用法皆为轻重，民安所措其手足？'臣以为大失其义，非忠臣所宜陈也。廷尉者，天子之吏也，犹不可以失平，而天子之身，反可以惑谬乎？斯重于为己，而轻于为君，不忠之甚也。周公曰：'天子无戏言；言则史书之，工诵之，士称之。'言犹不戏，而况行之乎？故释之之言不可不察，周公之戒不可不法也。"又陈"诸鸟兽无用之物，而有刍谷人徒之费，皆可蠲(juān)除。"

[注释]

①秘书监：官名，东汉汉桓帝时候设立，典司徒籍。②崇文观：官署名，用来安置文学之士。③期信：信用。敦：厚。④戢：原来是指武器的一种，这里指停止。⑤遐迩：远近。⑥稼穑：播种和收获，这里指农业生产。⑦运漕：由水路运粮食。⑧南亩：农田。古代开垦的地基本上是朝南，因为南面是向阳的，对农作物的生长是有利的。

[译文]

后来王肃以常侍的身份兼任秘书监，还兼任着崇文观祭酒。景初年间，大兴建筑宫室，百姓耽误了农业生产，官府不讲信用，没有经过仔细调查就仓促对百姓进行刑罚。王肃上疏说："大魏继承了百王的大业，百姓人口本来就很少，战争还没有停止，实在应该让百姓得到休养，让人口增加，并且对他们施加恩惠。让天下的百姓安安稳稳地生活了，还应该减少徭役并让他们努力从事农业生产。现在宫室还没有修完，功业还没有建立，由水路来调运粮食，从别处来供应。因此民工就会非常疲惫，农民离开了耕种的土地，种粮食的人越来越少，吃粮食的人却越来越多，原先的陈粮已经吃完了，新的粮食还没有成熟。那么这就会成为国家最大的祸患，这可不是有准备的为国家的长远打算的政策啊。现在服劳役的人有三四万那么多，九龙殿就可以使圣上足够使用的了，这里的房间足够安排下六宫的了，显阳殿的建造又快完工了，现在只有泰极殿的前面，还需要费大工夫，只是现在已经是大寒天了，疾病就有可能发生了。真心希望陛下大发善心，立刻下英明的诏书，体恤役夫们的疲劳，多体谅一下天下百姓的不富足，减少那些吃国家俸禄的没有真才实干的人，那些不急需的费用也需要减少，挑选出健壮的人丁，留下一万人，让他们服役一段时间就更换新的人来服役，让他们能够得到足够的休息，那么他们就会很高兴地去为陛下办事，劳作的时候也就不会抱怨了。这样的话，一年有三百六十万民工也不算少了。应该一年间建完的宫殿，现在让它花三年的时间完成。把那些余下来的人再迁回去，让他们去种地，这才是一个长远的打算啊。这样做就会使粮仓里有大量的多余的粮食，人民也就会有足够的力气：要是用这种方法来建立功业，什么功业不成功呢？要是用这种方法来施行教化，什么教化不成功呢？取得人民的信任，这是国家最大的宝藏啊。孔子说：‘自古以来人都是要死的，人民不信任政权，(政权)就立不住。’那么小的一个晋国，微不足道的重耳，他想使用民力，就先在民众中树立威信，所以对方虽然快要投降了，但是还能顾及信用撤兵回国，并且靠着一次战争就能称霸了，到现在还被称颂呢！前些日子您有幸亲自到了洛阳，征发那里的民力来修建宫殿，有司命令他们在宫殿建成后就让他们回家。等到建成之后，却又让他们继续劳作，并不是按时把他们遣送回去。这些官吏只是看到了眼前的利益，没有考虑到国家的根本大业。我虽然很愚钝，但是我认为从今以后，要是再用百姓，应该建立明确的法令，到了一定的期限就让服役的百姓回去。如果赶上了其他的事情还要继续使用的话，宁可再使用其他的人，也不要在百姓的心里失去了信用。只要是陛下临时要执行刑罚的人，都是有罪的官吏，是应该杀死的人。可是老百姓却是不了解的啊，他们会认为处理得很仓促。所以希望陛下把他们交给下面的官吏来处理，揭露他们的罪过。同样都要被处死，还是不要让这些人玷污了宫廷而被远近的人怀疑。更何况人的生命是非常重要的，获得生命很难，要想死是很容易的事情，只要气一断就不能再继续了，所以圣贤都很重视生命。孟轲说通过杀一个没有罪过的人来取得天下的信任，这是仁德的人不去干的事情。汉朝的时候，有一个犯人违反了帝王出去的时候清除道路的戒严令，惊扰了皇上的拉车的马，廷尉张释之向皇上奏报并且想对他处以罚金，文帝怪罪他对那人处理得太轻了，张释之回答说：‘那个时候，要是皇上下令杀了他也没什么。现在您却交给廷尉去处理。廷尉这个官职，他是天下的一杆秤啊，如果倾斜了，天下的官吏用法就会都随意判轻判重了，那么老百姓会整天提心吊胆的，又哪里敢放手去做事情呢？’臣认为这样做大大背离了道义，那不是忠臣应该说的。廷尉呢，是天子的官吏，尚且还能做到不失公平，现在您贵为天子之身，却反而可以糊涂办错事吗？这是重视自己的利益，轻视为国君谋福利，实在是太不忠诚了。周公说：‘天子说的话没有玩笑话；只要说了就应该记到史册里，让乐工唱诵它，让士大夫称引它。’说话都不能开玩笑，更何况是行动呢？所以张释之的话不可以不去细细查明，周公的告诫不应该不去学习。”王肃又说“像那些鸟兽一样没有用的东西，它们只是白白浪费着粮食和饲养它们的人力，都应该废除它们。”

[原文]

帝尝问曰："汉桓帝时，白马令李云上书言：'帝者，谛(dì)[1]也。是帝欲不谛。'当何得不死？"肃对曰："但为言失逆顺之节。原其本意，皆欲尽心，念存补国。且帝者之威，过于雷霆，杀一匹夫，无异蝼蚁[2]。宽而宥[3]之，可以示容受切言，广德宇于天下。故臣以为杀之未必为是也。"帝又问："司马迁[4]以受刑之

故，内怀隐切[5]，著《史记》非贬孝武，令人切齿。”对曰：“司马迁记事，不虚美[6]，不隐恶。刘向、扬雄服其善[7]叙事，有良史之才，谓之实录。汉武帝闻其述《史记》，取孝景及己本纪览之，于是大怒，削而投之。于今此两纪有录无书。后遭李陵事[8]，遂下迁蚕室。此为隐切在孝武，而不在于史迁也。”

[注释]

①谛：细查，注意。②蝼蚁：蝼蛄和蚂蚁。③宽而宥：宽宥，赦罪。④司马迁：司马谈的儿子，西汉的史学家，文学家。⑤隐切：心里怀有怨恨。⑥司马迁记事：指《史记》。《史记》是我国的第一部纪传体通史，记事起于传说中的黄帝，止于汉武帝，一共记录了三千年的历史。虚：没有根据的。⑦善：善于。⑧李陵事：李陵战败后投降了匈奴，司马迁为他说话触怒了汉武帝，被施加宫刑。

[译文]

明帝曾经问王肃说：“汉桓帝在位的时候，白马令李云上书说：‘帝就是谛的意思。是帝王不想细查的意思。’那当时汉桓帝为什么没有处死他呢？”王肃回答说：“李云那时候说话只是违背了逆顺的礼节。他原来的意思是想尽心尽力，为国家进献忠心罢了。更何况帝王的威信，比雷霆还要有影响力，让他去杀一个人，那就像杀一个蚂蚁一样简单。但是能够宽容他们并且让他们为君主效力，可以用来显示君王能容纳激烈的言辞，向天下广施仁德。所以我认为要是杀了他，未必是对的。”明帝又问王肃：“司马迁因为被施加宫刑的原因，心里怀有怨恨，所以在他编著的《史记》里指责贬低汉武帝，叫人切齿痛恨。”王肃回答说：“司马迁记事，从来都是不凭空赞美，也不隐瞒罪恶。刘向、扬雄都很佩服他善于叙事，有良史的才能，认为他是在如实记录。汉武帝听说他在编《史记》，拿着写汉孝景帝和写自己的本纪来看，非常愤怒，不仅把那些文字删掉了还把这部分丢了。所以现在这两纪里只有目录没有文章。后来司马迁遭受李陵事件的牵连，就被关进了遭受宫刑的监狱。这是汉武帝内心怀着私怨，错误并不是出在司马迁的身上。”

[原文]

正始元年，出为广平太守。公事征还，拜议郎。顷之，为侍中，迁太常。时大将军曹爽专权，任用何晏、邓飏(yáng)等。肃与太尉蒋济、司农[1]桓范论及时政，肃正色[2]曰：“此辈即弘恭、石显之属，复称说邪！”爽闻之，戒何晏等曰：“当共慎之！公卿已比诸君前世恶人矣。”坐宗庙事免。后为光禄勋。时有二鱼长尺，集于武库[3]之屋，有司以为吉祥。肃曰："鱼生于渊而亢于屋，介[4]鳞之物失其所也。边将其殆有弃甲之变乎？"其后果有东关之败。徙为河南尹。嘉平六年，持节兼太常，奉法驾[5]，迎高贵乡公于元城。是岁，白气经天，大将军司马景王[6]问肃其故，肃答曰："此蚩尤[7]之旗也，东南其有乱乎？君若修己以安百姓，则天下乐安者归德，唱乱[8]者先亡矣。"明年春，镇东将军毌丘俭、扬州刺史文钦反，景王谓肃曰："霍光感夏侯胜之言，始重儒学之士，良有以也。安国宁主，其术焉在？"肃曰："昔关羽率荆州之众，降于禁于汉滨，遂有北向争天下之志。后孙权袭取其将士家属，羽士众一旦瓦解。今淮南将士父母妻子皆在内州，但急往御卫，使不得前，必有关羽土崩之势矣。"景王从之，遂破俭、钦。后迁中领军，加散骑常侍，增邑三百，并前二千二百户。甘露元年薨，门生缞绖（cuī dié）者以百数。追赠卫将军，谥曰景侯。子恽嗣（yùn sì）。恽薨，无子，国绝。景元四年，封肃子恂为兰陵侯。咸熙中，开建五等，以肃著勋前朝，改封恂为丞（chéng）子。

[注释]

①司农：又称大司农，是一种官名，九卿之一，主管钱粮。②正色：神色严肃庄重。③武库：存放武器的仓库。④介：带有甲壳的虫或水族。⑤法驾：皇帝的车驾，也称法车。⑥司马景王：人名，即司马师，景王是他的谥号。⑦蚩尤：古代九黎部落首领。⑧唱乱：首先作乱。唱，通"倡"，倡导。

[译文]

正始元年（240），王肃出任为广平太守。因为有公事便征召他回来，授予他议郎的官职。没过多久，又让他担任侍中，提升为太常。这时候恰逢大将军曹爽专权，曹爽任用何晏、邓飏等。王肃与太尉蒋济、司农桓范谈论起时政时，王肃很严肃地说："这类人就是弘恭、石显那样的，他们有什么值得称道的呢！"曹爽听说了这些话，告诫何晏等说："你们一定要谨慎地和他们相处！公卿已经把你们诸位比作了前代的恶人了。"王肃由于宗庙祭祀的事情受到牵连被罢免了官职。后来又任用他做光禄勋。这时候有两条一尺长的鱼意外地出现在武器库的屋顶上，有些官员认为这是一个吉兆。王肃说："鱼本来是生活在深水潭里的，但是现在却在高高的屋顶上，这是有甲有鳞的动物失去了他们赖以生存的地方。守护边防的将领大概有丢下铠甲的事情发生了吧？"后来果然发生了东关打了败仗的事情。王肃被调任做河南尹。

嘉平六年（254），持符节兼任太常的职务，供奉皇上的车驾，他在元城迎接高贵乡公。在这一年，白气从地上升起来一直升到天上去了，大将军司马景王问肃是什么缘故，王肃回答说："这是蚩尤的旗帜啊，东南大概发生战乱了吧？您如果能增加自己的修养来安抚百姓，那么天下喜欢安定的人肯定会归顺有德的人，首先起来作乱的人肯定会先灭亡的。"第二年的春天，镇东将军毌丘俭、扬州刺史文钦起来造反，景王对王肃说："霍光被夏侯胜的话感动了，才开始重视儒学的人，的确是有原因的。安定国家辅佐君主的好方法在哪里呢？"王肃回答说："从前关羽带领荆州的部队，在汉水边上降伏了于禁，从那时候开始他心里有了向北争夺天下的志向。后来孙权偷袭了他，并且将他的将士家属都俘获了，关羽的士兵一下子就瓦解了。现在淮南将士的父母、妻子、儿女都在内地各州，只要前去保卫和抵抗，让他们不能前进，一定会出现关羽土崩瓦解的情况。"景王从之，于是景王大败了毌丘俭、文钦。后来王肃升任为中领军，加任散骑常侍，并为他增加食邑三百户，连同以前的食邑一共是二千二百户。甘露元年（256）王肃去世了，他的门生为他披麻戴孝守丧的有好几百人。追赠他为卫将军，谥号是景侯。王肃的儿子王恽继承了爵位。王恽去世后，他没有儿子继承爵位，于是封国就被撤销了。景元四年（263），封王肃的儿子王恂为兰陵侯。咸熙年间，开始建立五等爵位，元帝认为王肃对前朝有很大的功劳，改封王恂为丞子。

[原文]

初，肃善贾、马之学[①]，而不好郑氏[②]，采会同异，为《尚书》《诗》《论语》《三礼》[③]《左氏》解，及撰定父朗所作《易传》，皆列于学官。其所论驳朝廷典制、郊祀、宗庙、丧纪、轻重，凡百余篇。时乐安孙叔然，受学郑玄之门，人称东州大儒。征为秘书监，不就。肃集《圣证论》以讥短玄，叔然驳而释之，及作《周易》《春秋例》《毛诗》《礼记》《春秋三传》《国语》《尔雅》诸注，又注书十余篇。自魏初征士敦煌周生烈，明帝时大司农弘农董遇等，亦历注经传，颇传于世。

评曰：钟繇开达理干，华歆

钟繇

清纯德素，王朗文博富赡，诚皆一时之俊伟也。魏氏初祚(zuò)，肇(zhào)登三司，盛矣夫！王肃亮直多闻，能析薪哉！

[注释]

①贾、马：指贾逵、马融。他们都是东汉著名的经学家。后代人把他们称作“通儒”。②郑氏：郑玄，字康成，东汉著名的经学家，很精通各种典籍，遍注群经。③《三礼》:《周礼》《礼记》《仪礼》的合称。

[译文]

当初，王肃非常喜欢贾逵、马融的学说，却不喜欢郑玄的学说，他采集汇合各家的不同之处，为《尚书》《诗》《论语》《三礼》《左氏》做了注解，还写成了他父亲王朗所编著的《易传》，这些书都被列入了学官。还有他所论及朝廷典制、郊祀、宗庙、丧纪、轻重的文章，一共有一百多篇。当时乐安郡的孙叔然，师从于郑玄，有人把他称做东州大儒。皇上下诏书征召他做秘书监，孙叔然不去就职。王肃写了《圣证论》来讥讽郑玄的不足之处，孙叔然进行反驳并且为此作了解释，又写了《周易》《春秋例》《毛诗》《礼记》《春秋三传》《国语》《尔雅》的注解，还有注书十多篇。自从魏初征召士人敦煌周生烈开始，到明帝时大司农弘农董遇等，都做了注解和传，都在世上广为流传。

评论说：钟繇性格开朗豁达，华歆为人清正纯朴，很有仁德的修养，王朗才识渊博，很有才学，他们都是一个时代的伟大的人物。魏国刚刚建立的时候，他们都已经登上了三公的位置了，真是显盛一时啊！王肃这个人很忠诚正直，而且见多识广，非常擅长分析事理！

张乐于张徐传

[原文]

张辽字文远，雁门马邑人也。本聂壹之后，以避怨变姓。少为郡吏。汉末，并州刺史丁原以辽武力过人，召为从事，使将兵诣京都。何进遣诣河北募兵，得千余人。还，进败，以兵属董卓。卓败，以兵属吕布，迁骑都尉。布为李傕所败，从布东奔徐州，领鲁相，时年二十八。太祖破吕布于下邳(pī)，辽将其众降，拜中郎将，赐爵关内侯。数有战功，迁裨将军。袁绍破，别遣辽定鲁国诸县。与夏侯渊围昌豨(xī)于东海，数月粮尽，议引

军还，辽谓渊曰：“数日已来，每行诸围①，豨辄属目视辽。又其射矢更稀，此必豨计犹豫，故不力战。辽欲挑与语，倘②可诱也？”乃使谓豨曰：“公有命，使辽传之。”豨果下与辽语，辽为说“太祖神武，方以德怀③四方，先附者受大赏”。豨乃许降。辽遂单身上三公山，入豨家，拜妻子。

豨欢喜，随诣太祖。太祖遣豨还，责辽曰：“此非大将法也。”辽谢曰：“以明公威信著于四海，辽奉圣旨，豨必不敢害故也。”从讨袁谭、袁尚于黎阳，有功，行中坚将军。从攻尚于邺，尚坚守不下。太祖还许，使辽与乐进拔阴安，徙其民河南。复从攻邺，邺破，辽别徇④赵国、常山，招降缘山诸贼及黑山孙轻等。从攻袁谭，谭破，别将徇海滨，破辽东贼柳毅等。还邺，太祖自出迎辽，引共载，以辽为荡寇将军。复别击荆州，定江夏诸县，还屯临颍，封都亭侯。从征袁尚于柳城，卒与虏遇，辽劝太祖战，气甚奋⑤，太祖壮之，自以所持麾授辽。遂击，大破之，斩单于蹋顿。

张辽

[注释]

①围：这里指营垒。②倘：或许，可能。③怀：安抚。④徇：攻占，占领。⑤奋：振奋。

[译文]

张辽字文远，雁门马邑人。本来是聂壹的后代，因为躲避仇人的杀害而把姓改了。他年轻的时候担任郡吏。东汉末年，因为他勇气体力超过常人，并州刺史丁原征召他为兵曹从事，派遣他率军去京都。何进派张辽去河北征兵，征了一千多人。返回京都，后来何进失败，张辽率部下归顺了董卓。董卓失败后，他又率兵归属了吕布，升任骑都尉。吕布后来被李傕打败，张辽跟随吕布往东逃到了徐州，兼任鲁国的宰相，当时二十八岁。曹操在下邳打败了吕布，张辽率军投降，被任命为中郎将，赐予关内侯的爵位，因为他屡次立战功，所以升为裨将军。袁绍战败后，曹操派遣张辽率军平定鲁国诸县。与夏侯渊一起在东海把昌豨包围了起来，几个月之后粮草都用光了，大家商议要撤军返回，张辽对夏侯渊说："这几天以来，我每次走到营垒前面，就觉得昌豨在注视着我。此外，他们的弓箭也一天比一天少，这一定是昌豨心中产生了犹豫，所以没有全力作战。我想用言语来规劝他，或许能够诱使他投降。"于是派使者告诉昌豨："曹公下了命令，派张辽传达给你。"昌豨果然走下来同张辽进行了交谈。张辽劝他说："曹公圣明英武，正在用德操和行动安抚四方，先归顺的人一定会得到重赏。"昌豨就答应投降。于是张辽只身一个人去了三公山，来到了昌豨的家里，拜会了他的妻子和儿子。

昌豨十分高兴，就跟随着张辽去见曹操，曹操让昌豨先返回，批评张辽说："这不是大将的做法。"张辽道歉道："因为您的威信扬于四海，我张辽说奉了您的命令，昌豨必然不敢害我。"接着跟随曹操在黎阳征伐袁谭、袁尚，立下了很多战功，代任中坚将军。后来又跟随曹操攻打邺城袁尚，袁尚坚守，未打下。曹操回到许昌，派张辽、乐进攻下阴安，将民众迁往河南。又攻邺城，邺城被攻占，张辽又率另外的军队攻占了赵国、常山，招降了缘山一带的贼人和黑山的孙轻等人。后又跟随曹操攻打袁谭，打败袁谭后，另外率军攻占了海滨，打败了辽东的柳毅等人。当他返回到邺城时，曹操亲自出城迎接他，牵着他的手共同乘坐一辆车，任命张辽为荡寇将军，后来张辽又率兵攻打荆州，平定了江夏诸县，撤军回来驻扎在临颍，被封为都亭侯。又跟随曹操前往柳城征讨袁尚，在路上突然遭到胡兵的袭击，张辽劝曹操与胡兵进行决战，士兵的士气特别振奋，曹操也很赞赏他的勇敢，将自己手里拿着的令旗授予张辽。于是张辽就率军发起进攻，大败胡兵，杀了单于蹋顿。

[原文]

时荆州未定，复遣辽屯长社。临发，军中有谋反者，夜惊乱起火，一军尽扰。辽谓左右曰："勿动。是不一营尽反，必有造变者，欲以动乱人耳。"乃令军中，其不反者安坐。辽将亲兵数十人，中陈而立。有顷[1]定，即得首谋者杀之。陈兰、梅成以氐六县叛，太祖遣于禁、臧霸等讨成，辽督张郃、牛盖等讨兰。成伪降禁，禁还。成遂将其众就[2]兰，转入灊(qián)山。灊中有天柱山，高峻二十余里，道险狭，步径裁[3]通，兰等壁其上。辽欲进，诸将曰："兵少道险，难用深入。"辽曰："此所谓一与一，勇者得前耳。"遂进到山下安营，攻之，斩兰、成首，尽虏其众。太祖论诸将功，曰："登天山，履峻险，以取兰、成，荡寇功也。"增邑，假节。

［注释］

①有顷：一会儿，形容时间短暂。②就：靠近。③裁：通“才”，仅仅，只有。

［译文］

当时荆州还没有平定下来，曹操再次派遣张辽驻扎在长社。临出发的时候，军营中有造反的人，夜里到处点火，趁机制造混乱，全军都被惊扰。张辽对身边的人说：“不要动，这不是全军营的人都造反，肯定有制造叛乱的人，想用混乱来扰乱人心。”于是在军中下令，凡不参加谋反的人都可以安心坐下来。张辽率领数十名随身的卫士，站在军营的中间。不久局势就安定下来了，迅速抓获了主谋，将其杀掉。陈兰、梅成据守氐六县发动叛乱。曹操派于禁、臧霸等将领征伐梅成，张辽督率张郃、牛盖等将领讨伐陈兰。梅成假装向于禁投降，于禁撤回了军队。梅成就率领他的队伍向陈兰靠拢，转入灊山，灊山中有一座天柱峰，高耸险峻长达二十余里，道路非常崎岖狭窄，步行勉强可以通过，陈兰等人在天柱峰顶上修筑壁垒，张辽想进军，诸将领说：“我们的兵力太少，道路艰难危险，很难深入到里面。”张辽说：“这次正好是一对一的搏杀，只有勇敢的人才能抢先一步。”就把队伍带到了山下安营扎寨，立即就进行了攻打，杀掉陈兰、梅成，俘虏了他们的全部兵将。曹操评价诸将领的功劳，说道：“登上天柱，踏着险峻的道路，战败陈兰、梅成，这是荡寇将军的功劳。”就增加了张辽的食邑，并且授予他符节。

［原文］

太祖既征孙权还，使辽与乐进、李典等将七千余人屯合肥。太祖征张鲁，教①与护军薛悌(tì)，署函边曰“贼至乃发”。俄而权率十万众围合肥，乃共发教，教曰：“若孙权至者，张、李将军出战；乐将军守，护军勿得与战。”诸将皆疑。辽曰：“公远征在外，比救至，彼破我必矣。是以教指及其未合逆击②之，折其盛势，以安众心，然后可守也。成败之机，在此一战，诸君何疑？”李典亦与辽同。于是辽夜募敢从之士，得八百人，椎牛飨(xiǎng)③将士，明日大战。平旦，辽被甲持戟，先登陷陈，杀数十人，斩二将，大呼自名，冲垒入，至权麾下。权大惊，众不知所为，走登高冢，以长戟自守。辽叱(chì)权下战，权不敢动，望见辽所将众少，乃聚围辽数重。辽左右麾围，直前急击，围开，辽将麾下数十人得出，余众号呼曰：“将军弃我乎！”辽复还

突围，拔[④]出余众。权人马皆披靡[⑤]，无敢当者。自旦战至日中，吴人夺气，还修守备，众心乃安，诸将咸服。权守合肥十余日，城不可拔，乃引退。辽率诸军追击，几复获权。太祖大壮辽，拜征东将军。建安二十一年，太祖复征孙权，到合肥，循行辽战处，叹息者良久。乃增辽兵，多留诸军，徙屯居巢。

张辽合肥陷阵

[注释]

①教：古代的王公对下属发布的命令。②逆击：迎击，迎战。③飨：款待、慰劳。④拔：救出。⑤披靡：军队溃散，指战败，失败。

[译文]

曹操征讨孙权回来以后，派遣张辽和乐进、李典等将率领七千余人驻扎在合肥。曹操讨伐张鲁，给护军薛悌下了命令，在信件的外面写道："敌军来后再打开信件。"不久以后孙权就率领十万大兵包围了合肥，将领们就一起将密封的信件打开，令函中说："如果孙权来了，张辽、李典率军出战，乐进将军守城，护军薛悌不能出战。"诸将都感到很疑惑。张辽说："曹公远在外面征战，等救兵赶到的时候，敌军必定已经把我们打败了。所以命令我们趁敌军还没有形成包围的阵势时迅速出击，挫伤他们的锐气，以安定军心，然后我们就可以坚守了。成败的关键就在这一战了，大家有什么疑问吗？"李典也赞同张辽的建议。于是张辽当晚就征召敢于跟随他作战的士兵，一共有八百人，杀牛慰劳这些将士，第二天进行大战。黎明时分，张辽披着盔甲手拿长戟，率先冲入敌人的阵营，杀敌数十人，斩杀两名将领，高声呼喊着自己的名字，然后又冲入敌人的营垒，一直到达孙权的指挥地。孙权感到非常害怕，众多的将领也不知道怎么办，急忙登上高高的土堆，用长戟自卫。张辽大声喊着孙权的名字让他下来决战，孙权不敢动，看见张辽所带的将士非常少，就聚集军队把张辽层层包围起来。张辽忽左忽右指挥突围，迅速向前方发起猛烈的攻击，包围圈被冲开，张辽带领部下的数十名勇士冲出来，其他士兵大声呼喊："将军要抛弃我们吗？"张辽再次冲入包围圈，救出其余的士兵，孙权的部下人马四处逃散，没有敢阻挡他的人。战斗从早上一直进行到中午，吴军丧失了士气，张辽返回营地加强修建守备的工事，军心才安定下来，诸将领都很佩服张辽。孙权把合肥包围了十几天，都没有办法攻克，于是就撤军返回。张辽率领各路人马追击，差点再次将孙权俘获，曹操大大地嘉奖了张辽，任命他为征东将军。建安二十一年（216），曹操再次征讨孙权，到达合肥，巡视当年张辽作战的地方，感叹不已。于是增加了张辽的兵力，多留了一些队伍，移军驻扎在居巢。

［原文］

关羽围曹仁于樊，会权称藩，召辽及诸军悉还救仁。辽未至，徐晃已破关羽，仁围解。辽与太祖会摩陂。辽军至，太祖乘辇[1]出劳之，还屯陈郡。文帝即王位，转前将军。分封兄汎及一子列侯。孙权复叛，遣辽还屯合肥，进辽爵都乡侯。给辽母舆车，及兵马送辽家诣屯，敕(chì)辽母至，导从[2]出迎。所督诸军将吏皆罗拜[3]道侧，观者荣之。文帝践阼(zuò)，封晋阳侯，增邑千户，并前二千六百户。黄初二年，辽朝洛阳宫，文帝引辽会建始殿，亲问破吴意状[4]。帝叹息顾左右曰："此亦古之召虎也。"为起第舍，又特为辽母作殿，以辽所从破吴军应募步卒，皆为虎贲(bēn)。孙权复称藩。辽还屯雍丘，得疾。帝遣侍中刘晔将太医视疾，虎贲问消息，道路相属。疾未瘳(chōu)，帝迎辽就行在所，车驾亲临，执其手，赐以御衣，太官日送御食。疾小差[5]，还屯。孙权复叛，帝遣辽乘舟，与曹休至海陵，临江。权甚惮焉，敕诸将："张辽虽病，不可当也，慎之！"是岁，辽与诸将破权将吕范。辽病笃，遂薨于江都。帝为流涕，谥曰刚侯。子虎嗣。六年，帝追

关云长大战徐晃

念辽、典在合肥之功，诏曰："合肥之役，辽、典以步卒八百，破贼十万，自古用兵，未之有也。使贼至今夺气，可谓国之爪牙矣。其分辽、典邑各百户，赐一子爵关内侯。"虎为偏将军，薨。子统嗣。

[注释]

①辇：秦汉以来专门指天子乘坐的车。曹操位高权重，所以他乘坐的车也称辇。②导从：现在指仪仗队。导，引导；从，随从，跟从。③罗拜：环绕着跪拜。④意状：情况、状况。⑤小差：指病情稍微地好转。

[译文]

关羽在樊城包围了曹仁，当时孙权向魏国称臣，于是曹操征召张辽和诸军返回营地营救曹仁。张辽的军队还没有赶到，徐晃已经打败了关羽，曹仁的包围也被解除。张辽与曹操在摩陂会师。张辽率军赶到后，曹操亲自乘车前往军营慰劳，军队调回来驻扎在陈郡。曹丕继承了王位，张辽调任前将军，他的哥哥张汎和一个儿子被分封为列侯，孙权再次造反，曹丕派遣张辽再次驻扎在合肥，封给他都乡侯的爵位。赐给张辽的母亲舆车，派遣兵马护送张辽的家人前往张辽的军营，命令张辽的母亲到达时，仪仗队出来相迎。张辽督率的诸军将士都围绕在道路的两边跪拜，旁观的人都认为这种礼遇非常荣耀。曹丕登上帝位后，进封张辽为晋阳侯，增加千户食邑，加上原来的一共有两千六百户。黄初二年（221），张辽前往洛阳宫朝拜，魏文帝在建始殿会见了他，亲自询问他关于攻破孙权的一些情况。魏文帝叹息着对身边的人说："这是像古代的召虎一样的猛将。"他为张辽建造府第，又特别替他的母亲修建了殿宇，原来跟随张辽破吴的应招士卒，都担任虎贲郎，孙权再次称臣。张辽回到军中驻扎在雍丘，后来得病。文帝派遣侍中刘晔带领太医前去探问疾病，前去探望张辽病情的虎贲郎络绎不绝。病还没有完全好，文帝就把张辽迎到自己巡行时的住所，亲自乘车探望他，见面后紧紧地握住张辽的手，赐给他御衣，太官每天都给他送御食。病情稍微有好转后，张辽就回到军营。孙权再次反叛，文帝派遣张辽乘船与曹休一起到海陵，沿着长江

张辽大战逍遥津

驻军，孙权非常害怕张辽，命令诸将："张辽虽然有病，仍然不能抵挡，应该谨慎行事！"这一年，张辽同诸将一起击败了孙权的将领吕范。张辽的病情加重，病逝于江都。文帝为他流下了眼泪，谥号刚侯。儿子张虎继承了他的爵位。黄初六年(225)，文帝追念张辽、李典在合肥立下的功劳，下诏书说："合肥战役，张辽、李典率领八百名步卒，击败十万吴军，自古用兵没有这样的战例。使吴军至今仍然丧失士气，可以说是国家的良将。分封张辽、李典每个人一百户，赐给张辽的一个儿子关内侯的爵位。"张虎担任偏将军，去世后，儿子张统继承了爵位。

[原文]

乐进字文谦，阳平卫国人也。容貌短小，以胆烈①从太祖，为帐下吏。遣还本郡募兵，得千余人，还为军假司马、陷陈都尉。从击吕布于濮(pú)阳，张超于雍丘，桥蕤(ruí)于苦，皆先登有功，封广昌亭侯。从征张绣于安众，围吕布于下邳，破别将，击眭固于射犬，攻刘备于沛，皆破之，拜讨寇校尉。渡河攻获嘉，还，从击袁绍于官渡，力战，斩绍将淳于琼。从击谭、尚于黎阳，斩其大将严敬，行游击将军。别击黄巾，破之，定乐安郡。从围邺，邺定，从击袁谭于南皮，先登，入谭东门。谭败，别攻雍奴，破之。建安十一年，太祖表汉帝，称进及于禁、张辽曰："武力既弘，计略周备②，质忠性一，守执节义，每临战攻，常为督率，奋强突固③，无坚不陷，自援枹鼓，手不知倦。又遣别征，统御师旅，抚众则和，奉令无犯，当敌制决④，靡有遗失。论功纪用，宜各显宠。"于是禁为虎威；进，折冲；辽，荡寇将军。

[注释]

①胆烈：胆识和勇气。②周备：周到全面。③突固：攻克险阻，突出重围。④制决：制定决策。

[译文]

乐进字文谦，阳平郡卫国人。他身材非常矮小，凭借胆识和勇气跟随曹操，是曹操帐下的官员，曹操派遣他回到阳平郡招募士兵，征得一千多人，返回后代理军假司马，担任陷阵都尉。跟随曹操在濮阳攻打吕布，在雍丘向张超发动进攻，在苦县进攻桥蕤，他都率先冲锋陷阵而建立军功，被封为广昌亭侯。后来又跟随曹操在安众讨伐张绣，在下邳围攻吕布，击败了他们所属的将领，在射犬攻击眭固，在沛

曹孟德大战吕布

县进攻刘备，都把他们击败了，升为讨寇校尉。渡过黄河进攻获嘉，返回来后，乐进又跟随曹操在官渡攻打袁绍，奋力作战，斩杀了袁绍的部将淳于琼。后来又跟随曹操在黎阳攻打袁谭、袁尚，杀了他们的部将严敬，代行游击将军的职务，此外，率军讨伐黄巾军，将他们击败，平定了乐安郡。又跟随曹操围攻了邺县，平定之后又到南皮攻击袁谭，率先攻入东门。袁谭失败，又进攻雍奴，攻破了它。建安十一年（206），曹操上书汉献帝，称赞乐进、于禁和张辽说：“不但武力非常强大，而且计谋也很周到全面，本性忠诚坚定，坚持忠节和义信，每当战争进行的时候，经常率先攻入敌阵，奋发图强，攻破艰难险阻，没有不能攻破的艰难，自己击鼓进军，不知道疲倦。此外，派遣他们率军征讨，统帅队伍，能够安抚众心，团结一致，遵守军令，不侵犯秋毫之物，面临大敌，制定决策，极少出现失误。按照功劳的大小任用，应该分别予以重任，以显示对他们的恩宠。”于是，任命于禁为虎威将军；乐进为折冲将军；张辽为荡寇将军。

[原文]

进别征高幹，从北道入上党，回出其后。幹等还守壶关，连战斩首。幹坚守未下，会太祖自征之，乃拔。太祖征管承，军淳于，遣进与李典击之。承破走，逃入海岛，海滨平，荆州未服，遣屯阳翟（dí）。后从平荆州，留屯襄阳，击关羽、苏非等，皆走之，南郡诸县山谷蛮夷诣进降。又讨刘备临沮长杜普、旌阳长梁大，皆大破之。后从征孙权，假进节。太祖还，留进与张辽、李典屯合肥，增邑五百，并前凡千二百户。以进数有功，分五百户，封一子列侯；进迁右将军。建安二十三年薨，谥曰威侯。子綝嗣。綝果毅①有父风，官至扬州刺史。诸葛诞反，掩袭②杀綝，诏悼惜之，追赠卫尉，谥曰愍（mǐn）侯。子肇（zhào）嗣。

[注释]

①果毅：果敢坚毅，形容一个人的品格优秀。②掩袭：趁人不注意的时候突然袭击。

[译文]

乐进又率领军队另外征讨高幹，他从北面的道路进入上党，抄了高幹的后路。高幹等人返回来坚守壶关，乐进连续发动了好多次进攻，追杀敌人。高幹坚守壶关，最终未能攻克，一直等到曹操率军前来后才攻克。曹操讨伐管承，驻扎在淳于，派遣乐进和李典起兵发起进攻。管承大败逃走，逃入海岛上，海滨才被平定下来。当时荆州还没有归顺，曹操派遣乐进率军进驻在阳翟。后来跟随曹操平定了荆州。留守襄阳，向关羽、苏非等人发起了进攻，把他们都赶走了，南郡山谷一带的蛮夷都来归顺。后来又率领军队征讨刘备任命的临沮长杜普、旌阳长梁大，都把他们打败了。后来乐进又跟随曹操征讨孙权，被授予符节。曹操返回，留下乐进和张辽、李典驻守合肥，给乐进增加五百户食邑，加上以前受封的食邑总共有一千二百户食邑。又因为乐进屡次建立战功，曹操又封给他五百户，晋封他的一个儿子为列侯；乐进升为右将军。建安二十三年（218），乐进去世，谥号威侯。儿子乐綝继承爵位。乐綝果敢刚毅，具有其父亲的遗风，官做到扬州刺史。诸葛诞造反，偷袭并杀掉了乐綝，朝廷下诏哀悼惋惜他，追封为卫尉，谥号愍侯，儿子乐肇继承他的爵位。

[原文]

于禁字文则，泰山钜平人也。黄巾起，鲍信招合徒众，禁附从焉。及太祖领兖州，禁与其党俱诣为都伯，属将军王朗。朗异之，荐禁才任大将军。太祖召见与语，拜军司马，使将兵诣徐州，攻广戚，拔之，拜陷陈都尉。从讨吕布于濮(pú)阳，别破布二营于城南，又别将破高雅于须昌。从攻寿张、定陶、离狐，围张超于雍丘，皆拔之。从征黄巾刘辟、黄邵等，屯版梁，邵等夜袭太祖营，禁帅麾下击破之，斩邵(shào)等，尽降其众。迁平虏校尉。从围桥蕤(ruí)于苦，斩蕤等四将。从至宛，降张绣。绣复叛，太祖与战不利，军败，还舞阴。是时军乱，各间行[1]求太祖，禁独勒所将数百人，且战且引，虽有死伤不相离。虏追稍缓，禁徐整行队，鸣鼓而还。未至太祖所，道见十余人被创裸走[2]，禁问其故，曰："为青州兵所劫。"初，黄巾降，号青州兵，太祖宽之，故敢因缘为略。禁怒，令其众曰："青州兵同属曹公，而还为贼乎！"乃讨之，数之以罪。青州兵遽走诣太祖自诉。禁既至，先立营垒，不时[3]谒(yè)太祖。或谓禁："青州兵已诉君矣，

宜促诣公辨之。"禁曰："今贼在后，追至无时④，不先为备，何以待敌？且公聪明，谮(zèn)诉⑤何缘！"徐凿堑安营讫，乃入谒，具陈其状。太祖悦，谓禁曰："淯水之难，吾其急也，将军在乱能整，讨暴坚垒，有不可动之节，虽古名将，何以加之！"于是录禁前后功，封益寿亭侯。复从攻张绣于穰(ráng)，禽吕布于下邳，别与史涣、曹仁攻眭(suī)固于射犬，破斩之。

[注释]

①间行：擅自行动，私自行动。②被创裸走：身上有伤赤身逃走。③不时：指不及时。④追至无时：敌军不知道什么时候能追上。⑤谮诉：诬告。

[译文]

于禁字文则，泰山郡钜平人。黄巾军起义时，鲍信召集众人，于禁当时归附于他。等到曹操作兖州牧时，于禁和他的部下过来投奔他，并且担任了都伯的职务，从属于将军王朗统帅。王朗非常欣赏于禁的才能，就把于禁推荐给曹操，认为凭借他的才能可以出任大将军。曹操召见了于禁并且和他交谈，任命他为军司马，让他率军前往徐州，攻打广戚，攻陷了广戚后，任命于禁为陷阵都尉。跟随曹操去濮阳征讨吕布，在城南攻破了吕布的两支部队，另外又率军在须昌打败了高雅。跟随曹操进攻寿张、定陶、离狐，在雍丘包围了张超，把这些地方都攻破了。以后又随着曹操讨伐黄巾将领刘辟、黄邵等人，驻扎在版梁，黄邵深夜率军偷袭曹操的营垒，于禁率领手下的将士把他击败了，杀掉了黄邵等人，降伏了他的全部部下。于是于禁升为平虏校尉。又跟随曹操在苦县包围了桥蕤，于禁奋力斩杀了桥蕤等四位将领。于禁跟随曹操向宛县发起进攻，降服了张绣。不久，张绣又反叛，曹操与他交战，战争失利，军队败退，驻扎在舞阴。当时军中非常混乱，各个部队都擅自行动，回到曹操的所在地。只有于禁能指挥手下的数百名士兵，一边作战一边后退，虽然有伤亡但是仍然没有溃散，等到敌军的追势稍微减弱的时候，于禁慢慢地整顿队伍，

曹操兴兵击张绣

鸣鼓返回。还没有到达曹操的驻地，就在路上遇上十多位士卒带伤逃跑，于禁问他们原因，士卒说："遭到了青州军的抢劫。"起初，黄巾军投降，号称青州军，曹操对他们很宽容，所以青州军利用这点到处抢劫掠夺，于禁非常生气，命令手下："青州军也属于曹公统帅，却还要作强盗吗？"于是率军征讨，列举出他们的罪行，青州军就赶快逃走并前往曹操的营中控诉于禁。于禁率领队伍赶到后，先修建营垒，没有马上拜见曹操。有人对于禁说："青州军已经在曹公面前告你的状了，你应该迅速面见曹公为自己辩解。"于禁回答说："目前敌军就在后面，说不定什么时候就追上来了，如果事先不做好准备的话，用什么来迎战呢，而且曹公通达英明，诬告又有什么用处呢？"于是从容地挖凿战壕，把军队安顿好之后才去拜见曹公，一一陈述了当时的情况。曹操非常高兴，对于禁说："淯水这场灾难，我军战败，形势非常紧急，将军您能在动乱中整治队伍，讨伐暴徒，加固营垒，有不可动摇的操守，即使是古代的名将，又怎么能超过您！"于是，综合考虑了于禁前后的功劳，封为益寿亭侯。于禁又跟随曹操在穰县向张绣发起进攻，在下邳擒拿了吕布，又另外率军同史涣、曹仁一起在射犬进攻眭固，把他打败并且杀了他。

[原文]

太祖初征袁绍，绍兵盛，禁愿为先登。太祖壮之，乃遣步卒二千人，使禁将，守延津以拒绍，太祖引军还官渡。刘备以徐州叛，太祖东征之。绍攻禁，禁坚守，绍不能拔。复与乐进等将步骑五千，击绍别营，从延津西南缘河至汲、获嘉二县，焚烧保聚三十余屯，斩首获生各数千，降绍将何茂、王摩等二十余人。太祖复使禁别将屯原武，击绍别营于杜氏津，破之。迁裨(pí)将军，后从还官渡。太祖与绍连营，起土山相对。绍射营中，士卒多死伤，军中惧。禁督守土山，力战，气益奋。绍破，迁偏将军。冀州平。昌豨(xī)复叛，遣禁征之。禁急进攻豨；豨与禁有旧[1]，诣禁降。诸将皆以为豨已降，当送诣太祖，禁曰："诸君不知公常令乎！围而后降者不赦。夫奉法行令，事上之节也。豨虽旧友，禁可失节乎！"自临与豨决，陨涕而斩之。是时太祖军淳于，闻而叹曰："豨降不诣吾而归禁，岂非命耶！"益重禁。东海平，拜禁虎威将军。后与臧霸等攻梅成，张辽、张郃等讨陈兰。禁到，成举众三千余人降。既降复叛，其众奔兰。辽等与兰相持，军食少，禁运粮前后相属，辽遂斩兰、成。

增邑二百户，并前千二百户。是时，禁与张辽、乐进、张郃、徐晃俱为名将，太祖每征伐，咸递[2]行为军锋，还为后拒；而禁持军严整，得贼财物，无所私入，由是赏赐特重。然以法御下，不甚得士众心。太祖常恨朱灵，欲夺其营。以禁有威重，遣禁将数十骑，赍[3]令书，径诣灵营夺其军，灵及其部众莫敢动；乃以灵为禁部下督，众皆震服，其见惮[4]如此。迁左将军，假节钺，分邑五百户，封一子列侯。

［注释］

①有旧：有旧的交情。②递：交替，依次更替。③赍：拿、持。④见惮：让人畏惧，使人害怕。

［译文］

曹操开始讨伐袁绍时，袁绍的兵力非常强大，于禁愿意担任先锋。曹操嘉奖他，派他率领两千兵士固守延津以抵御袁绍的进攻，曹操率领大军返回官渡，刘备据守徐州发动叛变，曹操率军东征，袁绍向于禁发起了猛烈的进攻，于禁率军固守，袁绍不能攻破。于禁又和乐进等将领率领五千步骑兵，向袁绍另外的营垒发起了攻击，从延津西南沿着黄河而上，到达汲县和获嘉县，焚烧袁绍的三十余处营垒，分别斩首且俘获数千人，降服了袁绍的部将何茂、王摩等二十余人。曹操又派于禁另外率领军队驻扎在原武，进攻袁绍在杜氏津的其他营地，攻占了这些营地。于禁升任裨将军，后来跟随曹操回到官渡。曹操和袁绍的军营相连，垒砌土山对峙。袁绍的部下向营中射箭，伤亡的士兵特别多，军中非常惊恐。于禁督守土山，奋力拼战，士气更加振奋。打败袁绍以后，于禁升任偏将军。冀州被平定。昌豨再次叛乱，曹操派于禁前去讨伐。于禁迅速前进，攻击昌豨，昌豨过去和于禁有交情，前往于禁的军营请求投降。诸将都认为昌豨既然已经投降，就应该把他交给曹操处置，于禁说："你们不知道曹公平时的命令吗？包围后再投降的人是不能被赦免的。遵守法令，是下属服从上级应该具有的气节。昌豨虽然是我旧时的朋友，但是我怎么能失节啊！"于是亲自同昌豨诀别，流着泪斩杀了他。这时曹操驻守在淳于，听到这个消息后感叹说："昌豨不来我处投降而去归顺了于禁，这难道不是命吗？"于是更加器重于禁。东海平定以后，任命于禁为虎威将军。后来于禁和臧霸等将领进攻梅成，张辽、张郃等征讨陈兰。于禁的军队到达以后，梅成率领三千人投降。不久又反叛，率领队伍投靠了陈兰。张辽等与陈兰对峙，军粮缺少，于禁接连不断地运粮来供应张辽的军队，因此张辽能斩杀陈兰、梅成。曹操下令给于禁增加二百户食邑，加上原来的食邑总共有一千二百户食邑。这时，于禁与张辽、乐进、张郃、徐晃都是名将，曹操每次出征讨伐的时候都交替任命他们为先锋，回来的时候则作后卫；而且于禁治军非常严整，从敌人那里缴获来的财物，从来没有私自占有，因此受到的赏赐也很多。然而于禁用法令军纪来统帅部下，不太得士兵的心。曹操平时讨厌朱灵，想削夺他的兵权。因为于禁很有威严，就派遣于禁率领数十名骑兵，带着曹操的命令，直接冲进朱灵的军营夺取了他的兵权，朱灵和他的部下都不敢动；曹操就让朱灵归于禁统帅，大家都被他慑服了，于禁让人害怕到了这种地步。升任为左将军，授予他符节和斧钺，又分封五百户食邑给他，把他的一个儿子封为列侯。

[原文]

建安二十四年，太祖在长安，使曹仁讨关羽于樊，又遣禁助仁。秋，大霖雨，汉水溢，平地水数丈，禁等七军皆没。禁与诸将登高望水，无所回避，羽乘大船就攻禁等，禁遂降，惟庞悳(dé)不屈节而死。太祖闻之，哀叹者久之，曰："吾知禁三十年，何意临危处难，反不如庞悳邪！"会孙权禽羽，获其众，禁复在吴。文帝践阼，权称藩，遣禁还。帝引见禁，须发皓(hào)白，形容憔悴，泣涕顿首。帝慰谕①以荀林父、孟明视故事，拜为安远将军。欲遣使吴，先令北诣邺谒高陵②。帝使豫于陵屋画关羽战克、庞悳愤怒、禁降服之状。禁见，惭(huì)恚③发病薨。子圭嗣封益寿亭侯。谥禁曰厉侯。

曹丕

[注释]

①慰谕：下诏慰问、晓谕。②高陵：曹操的墓名。③惭恚：惭愧又怨恨。

[译文]

建安二十四年（219），曹操在长安，派遣曹仁到樊城讨伐关羽，又派遣于禁援助曹仁。当时是秋天，连天都有暴雨，汉水猛涨，平地的积水有数丈深，于禁等七军都遭到大水的淹没。于禁与将领们登上高处眺望远处的大水，没有可以躲避的地方，关羽乘坐大船逼近并且攻击于禁等人。于禁向关羽投降了，只有庞悳不愿意屈节投降被杀掉。曹操听说这个消息后，哀叹了很久，说："我信任了于禁三十年，怎么会想到，当他面临危险遇上困难的时候反倒不如庞悳呢！"不久，孙权抓获了关羽，得到了他的队伍，于禁又到了吴国。曹丕登上帝位之后，孙权向他称臣，就将于禁送还到了魏国。文帝接见了于禁，他的胡须头发都白了，面容憔悴，流着泪跪拜。文帝用荀林父、孟明视的故事来安慰于禁，任命他为安远将军。准备派遣他出使吴国，先让他到邺县拜谒曹操的陵墓。文帝事先派人在陵屋画好了关羽战胜、庞惪发怒、于禁投降的情形，于禁看到后，悲愤交加，发病身亡。他的儿子于圭继承了他益寿亭侯的封号。追封于禁为厉侯。

[原文]

张郃字儁(jùn)乂(yì)，河间鄚(mò)人也。汉末应募讨黄巾，为军司马，属韩馥。馥败，以兵归袁绍。绍以郃为校尉，使拒公孙瓒。瓒破，郃功多，迁宁国中郎将。太祖与袁绍相拒于官渡，绍遣将淳于琼等督运屯乌巢，太祖自将急击之。郃说绍曰："曹公兵精，往必破琼等；琼等破，则将军事去矣，宜急引兵救之。"郭图曰："郃计非也。不如攻其本营，势必还，此为不救而自解也。"郃曰："曹公营固，攻之必不拔，若琼等见禽，吾属尽为虏矣。"绍但遣轻骑救琼，而以重兵攻太祖营，不能下。太祖果破琼等，绍军溃。图惭，又更谮(zèn)郃曰："郃快军败①，出言不逊。"郃惧，乃归太祖。

[注释]

①快军败：以我们军失败为乐。

[译文]

张郃

张郃字儁乂，河间郡鄚县人。东汉末年曾经应征讨伐黄巾军。担任军司马，归属韩馥统帅，韩馥失败后，率兵归顺了袁绍，袁绍任命张郃为校尉，派他率军抵抗公孙瓒。打败公孙瓒，张郃的功劳最大，升任宁国中郎将。曹操与袁绍在官渡对峙，袁绍派将领淳于琼等督运粮草，驻扎在乌巢，曹操亲自率军迅速向乌巢发起进攻，张郃劝袁绍说："曹公的兵非常精锐，发动进攻的话一定会打败淳于琼等人；淳于琼失败的话您就会失败，您应该迅速派兵援救淳于琼。"郭图说：

“张郃的计策不可取，不如攻击曹操的大本营，他们肯定会撤军。淳于琼等的危险就会不救而解。”张郃说：“曹操的大本营很坚固，如果进攻的话肯定不会取胜，如果淳于琼等将领被捉住的话，我们也会全部成为俘虏了。”袁绍只派了少量的兵力去救助淳于琼，而派重兵进攻曹操的大本营，没有攻下。曹操果然打败了淳于琼等人，袁绍的军队四处溃散。郭图感到非常羞愧，又诬陷张郃说：“张郃看到我军失败了很高兴，说的话非常不好听。”张郃感到非常害怕，就归顺了曹操。

[原文]

太祖得郃甚喜，谓曰：“昔子胥不早寤[1]，自使身危，岂若微子去殷、韩信归汉邪？”拜郃偏将军，封都亭侯。授以众，从攻邺，拔之。又从击袁谭于渤海，别将军围雍奴，大破之。从讨柳城，与张辽俱为军锋，以功迁平狄将军。别征东莱，讨管承，又与张辽讨陈兰、梅成等，破之。从破马超、韩遂于渭南。围安定，降杨秋。与夏侯渊讨鄜贼梁兴及武都氐。又破马超，平宋建。太祖征张鲁，先遣郃督诸军讨兴和氐[2]王窦茂。太祖从散关入汉中，又先遣郃督步卒五千于前通路。至阳平，鲁降，太祖还，留郃与夏侯渊等守汉中，拒刘备。郃别督诸军，降巴东、巴西二郡，徙其民于汉中。进军宕(dàng)渠，为备将张飞所拒，引还南郑。拜荡寇将军。刘备屯阳平，郃屯广石。备以精卒万余，分为十部，夜急攻郃。郃率亲兵搏战，备不能克。其后备于走马谷烧都围，渊救火，从他道与备相遇，交战，短兵接刃。渊遂没，郃还阳平。当是时，新失元帅，恐为备所乘，三军皆失色。渊司马郭淮乃令众曰：“张将军，国家名将，刘备所惮(dàn)；今日事急，非张将军不能安

张郃街亭绝汲

也。”遂推郃为军主③。郃出，勒兵安陈，诸将皆受郃节度，众心乃定。太祖在长安，遣使假郃节。太祖遂自至汉中，刘备保高山不敢战。太祖乃引出汉中诸军，郃还屯陈仓。

[注释]

①寤：醒悟，觉悟。②兴和氐：这里指居住在河池一带的氐人。③军主：军中的统帅。

[译文]

曹操得到张郃非常高兴，他对张郃说：“从前伍子胥没有及早醒悟，断送了自己的性命，怎么能比得上微子离开殷商、韩信归顺汉朝啊？”任命张郃为偏将军，封为都亭侯。给他兵力，跟随曹操进攻邺县，一举攻克。又跟随曹操在渤海向袁谭发起进攻，张郃另外率军讨伐雍奴，大获全胜。跟随曹操围攻柳城，与张辽一起担任先锋，因为立功而升任为平狄将军。另外又率军出征东莱，征讨管承，又同张辽一起率军讨伐陈兰、梅成等，打败了他们。跟随曹操在渭南打败了马超、韩遂。率军围攻安定，降服了杨秋。与夏侯渊一起讨伐鄜县的反贼梁兴及驻守在武都的氐人。又打败马超，平定了宋建的叛乱。曹操率军征伐张鲁，先派张郃督率诸军讨伐梁兴和氐王窦茂。曹操从散关进驻关中，又派张郃督率五千步卒在前面清通道路，军队到了阳平，张鲁投降，曹操率军返回，留下张郃与夏侯渊等坚守汉中地区，抵御刘备。张郃另外还督率诸军，降服了巴东、巴西两个郡，将两郡的百姓迁到汉中。军队进军宕渠时，被刘备手下的大将张飞阻拦住，就撤军回到南郑。后被任命为荡寇将军。刘备驻扎在阳平，张郃驻扎在广石。刘备把万名精锐士兵分为十部，深夜对张郃发起了猛烈的进攻。张郃率领身边的士卒奋力拼战，刘备不能攻破他。后来刘备在走马谷放火焚烧了曹操的营垒，夏侯渊前去救火。在另一条道上与刘备相遇，双方展开了战斗，短兵相接，夏侯渊在战斗中战死，张郃率军返回阳平。当时，曹军刚刚失去统帅夏侯渊，曹军担心刘备会趁机进攻，整个军队都很恐慌。夏侯渊属下的军司马郭淮命令他的部下说：“张将军是国内的名将，刘备害怕他，现在军情非常紧急，除了张将军没有人能够稳定局势。”于是就推荐张郃为军队的统帅。张郃任职后，整治军队，部署阵地，诸将都听从张郃的指挥，军心才安定下来。曹操在长安，派遣使者授予张郃符节。不久曹操就亲自到了汉中，刘备据守高山不敢出来应战。曹操就率领汉中军队返回，张郃返回来驻扎在陈仓。

[原文]

文帝即王位，以郃为左将军，进爵都乡侯。及践阼，进封鄚（mò）侯。诏郃与曹真讨安定卢水胡及东羌（qiāng），召郃与真并朝许宫，

失去街亭

遣南与夏侯尚击江陵。郃别督诸军渡江，取洲上屯坞（tún wù）。明帝即位，遣南屯荆州，与司马宣王击孙权别将[1]刘阿等，追至祁口，交战，破之。诸葛亮出祁山。加郃位特进，遣督诸军，拒亮将马谡（sù）于街亭。谡依阻南山，不下据城。郃绝其汲道[2]，击，大破之。南安、天水、安定郡反应亮，郃皆破平之。诏曰："贼亮以巴蜀之众，当虓虎之师。将军被坚执锐[3]，所向克定，朕甚嘉之。益邑千户，并前四千三百户。"司马宣王治水军于荆州，欲顺沔（miǎn）入江伐吴，诏郃督关中诸军往受节度。至荆州，会冬水浅，大船不得行，乃还屯方城。诸葛亮复出，急攻陈仓，帝驿马召郃到京都。帝自幸河南城，置酒送郃，遣南北军士三万及分遣武卫、虎贲使卫郃，因问郃曰："迟将军到，亮得无[4]已得陈仓乎！"郃知亮县军无谷，不能久攻，对曰："比臣未到，亮已走矣；屈指计亮粮不至十日。"郃晨夜进至南郑，亮退。诏郃还京都，拜征西车骑将军。

［注释］

①别将：配合主力军作战的将领。②汲道：这里指引水的渠道。③被坚执锐：身披盔甲，手拿锋利的武器。④得无：该不会，莫非。

［译文］

曹丕继承王位后，任命张郃为左将军，封给他都乡侯的爵位。等到他正式登上帝位后，晋封张郃为鄚侯，又下诏命令张郃和曹真攻讨安定卢水胡和东羌，召张郃和曹真一起到许昌行宫朝见他，派他去南方与夏侯尚一起进攻江陵。张郃另外又督率诸军渡过长江，攻占了百里洲上的土堡。曹叡即位后，派遣张郃驻扎在荆州，和司马懿一起向孙权的部下刘阿等发起进攻，一直追击到祁口，两军交战，刘阿被击败。

诸葛亮出兵祁山，明帝授予张郃特进的职位，让他督率诸军，在街亭袭击诸葛亮的将领马谡。马谡凭借南山作为险阻，不下山修筑营垒。张郃断绝了蜀军的饮水渠道，出兵进攻，大破马谡。南安、天水、安定郡都起来反叛响应诸葛亮，张郃分别击败了他们，平息了叛乱。明帝下诏说："诸葛亮率领巴蜀军队，与我们的咆哮之军对峙，张将军披着盔甲，手拿锐器，凡是他们到达的地方立即就被平定。我非常赞赏他，给他增加一千户食邑，加上原来的总共四千三百户。"司马懿在荆州整治水军，想顺着沔水驶入长江攻讨吴国，明帝下诏命令张郃督率关中诸军前去接受司马懿的指挥。到达荆州时，正是冬天水浅的时候，大船不能航行，就撤军回来驻扎在方城。诸葛亮再次率军出祁山，对陈仓发起了猛烈的攻击，明帝派遣驿马征召张郃到京都。明帝亲自到河南城，设酒宴送别张郃，调遣三万南北军士归张郃指挥，又分别派武卫、虎贲等近卫军保护张郃，并问张郃："等将军到达前线的时候，诸葛亮不会已经把陈仓攻陷了吧？"张郃知道诸葛亮孤军深入，缺乏粮草，不能长久地发动进攻，就回答说："等我还没到，诸葛亮就已经退兵了；屈指计算诸葛亮的粮草，用不到十天。"张郃连夜出发到南郑，诸葛亮撤军，明帝下诏命令张郃返回京都，任命他为征西车骑将军。

[原文]

郃识变数，善处营陈，料战势地形，无不如计，自诸葛亮皆惮之。郃虽武将而爱乐儒士，尝荐同乡卑湛经明行修，诏曰："昔祭遵为将，奏置五经大夫，居军中，与诸生雅歌投壶[1]。今将军外勤戎旅，内存国朝。朕嘉将军之意，今擢(zhuó)湛为博士。"

诸葛亮复出祁山，诏郃督诸将西至略阳，亮还保祁山，郃追至木门，与亮军交战，飞矢[2]中郃右膝，薨(hōng)，谥曰壮侯。子雄嗣。郃前后征伐有功，明帝分郃户，封郃四子列侯。赐小子爵关内侯。

徐晃字公明，河东杨人也。为郡吏，从车骑将军杨奉讨贼有功，拜骑都尉。李傕、郭汜之乱长安也，晃说奉，令与天子还洛阳，奉从其计。天子渡河至安邑，

张郃右膝中箭

封晃都亭侯。及到洛阳，韩暹、董承日争斗，晃说奉令归太祖；奉欲从之，后悔。太祖讨奉于梁，晃遂归太祖。

[注释]

①投壶：古人玩的游戏，设置一个特制的壶，宾主依次把矢投在里面，中得多的人取胜。②飞矢：飞来的乱箭。

[译文]

张郃通晓事物发展变化的规律，善于摆设阵营，预测战争形势和地形，没有一个不符合当时的计划的，连诸葛亮都怕他。张郃虽然是武将，却喜爱儒士，曾推举过通晓诗书而且德行出众的同乡卑湛，明帝下诏书说："当年祭遵为将军的时候，曾经上奏请求在军旅中设置五经大夫，同儒生们唱《雅》诗、投壶取乐。现在将军在外面统帅诸军，心中仍然想念着国家，我赞赏将军的忠心，现在提拔卑湛为博士。"

诸葛亮再次率领军队出祁山，明帝下诏命令张郃督率诸将向西出发到达略阳，诸葛亮撤军返回据守祁山，张郃追到木门，与诸葛亮交战，飞箭射中了张郃的右膝，张郃去世，谥号为壮侯。他的儿子张雄继承了他的封号。张郃前后征伐多有战功，明帝把张郃的食邑分封给他的儿子，封他的四个儿子为列侯，赐予他的小儿子关内侯的爵号。

徐晃字公明，河东郡杨县人。担任过郡吏，后来跟随车骑将军杨奉讨伐叛贼有功，被任命为骑都尉。李傕、郭汜在长安发动叛乱的时候，徐晃劝说杨奉，同汉献帝一起返回洛阳，杨奉就采纳了他的建议。汉献帝渡河到了安邑，封徐晃为都亭侯。等他到了洛阳，韩暹、董承天天争斗，徐晃劝说杨奉归顺曹操；杨奉听从了他的意见，不久又反悔。曹操率领军队前往梁郡讨伐杨奉，徐晃就归顺了曹操。

[原文]

太祖授晃兵，使击卷、原武贼，破之，拜裨(pí)将军。从征吕布，别降布将赵庶、李邹等。与史涣斩眭固于河内。从破刘备，又从破颜良，拔白马，进至延津，破文丑，拜偏将军。与曹洪击濦彊贼祝臂，破之，又与史涣击袁绍运车于故市，功最多，封都亭侯。太祖既围邺，破邯郸，易阳令韩范伪以城降而拒守，太祖遣晃攻之。晃至，飞矢城中，为陈成败。范悔，晃辄降之。既而言于太祖曰："二袁未破，诸城未下者倾耳而听，今日灭易阳，明日皆以死守，恐河北无定时也①。愿公降易阳以示诸城，则莫不望风。"太祖善之。别讨毛城，设伏兵掩击②，

曹操平定汉中地

破三屯。从破袁谭于南皮，讨平原叛贼，克之。从征蹋顿，拜横野将军。从征荆州，别屯樊，讨中庐、临沮、宜城贼。又与满宠讨关羽于汉津，与曹仁击周瑜于江陵。十五年，讨太原反者，围大陵，拔之，斩贼帅商曜(yào)。韩遂、马超等反关右，遣晃屯汾阴以抚河东，赐牛酒，令上先人墓。太祖至潼关，恐不得渡，召问晃。晃曰："公盛兵于此，而贼不复别守蒲坂(pú bǎn)，知其无谋也。今假臣精兵渡蒲坂津[3]，为军先置，以截其里，贼可擒也。"太祖曰："善。"使晃以步骑四千人渡津。作堑栅未成，贼梁兴夜将步骑五千余人攻晃，晃击走之，太祖军得渡。遂破超等，使晃与夏侯渊平隃麋(yú mí)、汧(qiān)诸氐，与太祖会安定。太祖还邺，使晃与夏侯渊平鄜(fū)、夏阳余贼，斩梁兴，降三千余户。从征张鲁。别遣晃讨攻椟、仇夷诸山氏，皆降之。迁平寇将军。解将军张顺围。击贼陈福等三十余屯，皆破之。

[注释]

①定时：安定的时候。②掩击：埋伏起来突然进行袭击。③假：给予，赠予。

[译文]

曹操给徐晃兵马，派遣他攻打卷县和原武的反贼，徐晃击败了他们，于是曹操任命徐晃为裨将军。徐晃又跟随曹操讨伐吕布，另外又降服了吕布手下的赵庶、李邹等将领。后来同史涣一起在河内杀了眭固。接着徐晃又跟随曹操打败了刘备，随即又击败了袁绍手下的大将颜良，攻占了白马城，发兵到延津，打败了袁绍手下的另一名大将文丑，徐晃升任为偏将军。徐晃与曹洪一起打败了㶏彊的贼军祝臂，又同史涣一起在故市抄袭了袁绍的粮车，功劳最大，被封为都亭侯。曹操已经包围了邺城，攻克了邯郸，易阳县令韩范假装举城投降而拒守，曹操派遣徐晃率军攻击。徐晃到达易阳，向城中射箭传送书信，对韩范陈述成败和得失。韩范悔悟，徐晃就招降了他。后来徐晃向曹操禀告："二袁还没有被消灭，那些没有被我军攻占的城池都在侧着耳朵听取外面的动静，今天攻占了易阳，明天他们就会拼死据守，恐怕河北没有平定的时候了。希望您招降易阳以向其他城池明示，他们都会顺势投降的。"曹操认为他的主意很好。徐晃又另外率军进攻毛城，在途中设下伏兵突然袭击，攻占了三屯。徐晃跟随曹操在南皮战胜了袁谭，平息了平原诸县的叛乱。接着又跟随曹操出征乌桓蹋顿，升任横野将军。又跟随曹操向南征讨荆州，另外率军驻扎在樊城，讨伐中庐、临沮，宜城的贼军。又与满宠一起在汉津讨伐关羽，与曹仁一起在江陵攻打周瑜。建安十五年（210），徐晃率军讨伐太原的叛军，包围大陵县，迅速攻占了它们，并杀了叛军首领商曜。韩遂、马超等在关右发动叛乱，曹操派遣徐晃驻扎在汾阴以安抚河东地区，赐给他牛酒，让他去祖先的墓地祭祀祖先。曹操率军到了潼关，担心不能渡过黄河，召见徐晃并向他征求意见。徐晃说："您的大兵驻扎在这里，而敌军不再坚守蒲坂，由此可见，敌军缺乏智谋，现在如果您给我精兵渡过蒲坂津，作为大军的先锋部队，从后面截击敌军，我们就可以俘获敌军了。"曹操说："好。"于是徐晃率步骑四千人渡过蒲坂津，工事还没有修好，敌将梁兴夜间率五千多步骑向徐晃发起进攻，徐晃打败了他们，曹操的大军才能够渡过黄河。于是击败了马超等人。曹操又派徐晃和夏侯渊一起率军平定了隃麋、汧县各地的氐族，与曹操在安定会师。曹操还师回到邺城，派徐晃和夏侯渊继续平定鄜县、夏阳县一带的残余敌军，杀掉敌军首领梁兴，降服三千余户。徐晃又跟随曹操征讨张鲁。另外派徐晃率军讨伐椟、仇夷一带的山氐族，使他们全部投降。徐晃升任平寇将军。同时解除了将军张顺的困境。进攻陈福等三十多处营垒，全部攻克。

[原文]

太祖还邺，留晃与夏侯渊拒刘备于阳平。备遣陈式等十余营绝马鸣阁道，晃别征破之，贼自投山谷，多死者。太祖闻，甚喜，假晃节，令曰："此阁道，汉中之险要咽喉也。刘备欲断绝外内，以取汉中。将军一举，克夺贼计，善之善者也。"太祖遂自至阳平，引出汉中诸军。复遣晃助曹仁讨关羽，屯宛。会汉水暴溢，于禁等没。羽围仁于樊，又围将军吕常于襄阳。晃所将多新卒，以羽难与争锋，遂前至阳陵陂屯。太祖复还，遣将军徐商、吕建等诣晃，令曰："须兵马集至，乃俱前。"贼屯偃(yǎn)城。晃到，诡道作都堑，示[①]欲截其后，贼烧屯走。晃得偃城，两面连营，稍前，去贼围三丈所。未攻，太祖前后遣殷署、

朱盖等凡十二营诣晃。贼围头有屯，又别屯四家。晃扬声当攻围头屯，而密攻四家。羽见四家欲坏，自将步骑五千出战，晃击之，退走，遂追陷与俱入围②，破之，或自投沔(miǎn)水死。太祖令曰："贼围堑鹿角十重，将军致战全胜，遂陷贼围，多斩首虏。吾用兵三十余年，及所闻古之善用兵者，未有长驱径入敌围者也。且樊、襄阳之在围，过于莒(jǔ)、即墨，将军之功，逾孙武、穰(ráng)苴。"晃振旅还摩陂(pō)，太祖迎晃七里，置酒大会。太祖举卮(zhī)酒劝晃，且劳之曰："全樊、襄阳，将军之功也。"时诸军皆集，太祖案行③诸营，士卒咸离陈观④，而晃军营整齐，将士驻陈不动。太祖叹曰："徐将军可谓有周亚夫之风矣。"

[注释]

①示：在这里指公开扬言。②与俱入围：意思是同关羽的军队一起进入蜀军的军营。③案行：巡视，视察。④咸离陈观：都离开自己的队伍观看。陈，通"阵"。

[译文]

曹操率领大军返回邺城，留下徐晃和夏侯渊在阳平抵御刘备的进攻。刘备派遣陈式等十余营的兵力断绝了马鸣阁道，徐晃另外率军打败了他们，蜀军自己跌入山谷，死伤很多。曹操听到这个消息后，非常高兴，授予徐晃符节，下命令说："这个阁道是汉中地区的险要咽喉。刘备想断绝我军的内外联系，以占据汉中。将军的这一行动，打破了刘备的如意算盘，真是太好了！"曹操亲自到阳平，率领汉中诸军返回邺城。又派遣徐晃协助曹仁征伐关羽，驻扎在宛城，这时汉水暴涨，于禁全军覆没。关羽将曹仁围困在樊城，又将吕常围困在襄阳。徐晃所率领的部队大多是新兵，认为难以与关羽相抗衡，于是率军往前行到阳陵陂驻扎了下来。曹操再次返回，派将军徐商、吕建前去协助徐晃，传令说："等兵马都赶到后再一起进军。"蜀军驻扎在郾城，徐晃率军赶到后秘密挖掘壕沟，表示要截断蜀军的后路，蜀军烧了军营撤回。徐晃占领了郾城，两面连营，缓缓前进，离蜀军的营地只有三丈左右的距离。徐晃没有进攻，曹操先后派殷署、朱盖等十二营军前往徐晃那里援助他。蜀军在围头驻扎着军队，又另外驻军四家。徐晃扬言进攻围头的营地，却秘密进攻四家。关羽看到四家即将被攻占，亲自率领五千步骑迎战，徐晃迅速进攻，蜀军退走，徐晃率领军队追击，同关羽一起进入蜀军的军营，突出了蜀军的包围，有的蜀军自投沔水而死。曹操下令说："敌军营区的防御工程多达十重，将军进入敌阵而大获全胜，攻占敌军的营垒，斩杀敌军首级。我用兵三十多年，连同我听说的古代善于用兵的人，

徐晃

也没有人像将军这样长驱直入敌人的包围圈的。何况樊城、襄阳被围困的程度，超过了当年的莒县、即墨，将军的功劳，也超过了孙武和司马穰苴。”徐晃整顿完军队后返回摩陂，曹操出城七里亲自迎接徐晃，设宴席为他庆功。曹操举着酒杯劝勉徐晃，且慰劳他说：“保住樊城、襄阳是将军的功劳。”当时诸军都集结在摩陂，曹操巡视各军的军营，士兵们都离开阵地观看，但是徐晃的军营却整齐有序，将士驻守阵地一动不动。曹操感叹说：“徐将军可以说有周亚夫的风度啊！”

[原文]

文帝即王位，以晃为右将军，进封逯乡侯。及践阼，进封杨侯。与夏侯尚讨刘备于上庸，破之。以晃镇阳平，徙封阳平侯。明帝即位，拒吴将诸葛瑾于襄阳。增邑二百，并前三千一百户。病笃，遗令敛以时服。

性俭约畏慎①，将军常远斥候②，先为不可胜，然后战，追奔争利，士不暇③食。常叹曰：“古人患不遭明君，今幸遇之，当以功自效，何用私誉为！”终不广交援。太和元年薨(hōng)，谥曰壮侯。子盖嗣。盖薨，子霸嗣。明帝分晃户，封晃子孙二人列侯。

[注释]

①畏慎：戒惕谨慎。②斥候：这里指侦察人员。斥，侦察；候，观望。③暇：空闲的时间。

[译文]

曹丕即王位后，任命徐晃为右将军，晋封他为逯乡侯。等到正式登上帝位后，又进封徐晃为杨侯。与夏侯尚一起在上庸征伐刘备，打败蜀军。文帝任命徐晃镇守阳平，改封他为阳平侯。曹叡即位后，派遣徐晃在襄阳抵御吴国的将领诸葛瑾。给他增加二百户食邑，加上原来的食邑总共有三千一百户。徐晃病危的时候留下遗言，让人用合乎时令的便服殡殓。

徐晃生性节俭、稳重谨慎，率军作战的时候常常在远处派出侦查人员，先做难以取胜的打算，然后再投入战斗。追击逃敌以争取胜利，士兵们常常没有时间吃饭。徐晃经常感叹说："古人都担心不能遇上贤明的君主，现在我很幸运地遇上了，应该立功报效君主，为什么要在乎个人的荣誉呢？"他一生都不喜欢广交朋党，攀附权贵。徐晃在太和元年（227）去世，谥号为壮侯。他的儿子盖继承了他的封号，盖死后，他的儿子霸继承封号。明帝分了徐晃的食邑，把徐晃的儿子、孙子分别封为列侯。

[原文]

初，清河朱灵为袁绍将。太祖之征陶谦，绍使灵督三营助太祖，战有功。绍所遣诸将各罢归，灵曰："灵观人多矣，无若曹公者，此乃真明主也。今已遇，复何之？"遂留不去。所将士卒慕之，皆随灵留。灵后遂为好将，名亚晃等，至后将军，封高唐亭侯。

评曰：太祖建兹武功，而时之良将，五子①为先。于禁最号毅重②，然弗克其终。张郃以巧变为称，乐进以骁（xiāo）果显名，而鉴③其行事，未副所闻。或注记④有遗漏，未如张辽、徐晃之备详也。

[注释]

①五子：这里指张辽、乐进、于禁、张郃、徐晃五个人。②毅重：坚毅而受人尊重。③鉴：考察。④注记：记录，记载。

[译文]

当初，清河人朱灵是袁绍的部下。曹操征讨陶谦，袁绍派遣朱灵督率三营来协助曹操，战斗有功，袁绍派遣的将领都收兵返回，朱灵说："我观察过很多人，没有比得上曹公的人，他才是真正贤明的君主。现在我已经遇上贤主，我还要去哪呢？"就留下不走了。朱灵率领的士兵都信任朱灵，全都跟随他留下。朱灵后来也是一名优秀的将军，名声仅仅次于徐晃等人，官位至后将军，被封为高唐亭侯。

评论说：曹操建立这样赫赫战功，在当时的良将中，这五个人应该列在前面。于禁称得上果敢坚毅，但是不能善终。张郃以机灵善变著称，乐进因骁勇果敢而闻名于世，但是，考察所记载的事迹后，发现与听到的两个人的名声不相符合。或者是记述不完整，有遗漏，不如张辽、徐晃的事迹全面周详。

蜀书

先主传

[原文]

先主姓刘，讳备，字玄德，涿(zhuō)郡涿县人，汉景帝子中山靖王胜之后也[1]。胜子贞，元狩六年封涿县陆城亭侯，坐酎金失侯，因家焉。先主祖雄，父弘，世仕州郡。雄举孝廉[2]，官至东郡范令。

先主少孤，与母贩履织席为业。舍东南角篱上有桑树生高五丈余，遥望见童童[3]如小车盖，往来者皆怪此树非凡，或谓当出贵人。

先主少时，与宗中诸小儿于树下戏，言："吾必当乘此羽葆盖车。"叔父子敬谓曰："汝勿妄语，灭吾门也！"年十五，母使行学，与同宗刘德然、辽西公孙瓒(zàn)俱事故九江太守同郡卢植。德然父元起常资给先主，与德然等。元起妻曰："各自一家，何能常尔[4]邪！"起曰："吾宗中有此儿，非常人也。"而瓒深与先主相友。瓒年长，先主以兄事之。先主不甚乐读书，喜狗马、音乐、美衣服。身长七尺五寸，垂手下膝，顾[5]自见其耳。少语言，善下人，喜怒不形于色。好交结豪侠，年少争附之。中山大商张世平、苏双等赀(zī)累千金，贩马周旋于涿郡，见而异之，乃多与之金财。先主由是得用合徒众。

刘备

[注释]

①后：后代。②孝廉：汉代选拔官吏的科目之一，由各郡国在所属的吏民中选举。③童童：茂盛的样子。④尔：这样。⑤顾：回头看。

[译文]

先主姓刘，名备，字玄德，涿郡涿县人，是汉景帝的儿子中山靖王刘胜的后代。刘胜儿子刘贞，元狩六年（前117）被封为涿县陆城亭侯，由于给朝廷交的酎金不足而被免去了侯位，从此就住在涿县。刘备的祖父刘雄、父亲刘弘，相继在州郡做官。刘雄曾被推举为孝廉，官做到东郡范县令。

刘备很小的时候父亲就死了，和母亲靠卖鞋织席子为生。他家东南角的篱笆旁边有一棵桑树，长了五丈多高，远远望去郁郁葱葱，好像小车上的伞盖。路过的人都为这棵树的与众不同而惊讶，有的就说应该有贵人出现。

刘备幼时，和同宗族的孩子们在树下玩耍，说：“我一定会坐上有这样的羽毛伞盖的车子。”他的叔父刘子敬对他说：“你不要胡说，这会让我们满门灭绝的。”十五岁时，刘备的母亲让他外出学习，和同族的刘德然、辽西人公孙瓒一同拜前任九江太守同郡人卢植为师。刘德然的父亲刘元起经常资助刘备，给他的财物和给刘德然的一样多。刘元起的妻子说：“各自有各自的家，怎么能经常这样呢？”刘元起说：“我们家族中有这样的孩子，他不是一般的人啊。”公孙瓒也和刘备非常友好。公孙瓒年龄大，刘备把他当作哥哥一样地侍奉。刘备不大喜爱读书，喜好狗马、音乐和漂亮的衣服。他身高七尺五寸，手垂放下来可以超过膝盖，眼睛可以看到自己的耳朵。他很少说话，善于表现得谦虚低下，喜怒不在脸上表现出来；他喜好和豪侠结交，少年人都争着追随他。中山的大商人张世平、苏双等人积聚有几千金的家财，贩卖马匹，往来于涿郡一带，见到刘备后，认为他非同一般，就给他很多钱财。刘备因此得以用钱来聚集人马随从。

[原文]

灵帝末，黄巾起，州郡各举义兵，先主率其属从校尉邹靖讨黄巾贼[1]有功，除安喜尉[2]。督邮以公事到县，先主求谒（yè）[3]，不通，直入缚督邮，杖二百，解绶系其颈着马枊，弃官亡命[4]。顷之，大将军何进遣都尉毌丘毅诣丹杨募兵[5]，先主与俱行，至下邳（pī）遇贼，力战有功，除为下密丞。复去官。后为高唐尉，迁为令。为贼所破，往奔中郎将公孙瓒，瓒表为别部司马，使与青州刺史田楷以拒冀州牧袁绍。数有战功，试守平原令，后领平原相。郡民刘平素轻先主，耻为之下，使客刺之。客不忍刺，语之而去。其得人心如此。

缴还印绶

[注释]

①黄巾贼：黄巾起义的部队。②除：授予官职。③求谒：请求拜见。④弃官亡命：放弃做官，保全性命。⑤募兵：招募军队。

[译文]

汉灵帝末年黄巾军起义，各个州郡都组织义兵。刘备率领他的部属跟随校尉邹靖讨伐黄巾军有功，被任命为安喜尉。督邮为了公事到县里来，刘备请求拜见，督邮不让通报。刘备就直冲进去把督邮绑起来，打了二百棒，解下自己的官印绶带系在督邮脖子上，把他绑到拴马桩上，弃官而逃。不久，大将军何进派遣都尉毌丘毅到丹杨郡去征募军队。刘备和他一起出发。到了下邳时遇到贼军，刘备奋勇作战立功，被任命为下密丞。不久刘备又辞去了这个官职。后来刘备又任高唐尉，还升为县令。他被贼军打败后，去投奔中郎将公孙瓒，公孙瓒上表，任命刘备做别部司马，让他和青州刺史田楷去抵挡冀州牧袁绍。刘备多次立有战功，代理平原令，后来兼任平原相。郡里的居民刘平一向轻视刘备，因在刘备管辖下感到耻辱，派宾客去刺杀刘备。宾客不忍心刺死他，对他坦白后就离开了。刘备得人心达到如此程度。

[原文]

袁绍攻公孙瓒，先主与田楷东屯齐。曹公征徐州，徐州牧陶谦遣使告急于田楷，楷与先主俱救之。时先主自有兵千余人及幽州乌丸杂胡骑，又略得饥民数千人。既到，谦以丹杨兵四千益先主，先主遂去楷归谦。谦表先主为豫州刺史，屯小沛。谦病笃，谓别驾麋竺曰："非刘备不能安此州也。"谦死，竺率州人迎先主，先主未敢当。下邳陈登谓先主曰："今汉室陵迟[1]，海内倾覆，立功立事，在于今日。彼州殷富[2]，户口百万，欲屈使君抚临[3]州事。"先主曰："袁公路近在寿春，此君四世五公[4]，海内所归，君可以州与之。"登曰："公路骄豪，非治乱之主。今欲为使君合步骑十万，上可以匡主济民[5]，成五霸之业；下可以割地守境，书功于竹帛。若使君不见听许，登亦未敢听使君也。"北海相孔融谓先主曰："袁公路岂忧国忘家者邪？冢中枯

骨，何足介意。今日之事，百姓与能；天与不取，悔不可追。”先主遂领徐州。

袁术来攻先主，先主拒之于盱眙（xū yí）、淮阴。曹公表先主为镇东将军，封宜城亭侯，是岁建安元年也。先主与术相持经月，吕布乘虚袭下邳。下邳守将曹豹反，间迎布。布虏先主妻子，先主转军海西。杨奉、韩暹（xiān）寇徐、扬间，先主邀击，尽斩之。先主求和于吕布，布还其妻子。先主遣关羽守下邳。

［注释］

①陵迟：斜坡缓延，引申为衰退。②殷富：殷实富有。③抚临：主持，统治。④四世五公：袁绍一家人四代里有五个人居三公的位置。⑤匡主济民：辅佐君主，抚恤民众。

［译文］

袁绍攻打公孙瓒，刘备和田楷向东驻扎在齐地。曹操征讨徐州，徐州牧陶谦派使节向田楷告急。田楷和刘备一同去救陶谦。当时刘备自己有一千多士兵以及幽州的乌丸和其他各族胡人的骑兵，又抢来了几千名饥民。到了徐州后，陶谦拨出四千名丹杨士兵补充刘备的军队。刘备就离开田楷去归附陶谦。陶谦上奏章，任命刘备为豫州刺史，驻扎在小沛。陶谦病重时，对别驾糜竺说：“没有刘备就不能安定徐州。”陶谦死后，糜竺率领州里的人去迎接刘备，刘备不敢接受。下邳人陈登对刘备说：“现在汉王室衰弱，天下动荡，建立功业，就在今天。徐州殷实富裕，有上百万户人口，想要委屈您去执掌州里的政务。”刘备说：“袁术近在寿春，他家四代人中有五位做到三公之位，天下人心都归向他。您可以把徐州送给他。”陈登说：“袁术骄横狂妄，不是治理乱世的豪杰。现在准备给您会集十万步兵、骑兵，上可以扶正天子拯救民众，成就春秋五霸那样的功业；下可以割据一方，守住州境，在史册上记录下功勋。如果您不答应，我也不敢依从您的做法。”北海相孔融对刘备说：

陶恭祖三让徐州

"袁术难道是个忧国忧民、为国忘家的人吗？他不过是坟墓中的几根枯骨罢了，不用在乎他。今天的事是百姓把徐州交给能人；上天给予的东西不去取，后悔也来不及了。"于是刘备就兼管了徐州。

袁术来攻打刘备，刘备在盱眙、淮阴抵挡。曹操上奏章任命刘备做镇东将军，封他为宜城亭侯，这一年是建安元年（196）。刘备和袁术对峙了几个月。吕布乘虚袭击了下邳。下邳的守将曹豹造反，开门迎接吕布。吕布俘虏了刘备的妻小，刘备领兵转到海西。杨奉、韩暹侵犯徐州、扬州一带，刘备去截击他们，把他们都杀了。刘备向吕布求和，吕布把他的妻小还给了他。刘备派关羽去守卫下邳。

[原文]

先主还小沛，复合兵得万余人。吕布恶[1]之，自出兵攻先主，先主败走归曹公。曹公厚遇之，以为豫州牧。将至沛收散卒，给其军粮，益与兵使东击布。布遣高顺[2]攻之，曹公遣夏侯惇往，不能救，为顺所败，复虏先主妻子送布。曹公自出东征，助先主围布于下邳（pī），生禽布。先主复得妻子，从[3]曹公还许。表先主为左将军，礼之愈重，出则同舆，坐则同席。袁术欲经徐州北就袁绍，曹公遣先主督朱灵、路招要击术[4]。未至，术病死。

先主未出时，献帝舅车骑将军董承辞[5]受帝衣带中密诏，当诛曹公。先主未发。是时曹公从容谓先主曰："今天下英雄，唯使君与操耳。本初之徒，不足数也。"先主方食，失匕箸。遂与承及长水校尉种辑、将军吴子兰、王子服等同谋。会见使，未发。事觉，承等皆伏诛。

曹操煮酒论英雄

[注释]

①恶：憎恨。②高顺：人名，是吕布的中郎将。③从：跟随。④路招：人名，是将军。要击：半路上伏击。⑤辞：声称，言说。

[译文]

刘备回到小沛，又聚集了一万多名士兵。吕布对此很不满，亲自领兵攻打刘备，刘备被打败了，逃去归附曹操。曹操厚待刘备，任命他做豫州牧。刘备想去沛县收集失散的士兵，曹操供给刘备军粮，还给他增加士兵，让他东进去攻打吕布。吕布派遣高顺去攻打刘备，曹操派夏侯惇去救援，没救成，被高顺打败。高顺又把刘备的妻小俘虏，送给吕布。曹操亲自出兵东征，帮助刘备在下邳包围了吕布，将吕布活捉。刘备再次得到妻小，跟着曹操回到许都。曹操表奏刘备做左将军，对他的礼遇更加优厚。两人出门就乘同一辆车，在家就坐同一张席。袁术想要经过徐州向北去依附袁绍，曹操派刘备统领朱灵、路招截击袁术。军队还没有到，袁术就病死了。

刘备还没有出发时，汉献帝的舅舅车骑将军董接说他接受了皇帝藏在衣带中的密诏，要诛灭曹操。刘备没有行动。有一次曹操似乎不经意地对刘备说：“现在天下的英雄，只有您和我而已。袁绍那些人，不值得一提。”刘备正在吃饭，听到这话，吓得丢下了筷子和汤勺。刘备就和董承及长水校尉种辑、将军吴子兰、王子服等人共同谋划。正赶上刘备被派出去，就没有发动。后来事情败露，董承等人全都被杀死。

[原文]

先主据下邳(pī)。灵等还[1]，先主乃杀徐州刺史车胄(zhòu)，留关羽守下邳，而身还小沛。东海昌霸反，郡县多叛曹公为先主，众数万人，遣孙乾与袁绍连和[2]，曹公遣刘岱、王忠击之，不克[3]。

五年，曹公东征先主，先主败绩[4]。曹公尽收其众[5]，虏先主妻子，并禽关羽以归。先主走青州。青州刺史袁谭，先主故茂才也，将步骑迎先主。先主随谭到平原，谭驰使白绍。绍遣将道路奉迎，身去邺(yè)二百里，与先主相见。驻月余日，所失亡士卒稍稍来集。曹公与袁绍相拒于官渡，汝南黄巾刘辟等叛曹公应绍。绍遣先主将兵与辟等略许下。关羽亡归先主。曹公遣曹仁将兵击先

皇叔败走投袁绍

主，先主还绍军，阴欲离绍，乃说绍南连荆州牧刘表。绍遣先主将本兵复至汝南，与贼龚都等合，众数千人。曹公遣蔡阳击之，为先主所杀。

[注释]

①灵等还：这里指朱灵等人回到许都。②连和：连接，联合。③不克：没有取得胜利。④败绩：打了败仗。⑤众：指部队。

[译文]

刘备占领了下邳。朱灵等人回去了，刘备就杀死了徐州刺史车胄，留下关羽守卫下邳，自己回到小沛去。东海人昌霸造反，很多郡县都背叛了曹操投向刘备，刘备的军队达到几万人，并派遣孙乾去和袁绍联合。曹操派刘岱和王忠去攻打刘备，没有战胜。

建安五年（200），曹操东进去征讨刘备，刘备打了败仗。曹操把他的军队全部收编，俘虏了他的妻小，并且捉住了关羽，然后返回许都。刘备逃往青州。青州刺史袁谭是刘备以前推举的秀才，率领步、骑兵来迎接刘备。刘备随着袁谭到了平原，袁谭派使节乘快马去报告袁绍。袁绍派将领在半路迎接，亲自到邺城二百里外与刘备见面。刘备住了一个多月后，他手下逃散的士兵渐渐来集合。曹操和袁绍在官渡相对峙，汝南的黄巾军刘辟等人背叛了曹操去响应袁绍。袁绍派遣刘备领兵和刘辟等人攻取许都附近。关羽逃回来归附刘备。曹操派遣曹仁率领士兵去攻打刘备。刘备回到袁绍军中，私下谋划离开袁绍，就劝说袁绍与南方的荆州牧刘表联合。袁绍派遣刘备率领他自己的兵马再到汝南去，与贼军龚都等人会合，共有几千人马。曹操派蔡阳去攻打他们，被刘备杀死。

[原文]

曹公既破绍，自南击先主。先主遣麋竺、孙乾与刘表相闻①，表自郊②迎，以上宾礼待之，益其兵，使屯新野③。荆州豪杰归先主者日益多，表疑其心，阴御之。使拒夏侯惇、于禁等于博望④。久之，先主设伏兵，一旦自烧屯伪遁⑤，惇等追之，为伏兵所破。

十二年，曹公北征乌丸，先主说表袭许，表不能用。曹公南征表，会表卒，子琮(cóng)代立，遣使请降。先主屯樊，不知曹公卒至，至宛乃闻之，遂将其众去。过襄阳，诸葛亮说先主攻琮，荆州可有。先主曰："吾不忍也。"乃驻马呼琮，琮惧不能起。

琮左右及荆州人多归先主。比到当阳，众十余万，辎重数千两，日行十余里，别遣关羽乘船数百艘，使会江陵。或谓先主曰："宜速行保江陵，今虽拥大众，被甲者少，若曹公兵至，何以拒之？"先主曰："夫济大事必以人为本，今人归吾，吾何忍弃去？"

刘玄德携民渡江

[注释]

①与刘表相闻：通知刘表，让刘表知道这件事。②郊：离都城百里叫作郊，这里泛指城外、野外。③新野：地名，现在的河南新野。④博望：古代的地名，在现在的河南。⑤伪遁：假装逃跑。

[译文]

曹操打败袁绍以后，亲自到南方攻打刘备。刘备派遣糜竺、孙乾去通知刘表。刘表亲自到郊外迎接刘备，用对待上等宾客的礼节接待他，给他补充兵马，让他驻扎在新野。荆州的豪杰们纷纷来投奔刘备，人数一天天增多。刘表怀疑刘备有二心，就在暗中提防他，让他到博望去抵挡夏侯惇、于禁等人。过了很久，刘备设下伏兵，一天早晨自己烧了军营假装逃跑，夏侯惇等人去追，被刘备的伏兵打败。

建安十二年（207），曹操向北征伐乌丸。刘备劝说刘表乘机袭击许都，刘表没有采纳。曹操南征刘表，恰遇上刘表去世，刘表的儿子刘琮承袭刘表做了荆州牧，他派使节向曹操请求投降。刘备驻在樊城，不知道曹操突然到来，曹军到了宛城后他才听说，就率领部下离开樊城。经过襄阳时，诸葛亮劝说刘备攻打刘琮，占领荆州，刘备说："我不忍心啊！"就停下马来呼喊刘琮，刘琮畏惧，不敢站出来答话。刘琮的部下和荆州居民中，很多人都来归附刘备。快到当阳时，刘备有了十多万人，几千辆车辎重，每天只能走十几里。另外派关羽领几百艘船到江陵会合。有的人劝刘备说："应该尽快行军去保住江陵，现在虽然拥有大批人马，但能打仗的士兵很少，如果曹操的军队到了，用什么去抵挡他？"刘备说："要办成大事必须把人当作根本，现在大家来归附我，我怎么忍心把他们抛弃了而自己离开呢？"

[原文]

曹公以江陵有军实①，恐先主据之，乃释辎重，轻军到襄

赤 壁

阳。闻先主已过，曹公将精骑五千急追之，一日一夜行三百余里，及于当阳之长坂。

先主弃妻子，与诸葛亮、张飞、赵云等数十骑走，曹公大获其人众辎重。先主斜趋②汉津，适与羽船会，得济③沔(miǎn)；遇表长子江夏太守琦众万余人，与俱到夏口。先主遣诸葛亮自结于孙权，权遣周瑜、程普等水军数万，与先主并力，与曹公战于赤壁，大破之，焚其舟船。先主与吴军水陆并进，追到南郡，时又疾疫，北军多死，曹公引归。

先主表琦为荆州刺史，又南征四郡。武陵太守金旋、长沙太守韩玄、桂阳太守赵范、零陵太守刘度皆降。庐江雷绪率部曲数万口稽颡(sǎng)。琦病死，群下推先主为荆州牧，治公安。权稍畏之，进妹固好④。先主至京见权，绸缪恩纪⑤。权遣使云欲共取蜀，或以为宜报听许，吴终不能越荆有蜀，蜀地可为己有。荆州主簿殷观进曰："若为吴先驱，进未能克蜀，退为吴所乘，即事去矣。今但可然赞其伐蜀，而自说新据诸郡，未可兴动，吴必不敢越我而独取蜀。如此进退之计，可以收吴、蜀之利。"先主从之，权果辍计。迁观为别驾从事。

[注释]

①军实：指器械、粮草等军用物资。②斜趋：这里指走捷径。③济：渡过。④进妹：孙权把自己的妹妹进献给刘备做妻子。固好：巩固友好关系。⑤绸缪恩纪：亲密无间，互颂恩情。绸缪，紧密缠缚；恩纪，恩情。

[译文]

曹操因为江陵有军用物资，害怕刘备占据它，就丢下辎重，轻装行军到襄阳。

听说刘备已经过去了，曹操率领精锐骑兵五千人急速追赶，一天一夜里跑了三百多里路，在当阳的长坂追上了他。

刘备抛下妻子儿女，和诸葛亮、张飞、赵云等几十人骑马逃走。曹操缴获了刘备的大量军用物资，俘获了大批人马。刘备走捷径直奔汉津，正巧与关羽的战船会合，得以渡过沔水；遇到刘表的长子江夏太守刘琦领兵一万多人，和他们一起来到夏口。刘备派诸葛亮去和孙权结盟。孙权派遣周瑜、程普等人带几万名水军，和刘备共同作战，与曹操在赤壁交战，大败曹军，烧毁曹军战船。刘备和吴军从水陆两路同时进攻，追赶到南郡。当时又流行疾病，北军士兵病死得很多，曹操只好领兵而回。

周公瑾赤壁鏖兵

刘备上奏章立刘琦为荆州刺史，又向南去征伐四个郡。武陵太守金旋、长沙太守韩玄、桂阳太守赵范、零陵太守刘度全投降了。庐江人雷绪率领他的部曲私兵几万人来归顺。刘琦病死，部下官员们推举刘备做荆州牧，官府设在公安。孙权逐渐有些担心刘备会威胁自己，就把妹妹嫁给刘备以巩固友好关系。刘备到京口去见孙权，双方亲密无间，互颂恩情。之后孙权派使节来说想要共同去夺取蜀地。刘备属下有人认为应该答应孙权的要求，因为吴国总不能跨越荆州去占有蜀地，蜀地就可以被我们自己占有。荆州主簿殷观进谏说："如果我们给吴国做先锋，进攻未必能战胜蜀军，退回来会被吴国乘机攻打，我们的宏图大业就没有生机了。现在只能赞成吴国去讨伐蜀地，而说我们自己刚占据了几个郡，尚不能兴师动众，而吴国一定不敢越过我们这里去单独夺取蜀地。这样是可进可退的计策，可以坐收吴、蜀争斗的好处。"刘备按他说的办了。孙权果然收回了伐蜀的计划。刘备把殷观升为别驾从事。

[原文]

十六年，益州牧刘璋遥闻曹公将遣钟繇等向汉中讨张鲁，内怀恐惧。别驾从事蜀郡张松说璋曰："曹公兵强无敌于天下，若因[1]张鲁之资以取蜀土，谁能御之者乎？"璋曰："吾固忧之而未有计。"松曰："刘豫州，使君之宗室而曹公之深仇也，善用兵，若使之讨鲁，鲁必破。鲁破，则益州强，曹公虽来，无能为也。"璋然之，遣法正[2]将四千人迎先主，前后赂(lù)遗[3]以巨亿

计。正因陈益州可取之策④。先主留诸葛亮、关羽等据荆州，将步卒数万人入益州。至涪，璋自出迎，相见甚欢。张松令法正白先主，及谋臣庞统进说，便可于会所袭璋。先主曰："此大事也，不可仓卒⑤。"璋推先主行大司马，领司隶校尉；先主亦推璋行镇西大将军，领益州牧。璋增先主兵，使击张鲁，又令督白水军。先主并军三万余人，车甲器械资货甚盛。是岁，璋还成都。先主北到葭萌(jiā méng)，未即讨鲁，厚树恩德，以收众心。

[注释]

①因：利用。②法正：人名。③赂遗：送给别人的财物。④因：趁机。陈：陈述。⑤仓卒：匆忙。

[译文]

建安十六年（211），益州牧刘璋远远地听说曹操将派钟繇等人到汉中去讨伐张鲁，心中恐惧不安。别驾从事蜀郡人张松劝说刘璋："曹操的军队强大，无敌于天下，如果凭借张鲁的物资来夺取蜀郡土地，谁能抵挡他呢？"刘璋说："我一直为这件事担忧，但没有办法。"张松说："刘备是您的本家亲属，又和曹操有深仇，他善于用兵，如果让他去攻打张鲁，张鲁一定被打垮。张鲁被打垮后，益州就强大了，曹操即使来攻也不能取胜。"刘璋认为他说得对，派遣法正率领四千人去迎接刘备，前前后后送给刘备的财物要用亿来计算。法正趁机向刘备陈述了夺取益州的策略。刘备留下诸葛亮、关羽等人据守荆州，自己率领几万名步兵进入益州。刘备到了涪城后，刘璋亲自出来迎接，见面时双方都非常高兴。张松让法正告诉刘备，同时谋臣庞统也进言劝说，他们都认为刘备当时就可以在会见的地方袭击刘璋。刘备说："这是大事，不能匆忙决定。"刘璋推举刘备代理大司马，兼任司隶校尉；刘备也推举刘璋代理镇西大将军，兼任益州牧。刘璋给刘备补充士兵，让他去攻打张鲁，又任命他统领白水关的驻军。刘备会集的军队共三万多人，战车、甲胄、兵器和物资财物等十分充足。当年，刘璋回到成都。刘备向北到达葭萌，没有马上讨伐张鲁，却广布恩德，来收取军民之心。

[原文]

明年，曹公征孙权，权呼先主自救①。先主遣使告璋曰："曹公征吴，吴忧危急。孙氏与孤本为唇齿②，又乐进在青泥与关羽相拒③，今不往救羽，进必大克，转侵州界，其忧有甚于鲁。鲁自守之贼，不足虑也。"乃从璋求万兵及资实，欲以东行，

璋但许兵四千，其余皆给半。张松书与先主及法正曰：“今大事垂可立④，如何释此去乎？”松兄广汉太守肃，惧祸逮己⑤，白璋发其谋。于是璋收斩松，嫌隙始构矣。璋敕关戍诸将文书勿复关通先主。先主大怒，召璋白水军督杨怀，责以无礼，斩之。乃使黄忠、卓膺(yīng)勒兵向璋。先主径至关中，质诸将并士卒妻子，引兵与忠、膺等进到涪(fú)，据其城。璋遣刘璝、冷苞、张任、邓贤等拒先主于涪，皆破败，退保绵竹。璋复遣李严督绵竹诸军，严率众降先主。先主军益强，分遣诸将平下属县，诸葛亮、张飞、赵云等将兵泝流定白帝、江州、江阳，惟关羽留镇荆州。先主进军围雒；时璋子循守城，被攻且一年。

[注释]

①自救：救自己。②唇齿：比喻关系很密切。③相拒：相互抗击。④大事：指袭击刘璋，占据益州。垂：临近，将要。⑤逮己：连累自己。

[译文]

第二年，曹操征伐孙权，孙权向刘备呼救。刘备派使节告诉刘璋：“曹操征伐吴国，吴国的形势危急，令人担忧。孙氏和我本来是唇齿相依的邻邦，又有乐进在青泥关和关羽相对峙，现在不去救关羽，乐进一定会大胜，进一步侵犯益州境界，那会比张鲁更让人担忧。张鲁只是自己守护一方的贼寇，不值得担心。”刘备向刘璋请求增加一万名士兵和物资供应，想向东行军。刘璋只答应给四千士兵，其余的物资全只给一半。张松给刘备和法正写信，说：“现在大事马上就能成功了，为什么丢下它走开呢？”张松的哥哥广汉太守张肃，害怕张松惹出灾祸连累自己，告诉刘璋，揭发了张松的阴谋。于是刘璋把张松抓起来并将其斩杀，刘璋和刘备的仇怨和裂痕也开始形成。刘璋命令守关的众将领不要再把文书交给刘备。刘备大怒，把刘璋的白水军督杨怀叫来，责备他无礼，并杀了他。刘备派黄忠、卓膺领兵攻打刘璋。刘备径直到了白水关中，把各个将官和士兵们的妻子儿女扣做人质，领兵和黄忠、卓膺等人进攻到涪城，占据了它。刘璋派刘璝、冷苞、张任、邓贤等人在涪城抵挡刘备，全被打败，退回去保卫绵竹。刘璋又派李严去督领绵竹的各支军队，可李严又率领军队投降了刘备。刘备的军队更加强大，把各个将领分别派出去平定下属各县，诸葛亮、张飞、赵云等人领兵逆流而上，平定了白帝、江州、江阳等地，只把关羽留下来镇守荆州。刘备进军围攻雒城。当时刘璋的儿子刘循守雒城，被围攻了近一年。

[原文]

十九年夏，雒(luò)城破，进围成都数十日，璋出降。蜀中殷盛

刘玄德平定益州

丰乐[①]，先主置酒大飨(xiǎng)士卒，取蜀城中金银分赐将士，还其谷帛[②]。先主复领益州牧，诸葛亮为股肱(gōng)[③]，法正为谋主，关羽、张飞、马超为爪牙[④]，许靖、麋(mí)竺、简雍为宾友[⑤]。及董和、黄权、李严等本璋之所授用也，吴壹、费观等又璋之婚亲也，彭羕又璋之所排摈(bìn)也，刘巴者宿昔之所忌恨也，皆处之显任，尽其器能。有志之士，无不竞劝。

二十年，孙权以先主已得益州，使使报欲得荆州。先主言："须得凉州，当以荆州相与。"权忿之，乃遣吕蒙袭夺长沙、零陵、桂阳三郡。先主引兵五万下公安，令关羽入益阳。是岁，曹公定汉中，张鲁遁走巴西。先主闻之，与权连和，分荆州江夏、长沙、桂阳东属；南郡、零陵、武陵西属，引军还江州。遣黄权将兵迎张鲁，张鲁已降曹公。曹公使夏侯渊、张郃(hé)屯汉中，数数犯暴巴界。先主令张飞进兵宕(dàng)渠，与郃等战于瓦口，破郃等，郃收兵还南郑。先主亦还成都。

[注释]

①殷盛丰乐：物资丰富，生活舒适安逸。②还其谷帛：把掠夺来的东西都归还原主。③股肱：辅佐。股，大腿；肱，上臂。④爪牙：比喻武臣。⑤宾友：门下的宾客。

[译文]

建安十九年(214)夏天，雒城被攻占，刘备进军包围成都几十天，刘璋出城投降。蜀郡殷实富裕，物产丰富，人民安乐。刘备设置酒宴，犒劳士兵，取出蜀城中的金银分赐给将士们，把米谷布帛交还原主。刘备又代理益州牧，诸葛亮作为辅弼，法正作为主要的谋士，关羽、张飞、马超作为猛将，许靖、糜竺、简雍是宾友。至于董和、黄权、李严等人，本来是刘璋任用的官员，吴壹、费观等人又是刘璋的姻亲，彭羕是被刘璋排挤的人，刘巴是刘璋过去忌恨的人，他们全被委任在显要的职位上，充分发挥他们的才能。有志向的士人，没有一个不是勤勉向上的。

建安二十年（215），孙权因为刘备已经得到了益州，就派使节告诉刘备他想要荆州。刘备说："必须得到凉州以后，才会把荆州交给您。"孙权为此很气愤，就派吕蒙偷袭，夺取了长沙、零陵、桂阳三郡。刘备领着五万士兵沿江而下，到了公安，命令关羽进入益阳。这一年，曹操平定了汉中，张鲁逃到巴西去。刘备听说后，和孙权讲和，结成联盟，把荆州的江夏、长沙、桂阳划归东吴，把南郡、零陵、武陵划归西蜀。刘备领兵回江州，派黄权领兵去迎战张鲁，此时张鲁已经投降了曹操。曹操派夏侯渊、张郃驻在汉中，多次侵犯骚扰巴郡境内。刘备命令张飞进军宕渠，张飞和张郃等人在瓦口交战，打败了张郃等人，张郃收拢兵马回到南郑。刘备也回到成都。

[原文]

二十三年，先主率诸将进兵汉中。分遣将军吴兰、雷铜等入武都，皆为曹公军所没。先主次于阳平关，与渊、郃等相拒。

二十四年春，自阳平南渡沔(miǎn)水，缘山稍前①，于定军山势作营②。渊将兵来争其地。先主命黄忠乘高鼓噪攻之③，大破渊军，斩渊及曹公所署益州刺史赵颙(yóng)等。曹公自长安举众南征。先主遥策之曰："曹公虽来，无能为也，我必有汉川矣④。"及曹公至，先主敛众拒险⑤，终不交锋，积月不拔，亡者日多。

夏，曹公果引军还，先主遂有汉中。遣刘封、孟达、李平等攻申耽于上庸。

[注释]

①缘：沿着。山：定军山。稍前：逐步前进。②作营：安营扎寨。③乘高：登上高地。鼓噪：击鼓呐喊。④必有：一定占有。⑤敛众：集合部队。拒险：据守险要。

[译文]

建安二十三年（218），刘备率领各路将领进军汉中。另派将军吴兰、雷铜等人进入武都，但他们全被曹操的军队消灭了。刘备军队驻扎在阳平关，和夏侯渊、张郃等人相对峙。

建安二十四年（219）春天，刘备从阳平关向南渡过沔水，沿着山边逐渐前进，在定军山依势修建营垒。夏侯渊领兵来争夺这块阵地。刘备命令黄忠登上高山击鼓呐喊，向夏侯渊进攻，把他们打得大败，杀死了夏侯渊和曹操任命的益州刺史赵颙等人。曹操从长安亲率军队南征。刘备事先分析说："曹操即使来了，也无能为力。我们必定会占有汉川。"等到曹操来了后，刘备把军队聚集起来守住险要地势，抵挡曹军，始终不和他们交战，曹军几个月都无法攻克，逃跑的士兵日益增多。

夏天，曹操果然领兵回去了。刘备就占有了汉中，派刘封、孟达、李平等人到上庸去攻打申耽。

[原文]

秋，群下上[1]先主为汉中王，表于汉帝曰："平西将军都亭侯臣马超、左将军长史领镇军将军臣许靖、营司马臣庞羲、议曹从事中郎军议中郎将臣射援、军师将军臣诸葛亮、荡寇将军汉寿亭侯臣关羽、征虏将军新亭侯臣张飞、征西将军臣黄忠、镇远将军臣赖恭、扬武将军臣法正、兴业将军臣李严等一百二十人上言曰：昔唐尧至圣而四凶在朝，周成仁贤而四国作难，高后称制而诸吕窃命，孝昭幼冲而上官逆谋[2]，皆冯世宠[3]，藉履国权[4]，穷凶极乱[5]，社稷几危。非大舜、周公、朱虚、博陆，则不能流放禽讨，安危定倾。

"伏惟陛下诞姿圣德，统理万邦，而遭厄运不造之艰。董卓首难，荡覆京畿(jī)，曹操阶祸，窃执天衡；皇后太子，鸩(zhèn)杀见害，剥乱天下，残毁民物。久令陛下蒙尘忧厄，幽处虚邑。人神无主，遏绝王命，厌昧皇极，欲盗神器。左将军领司隶校尉豫、荆、益三州牧宜城亭侯备，受朝爵秩，念在输力，以殉国难。睹其机兆，赫然愤发，与车骑将军董承同谋诛操，将安国家，克宁旧都。会承机事不密，令操游魂得遂长恶，残泯海内。臣等每惧王室大有阎乐之祸，小有定安之变，夙夜惴惴(zhuì zhuì)，战慄累息。

"昔在《虞书》，敦序九族，周监二代，封建同姓，《诗》著其义，历载长久。汉兴之初，割裂疆土，尊王子弟，是以卒折诸吕之难，而成太宗之基。臣等以备肺腑枝叶，宗子藩翰，心

存国家，念在弭乱。自操破于汉中，海内英雄望风蚁附，而爵号不显，九锡未加，非所以镇卫社稷，光昭万世也。奉辞在外，礼命断绝。昔河西太守梁统等值汉中兴，限于山河，位同权均，不能相率，咸推窦融以为元帅，卒立效绩，摧破隗嚣。今社稷之难，急于陇、蜀，操外吞天下，内残群寮(liáo)，朝廷有萧墙之危，而御侮未建，可为寒心。臣等辄依旧典，封备汉中王，拜大司马，董齐六军，纠合同盟，扫灭凶逆。以汉中、巴、蜀、广汉、犍(qián)为为国，所署置依汉初诸侯王故典。夫权宜之制，苟利社稷，专之可也。然后功成事立，臣等退伏矫罪，虽死无恨。”遂于沔(miǎn)阳设坛场，陈兵列众，群臣陪位，读奏讫(qì)，御王冠于先主。

玄德进位汉中王

[注释]

①上：同“尚”，劝说。②逆谋：阴谋作乱，想篡权。③冯：同“凭”，凭借。世宠：世代所受到的恩宠。④藉履：践踏，引申为掌握。⑤穷凶极乱：也就是说穷凶极恶。

[译文]

秋天，部下官员们推举刘备做汉中王，给汉献帝上奏章说：“平西将军都亭侯臣马超、左将军长史领镇军将军臣许靖、营司马臣庞羲、议曹从事中郎军议中郎将臣射援、军师将军臣诸葛亮、荡寇将军汉寿亭侯臣关羽、征虏将军新亭侯臣张飞、征西将军臣黄忠、镇远将军臣赖恭、扬武将军臣法正、兴业将军臣李严等一百二十人进言上奏：过去唐尧是至高的圣人，但朝廷中有四凶；周成王仁义贤明，但属下有四国叛乱；高后执掌朝政，而吕氏想窃取君权；孝昭帝年幼，上官桀便阴谋叛逆；他们全是凭借世代受宠幸，掌握了国家大权，穷凶极恶地作乱，几乎颠覆国家社稷。不是大舜、周公、朱虚侯、博陆侯他们出面，征讨他们，就不能把凶徒们擒获、流放，使处于危难中的国家得以安定。

“臣子们想到陛下天生有圣明的德行和帝王的姿容，统治天下，却遭到厄运，遭受无法救助的艰难。董卓首先发难，动摇颠覆了京都；接着曹操制造灾祸，窃取了国家权力。皇后太子都被毒死和杀害；天下百姓受到剥削，天下动乱，民间财力遭到破坏。陛下长久地蒙受流亡之苦，忧愁困苦，被软禁在空旷的城里。人民和神灵都没有了主人，帝王的命令被阻挡和断绝，曹操抑制着皇帝的权力，要盗窃国家政权。左将军领司隶校尉豫、荆、益三州牧宜城亭侯刘备，接受了朝廷的官秩和爵位，想为国家尽力，献身于国难。他看到变化的征兆，在关键时刻猛然奋起，和车骑将军董承一同谋划诛杀曹操，准备安定国家，使京城恢复旧日的安宁。但董承对机要保密不够，使曹操这个游魂得以继续作恶，残害海内志士。臣子们经常害怕王室大则遭到阎乐杀秦二世那样的灾祸，小则遭到王莽把皇帝废为定安公那样的政变，昼夜惴惴不安，浑身战栗，噤声屏息。

“过去《虞书》记载，天子的九族亲属要依照远近次序给予厚待。周朝鉴于夏、商两代的教训，给天子的同姓封地建国。《诗经》记载了它们的意义，传诵了很多年。汉朝建立的初年，分割疆土，尊崇君王的子弟，因此最终挫败了吕氏的叛乱，而成就了刘氏的基业。臣子们认为刘备是帝王的后裔、刘氏同宗子弟，是国家的屏障。他一心为国担忧，想要平定暴乱。自从曹操在汉中被打败后，国内各地的英雄纷纷投奔刘备，归附于他。但是他的爵位不够显赫，朝廷还没有封赐给他九锡，这不是用来镇守住国家社稷、光照万代的做法。臣等奉命在外，朝廷的礼仪和命令都被隔绝了。过去河西太守梁统等人遇上汉朝中兴，被山河险阻隔断，众将们地位相同，权力均等，不能相互统率，就一致推举窦融做元帅，终于能建立功绩，打垮了隗嚣。现在国家遭到的危难，比光武帝时陇西、蜀郡被割据的形势更严重。曹操在外吞并天下，在朝内残害百官。朝廷有祸起萧墙的危险，但抵御危难的宗室还没有被封王，实在是令人寒心。臣子们就依照先前的典章，推举刘备为汉中王，拜他为大司马，统帅六军，纠集同盟者，扫除凶恶的叛逆。把汉中、巴、蜀、广汉、犍为等郡作为汉中王的封国，所设置的官署和官员都依照汉代初年诸侯王的旧典章。这是权宜之计，如果对国家有利，臣子们擅自专权也是可以的。等到以后成就功业，大事完成，臣子们退伏在地承受假借圣意的罪责，即使被处死也不会悔恨。”于是就在沔阳设下祭坛，军队和民众排列在侧，大臣们陪同站立，读完奏章，给刘备戴上王冠。

[原文]

先主上言汉帝曰：“臣以具臣之才，荷上将之任[1]，董督三军，奉辞于外，不得扫除寇难，靖匡王室[2]，久使陛下圣教陵迟[3]，六合之内，否而未泰[4]，惟忧反侧[5]，疢如疾首。曩者董卓造为乱阶，自是之后，群凶纵横，残剥海内。赖陛下圣德威灵，人神同应，或忠义奋讨，或上天降罚，暴逆并殪，以渐冰

消。惟独曹操，久未枭除，侵擅国权，恣心极乱，臣昔与车骑将军董承图谋讨操，机事不密，承见陷害，臣播越失据，忠义不果。遂得使操穷凶极逆，主后戮杀，皇子鸩害。虽纠合同盟，念在奋力，懦弱不武，历年未效。常恐殒没，孤负国恩，寤寐（wù mèi）永叹，夕惕若厉。

“今臣群寮（liáo）以为在昔《虞书》敦叙九族，庶明励翼，五帝损益，此道不废。周监二代，并建诸姬，实赖晋、郑夹辅之福。高祖龙兴，尊王子弟，大启九国，卒斩诸吕，以安大宗。今操恶直丑正，实繁有徒，包藏祸心，篡盗已显。既宗室微弱，帝族无位，斟酌古式，依假权宜，上臣大司马汉中王。臣伏自三省，受国厚恩，荷任一方，陈力未效，所获已过，不宜复忝高位以重罪谤。群寮见逼，迫臣以义。臣退惟寇贼不枭，国难未已，宗庙倾危，社稷将坠，成臣忧责碎首之负。若应权通变，以宁靖圣朝，虽赴水火，所不得辞，敢虑常宜，以防后悔。辄顺众议，拜受印玺，以崇国威。仰惟爵号，位高宠厚，俯思报效，忧深责重，惊怖累息，如临于谷。尽力输诚，奖厉六师，率齐群义，应天顺时，扑讨凶逆，以宁社稷，以报万分。谨拜章因驿上还所假左将军、宜城亭侯印绶。”于是还治成都。拔魏延为都督，镇汉中。时关羽攻曹公将曹仁，禽于禁于樊。俄而孙权袭杀羽，取荆州。

[注释]

①荷：担任。上将：高级武官，也就是大将、主帅。②靖匡王室：安定辅佐王室。③陵迟：引申为衰颓。④否而未泰：世道衰退却不兴盛。⑤惟忧反侧：辗转不安，翻来覆去。

[译文]

刘备向汉献帝上书说：“我以勉强充当臣佐的微末才能，蒙受了上将的重任，统率三军，奉命在外，没有能够扫除贼寇的祸乱，扶正安定王室，使陛下的圣明教化长期衰微下去，全国各地动荡混乱，没有得到太平。对此我心中忧虑，辗转反侧，像患头痛病一样难受。过去董卓首先制造了动乱，从那以后，凶恶的贼人四处横行，残害和掠夺全国百姓。依仗陛下神圣的德行和威望，人和神灵共同响应，有时忠臣义士奋起讨伐，有时上天降下惩罚，消灭叛逆的暴徒，使他们如同严冰一样逐渐消融。只有曹操长久以来没有被消除，他侵夺国家权力，随心所欲地制造混乱。我过去和车骑将军董承谋划讨伐曹操，事情保密不够，董承被杀害。我到处流亡，没有根据地，忠义之心没有实现。如此便使得曹操穷凶极恶，大逆不道，皇后被杀死，皇子被毒害。我虽然大举缔结同盟，想要奋力作战，但生性懦弱没有武功，多年没收到效果。我经常害怕中途死去，辜负了国家的恩典，无时无刻不在叹息，昼夜警惕恐惧，像处在危险之中。

“现在我的属官们认为过去《虞书》讲天子的九族亲属要依照远近次序给予厚待，用贤明的群臣作为国家的羽翼。五帝对制度有所增减，但这个做法没有废除过。周朝看到夏、商两代的教训，同时设立了很多姬姓王国，后来也确实依赖晋、郑两国的辅助得到了福祉。汉高祖建立汉朝后，尊崇自己的子弟们，设立了九个王国，终于杀死了吕氏，安定了嫡亲的大宗子孙。现在曹操憎恶排斥正直的官员，在朝中大量安插他的党徒，包藏祸心，其篡夺国家政权的用心已经很明显了。宗室已经衰弱，皇帝的亲族没有地位，众人根据古代的范例斟酌，依照先例临时借用权力，推举我为大司马、汉中王。我多次反省，已经受到国家的大恩，受任管理一方，为国尽力还没有得到成效，所获得的恩惠已经过了头，不应该再占据不应有的高位，加重自己的罪责，招致诽谤。但群臣们用道义迫使我接受。我退而想到贼寇不消灭，国家的危难就没有终结，宗庙摇摇欲坠，社稷将被推翻，这些成为我担忧自己职责未尽、要粉身碎骨救国家的责任。如果能顺应临时需要采取变通方法，使圣朝平定安宁，我就是赴汤蹈火也在所不辞，怎么敢只按常规考虑，以防以后追悔呢？我就依从众人的建议，拜受了印玺，以提高国家的威望。考虑到爵号地位崇高，国家对我的恩宠十分优厚，想到报效国家，忧思深切，责任重大，战战兢兢，像面临深谷一样。我尽力奉献忠诚，奖赏鼓励六军，率领忠臣义士，顺应天时，去打击凶恶的叛逆，来使国家安宁，以报答国家恩情的万分之一。谨行礼叩拜，送上奏章，并通过驿站送上授予我的左将军、宜城亭侯印信与绶带。”于是刘备把官署迁回成都，提拔魏延任都督，镇守汉中。当时关羽攻打曹操的将领曹仁，在樊城活捉了于禁。不久孙权袭击关羽，杀死了他，夺取了荆州。

[原文]

二十五年，魏文帝称尊号，改年曰黄初。或传闻汉帝见害，先主乃发丧制服[1]，追谥曰孝愍(mǐn)皇帝。是后在所并言众瑞[2]，日月相属。故议郎阳泉侯刘豹、青衣侯向举、偏将军张裔、黄权、大司马属殷纯、益州别驾从事赵莋(zuó)、治中从事杨洪、从事祭酒何宗、议曹从事杜琼、劝学从事张爽、尹默、谯周等上言：“臣闻《河图》《洛书》，五经谶、纬，孔子所甄(zhēn)，验应自远。谨案

废献帝曹丕篡汉

《洛书甄曜度》曰：‘赤三日德昌，九世会③备，合为帝际。’《洛书宝号命》曰：‘天度帝道备称皇，以统握契，百成不败。’《洛书录运期》曰：‘九侯七杰争命民炊骸④，道路籍籍履⑤人头，谁使主者玄且来。’《孝经钩命决录》曰：‘帝三建九会备。’臣父群未亡时，言西南数有黄气，直立数丈，见来积年，时时有景云祥风，从璿玑下来应之，此为异瑞。又二十二年中，数有气如旗，从西竟东，中天而行，《图》《书》曰：‘必有天子出其方。’加是年太白、荧惑、填星，常从岁星相追。近汉初兴，五星从岁星谋；岁星主义，汉位在西，义之上方，故汉法常以岁星候人主。当有圣主起于此州，以致中兴。时许帝尚存，故群下不敢漏言。顷者荧惑复追岁星，见在胃昴毕；昴毕为天纲，《经》曰：‘帝星处之，众邪消亡。’圣讳豫睹，推揆期验，符合数至，若此非一。臣闻圣王先天而天不违，后天而奉天时，故应际而生，与神合契。愿大王应天顺民，速即洪业，以宁海内。”

[注释]

①发丧：发布布告。制服：丧服。②瑞：吉祥。古代的迷信说法，某人将登皇位，就有吉祥的征兆出现。③会：当，遇到。④炊骸：用人骨头烧火做饭，指百姓伤痕累累。⑤籍履：践踏。

[译文]

建安二十五年（220），魏文帝曹丕自称皇帝，改年号为黄初。有传闻说汉献帝被害，刘备就为汉献帝发丧，穿上丧服，追封谥号，称汉献帝为孝愍皇帝。这以后各地都说出现种种瑞兆，每日每月接连不断。因此前任议郎阳泉侯刘豹、青衣侯向举、偏将军张裔、黄权、大司马属殷纯、益州别驾从事赵莋、治中从事杨洪、从事祭酒何宗、议曹从事杜琼、劝学从事张爽、尹默、谯周等人上奏说："臣子们听说《河图》《洛书》、五经谶纬这些书，经过孔子的甄选，在很早就很灵验。谨根据《洛书甄曜度》记载：'崇尚红色的第三个人主德行昌盛，经历九代出现备这个人，应当是成为皇帝的时机。'《洛书宝号命》说：'天的规律和皇帝的大道都认定备这个人该称皇，以正统皇族的身份掌握皇权，事事成功不会失败。'《洛书录运期》说：'九个诸侯七个豪杰争夺天下，人民烧骨殖做饭，道路上行人都得踏着死人头走，谁能主宰天下呢？名字是玄的人就要来了。'《孝经钩命决录》说：'皇帝三次建国，第九代遇上备这个人。'臣的父亲群没有去世时，就说西南多次出现黄气，径直升起几丈高，几年间，经常有彩云和祥和的风从天空上的璇玑方位下来与黄气应和，这是非凡的瑞兆。又在建安二十二年（217）中，几次有一股气像旗子一样从西向东，在天空中行走。《河图》《洛书》上说：'一定有天子从那个方向出现。'加上这一年太白、荧惑、填星等经常追赶岁星。汉朝刚兴起时，五颗星星聚集在岁星周围。岁星表示五常中的'义'，汉的位置在西方，是'义'的上方，所以汉代常常用岁星来占卜皇帝的出现。应该有圣主在这个州里兴起，并使汉朝中兴。当时许都的献帝还活着，所以群臣不敢把这情况泄漏出来。不久前荧惑又来追赶岁星，出现在胃、昴、毕三个区域中；昴、毕这个方位是天的中央枢纽，《经》记载：'帝星处在这里，各种邪恶消亡。'您的名字已经被预示出来，推算出的时机有了验证，符兆和气数相合，像这样的瑞兆不止一件。臣听说圣明的君王在天象出现之前行事，天也不会违背他；在天象出现后行事，就依照天时；所以他能顺应时机出现，与神灵相符合。希望大王顺应天意和民心，迅速完成伟大的事业，来使国内安宁。"

[原文]

太傅许靖、安汉将军麋(mí)竺、军师将军诸葛亮、太常赖恭、光禄勋黄柱、少府王谋等上言："曹丕篡弑[1]，湮(yān)灭[2]汉室，窃据神器，劫迫忠良，酷烈无道。人鬼忿毒[3]，咸思刘氏。今上无天子，海内[4]惶惶，靡所式仰[5]。群下前后上书者八百余人，咸称述符瑞，图、谶(chèn)明征。间黄龙见武阳赤水，九日乃去。《孝经援神契》曰'德至渊泉则黄龙见'，龙者，君之象也。《易》乾九五'飞龙在天'，大王当龙升，登帝位也。又前关羽围樊、襄阳，襄阳男子张嘉、王休献玉玺，玺潜汉水，伏于渊泉，晖景烛耀，灵光彻天。夫汉者，高祖本所起定天下之国号也，大王袭先帝轨迹，亦兴于汉中也。今天子玉玺神光先见，玺出襄阳，汉水之末，明大王承其下流，授与大王以天子之位；瑞命符应，

非人力所致。昔周有乌鱼之瑞，咸曰休哉。二祖受命，《图》《书》先著，以为征验。今上天告祥，群儒英俊，并起《河》《洛》，孔子谶、记，咸悉具至。

“伏惟大王出自孝景皇帝中山靖王之胄，本支百世，乾祇降祚，圣姿硕茂，神武在躬，仁覆积德，爱人好士，是以四方归心焉。考省《灵图》，启发谶、纬，神明之表，名讳昭著。宜即帝位，以纂二祖，绍嗣昭穆，天下幸甚。臣等谨与博士许慈、议郎孟光，建立礼仪，择令辰，上尊号。”即皇帝位于成都武担之南。为文曰：“惟建安二十六年四月丙午，皇帝备敢用玄牡，昭告皇天上帝后土神祇：汉有天下，历数无疆。曩(nǎng)者王莽篡盗，光武皇帝震怒致诛，社稷复存。今曹操阻兵安忍，戮杀主后，滔天泯夏，罔顾天显。操子丕，载其凶逆，窃居神器。群臣将士以为社稷堕废，备宜修之，嗣武二祖，龚行天罚。备惟否德，惧忝(tiǎn)帝位。询于庶民，外及蛮夷君长，佥曰‘天命不可以不答，祖业不可以久替，四海不可以无主’。率土式望，在备一人。备畏天明命，又惧汉邦将湮于地，谨择元日，与百寮(liáo)登坛，受皇帝玺绶。修燔瘗(fán yì)，告类于天神，惟神飨(xiǎng)祚于汉家，永绥四海！”

[注释]

①篡：臣子夺取皇上的皇位。弑：下级杀上级，臣子杀皇上。②湮灭：埋灭。③毒：痛恨。④海内：中原地区，也指全国。⑤靡：没有。式：榜样。仰：仰仗。这里指内心无主。

[译文]

太傅许靖、安汉将军糜竺、军师将军诸葛亮、太常赖恭、光禄勋黄柱、少府王谋等人上奏说：“曹丕杀死皇帝篡夺皇位，灭掉了汉朝皇室，窃夺了天下大权，胁迫忠良，极端残酷，不讲道义。人民和鬼神都愤恨他的罪恶行径，都思念刘氏。现在上无天子，国内人心惶惶，没有敬仰效法的榜样。群臣前后有八百多人上书，全称颂各种符兆祥瑞，讲述图谶的明显征兆。近日武阳的赤水中出现黄龙，过了九天才离去。《孝经援神契》说：‘德行达到了深涧中的泉水里，就出现黄龙。’龙是君王的象征。《易经》乾卦九五‘飞龙在天’，大王应该像龙一样飞腾起来登上帝位。还有，前些时候关羽包围了樊城和襄阳，襄阳男子张嘉、王休献上玉玺。玉玺沉入汉水，落在深深的水底，发出火炬一样的光辉，神奇的光芒一直照射到天上。汉是高祖从汉中兴起并平定了天下的国号。大王沿袭先帝的足迹，也在汉中兴起。现在天子玉玺的神光先显现出来，玉玺出在襄阳，是汉水的下游，表明大王要承继汉朝的大业，这是授给大王天子的位置；瑞兆显示的天命与符契相合，不是人力所能达到的。过去周朝有赤乌、白鱼的祥瑞，大家都说多么美好啊！汉高祖和汉世祖（光武帝）接受天命，《河图》《洛书》上都预先有记载，作为征兆应验的先例。现在上天显示出祥瑞，杰出的人才和儒生们共同指出《河图》《洛书》和孔子的谶、记等著作中都有记载，十分全面详尽。

“臣子们想到大王是孝景皇帝中山靖王的后裔，主干和支系传了上百代，天神降下福气；大王的姿容魁梧雄壮，身具神一样的威武气势，仁爱施予百姓，积蓄德行，喜爱人才，好交结士人，因此天下百姓诚心归附您。考察审视《灵图》，打开谶纬书籍查寻，神明显示出的名字明显昭著。大王应该立即登上帝位，以继承高祖、世祖的帝业，接续宗庙祭祀的次序，这是天下百姓的幸事。臣等人谨与博士许慈、议郎孟光，建立礼仪制度，选择吉祥的时辰，向大王奉上尊号。”刘备在成都武担山的南面即皇帝位。撰写文告说：“在建安二十六年（221）四月丙午这一天，皇帝刘备斗胆用黑色公牛祭祀，向皇天上帝后土等神祇明确宣告：汉朝统治天下经历了无数年。过去王莽篡夺大权，光武皇帝震怒，诛灭王莽，社稷得以重新存在下去。现在曹操依仗武力，何等残忍，杀害了君主皇后，毁灭中原，罪恶滔天，不顾天神显示的警告。曹操的儿子曹丕，继承了曹操的凶恶叛逆心理，窃取了国家大权，群臣和将士们都认为国家社稷被毁坏成废墟，刘备应该去修复它，继承高祖、世祖的功业，施行上天对贼人的惩罚。刘备德行不足，害怕自己辱没帝位。向平民百姓，以及外族蛮夷部的首领询问，大家都说：‘天命不可以不应允，祖先的事业不可以长久荒废，四海之内不可以没有君主。’全国的人民都把希望寄托在刘备一个人身上。刘备畏惧上天明确显示的命令，又担心汉朝的政权将坠毁在地，谨选择吉日，和百官们登上祭坛，接受皇帝的玺印绶带。置备了燔祭和瘗祭的祭品，向天神祭告，希望神灵享用，赐福于汉朝皇室，使四海之内永远和平安定。”

[原文]

章武元年夏四月，大赦[1]，改年[2]。以诸葛亮为丞相，许靖为司徒。置[3]百官，立[4]宗庙，祫(xiá)祭[5]高皇帝以下。五月，立皇后吴氏，子禅为皇太子。六月，以子永为鲁王，理为梁王。车骑将军张飞为其左右所害。初，先生忿孙权之袭关羽，将东征，秋七月，遂帅诸军伐吴。孙权遣书请和，先主盛怒不许，吴将陆议、李异、刘阿等屯巫、秭(zǐ)归；将军吴班、冯习自巫攻破异等，军次秭归，武陵五谿蛮夷遣使请兵。

二年春正月，先主军还秭归，将军吴班、陈式水军屯夷陵，夹江东西岸。二月，先主自秭归率诸将进军，缘山截岭，于夷道猇（xiāo）亭，驻营，自佷山，通武陵，遣侍中马良安慰五谿蛮夷，咸相率响应。镇北将军黄权督江北诸军，与吴军相拒于夷陵道。夏六月，黄气见自秭归十余里中，广数十丈。后十余日，陆议大破先主军于猇亭，将军冯习、张南等皆没。先主自猇亭还秭归，收合离散兵，遂弃船舫，由步道还鱼复，改鱼复县曰永安。吴遣将军李异、刘阿等踵蹑（zhǒng niè）先主军，屯驻南山。秋八月，收兵还巫。司徒许靖卒。冬十月，诏丞相亮营南北郊于成都。孙权闻先主住白帝，甚惧，遣使请和。先主许之，遣太中大夫宗玮（wěi）报命。冬十二月，汉嘉太守黄元闻先主疾不豫，举兵拒守。

刘备正位

[注释]

①大赦：对已经判刑的罪犯施行减刑或者免刑。②改年：改年号，改元。③置：设置。④立：设立。⑤祫祭：宗庙中的一种祭祀的礼节，集合远近祖先神主于太庙进行的大合祭。

[译文]

夏季四月，大赦天下，改年号为章武元年（221）。刘备任命诸葛亮做丞相，许靖做司徒。设置百官，建立了宗庙，一起祭祀了高祖皇帝以下的各位皇帝。五月，册封了皇后吴氏，立儿子刘禅为皇太子。六月，封儿子刘永为鲁王，刘理为梁王。车骑将军张飞被他的手下所害。当初，刘备愤恨孙权袭击关羽，准备东征，秋季七月，就率领各路军队征伐吴国。孙权派使者送信来请求讲和，刘备盛怒之下没有答应。吴国的将领陆议、李异、刘阿等人驻扎在巫县和秭归；刘备的将军吴班、冯习从巫县打垮了李异等人，军队驻扎在秭归，武陵郡五谿地区的蛮夷部落派使者来请求刘备允许他们出兵帮忙。

章武二年（222）春季正月，刘备的军队回到秭归，将军吴班、陈式的水军驻扎在夷陵，在长江的东西两岸扎营。二月，刘备从秭归率领众将进军，沿着山路，开凿山岭，在夷道的猇亭扎下营垒，从佷山修筑了通到武陵的道路，派侍中马良去安慰五谿蛮夷，他们全都纷纷来响应刘备。镇北将军黄权统领江北的各支军队，与吴军在夷陵道上相对峙。夏季六月，秭归一带十几里地里出现了一股黄气，有几十丈宽。十几天以后，陆议在猇亭大败刘备军队，将军冯习、张南等人全战死了。刘备从猇亭回到秭归，收集离散的军队，于是放弃了战船，从陆路步行回到鱼复，把鱼复县改名叫永安。吴国派遣将军李异、刘阿等人追踪在刘备军队的后面，驻扎在南山上。秋季八月，他们才收兵回巫县。司徒许靖去世。冬季十月，下诏书让丞相诸葛亮在成都修建南北郊的祭坛。孙权听说刘备驻在白帝城，非常害怕，派使节来请求讲和。刘备答应了，派遣太中大夫宗玮去复命。冬季十二月，汉嘉太守黄元听说刘备患病不能治愈，起兵反叛。

[原文]

三年春二月，丞相亮自成都到永安。三月，黄元进兵攻临邛(qióng)县。遣将军陈曶(hù)讨元，元军败，顺流下江，为其亲兵所缚，生致成都，斩之。先主病笃，托孤[1]于丞相亮，尚书令李严为副。夏四月癸巳，先主殂[2]于永安宫，时年六十三。

亮上言于后主曰：“伏惟大行[3]皇帝迈仁树德，覆焘无疆，昊天不吊[4]，寝疾弥留[5]，今月二十四日奄忽升遐，臣妾号啕(táo)，若丧考妣(bǐ)。乃顾遗诏，事惟大宗，动容损益；百寮(liáo)发哀，满三日除服，到葬期复如礼；其郡国太守、相、都尉、县令长，三日便除服。臣亮亲受敕戒，震畏神灵，不敢有违。臣请宣下奉行。”

驾崩白帝

五月，梓宫自永安还成都，谥曰昭烈皇帝。秋，八月，葬惠陵。

评曰：先主之弘毅宽厚，知人待士，盖有高祖之风，英雄之器焉。及其举国托孤于诸葛亮，

而心神无贰，诚君臣之至公，古今之盛轨也。机权干略，不逮魏武，是以基宇亦狭。然折而不挠，终不为下者，抑揆(kuí)彼之量必不容己，非唯竞利，且以避害云尔。

[注释]

①托孤：把儿子托付给别人。②殂：去世。③大行：一去不复返，臣子忌讳皇上死亡，用大行作比喻。汉以后称皇帝死为大行。④昊天：苍天。不吊：不善良。⑤弥留：本来说人久病不愈，后来用来称重病要死了。

[译文]

章武三年（223）春季二月，丞相诸葛亮从成都来到永安。三月，黄元的军队进攻临邛县。诸葛亮派遣将军陈曶去讨伐黄元，黄元的军队被打败。黄元顺流而下，进入长江，被他的亲兵绑起来送到成都，砍了头。刘备病重，把儿子托付给丞相诸葛亮，尚书令李严做诸葛亮的副手。夏季四月癸巳，刘备在永安宫去世，当时六十三岁。

诸葛亮上奏章对继任皇帝刘禅说：“故去的皇帝广布仁义，树立德政，施恩天下，苍天不行善，使皇帝卧病不起，在这个月的二十四日忽然升天，群臣嫔妃等号啕痛哭，像丧失了父母一样。看到遗诏写明，丧事遵奉大宗嗣子的安排，举止和哀容都要适度。百官发丧哀悼，满三天后就除去丧服，到了下葬的时候再依照礼仪行事；郡国的太守、相、都尉和县令长，三天后就除去丧服。臣诸葛亮亲自接受告诫和敕令，被先帝的神灵震慑，不敢违背他的诏令。臣请求向下面宣布，依照执行。”

五月，刘备的棺柩从永安运回成都，定谥号为昭烈皇帝。秋季八月，刘备被葬在惠陵。

评论说：刘备胸怀广阔，刚毅宽厚，识别人才，礼遇士人，具有高祖的风度、英雄的气质。至于他把全国和辅佐太子的大事都托付给诸葛亮，而心中毫无怀疑，确实是君臣都有最大的公心，是古往今来最高尚的楷模。刘备在智谋、权变、才干与方略等方面都赶不上曹操，因此拥有的国土也狭小。然而他百折不挠，始终不肯屈居曹操之下的原因，可能只是揣测曹操的度量一定容不下自己，并非只是与曹操争利，而且也是用以避免危害罢了。

后主传

[原文]

后主[①]讳禅，字公嗣，先主子也。建安二十四年，先主为汉中王，立为王太子。及即尊号，册[②]曰：“惟章武元年五月辛

刘禅降生

巳，皇帝若曰：太子禅，朕遭汉运③艰难，贼臣篡盗④，社稷无主，格人群正，以天明命，朕继大统。今以禅为皇太子，以承宗庙，祇(zhī)肃社稷。使使持节丞相亮授印绶，敬听师傅⑤，行一物而三善皆得焉，可不勉与！”三年夏四月，先主殂(cú)⑥于永安宫。五月，后主袭位于成都，时年十七。尊皇后曰皇太后。大赦⑦，改元。是岁魏黄初四年也。

[注释]

①后主：一个王朝或者一个国家的末代君主。②册：古代用于封赏爵位的诏书。③运：命运，气数。④篡盗：窃取帝位。⑤师傅：太师、太傅，也就是指辅导太子的官员。⑥殂：死亡，专指帝王的死亡。⑦大赦：对已经判刑的罪犯免刑或者减轻刑罚。

[译文]

后主名禅，字公嗣，先主刘备的儿子。建安二十四年（219），先主做了汉中王，立他为王太子。刘备称帝后，颁布册封的诏书说：“章武元年（221）五月辛巳，皇帝这样说：太子刘禅，我遇上了汉朝国运艰难的时期，反贼乱臣篡夺王权，国家没有了主人，知天命的世人以及正直的民众，认为上天显示了命数，我继承汉朝的皇位。现在立刘禅为皇太子，以继承王室宗庙，恭敬肃穆地掌管国家社稷。派遣丞相诸葛亮授予皇太子印章和绶带，太子要恭敬地听从太师的教诲，做一件事就能从中得到很多益处，怎么可以不勤奋勉励呢！”章武三年（223）四月，先主刘备在永安宫去世。同年五月，刘禅在成都继承皇位，当时他十七岁，遵奉先主刘备的皇后为皇太后。大赦天下，更改年号，这一年是魏国的黄初四年（223）。

[原文]

建兴元年夏，牂牁太守朱褒拥郡反。先是，益州郡有大姓雍闿(kǎi)反①，流太守张裔(yì)于吴，据郡不宾②，越嶲(xī)夷王高定亦背叛。

是岁，立皇后张氏。遣尚书郎邓芝固好于吴，吴王孙权与蜀和亲使聘③，是岁通好。

二年春，务农殖谷，闭关息民。

三年春三月，丞相亮南征四郡，四郡皆平。改益州郡为建宁郡，分建宁、永昌郡为云南郡，又分建宁、牂（zāng）牁（kē）为兴古郡。十二月，亮还成都。

四年春，都护④李严自永安还住江州，筑大城。

五年春，丞相亮出屯⑤汉中，营沔（miǎn）北阳平石马。

六年春，亮出攻祁山，不克。冬，复出散关，围陈仓，粮尽退。魏将王双率军追亮，亮与战，破之，斩双，还汉中。

[注释]

①反：造反，反叛。②宾：顺从，归顺。③使聘：派遣使者访问。④都护：官名。即都护将军，统率将领的官。⑤屯：驻扎。

[译文]

建兴元年（223）夏天，牂牁太守朱褒发动叛乱。在此之前，益州郡有豪门大族雍闿造反，将益州太守张裔赶到吴国，占据整个郡不再顺从朝廷，越嶲夷族的首领高定也背叛了朝廷。这一年，立张氏为皇后。派遣尚书郎邓芝出使吴国以巩固两国之间的友好关系，吴国孙权与蜀和好通婚，这一年两国互通友好往来。

建兴二年（224）春天，开荒播种，关闭边境关口不兴兵役，使百姓休养生息。

建兴三年（225）春三月，丞相诸葛亮向南征讨四郡，四郡的叛乱都被平定。把益州郡改称为建宁郡，从建宁、永昌各划出一部分建立云南郡，又从建宁、牂牁郡各划出一部分建立兴古郡。十二月，诸葛亮回到成都。

建兴四年（226）春，都护李严从永安返回，住在江州，修建一个大的城池。

追汉军王双受诛

建兴五年（227）春，丞相诸葛亮发兵

汉中地区，在沔水北边的阳平、石马地区修建营寨。

建兴六年（228）春，诸葛亮进军祁山，没有攻破。到了冬天，再次从散关出发，把陈仓包围了起来，因为粮草用光了，所以不得不撤军。魏将王双率军袭击诸葛亮，诸葛亮与王双交战，大败王双，并且将其杀掉，撤军回到汉中。

[原文]

七年春，亮遣陈式攻武都、阴平，遂克定二郡。冬，亮徙府营于南山下原上，筑汉、乐二城。是岁，孙权称帝，与蜀约盟，共交分天下。

八年秋，魏使司马懿(yì)由西城①，张郃由子午，曹真由斜谷，欲攻汉中。丞相亮待之于城固、赤阪(bǎn)，大雨道绝，真等皆还。是岁，魏延破魏雍州刺史郭淮于阳谿(xī)②。徙鲁王永为甘陵王。梁王理为安平王，皆以鲁、梁在吴分界故也。

九年春二月，亮复出军围祁山，始以木牛运。魏司马懿、张郃救祁山。夏六月，亮粮尽退军，郃追至青封，与亮交战，被箭死。

秋八月，都护李平废徙梓潼(zǐ tóng)郡。

十年，亮休士劝农于黄沙，作流马木牛毕③，教兵讲武。

[注释]

①司马懿：人名。魏明帝时担任大将军的职务，多次率军与诸葛亮对抗。②刺史：官名。掌握一个州的军政大权。③流马：改良的木牛，即人力四轮车。

张郃中箭

[译文]

建兴七年（229）春天，诸葛亮派遣陈式攻打武都、阴平，最后攻克平定了这两个郡。这年冬天，诸葛亮把大本营迁到了南山下的平原上，修建了汉、乐两座城。这一年，孙权称帝，与蜀国相约盟誓，共同平分天下。

建兴八年（230）秋天，魏国派司马懿从西城，张郃从子午道，曹真从斜谷，发兵向汉中进攻。诸葛亮在城固、赤阪准备迎战他们，因为天降大雨，栈道被阻断，曹真等人都退兵了。这一年，魏延在阳豁战胜了魏国雍州刺史郭淮的队伍。把鲁王刘永改封为甘陵王，把梁王刘理改封为安平王，这样做是因为鲁、梁二地都与吴国接壤。

建兴九年（231）春二月，诸葛亮再次发兵进攻祁山，开始用木牛运送军粮。魏国的司马懿和张郃率军援求祁山。夏天六月，诸葛亮因为粮食吃光了而撤军回来，张郃追击到了青封，与诸葛亮交战，张郃被箭射中，死去。

秋八月，都护李平被废为平民，流放到梓潼郡。

建兴十年（232），诸葛亮在黄沙城休整士卒、奖励农耕，制造木牛流马，训练士兵，讲习武艺。

[原文]

十一年冬，亮使诸军运米，集于斜谷口，治斜谷邸(dǐ)阁①。是岁，南夷刘胄(zhòu)反，将军马忠破平之。

十二年春二月，亮由斜谷出，始以流马运。秋八月，亮卒于渭滨。征西大将军②魏延与丞相长史杨仪争权不和，举兵相攻，延败走；斩延首，仪率诸军还成都。大赦。以左将军吴壹为车骑将军，假节③督汉中。以丞相留府长史蒋琬为尚书令，总统④国事。

十三年春正月，中军师⑤杨仪废徙汉嘉郡。夏四月，进蒋琬位为大将军。

十四年夏四月，后主至湔(jiān)，登观阪(bǎn)，看汶水之流，旬日还成都。徙武都氐王苻健及氐民四百余户于广都。

十五年夏六月，皇后张氏薨。

魏延

[注释]

①邸阁：储存军粮和其他军用物资的地方。②征西大将军：官名。在汉代，征东、征西、征南、征北将军与杂号将军的职权相同，资深的在前加“大”字。③假节：授予符节。符节是受君王委托的证物。

武侯遗计斩魏延

④总统：总领统管。⑤中军师：官名。参与军事的谋划，但是没有兵权。

[译文]

建兴十一年（233）冬天，诸葛亮派遣各路军队运送粮食，在斜谷口集合，修建了斜谷口储粮所。这一年，南方少数民族首领刘胄发动叛乱，将军马忠带兵击败、平定了这次叛乱。

建兴十二年（234）春二月，诸葛亮从斜谷出发，开始用流马运送军粮。秋天八月，诸葛亮病死在渭水边上。征西大将军魏延与丞相长史杨仪为了争夺权力而不和睦，带兵互相攻击，魏延战败逃走；杨仪杀掉魏延，带领各路军队回到了成都。这一年，蜀国大赦天下。任命左将军吴壹为车骑将军，授予符节以统帅汉中军队。任命丞相留府长史蒋琬为尚书令，掌管国家政事。

建兴十三年（235）春正月，中军师杨仪被废为平民，流放到汉嘉郡。夏天四月，提拔蒋琬为大将军。

建兴十四年（236）夏四月，后主刘禅到达湔县，登上观阪，观赏汶水的水流。十天后返回成都。把武都氐族首领苻健以及民众四百余户迁到广都。

建兴十五年（237）夏六月，皇后张氏去世。

[原文]

延熙元年春正月，立皇后张氏①。大赦，改元。立子璿为太子，子瑶为安定王。冬十一月，大将军蒋琬出屯汉中。

二年春三月，进蒋琬位为大司马②。

三年春，使越巂(xī)太守张嶷(yí)平定越巂郡。

四年冬十月，尚书令费祎(yī)至汉中，与蒋琬谘(zī)③论事计，岁尽还。

五年春正月，监军姜维督偏军④，自汉中还屯涪(fú)县。

六年冬十月，大司马蒋琬自汉中还，住涪(fú)。十一月，大赦。以尚书令费祎为大将军。

[注释]

①张氏：张飞的女儿，前皇后的妹妹。②大司马：官名。即太尉，掌管全国的军事。③谘：商量，询问。④偏军：指全军的一部分，与主力区别开来。

[译文]

延熙元年(238)春正月，立前皇后张氏的妹妹为皇后。全国大赦，改用新的年号。立刘璿为皇太子，刘瑶为安定王。这年冬天十一月，大将军蒋琬发兵驻扎在汉中。

延熙二年(239)春三月，蒋琬被提升为大司马。

延熙三年(240)春天，派遣越嶲郡太守张嶷前去平定越嶲郡。

延熙四年(241)冬十月，尚书令费祎抵达汉中，与大将军蒋琬商讨军国大事，年底回到成都。

延熙五年(242)春正月，监军姜维率领部分队伍，从汉中回来驻扎在涪县。

延熙六年(243)冬十月，大司马蒋琬从汉中返回来，驻扎在涪县。十一月，大赦天下，任命尚书令费祎为大将军。

[原文]

七年闰月，魏大将军曹爽、夏侯玄等向汉中，镇北大将军王平拒兴势围，大将军费祎督诸军往赴救，魏军退。夏四月，安平王理卒。秋九月，祎还成都。

八年秋八月，皇太后[1]薨。十二月，大将军费祎至汉中，行[2]围守。

九年夏六月，费祎还成都。秋，大赦。冬十一月，大司马蒋琬卒。

十年，凉州胡王白虎文、治无戴等率众降，卫将军姜维迎逆[3]安抚，居之于繁县。是岁，汶山平康夷反，维往讨，破平之。

十一年夏五月，大将军费祎出屯汉中。秋，涪陵属国民夷反，车骑将军邓芝往讨，皆破平之。

邓芝

[注释]

①皇太后：指先主的穆皇后。②行：巡查，巡视。③逆：迎接。

[译文]

延熙七年（244）闰月，魏国大将军曹爽、夏侯玄等率军进攻汉中，镇北大将军王平在兴势山建造壁垒进行抵抗，大将军费祎率领各路军马前往营救，魏军败退。这一年夏四月，安平王刘理去世。秋九月，费祎返回成都。

延熙八年（245）秋八月，先主的穆皇后去世。十二月，大将军费祎抵达汉中，巡查各个营垒的守备情况。

延熙九年（246）夏六月，费祎回到成都。这年秋天，全国大赦。冬十一月，大司马蒋琬去世。

延熙十年（247），凉州的羌胡首领白虎文、治无戴等率领部众归降蜀国，卫将军姜维迎接并安抚了他们，把他们安顿在繁县。这一年，汶山郡平康县少数民族发动叛乱，姜维率兵前去讨伐，平定了这次叛乱。

延熙十一年（248）夏五月，大将军费祎率兵驻扎在汉中。这年秋天，涪陵郡少数民族聚居地区发动了叛乱，车骑将军邓芝率军前往征讨，平定了这次叛乱。

[原文]

司马懿谋杀曹爽

十二年春正月，魏诛大将军曹爽等，右将军夏侯霸来降。夏四月，大赦。秋，卫将军姜维出攻雍州，不克而还。将军句安、李韶降魏。

十三年，姜维复出西平，不克[1]而还。

十四年夏，大将军费祎还成都。冬，复北驻汉寿。大赦。

十五年，吴王孙权薨。立子琮为西河王。

十六年春正月，大将军费祎为魏降人郭脩所杀于汉寿[2]。夏四月，卫将军姜维复率众围南安，

不克而还。

[注释]

①克：攻克，打败。②郭循：人名。原来是魏国的中郎将，后来被姜维俘虏，任蜀国的左将军。

[译文]

延熙十二年（249）春正月，魏国杀掉了大将军曹爽等人，魏国的右将军夏侯霸前来投降。夏四月，全国大赦。这年秋天，卫将军姜维率军进攻雍州，没有取得胜利就返回来了，将军句安、李韶投降魏国。

延熙十三年（250），卫将军姜维再次率军攻打魏国的西平，没有取得胜利就返回了。

延熙十四年（251）夏天，大将军费祎返回成都。这一年冬天，费祎再次率军驻扎在北边的汉寿。国内大赦。

延熙十五年（252），吴王孙权去世。后主立儿子刘琮为西河王。

延熙十六年（253）春正月，大将军费祎在汉寿被投降的魏国人郭循杀害。这一年夏四月，卫将军姜维再次率军攻打南安，没有取得胜利就返回来了。

[原文]

十七年春正月，姜维还成都。大赦。夏六月，维复率众出陇西①。冬，拔狄道、河关、临洮(táo)三县民，居于绵竹、繁县。

十八年春，姜维还成都。夏，复率诸军出狄道，与魏雍州刺史王经战于洮西，大破之。经退保狄道城，维却住钟题②。

十九年春，进姜维位为大将军，督戎马，与镇西将军③胡济期会上邽，济失誓④不至。秋八月，维为魏大将军邓艾所破于上邽(guī)。维退军还成都。是岁，立子瓒(zàn)为新平王。大赦。

邓士载智败姜伯约

二十年，闻魏大将军诸葛诞

据寿春以叛，姜维复率众出骆谷，至芒水。是岁大赦。

[注释]

①陇西：郡名，治所在狄道，也就是今天甘肃临洮。②钟题：地名。在今天甘肃临洮南洮河西面。③镇西将军：官名。官位仅次于四征将军。④失誓：失约。

[译文]

延熙十七年（254）春正月，姜维回到成都，蜀国全国实行大赦。夏六月，姜维再次率军进攻陇西。这年冬天，姜维攻陷了陇西郡的狄道、河关、临洮三个县，将三个县的民众全部迁到四川的绵竹、繁县。

延熙十八年（255）春天，姜维回到成都。这年夏天，姜维再次率领各路队伍进攻狄道，在洮水西岸战胜魏将雍州刺史王经。王经撤退守住狄道城，姜维退回驻扎在钟题。

延熙十九年（256）春，提升姜维为大将军，统率全国的军马，与镇西将军胡济相约在上邽会师，胡济没有按约定准时到达。这年秋八月，姜维在上邽被魏国的大将军邓艾打败。姜维退回到成都。这一年，后主立自己的儿子刘瓒为新平王。全国大赦。

延熙二十年（257），在得知魏国大将军诸葛诞据守寿春发动叛乱后，姜维再次率领大军从骆谷发兵，到达芒水。这一年全国大赦。

姜维

[原文]

景耀元年[1]，姜维还成都。史官言景星见，于是大赦，改年。宦人黄皓始专政。吴大将军孙綝废其主亮，立琅邪王休。

二年夏六月，立子谌为北地王，恂(xún)为新兴王，虔为上党王。

三年秋九月，追谥故将军关羽[2]、张飞、马超、庞统、黄忠。

四年春三月，追谥故将军赵云。冬十月，大赦。

五年春正月，西河王琮卒。是

岁，姜维复率众出侯和，为邓艾所破，还住沓中。

[注释]

①景耀：后主刘禅的第三个年号。②追谥：对死去的人追加某种称号。

[译文]

景耀元年（258），姜维返回成都。史官报告天上出现了景星，于是再次实行大赦，改换年号。宦官黄皓开始专权。吴国的大将军孙綝废黜了吴国国君孙亮，改立琅玡王孙休为国君。

景耀二年（259）夏六月，后主册立儿子刘谌为北地王，册立刘恂为新兴王，册立刘虔为上党王。

景耀三年（260）秋九月，追谥已经去世的将军关羽、张飞、马超、庞统和黄忠。

景耀四年（261）春三月，追谥已经去世的将军赵云。这年冬天十月，全国实行大赦。

景耀五年（262）春正月，西河王刘琮去世。这一年，姜维再次率军攻打侯和，被魏将邓艾打败，撤军返回驻扎在沓中。

[原文]

六年夏，魏大兴徒众，命征西将军邓艾、镇西将军钟会、雍州刺史诸葛绪数道并攻。于是遣左右车骑将军张翼、廖化、辅国大将军董厥等拒之。大赦。改元为炎兴。冬，邓艾破卫将军诸葛瞻于绵竹。用光禄大夫谯周策，降于艾，奉书[①]曰："限分江、汉，遇值深远，阶缘[②]蜀土，斗绝[③]一隅，干运[④]犯冒，渐苒历载，遂与京畿（jī）攸隔万里。每惟黄初中，文皇帝命虎牙将军鲜于辅，宣温密[⑤]之诏，申三好之恩，开示门户，大义炳（bǐng）然，而否德暗弱，窃贪遗绪[⑥]，俯仰累纪，未率大教。天威

诸葛瞻战死绵竹

既震，人鬼归能之数，怖骇王师，神武所次，敢不革面，顺以从命！辄敕群帅投戈释甲，官府帑藏一无所毁。百姓布野，余粮栖亩，以俟后来之惠，全元元⑦之命。伏惟⑧大魏布德施化，宰辅伊、周，含覆藏疾。谨遣私署⑨侍中张绍、光禄大夫谯周、驸马都尉邓良奉赍印绶，请命告诚，敬输忠款，存亡敕赐⑩，惟所裁之。舆榇(chèn)⑪在近，不复缕陈⑫。"是日，北地王谌伤国之亡，先杀妻子，次以自杀。绍、良与艾相遇于雒县。艾得书，大喜，即报书，遣绍、良先还。艾至城北，后主舆榇自缚，诣军垒门。艾解缚焚榇，延请相见。因承制⑬拜后主为骠骑将军。诸围守悉被后主敕，然后降下。艾使后主止其故官，身往造焉。资严未发，明年春正月，艾见收⑭。钟会自涪(fú)至成都作乱。会既死，蜀中军众钞略⑮，死丧狼藉⑯，数日乃安集⑰。

[注释]

①奉书：献上投降书。②阶缘：凭借。③斗绝：多写作"陡绝"。形容山势或者地势险峭。④干运：抵触运气。⑤温密：言辞诚恳。⑥遗绪：前任没有完成的功业。⑦元元：指黎民百姓。⑧伏惟：趴在地上思考。常用于下对上，表示谦虚和尊重。⑨私署：私家的府第。在这里借指蜀汉，表示谦虚恭敬。⑩敕赐：指皇帝的奖赏。⑪舆榇：把棺材装在车上，表示有罪当死。⑫缕陈：详细的陈述。⑬承制：秉承皇帝的命令。⑭收：逮捕。⑮钞略：抢夺，掠夺。⑯狼藉：散乱不整齐。形容死伤非常严重。⑰安集：安定的意思。

[译文]

景耀六年（263）夏，魏国调集大量的军队，同时命令征西将军邓艾、镇西将军钟会、雍州刺史诸葛绪分为几路同时进攻蜀国。这个时候，蜀派遣左右车骑将军张翼、廖化、辅国大将军董厥等进行抗击。全国大赦。改年号为炎兴。这年冬天，邓艾在绵竹击破了卫将军诸葛瞻的军队。后主刘禅采纳光禄大夫谯周的计策，向邓艾投降，献上降书说："因为有长江和汉水的阻隔，又逢路途遥远，凭借地势险要的一角，蜀触犯了国家的大运，已经有很多年了，最终与京都相隔万里。每次想到黄初年间，魏文帝派遣虎牙将军鲜于辅，宣读言辞恳切的诏令，表明三国友好的恩泽，敞开门户，大义可见，但是我的德行鄙薄，又愚昧软弱，从内心里贪恋前人没有完成的功业，俯仰之间竟然有几十年了，没有遵守圣明的教诲。已经震怒了天威，人鬼都走向了亲善的道路，王室的军队实在令人感到恐惧，神明英武的军队所到的地方，没有敢不洗心革面，恭顺地听从命令的。我立刻告诫各军统帅放下手中的武器，让官府保存的财物，不能有一点损失。百姓都在郊外排列好，剩余的粮食放在田间，以等君主来到赐予恩惠，保全民众的性命。想我大魏王室广泛地实施恩泽教化，任用如伊尹周公一样的贤臣为宰相，一定会包容亡国的人、容纳伤残的百姓。现在谨派私人府署中的侍中张绍、光禄大夫谯周、驸马都尉邓良手捧印绶，向您请示报告并表明我的诚意。进献我的一片忠心；生死存亡的决定，完全听从您的抉择。棺材就放在身边，就不再详细奏明了。”这天，北地王刘谌独自感伤蜀国的灭亡，先把自己的妻子杀死，接着自杀了。张绍、邓良与邓艾在雒县会合。邓艾得到后主的投降书后，非常高兴，随即回信，遣送张绍、邓良先返回成都。邓艾到达成都北郊，后主将棺材装在车上，把自己捆绑起来，前往邓艾的军营门前谢罪。邓艾替后主解下绳索，焚烧车上的棺材，邀请后主与其会面。并且按照君主的旨意授予后主骠骑将军的头衔，蜀国的各个营垒全部服从后主的命令，然后投降，邓艾让后主住在原来的宫室里，亲自前去拜访他。但是财物都没有运走，第二年春正月，邓艾被捕。钟会从涪县到达成都发动叛乱。钟会死后，蜀中的队伍抢劫掠夺，死伤了很多人，这一地区经过很多天才安定下来。

[原文]

后主举家东迁，既至洛阳，策命之曰：“惟景元五年三月丁亥。皇帝临轩[1]，使太常嘉命刘禅为安乐县公。于戏[2]，其进听朕命！盖统天载物，以咸宁为大，光宅[3]天下，以时雍[4]为盛。故孕育群生者，君人之道也，乃顺承天者，坤元之义也。上下交畅，然后万物协和，庶类[5]获乂。乃者汉氏失统，六合震扰。我太祖承运[6]龙兴，弘济[7]八极，是用应天顺民，抚有区夏。于时乃考因群杰虎争，九服不静，乘间[8]阻远，保据庸蜀，遂使西隅(yú)殊封，方外壅(yōng)隔。自是以来，干戈不戢(jí)[9]，元元之民，不得保安其性，几将五纪。朕永惟祖考遗志，思在绥(suí)缉[10]四海，率土同轨，故爰整六师，耀威梁、益。公恢崇[11]德度，深秉大正，不惮屈身委质[12]，以爱民全

后主

国为贵，降心回虑⑬，应机豹变⑭，履信⑮思顺，以享左右无疆之休，岂不远欤！朕嘉与⑯君公长飨显禄，用考咨前训，开国胙土，率遵旧典，锡兹玄牡，苴⑰以白茅，永为魏藩辅，往钦哉！公其祗服朕命，克广德心，以终乃显烈⑱。”食邑万户，赐绢万匹，奴婢百人，他物称是。子孙为三都尉封侯者五十余人。尚书令樊建、侍中张绍、光禄大夫谯(qiáo)周、秘书令郤正、殿中督张通并封列侯。公泰始七年薨于洛阳。

[注释]

①临轩：皇帝不坐在正殿上，而是在殿前平台上接近臣下。因为殿前近檐处两边有槛，就像车子的轩，所以称之为临轩。②于戏：同“呜呼”，叹词，没有实际意义。③光宅：普照，具有，拥有。④时雍：时代安宁、太平。⑤庶类：世界上的万物。⑥承运：承受天命。古代的帝王在称帝的时候常常说受命于天。⑦弘济：广泛的救济。⑧间：机会，间隙。⑨戢：停止。⑩绥缉：安抚平定。⑪恢崇：发扬光大。⑫委质：臣属在拜见君主时，屈膝委身于地上。常常用这个词来表示归顺。⑬回虑：改变意图。⑭豹变：像豹子的花纹那样发生显著的变化。⑮履信：遵守信用。⑯嘉与：奖励，优待。⑰苴：原指枯草，这里指包裹。古代分封诸侯的时候用白茅编织的席子裹上一些泥土，授予受封者，象征分给土地。⑱显烈：显赫的功业。

[译文]

后主全家都往东迁移，到达洛阳后，魏王对后主册封道：“景元五年（264）三月丁亥，皇帝在朝上派遣太常卿任命刘禅为安乐县公。哎，到前面来听取我的命令。统管万物，以全国的太平作为主要的事情，占据天下，以局势的太平为主。因此养育民众是国君的根本之法，而顺承天意是地德的本来意义。上下都顺畅，然后万事才能和谐，万物才能安定下来。过去汉王朝失去了天下，社会动乱，我太祖蒙受天命建立新的王朝，普救天下于乱世，正是顺应了天意和民心，才能占据中原。当时，你的父亲因为众多豪杰互相角逐较量，国家不安宁，便趁机凭借远方的险要割据蜀地，这样就使西部边远地区的封赏和赏赐不同，边远地区闭塞阻隔。从那时以来，战争不停，黎民百姓的生命不能保全，持续了将近六十年的时间。我长久地考虑祖先的遗愿，目的是使四海能够安定协和，使全国得到统一，因此统帅大军在梁州、益州炫耀军威。你弘扬推崇德行，秉持大义，不惜屈身归顺我朝，以爱护民众，保全国家的力量为重，克制自己的心志，改变意图，顺应时机，改变策略，遵守信用，考虑归顺，以享受无穷的福禄，这难道不远大吗？我嘉奖你让你长久地享受到丰厚的俸禄，所以考察前代的法令，建立国家，赏赐土地，遵循以前的典章制度，赐予你黑色的公牛，用白色的茅草包裹，永远做魏王室的藩篱辅城。去努力做吧！你要恭顺地执行我的命令，扩大自己的仁德之心，以完成你显赫的功业。”赐给后主能够收取万户租税的土地，绢万匹，奴婢一百名，其他财物的数量也相当多。后主的子孙中有五十多人被任命为三都尉而且封给侯爵。尚书令樊建、侍中张绍、光禄大夫谯周、秘书令郤正、殿中督张通同时也被封为列侯，安乐县公刘禅在晋泰始七年（271）死于洛阳。

[原文]

评曰：后主任贤相则为循理之君，惑阉竖①则为昏暗之后，传曰②“素丝无常，唯所染之”，信③矣哉！礼，国君继体④，逾年改元，而章武之三年，则革称建兴，考之古义，体理为违。又国不置史，注记⑤无官，是以行事⑥多遗，灾异⑦靡(mí)书。诸葛亮虽达于为政，凡此之类，犹有未周焉。然经载十二而年名不易，军旅屡兴而赦不妄下，不亦卓乎！自亮没后，兹制渐亏⑧，优劣著⑨矣。

[注释]

①阉竖：对太监的贱称，这里指黄皓。②传：指古书。③信：确实。④继体：继承帝位。⑤注记：记录。⑥行事：经历的事情。⑦灾异：指自然灾害和某些特殊的自然现象。⑧亏：毁坏，毁灭。⑨著：明显，显著。

[译文]

评论说：后主任用贤明的丞相就可以成为遵循事理的明君，被宦官迷惑就会成为昏庸糊涂的昏君。经传上说：“白色的丝没有固定的颜色，只能看用什么颜色来染它。”的确是这样啊！遵照礼法，国君继承王位，第二年应该改用新的年号来纪年，可是章武三年（223），便把年号改为建兴，按照古代的规定来考察，这又违背了事理规矩。另外国家不设置史官的职位，没有人记录这些，因此经历的事情有多处被遗漏，自然灾害和特殊奇异的自然现象没有记载。诸葛亮虽然善于治理国政，凡是这样的事情，仍然考虑得不够周全。然而经历了十二年还没有改换新的年号，多次出师却不乱下赦令，这不也是他非常出众的地方吗！自从诸葛亮去世后，这种制度逐渐受到破坏，好坏的差别就非常明显了。

诸葛亮传

[原文]

诸葛亮字孔明，琅邪(láng yá)阳都人也。汉司隶校尉诸葛丰后也。

父珪(guī)，字君贡，汉末为太山郡丞。亮早孤①，从父玄为袁术所署豫章太守，玄将亮及亮弟均之官。会汉朝更选朱皓(hào)代玄②。玄素与荆州牧刘表有旧③，往依④之。玄卒，亮躬耕陇(lǒng)亩，好为《梁父吟》。身长八尺，每自比于管仲、乐毅，时人莫之许也。惟博陵崔州平、颍川徐庶元直与亮友善，谓为信然。

[注释]

①孤：年幼死去父亲。②会：恰巧。朱皓：人名。③有旧：有交情，有交往。④依：依附，倚靠。

[译文]

诸葛亮，字孔明，琅琊郡阳都人。他是汉代司隶校尉诸葛丰的后代。父亲诸葛珪，字君贡，在东汉末年做过太山郡的郡丞。诸葛亮很早就成了孤儿。他的叔父诸葛玄被袁术任命为豫章太守。诸葛玄带着诸葛亮及其弟弟诸葛均到豫章去上任，正赶上朝廷又选派了朱皓去代替诸葛玄任职。诸葛玄平素一直与荆州牧刘表交好，就去依附刘表。诸葛玄去世后，诸葛亮亲自耕种田地，喜欢吟诵《梁父吟》。他身高八尺，常常把自己比作管仲、乐毅。当时没有人认为他有这样的才能，只有博陵人崔州平、颍川人徐庶（字元直）和诸葛亮是好朋友，他们认为确实是这样。

躬耕南阳

[原文]

时先主屯新野。徐庶见先主，先主器之，谓先主曰：“诸葛孔明者，卧龙也，将军岂愿见之乎？”先主曰：“君与俱来。”庶曰：“此人可就见，不可屈致也。将军宜枉驾①顾之。”

由是先主遂诣亮，凡②三往，乃见。因屏人曰：“汉室倾颓，奸臣窃命，主上蒙尘。孤不度德量力，欲信大义于天下，而智术短浅，遂用猖獗(chāng jué)③，至于今日。然志犹未已，君谓计将安出？”亮答曰：“自董卓已来，豪杰并起，跨州连郡者不可胜

数。曹操比于袁绍，则名微而众寡，然操遂能克绍，以弱为强者，非惟天时，抑④亦人谋也。今操已拥百万之众，挟天子而令诸侯，此诚不可与争锋。孙权据有江东，已历三世，国险而民附，贤能为之用，此可以为援而不可图也⑤。

“荆州北据汉、沔（miǎn），利尽南海⑥，东连吴会，西通巴、蜀，此用武之国，而其主不能守，此殆天所以资将军，将军岂有意乎？益州险塞，沃野千里，天府之土，高祖因之以成帝业。刘璋暗弱，张鲁在北，民殷国富而不知存恤，智能之士思得明君。将军既帝室之胄，信义著于四海，总揽英雄，思贤如渴，若跨有荆、益，保其岩阻，西和诸戎，南抚夷越，外结好孙权，内修政理；天下有变，则命一上将将荆州之军以向宛、洛，将军身率益州之众出于秦川，百姓孰敢不箪（dān）食壶浆以迎将军者乎？诚如是，则霸业可成，汉室可兴矣。”先主曰：“善！”于是与亮情好日密。关羽、张飞等不悦，先主解之曰：“孤之有孔明，犹鱼之有水也。愿诸君勿复言。”羽、飞乃止。

[注释]

①枉驾：屈尊亲自前往。②凡：总共。③用：因此。猖獗：挫折，覆败。④抑：连词，表示递进的关系。⑤援：外援，支援。图：此处指夺取。⑥利：利益，资源。尽：全部，全部占有。

[译文]

当时蜀先主刘备在新野驻军。徐庶拜见刘备，刘备很器重他。徐庶对刘备说：“诸葛孔明这个人是一条卧龙。将军您难道不愿意见他吗？”刘备说：“您带他一起来吧。”徐庶说：“这个人只可以去拜访求见，不可以委屈他，硬把他找来。将军应该屈尊去亲自拜访他。”

刘玄德三顾茅庐

因此刘备就去拜见诸葛亮，一共去了三次，才见到诸葛亮。刘备就让周围的人都退开，说："汉朝衰微，奸臣盗取了国家大权，皇帝蒙受风尘，流亡在外。我没有衡量自己的德行，自不量力，想要在天下伸张大义，却苦于智谋短浅，所以遭到失败，到了今天这步田地。然而我矢志不渝。您认为我该采用什么计策呢？"诸葛亮回答说："自从董卓以来，豪杰同时兴起，拥有几州或几郡土地的人数不胜数。曹操比起袁绍来，名望低微，兵马很少，但是曹操却能打败袁绍，由弱变强，其原因不只是曹操占有天时，而且也是善于用人的结果。现在曹操已经拥有上百万的军队，挟制了皇帝，向诸侯发号施令。这确实无法与他正面较量。孙权占据江东，已经经历了三代人。江东地区地势险要，人民归附他，贤人为他所用，这是可以作为外援却不能图谋夺取的。

"荆州北面占有汉水、沔水，南面可以得到南海一带的全部利益，东面与吴郡的都城相连，西面通向巴郡、蜀郡。这是个用兵作战的好地方，但它的主人却不能守住它，这可能是上天用它来资助将军的，将军可有心夺取它吗？益州地区四周有险要关塞，有上千里的肥沃土地，是天然宝库一样的国土。高祖皇帝依靠它建成了皇帝的事业。刘璋昏庸软弱，张鲁在北面，虽然人民殷实，国家富裕，却不知道关怀体贴百姓，有才能、有智慧的人都想要得到一个贤明的君主。将军您既是皇室的后代，又有闻名天下的重信义的声誉；您大量收揽英雄豪杰，如饥似渴地思慕人才。如果能据有荆、益两州土地，守住它的险要关隘，向西与各戎族部落和好，向南安抚夷族、越族的百姓，对外和孙权结成同盟，对内整顿政治。天下形势有了变化时，就命令一员上将率领荆州的军队向宛城、洛阳地区进攻，将军亲自率领益州的大军从秦川出击。百姓们能有谁不用竹篮装着食物，用壶装着酒浆来迎接您呢？真像这样的话，您称霸的大业就可以成功，汉王室也可以复兴了。"刘备说："好！"于是和诸葛亮的感情日益加深，关系日益亲密。关羽、张飞等人不高兴，刘备向他们解释说："我有了孔明，就像鱼到了水中一样。请你们不要再说什么了。"关羽、张飞才停止议论。

[原文]

刘表长子琦[qí]，亦深器亮。表受后妻之言，爱少子琮，不悦于琦。琦每欲与亮谋自安之术[1]，亮辄拒塞[2]，未与处画[3]。琦乃将亮游观后园，共上高楼，饮宴之间，令人去梯，因谓亮曰："今日上不至天，下不至地，言出子口，入于吾耳，可以言未？"亮答曰："君不见申生在内而危，重耳在外而安乎[4]？"

琦意感悟，阴规[5]出计。会黄祖死，得出，遂为江夏太守。俄而[6]表卒，琮[cóng]闻曹公来征，遣使请降。先主在樊闻之，率其众南行，亮与徐庶并从，为曹公所追破，获庶母。庶辞先主而指

其心曰："本欲与将军共图王霸之业者，以此方寸之地⑦也。今已失老母，方寸乱矣，无益于事，请从此别。"遂诣曹公。

荆州城公子三求计

[注释]

①自安之术：保全自己的办法。②辄：每，常常。拒塞：拒绝，搪塞。③处画：谋划。④申生、重耳：都是春秋时期晋献公的儿子。申生是太子，被晋献公的妃子骊姬谗害。重耳流亡在外，后来回国做了国君。⑤规：规划、图谋。⑥俄而：没过多久。⑦方寸之地：指人的心。

[译文]

刘表的长子刘琦，也非常器重诸葛亮。刘表偏信后妻的话，疼爱小儿子刘琮，不喜欢刘琦。刘琦常常想与诸葛亮商议一个保全自己的方法，诸葛亮总是推托敷衍，不肯给他谋划。刘琦就带着诸葛亮到后花园去游玩，一起登上高楼，在饮酒的间隙，让人撤去梯子，借机对诸葛亮说："今天我们上不接天，下不着地，话从您嘴里说出来，进入我的耳中，您可不可以说呢？"诸葛亮回答说："您没有见到申生在宫中遭到杀害，重耳在外地就平安无事吗？"

刘琦领悟到了诸葛亮的意思，就在暗地里谋划着离开襄阳。正巧黄祖死了，刘琦得到机会外出，就去做江夏太守。不久刘表去世了，刘琮听说曹操来进攻，就派使节去向曹操投降。刘备在樊城听到这个消息后，率领他的部下向南撤退，诸葛亮和徐庶一起跟着刘备，被曹操的追兵打败，曹军抓住了徐庶的母亲。徐庶向刘备告辞，指着自己的心说："我本来想要和将军您一起谋划建立称霸天下的王侯大业，凭的是这颗心。现在失去了老母，心里乱了，对您的事业没有益处，请让我就此和您告别吧。"他便到曹操那里去了。

[原文]

先主至于夏口，亮曰："事急矣，请奉命求救于孙将军。"时权拥军在柴桑，观望成败。亮说权曰："海内大乱，将军起兵据有江东，刘豫州亦收众汉南，与曹操并争天下。今操芟(shān)夷大难，略已平矣，遂破荆州，威震四海。英雄无所用武，故豫州

诸葛亮舌战群儒

遁逃至此。将军量力而处之：若能以吴、越之众与中国抗衡，不如早与之绝；若不能当，何不案兵束甲①，北面而事之②！今将军外托③服从之名，而内怀犹豫之计，事急而不断④，祸至无日⑤矣！”权曰：“苟如君言，刘豫州何不遂⑥事之乎？”亮曰：“田横，齐之壮士耳，犹守义不辱，况刘豫州王室之胄，英才盖世，众士慕仰，若水之归海，若事之不济⑦，此乃天也，安能复为之下乎！”

权勃然曰：“吾不能举全吴之地，十万之众，受制于人。吾计决矣！非刘豫州莫可以当曹操者，然豫州新败之后，安能抗此难乎？”亮曰：“豫州军虽败于长阪，今战士还者及关羽水军精甲万人，刘琦合江夏战士亦不下万人。曹操之众，远来疲弊，闻追豫州，轻骑一日一夜行三百余里，此所谓‘强弩之末，势不能穿鲁缟(gǎo)’者也。故兵法忌之，曰‘必蹶(jué)上将军’。且北方之人，不习水战；又荆州之民附操者，逼兵势耳，非心服也。今将军诚能命猛将统兵数万，与豫州协规同力，破操军必矣。操军破，必北还，如此则荆、吴之势强，鼎足之形成矣。成败之机，在于今日。”

权大悦，即遣周瑜、程普、鲁肃等水军三万，随亮诣先主，并力拒曹公。曹公败于赤壁，引军归邺(yè)。先主遂收江南，以亮为军师中郎将，使督零陵、桂阳、长沙三郡，调其赋税，以充军实。

[注释]

①案兵：按兵不动。此处指放下兵器。束甲：把铠甲捆束起来。②北面而事

之：在封建时代君主坐北朝南，臣子脸向着北面朝见天子。这里指向曹操称臣。③托：假托。④断：决断。⑤无日：没有几天。⑥遂：就。⑦事：与曹操抗衡，夺取天下的事情。不济：不成功。

[译文]

刘备到了夏口。诸葛亮说：“形势很危急了，请让我带着您的使命去向孙将军求救。”当时孙权带领军队驻在柴桑，观望曹操和刘备之间的胜败情况。诸葛亮劝孙权道：“海内大乱，您起兵占据了江东，刘豫州也在汉水以南招纳士兵，和曹操争夺天下。现在曹操把国内各处的大敌基本上都消灭掉了，接着攻占了荆州，威震四海。现在英雄无用武之地，所以刘豫州逃到了这里。您应该根据自己的力量来处理当前局势：如果您能用吴、越的军队和中原军队抗衡，不如早日和曹操绝交；如果不能抵挡他，为什么不放下武器，捆起甲胄，向曹操称臣投降呢？现在您表面上假借服从朝廷的名义，内心却犹豫不定，形势危急却不早决断，大祸没有几天就会降临了。”孙权说：“假如像您说的这样，刘豫州为什么不马上投降曹操呢？”诸葛亮说：“田横只是一个齐国的壮士罢了，他还能坚守道义，不肯受辱。何况刘豫州是皇室的后裔，是盖世无双的英才，士大夫们都仰慕他，像河水流向大海一样跑来投靠他。如果大事不能成功，那就是天意了。他怎么能再做曹操的手下呢！”

孙权勃然大怒说：“我不能拿整个吴郡的土地和十万军队去接受别人的控制。我的主意已经决定了！除了刘豫州以外没有人可以抵挡曹操，但是刘豫州在刚打了败仗后，怎么能够抗击这个强敌呢？”诸葛亮说：“刘豫州的军队虽然在长阪失败了，现在回来的士兵和关羽的水军一共还有上万名精兵。刘琦集合的江夏军队士兵也不少于一万人。曹操的军队从远方而来，已疲惫不堪。听说在追击刘豫州时，轻骑兵一天一夜赶三百多里路，这就是所说的‘强弩射出的箭射到尽头时，它的力量连鲁地出产的薄纱也穿不透了’。所以兵法上忌讳这种情况，说它‘一定会损失军队的统帅’。而且北方的人不熟悉水战；再有荆州的人民依附曹操只是迫于军队的威胁罢了，并不是真心服从。现在将军如果真能够命令猛将统领几万军队，和刘豫州同心协力，一齐谋划，就一定能打败曹军。曹操的军队失败后，一定会退回北方，这样荆州和东吴的势力增强，就会形成三足鼎立的形势。成败的关键就在今天了。”

孙权非常高兴，就派周瑜、程普、鲁肃等人带三万水军，和诸葛亮一起去见刘备，合力抵御曹操。曹操在赤壁打了败仗，领兵回到邺城。刘备就占据了江南地区，任命诸葛亮做军师中郎将，让他管理零陵、桂阳、长沙三个郡，调用那里的赋税来充实军用物资。

[原文]

建安十六年，益州牧刘璋遣法正迎先主①，使击张鲁。亮与关羽镇荆州。先主自葭萌还攻璋，亮与张飞、赵云等率众溯(sù)江②，分定郡县，与先主共围成都。成都平，以亮为军师将军，署③左

将军府事。先主外出，亮常镇守成都，足食足兵。

二十六年，群下劝先主称尊号，先主未许，亮说曰："昔吴汉、耿弇(yǎn)等初劝世祖即帝位，世祖辞让，前后数四，耿纯进言曰：'天下英雄喁喁(yóngyóng)④，冀⑤有所望。如不从议者，士大夫各归求主，无为从公也。'世祖感纯言深至，遂然诺⑥之。今曹氏篡汉，天下无主，大王刘氏苗族，绍世⑦而起，今即帝位，乃其宜也。士大夫随大王久勤苦者，亦欲望尺寸之功如纯言耳。"

先主于是即帝位，策亮为丞相曰："朕遭家不造，奉承大统，兢兢业业，不敢康宁，思靖百姓，惧未能绥。于戏！丞相亮其悉朕意，无怠辅朕之阙，助宣重光，以照明天下，君其勖(xù)哉！"亮以丞相录尚书事，假节。张飞卒后，领司隶校尉。

[注释]

①先主：指刘备。②溯江：沿着长江向上行走。③署：兼任。④喁喁：本来是用来指鱼嘴巴露出水面翕动的样子，这里用来比喻众人都景仰和向往。⑤冀：希望。⑥诺：答应。⑦绍世：继世。绍，继承。

[译文]

建安十六年（211），益州牧刘璋派遣法正来迎接刘备，让他去攻打张鲁。诸葛亮和关羽镇守荆州。刘备从葭萌回来攻打刘璋，诸葛亮和张飞、赵云等人率领军队沿长江向上游进攻，分别平定了各个郡县，和刘备一起包围了成都。成都平定以后，刘备任命诸葛亮做军师将军，署理左将军府事。刘备外出时，诸葛亮经常在成都镇守，使粮食和军用物资都很充足。

建安二十六年（221），部属们劝说刘备称皇帝。刘备没有答应。诸葛亮劝说道："过去吴汉和耿弇等人开始劝世祖刘秀做皇帝时，世祖谦让，不肯即位，前后多次推辞，耿纯劝说：'天下的英雄景仰您，追随您，都希望能跟着您实现自己的愿望。如果您不接受大家的建议，大家就会各自回去另找主人，没有理由一直跟随您了。'世祖感到耿纯的话非常深刻中肯，就答应了。现在曹氏篡夺了汉朝的政权，天下没有君主了。大王您是刘氏皇族的后代，继承帝王世系而兴起。现在您即皇帝位，是应当的。士大夫们长久以来跟随大王吃苦效力的原因，也是像耿纯讲的那样想要建立一点儿功勋罢了。"

刘备于是即位为皇帝，册封诸葛亮为丞相。刘备下诏对诸葛亮说："朕遭遇到家族的不幸，被推举继承了皇帝位，将兢兢业业地执政，不敢安逸享乐，想要让百姓生活安宁，但总担心不能让天下安定。啊！丞相诸葛亮要了解朕的心意，不要怠慢，辅助朕弥补疏漏和不足，协助我宣扬王室的功德，像日月一样照亮天下。您要多加勉励自己啊！”诸葛亮以丞相身份管理尚书事务，并授予符节。张飞死后，诸葛亮又兼任司隶校尉。

[原文]

章武三年春，先主于永安病笃①，召亮于成都，属②以后事，谓亮曰：“君才十倍曹丕，必能安国，终定大事。若嗣子③可辅，辅之；如其不才，君可自取。”亮涕泣曰：“臣敢竭股肱(gōng)之力④，效⑤忠贞之节，继之以死！”先主又为诏敕后主曰：“汝与丞相从事，事之如父。”

建兴元年，封亮武乡侯，开府⑥治事。顷之，又领益州牧。政事无巨细，咸决于亮。南中诸郡，并皆叛乱，亮以新遭大丧，故未便加兵，且遣使聘吴，因结和亲，遂为与国。

[注释]

①病笃：病得很严重。②属：同“嘱”，嘱托。③嗣子：帝王和诸侯的嫡长子。这里指刘备的长子刘禅。④股肱之力：这里用来形容竭尽全力地辅佐。⑤效：贡献。⑥开府：建立官署，设置署官。

刘先主遗诏托孤儿

[译文]

章武三年（223）春天，刘备在永安病危，把诸葛亮从成都召来，向他托付后事。刘备对诸葛亮说：“您的才能是曹丕的十倍，一定能够安定国家，最终完成统一大业。如果继位的皇子可以辅佐，您就辅佐他；如果他没有才能，您就取而代之。”诸葛亮哭着说：“臣一定竭尽全力辅助皇子，贡献忠贞的节操，一直到死为止。”刘备又写了诏书给刘禅：“你要跟着丞相学习治理国家，要像对父亲一样地对待他。”

建兴元年（223），后主刘禅封诸葛亮为武乡侯，设立官署处理政事。不久，后主又让诸葛亮兼任益州牧。国家政务不论大小，全都由诸葛亮决定。南方的几个郡一起叛乱，诸葛亮因为国家刚丧失了君主，就没有派兵去讨伐，暂时派出使节去吴国访问，趁势和他们结为姻亲，友好相处，成为盟国。

[原文]

三年春，亮率众南征[1]，其秋悉[2]平。军资所出，国以富饶，乃治戎讲武[3]，以俟大举[4]。

五年，率诸军北驻汉中，临发，上疏曰：

先帝创业未半而中道崩殂（cú），今天下三分，益州疲弊[5]，此诚危急存亡之秋[6]也。然侍卫之臣不懈于内[7]，忠志之士忘身于外者，盖追先帝之殊遇，欲报之于陛下也。诚宜开张圣听，以光先帝遗德，恢弘志士之气，不宜妄自菲薄，引喻失义，以塞忠谏之路也。宫中府中俱为一体，陟（zhì）罚臧否，不宜异同。若有作奸犯科及为忠善者，宜付有司论其刑赏，以昭陛下平明之理，不宜偏私，使内外异法也。侍中、侍郎郭攸之、费祎、董允等，此皆良实，志虑忠纯，是以先帝简拔以遗陛下。愚以为宫中之事，事无大小，悉以咨之，然后施行，必能裨（bì）补阙漏，有所广益。将军向宠，性行淑均，晓畅军事，试用于昔日，先帝称之曰能，是以众议举宠为督。愚以为营中之事，悉以咨之，必能使行陈和睦，优劣得所。

孔明初上出师表

亲贤臣，远小人，此先汉所以兴隆也；亲小人，远贤臣，此后汉所以倾颓也。先帝在时。每与臣论此事，未尝不叹息痛恨于桓、灵也。侍中、尚书、长史、参军，此悉贞良死节之臣，愿陛下亲之信之，则汉室之隆，可计

日而待也。

[注释]

①南征：征伐南中地区。②悉：全部。③治戎：整治军队。讲武：讲习军事，即进行军事训练。④以俟：以等待时机。大举：进行大的军事行动。⑤疲弊：困乏，凋敝。⑥此诚危急存亡之秋：这是关系到国家生死存亡的时候了。⑦懈：懈怠，松懈。内：指朝廷。

[译文]

建兴三年（225）春天，诸葛亮领兵讨伐南方，当年秋天就将南方全部平定。军需物资都从这些南方郡县征调，国家变得富裕起来。诸葛亮就整顿军队，训练武功，等待时间大举进攻曹操。

建兴五年（227），诸葛亮率领各路军队向北去驻守汉中，临出发前，给后主上奏章说：

先帝开创的事业还没有完成一半，中途就去世了。现在天下分为魏、蜀、吴三国，益州地区人力疲惫，经济残破，这确实是决定存亡的危急关头。然而侍卫皇帝的臣子们在朝廷内能毫不懈怠，忠诚的将士在外面奋不顾身地战斗，都是追念先帝对他们的深厚恩德，想要为此报答陛下的缘故。陛下确实应该广泛听取建议，把先帝遗留的德行发扬光大，大力振奋有志之士，不应该妄自菲薄，不要在说话时采用不符合道义的不恰当比喻，以免使得群臣尽忠进谏的道路被堵塞。皇宫和丞相府中的官属都是一个整体，升降赏罚，办事对错，不应有两个标准。如果有作恶犯法的和忠心行善的，都应该交付主管官府来评定对他们的刑罚或奖励，以昭示陛下公平严明的治理，不应该有所偏袒，使宫内外的奖惩制度不同。侍中、侍郎郭攸之、费祎、董允等人，都是善良忠实的人，他们心怀忠诚，思想纯洁，因此先帝把他们挑选出来留给陛下。我认为宫中的事情，不管大小，都可以去征求他们的意见，然后再去施行，一定能弥补疏漏和不足，获取许多好处。将军向宠，性情和善，办事公正，通晓军事，以前曾经试用过，先帝称赞他有能力，因此众人商议推举他做都督。我认为军营中的事务都可以去征求他的意见，一定能够使军队内部和睦，才能高低不同的人都各得其所。

亲近贤臣，疏远小人，这是先汉兴隆的原因；亲近小人，疏远贤臣，这是后汉衰败的原因。先帝在世时经常和我谈论这件事，没有一次不叹息，为桓、灵二帝感到痛心和遗憾。侍中、尚书、长史、参军，这些人全都是正直善良、忠贞不贰的大臣，希望陛下亲近他们，相信他们，那么汉王朝的兴隆就指日可待了。

[原文]

臣本布衣[1]，躬耕于南阳[2]，苟全性命于乱世，不求闻达于诸侯[3]。先帝不以臣卑鄙[4]，猥自枉屈[5]，三顾臣于草庐之中，谘

臣以当世之事，由是感激，遂许先帝以驱驰。后值倾覆⑥，受任于败军之际，奉命于危难之间，尔来二十有一年矣。

先帝知臣谨慎，故临崩寄臣以大事⑦也。受命以来，夙夜忧叹，恐托付不效，以伤先帝之明，故五月渡泸（lú），深入不毛。今南方已定，兵甲已足，当奖率三军，北定中原，庶竭驽钝，攘除奸凶，兴复汉室，还于旧都。此臣所以报先帝，而忠陛下之职分也。

至于斟酌损益，进尽忠言，则攸之、祎、允之任也。愿陛下托臣以讨贼兴复之效；不效，则治臣之罪，以告先帝之灵。若无兴德之言，则责攸之、祎、允等之慢，以彰其咎。陛下亦宜自谋，以谘诹（zī zōu）善道，察纳雅言，深追先帝遗诏。臣不胜受恩感激。今当远离，临表涕零，不知所言。

遂行，屯于沔（miǎn）阳。

[注释]

①布衣：平民百姓的代称。②躬耕：亲自耕种。南阳：郡名，治所在宛县。③闻达：扬名显达。诸侯：指东汉末年割据四方的军阀和州郡长官。④卑鄙：身份低下，学识浅薄，这里是谦虚的说法。⑤猥自枉屈：降低身份，亲自拜访。⑥后值倾覆：指汉献帝建安十三年（208）刘备在当阳长阪坡被曹操打败。⑦大事：国家大事。

[译文]

我本是平民百姓，在南阳亲身耕种田地，在乱世中苟且保全性命，不想在诸侯中间做官扬名。先帝不因为我地位低下、学识浅薄，降低身份屈尊来访，三次到草房里来拜访我，向我咨询当今天下大势。我因此非常感激，就答应先帝为他奔走效力。后来遇到战败，在军队失利的时刻接受了任命，在危难之中承受了重任，到现在已经二十一年了。

先帝知道臣办事谨慎，所以在临去世时将国家大事托付给我。我接受遗命以来，昼夜担忧叹息，恐怕完不成先帝的托付，有损先帝的知人之明。所以我在五月渡过泸水，深入不毛之地。现在南方已经被平定，士兵和武器都准备充足，应当鼓励三军，率领他们进攻，向北平定中原。希望能竭尽我愚钝的才智，铲除奸恶凶徒，恢复并振兴汉王朝，迁回到旧都。这是臣用来报答先帝并效忠陛下的本职。

至于斟酌事务的利弊，进献忠谏，就是郭攸之、费祎、董允他们的任务了，希望陛下把讨伐贼人、恢复汉朝王室的任务委托给我；没有成效，就惩办我的罪过，以告慰先帝的在天之灵。如果听不到勉励陛下树立德行的言论，就要责罚郭攸之、费祎、董允他们的怠慢失职，以公开揭露他们的过错。陛下自己也应该谋划国事，咨询和寻找治国的好办法，察觉并采纳正确的建议，深刻地领会先帝的遗诏。我就蒙受深恩，不胜感激了。现在要远离陛下，在写这篇奏章时，流泪不止，不知道该说什么才好。

于是诸葛亮出征，驻扎在沔阳。

[原文]

六年春，扬声由斜谷道取郿(méi)，使赵云、邓芝为疑军，据箕(jī)谷，魏大将军曹真举众拒之。亮身率诸军攻祁山，戎陈整齐，赏罚肃而号令明，南安、天水、安定三郡叛魏应亮，关中响震。魏明帝西镇长安，命张郃拒亮，亮使马谡督诸军在前，与郃战于街亭。谡违亮节度，举动失宜，大为郃所破。

亮拔西县千余家，还于汉中，戮(lù)谡以谢众①。上疏曰："臣以弱才，叨窃非据，亲秉旄钺(máo yuè)以厉三军②，不能训章明法③，临事而惧④，至有街亭违命之阙，箕谷不戒之失，咎皆在臣授任无方⑤。臣明不知人，恤(xù)事多暗⑥，《春秋》责帅，臣职是当⑦。请自贬三等，以督厥咎。"于是以亮为右将军，行丞相事，所总统如前。

孔明挥泪斩马谡

[注释]

①谢众：向众人谢罪。②秉：执掌，掌握。旄钺：白旄和黄钺，借指军权。③训章：训导法规。明法：严明章法。④临事而惧：用兵时应心存戒备之心，不可以轻敌。⑤无方：没有固定的法度，这里指处理事情不恰当。⑥恤：顾，考虑。暗：糊涂不明。⑦臣职是当：我应当承担的责任。

[译文]

建兴六年（228）春天，诸葛亮扬言要从斜谷道攻打郿县，派赵云、邓芝作为疑兵，占据箕谷。魏国大将军曹真领兵去阻挡他们。诸葛亮亲自率领各军攻打祁山，军队阵容整齐，赏罚严厉而且号令明确。南安、天水、安定三个郡背叛魏国来响应诸葛亮，关中地区都很震动。魏明帝到长安镇守，命令张郃去抵挡诸葛亮。诸葛亮派马谡在前方督管各军，和张郃在街亭交战。马谡违背了诸葛亮的部署安排，作战行动失误，被张郃打得大败。

诸葛亮把西县的一千多户人口迁移走，领兵回到汉中，处死马谡向大家谢罪，并且送上奏章，说:“臣以自己薄弱的才能，却担当了无法胜任的重任，亲自手执旄头和斧钺，激励三军出征，但是不能向将士训导军规，明确法纪，面临大事时而不能心存戒惧，致使造成马谡在街亭违背命令的失败，以及在箕谷戒备不严的失利。过失都在于臣用人不当。臣没有知人之明，处理事务中又有很多昏庸不明之处，《春秋》记载，战争失利要责罚领兵的主将，臣的职务正是应该负责的。请求贬斥我三级官职，用来惩戒这次的过失。”于是朝廷将诸葛亮降为右将军，代理丞相事务，总管的政务和以前一样。

[原文]

冬，亮复出散关，围陈仓，曹真拒之，亮粮尽而还。魏将王双率骑追亮，亮与战，破之，斩双。

七年，亮遣陈式攻武都、阴平。魏雍州刺史[1]郭淮率众欲击式，亮自出至建威，淮退还，遂平二郡。诏策亮曰：“街亭之役，咎由马谡，而君引愆[2]，深自贬抑，重违[3]君意，听顺所守[4]。前年耀师[5]，馘斩[6]王双；今岁爰征，郭淮遁走；降集氐、羌，兴复二郡，威镇凶暴，功勋显然。方今天下骚扰，元恶未枭[7]，君受大任，干国之重，而久自挹损，非所以光扬洪烈矣。今复君丞相，君其勿辞。”

孔明遗计斩王双

九年，亮复出祁山，以木牛运，粮尽退军，与魏将张郃交战，射杀郃。

十二年春，亮悉大众由斜谷

出，以流马运，据武功五丈原，与司马宣王对于渭南。亮每患粮不继，使己志不申，是以分兵屯田，为久驻之基。耕者杂于渭滨居民之间，而百姓安堵，军无私焉。相持百余日。其年八月，亮疾病，卒于军，时年五十四。及军退，宣王案行其营垒处所，曰："天下奇才也！"

[注释]

①刺史：官名，掌管一州的监察。②引愆：自承过失。③重违：难以违背。重，难。④守：请求。⑤耀师：带领军队示威。⑥馘斩：斩杀。馘，割下耳朵。⑦元恶：大恶之人。指魏明帝曹叡。枭：把头悬挂在木桩上示众，这里是诛杀的意思。

[译文]

冬季，诸葛亮又从散关出兵，包围了陈仓，曹真抵挡他，诸葛亮因粮食吃完而退兵。魏将王双率领骑兵追击诸葛亮，诸葛亮和王双交战，打败了魏军，杀死了王双。

建兴七年（229），诸葛亮派陈式去攻打武都和阴平。魏雍州刺史郭淮率领军队准备攻打陈式，诸葛亮亲自出兵到建威，郭淮退了回去，蜀国平定了武都、阴平二郡。后主下诏书册封诸葛亮说："街亭一仗的过失在马谡，而您把责任归于自己，深刻地自责，降低自己的官职。我不愿违背您的意愿，答应了您的要求，降职为代理丞相。去年您指挥军队，杀死了王双。今年去征讨魏国，郭淮败逃。您招降了氐族、羌族百姓，收复了武都、阴平二郡。您的威严震慑了凶恶的暴徒，功勋显赫。现在天下战乱不定，首恶还没有被处死。您承受重大的责任，肩负国家的重担，却长期自己压抑自己，这不利于发扬光大先帝的伟大功业。现在恢复您丞相的官职，请您不要推辞。"

建兴九年（231），诸葛亮再次从祁山出击，用木牛运粮，因为粮食吃光而退兵，与魏将张郃交战，射死了张郃。

建兴十二年（234）春季，诸葛亮出动全部军队从斜谷进军，用流马运粮，占领了武功的五丈原，和司马懿在渭南相对峙。诸葛亮经常担心粮食不能及时供应，使得自己的志向不能实现，因此分派一部分军队屯田，作为长久驻守的基础。耕田的士兵分散杂住在渭水边上的居民中，百姓们仍能安居乐业，士兵也没有私自去谋利的。双方相对峙了一百多天。这一年的八月，诸葛亮患病，在军营中去世，时年五十四岁。等到蜀军退走后，司马懿去巡视蜀军原来的营垒和住所，感叹道："诸葛亮真是天下的奇才啊！"

[原文]

亮遗命葬汉中定军山，因山为坟，冢[①]足容棺，敛以时服[②]，不须器物。诏策曰："惟君体资文武[③]，明睿笃诚[④]，受遗托孤[⑤]，

殒大星汉丞相归天

匡⑥辅朕躬，继绝兴微，志存靖⑦乱；爰整六师，无岁不征，神武赫然，威震八荒，将建殊功于季汉，参伊、周之巨勋。如何不吊，事临垂克，遘疾陨丧！朕用伤悼，肝心若裂。夫崇德序功，纪行命谥，所以光昭将来，刊载不朽。今使使持节左中郎杜琼，赠君丞相武乡侯印绶，谥君为忠武侯。魂而有灵，嘉兹宠荣。呜呼哀哉！呜呼哀哉！”

初，亮自表后主曰：“成都有桑八百株，薄田十五顷，子弟衣食，自有余饶。至于臣在外任，无别调度，随身衣食，悉仰于官，不别治生，以长尺寸。若臣死之日，不使内有余帛，外有赢财，以负陛下。”及卒，如其所言。

[注释]

①冢：坟墓。②敛：给尸体穿上衣服入棺材。时服：合乎当时时令的衣服。③体资：天资。文武：文才武略。④明睿笃诚：非常智慧，忠厚诚信。⑤托孤：接受遗孤。⑥匡：辅助。⑦靖：平定。

[译文]

诸葛亮在遗嘱中说把他葬在汉中的定军山，就着山势建坟墓，墓穴可以容下棺材就足够了，用日常穿的衣服收敛他，不要其他的器物。后主下诏书说：“您具有文武兼备的才能，聪明睿智，忠厚诚恳，接受先帝托孤的遗命，辅佐我，延续了灭绝的帝室，振兴了衰微的国家。您的心中总想着平定暴乱，整顿军队，没有一年不出征。神明勇武十分显赫，威严震慑四面八方，将要为汉代子孙建立伟大的功绩，可以与伊尹、周公的巨大功勋相媲美。为什么上天不发慈悲，在事业接近成功的时候，却让您患病去世！我因此悲伤哀悼，心肝都要破裂了。要崇尚您的德行，评定您的功勋，记录您的行为，确定您的谥号，用来向后代昭示您的光辉业绩，载入史册，永不磨灭。现在派左中郎将杜琼追赠丞相您武乡侯的印章与绶带，追封您的谥号为忠武侯。您的魂灵如果有知，也会为这种恩宠和荣耀而欣慰的。哎呀，真悲伤啊！哎呀，真悲伤啊！”

早年，诸葛亮曾给后主上奏章说：“我在成都有八百棵桑树、十五顷薄田。我的亲戚和子孙们需要的衣食，可以靠它们保障，还有些富余。至于我在外面任职，没有别的花销，自己的吃穿，都靠官府供给，不再经营别的产业，来增加一些家财。到了我死的那一天，不会让家中有多余的布帛，也不让家人在外面有多余的钱财，以免辜负陛下的重托。”到了诸葛亮死时，家中财产就和他讲的一样。

[原文]

亮性长于巧思，损益连弩[1]，木牛流马，皆出其意；推演兵法，作八陈图，咸得其要云。亮言教[2]书奏多可观，别为一集。

景耀六年春，诏为亮立庙于沔(miǎn)阳。秋，魏镇西将军钟会征蜀，至汉川，祭亮之庙，令军士不得于亮墓所左右刍牧樵(qiáo)采[3]。亮弟均，官至长水校尉。亮子瞻，嗣爵[4]。

诸葛氏集目录：开府作牧第一、权制第二、南征第三、北出第四、计算第五、训厉第六、综核上第七、综核下第八、杂言上第九、杂言下第十、贵和第十一、兵要第十二、传运第十三、与孙权书第十四、与诸葛瑾书第十五、与孟达书第十六、废李平第十七、法检上第十八、法检下第十九、科令上第二十、科令下第二十一、军令上第二十二、军令中第二十三、军令下第二十四。右二十四篇，凡十万四千一百一十二字。

孔明造木牛流马

臣寿[5]等言：臣前在著作郎，侍中领中书监济北侯臣荀勖(xù)、中书令关内侯臣和峤(qiáo)奏，使臣定故蜀丞相诸葛亮故事[6]。亮毗佐[7]危国，负阻不宾，然犹存录其言，

耻善有遗，诚是大晋光明至德，泽被无疆，自古以来，未之有伦也。辄删除复重，随类相从，凡为二十四篇，篇名如右。

[注释]

①损益：改革。连弩：装有机栝，可以连续发射箭的弓。②言教：言论、教诲。③刍：割草。牧：放牧。樵：砍柴。采：采摘。④嗣爵：继承爵位。⑤臣寿：指代陈寿自己。⑥故事：过去的事迹。⑦毗佐：辅佐。

[译文]

诸葛亮生性擅长发明，有很多巧妙的思想。能连续发射的弩箭、木牛流马，都出自他的设计。他推算演练兵法，加以发展，创出八阵图，都深得其中的要领。诸葛亮的言论、教令、书信、奏章中，很多都值得观看，这些被另外编成一集。

景耀六年（263）春天，刘禅下诏书为诸葛亮在沔阳建立祠庙。秋天，魏国镇西将军钟会征伐蜀国，到了汉川，去祭祀诸葛亮的祠庙，命令军队士兵们不许在诸葛亮的墓地周围打柴、放牧。诸葛亮的弟弟诸葛均，官做到长水校尉。诸葛亮的儿子诸葛瞻继承了他的爵位。

《诸葛亮集》目录：开府作牧第一、权制第二、南征第三、北出第四、计算第五、训厉第六、综核上第七、综核下第八、杂言上第九、杂言下第十、贵和第十一、兵要第十二、传运第十三、与孙权书第十四、与诸葛瑾书第十五、与孟达书第十六、废李平第十七、法检上第十八、法检下第十九、科令上第二十、科令下第二十一、军令上第二十二、军令中第二十三、军令下第二十四。以上二十四篇，一共十万四千一百一十二字。

臣陈寿等人奏言：我在以前任著作郎的时候，侍中领中书监济北侯荀勖、中书令关内侯和峤上奏，委派我整理已故的蜀国丞相诸葛亮的事迹。诸葛亮辅佐处于危境的蜀国，凭借险阻，不向魏国称臣。但是现在仍然保存了他的言论，把遗漏有益的记载当作羞耻，这确实是表明大晋王朝有至高的德行，光明正大，恩泽普及天下，自古以来，没有一个朝代可以与之相比。我就删掉重复的内容，把相同类型的文章排在一起，一共编成二十四篇，篇名如上所述。

[原文]

亮少有逸群①之才，英霸之器②，身长八尺，容貌甚伟，时人异③焉。遭汉末扰乱，随叔父玄避难荆州，躬耕于野，不求闻达。时左将军刘备以亮有殊量④，乃三顾亮于草庐之中；亮深谓备雄姿杰出，遂解带写诚⑤，厚相结纳。及魏武帝南征荆州，刘琮举州⑥委质，而备失势众寡，无立锥之地。

亮时年二十七，乃建⑦奇策，身使孙权，求援吴会。权既宿服仰备，又睹亮奇雅，甚敬重之，即遣兵三万人以助备。备得用与武帝交战，大破其军，乘胜克捷，江南悉平。后备又西取益州。益州既定，以亮为军师将军。备称尊号，拜亮为丞相，录尚书事。及备殂(cú)没，嗣子幼弱，事无巨细，亮皆专之。于是外连东吴，内平南越，立法施度，整理戎旅，工械技巧，物究其极，科教严明，赏罚必信，无恶不惩，无善不显，至于吏不容奸，人怀自厉，道不拾遗，强不侵弱，风化肃然也。

诸葛亮像

[注释]

①逸群：超群。②英霸：英雄宏伟。器：气量，度量。③异：惊奇。④殊量：特殊的胆识、才能。⑤解带写诚：以诚相待。解带，比喻敞开胸怀。写，表达。⑥举州：带领全州。⑦建：拿出，献出。

[译文]

诸葛亮年幼时就有出众的才华和豪迈的英雄气概。他身高八尺，相貌不凡，当时的人们都看出他不同寻常。正遇上汉代末年动乱不安，诸葛亮随叔叔诸葛玄到荆州去避难，自己在田地中耕种，不追求做官扬名。当时左将军刘备认为诸葛亮有特殊的才能，就三次到草房中去访问诸葛亮；诸葛亮也深深感到刘备姿态威武，才德出众，就坦诚地向他倾吐心声，两个人结成了深厚的友谊。到曹操南征荆州时，刘琮献出全州投降，刘备失势，兵力弱小，没有一点儿土地。

诸葛亮当时才二十七岁，就献上奇计，亲自出使孙权那里，向吴国求援。孙权以前就佩服尊敬刘备，又看到诸葛亮的奇才和高雅风度，非常敬重他，就派出三万士兵援助刘备。刘备得以和曹操交战，把曹军打得大败。又乘胜连续进攻，取得胜利，把长江以南全部平定。以后刘备又向西攻取了益州。平定益州之后，刘备任命诸葛亮做军师将军。刘备称皇帝以后，拜诸葛亮为丞相，处理尚书事务。到了刘备去世后，继位的皇子年纪幼小，不论大小事务，都由诸葛亮决定。于是对外和东吴联

武侯归天

盟，对内平定南越，确定法律制度，整顿军队，各种军用器械的制作技术都达到极度精巧的程度，法规号令严明，赏罚一定公正，没有一个恶人不被惩处，没有一件好事不受到表彰，官吏中不容许有营私舞弊存在，每个人都奋发努力，道路上丢失的东西没有人拾，强壮的人不欺侮弱小，社会风气安定而有秩序。

[原文]

当此之时，亮之素志，进欲龙骧(xiāng)虎视①，苞②括四海，退欲跨陵③边疆，震荡宇内。又自以为无身之日④，则未有能蹈涉中原、抗衡上国者，是以用兵不戢⑤，屡耀其武。然亮才，于治戎为长，奇谋为短；理民之干，优于将略。而所与对敌，或值人杰，加众寡不侔，攻守异体，故虽连年动众，未能有克。昔萧何荐韩信，管仲举王子城父，皆忖己之长，未能兼有故也。亮之器能政理⑥，抑亦管、萧之亚匹⑦也，而时之名将无城父、韩信，故使功业陵迟，大义不及邪？盖天命有归，不可以智力争也。

青龙二年春，亮帅众出武功，分兵屯田，为久驻之基。其秋病卒，黎庶追思，以为口实。至今梁、益之民，咨述亮者，言犹在耳，虽《甘棠》之咏召公，郑人之歌子产，无以远譬也。孟轲有云："以逸道使民，虽劳不怨；以生道杀人，虽死不忿。"信矣！论者或怪亮文采不艳，而过于丁宁周至。

臣愚以为咎繇大贤也，周公圣人也，考之《尚书》，咎繇之谟略而雅，周公之诰(gào)烦而悉。何则？咎繇与舜、禹共谈，周公与群下矢誓故也。亮所与言，尽众人凡士，故其文指不得及远也。然其声教遗言，皆经事综物，公诚之心，形于文墨，足以知其人之意理，而有补于当世。

[注释]

①龙骧虎视：是说志气高远，顾盼自雄。②苞：通“包”，包含，包括。③跨陵：跨越。④无身之日：也就是说死了的时候。⑤用兵不戢：不断用兵。⑥政理：有卓越的政绩。⑦亚匹：同类人物。

[译文]

在这时，诸葛亮的夙愿是：进则准备像蛟龙奔驰、猛虎环视一样统一全国；退则也要跨越边境进攻，使天下震动不安。他又认为自己死去以后，蜀国就没有能踏进中原、与魏国相抗衡的人了，因此不断用兵，多次显耀他的武力。然而诸葛亮在治理军队上很擅长，但在出奇制胜方面就显然有所不足；他治理国家的才干，比他指挥作战的本领更强。而与他为敌的对手，有些正是杰出的人才，加上寡不敌众，进攻和防守的情况不同，所以尽管他连年出兵进攻，却没有取胜。过去萧何推荐韩信，管仲推举王子城父，全都是由于揣度了自己的特长，觉得自己不能同时兼有各方面才能的原因。诸葛亮的才能和治理国家的本领，和管仲、萧何他们相同，但当时蜀国却没有王子城父、韩信那样的名将，所以使得他的功业受挫，没有能达到最终目的。这可能是天命注定的，不是靠人的智慧和力量去争取到的。

魏青龙二年（234）春天，诸葛亮率领军队从武功出击，分出一部分士兵屯田，建立长期驻扎的基地。当年秋天因病去世，百姓们怀念他，传颂他的事迹。直到现在，梁州、益州的人民还在称赞诸葛亮；讲述诸葛亮事迹的言语，还在耳边回响。就算取古人用《甘棠》称颂召公、郑国人歌颂子产这样的例子来比喻，也无法比拟人们对诸葛亮的怀念。孟轲有句话说：“为了让人民安乐的目的去使用人民，即使劳累人民也不埋怨；为了让人民生存的目的去作战杀人，即使死了人民也不会怨恨。”这话真正确啊！议论的人们有时责怪诸葛亮的文辞不够华丽，却过于细致周密。

我的愚见是：咎繇是大贤人，周公是圣人，考察一下《尚书》，咎繇陈述谋略的文辞简略又典雅，周公诰命的文辞繁琐又详细。为什么呢？这是因为咎繇是和舜、禹谈话，周公是和部下们共同约定誓言的缘故。诸葛亮讲话的对象都是平凡的士人和民众，所以他的文章意旨不能达到深远奥妙的地步。然而他的教令和留下的言论，全都是他经历的事情和综合总结出的经验，公正诚实的心在文辞中全表现了出来，足可以从中了解诸葛亮的思想品质，并对当代有所裨益。

[原文]

伏惟陛下迈踪古圣，荡然无忌①，故虽敌国诽谤之言，咸肆其辞而无所革讳②，所以明大通之道也。谨录写上诣著作。臣寿诚惶诚恐，顿首顿首③，死罪死罪。泰始十年二月一日癸巳（guǐ sì），平阳侯相臣陈寿上。

乔字伯松，亮兄瑾之第二子也，本字仲慎。与兄元逊俱有

名于时，论者以为乔才不及兄，而性业过之。初，亮未有子，求乔为嗣，瑾启孙权遣乔来西，亮以乔为己适子，故易其字焉。拜为驸马都尉，随亮至汉中。年二十五，建兴六年卒。子攀，官至行护军翊武将军，亦早卒。诸葛恪见诛于吴，子孙皆尽，而亮自有胄裔，故攀还复为瑾后。

[注释]

①伏惟：下级对上级的敬辞。迈踪古圣：跟随古圣的足迹。此处指效法古代圣主。荡然无忌：为人坦坦荡荡，没有任何顾忌。②革讳：修改和忌讳。③顿首顿首：古代常常用顿首来表示谢罪。

[译文]

因为陛下效法古代的圣主，胸怀坦荡，无所顾忌，所以即使是敌对国家诽谤的语言，我也全部保留下来，没有避讳和改动，以此表明宽通的道理。谨抄录了诸葛亮的著作送上。臣陈寿诚惶诚恐，向陛下叩头再叩头，死罪死罪。泰始十年（274）二月一日癸巳，平阳侯相臣陈寿上。

诸葛乔，字伯松，是诸葛亮的哥哥诸葛瑾的第二个儿子，本来的表字是仲慎。他和哥哥诸葛元逊（恪）在当时都很有名气。议论的人认为诸葛乔的才能不如他的哥哥，而性情和为人都超过了他的哥哥。当初，诸葛亮没有儿子，要求诸葛乔过继给他，诸葛瑾禀告孙权后，送诸葛乔到西蜀来。诸葛亮把诸葛乔作为自己的嫡长子，所以把他的字改成伯松。诸葛乔被任命为驸马都尉，随着诸葛亮到汉中。他在建兴六年（228）去世，年仅二十五岁。诸葛乔的儿子诸葛攀，官做到行护军翊武将军，也很早去世。诸葛恪在吴国被诛杀，子孙都被杀光了，而诸葛亮自己也有了后代，所以诸葛攀回到吴国又成为诸葛瑾的后代。

诸葛瞻

[原文]

瞻字思远。建兴十二年，亮出武功，与兄瑾书曰："瞻今已八岁，聪慧可爱，嫌其早成①，恐不为重器②耳。"

年十七，尚公主③，拜骑都尉。其明年为羽林中郎将，屡迁射声校尉、侍中、尚书仆射，加军师将军。瞻工书画，强识念④，蜀人追思亮，咸爱其才敏。每朝廷有一善政佳事⑤，虽非瞻所建倡，百姓皆传相告曰：“葛侯之所为也。”是以美声溢誉，有过其实。

诸葛瞻大战邓艾

景耀四年，为行都护卫将军，与辅国大将军南乡侯董厥并平尚书事。六年冬，魏征西将军邓艾伐蜀，自阴平由景谷道旁入。瞻督诸军至涪停住，前锋破，退还，住绵竹。艾遣书诱瞻曰：“若降者必表为琅邪(láng yá)王。”瞻怒，斩艾使。遂战，大败，临陈死，时年三十七。众皆离散，艾长驱至成都。瞻长子尚，与瞻俱没。次子京及攀子显等，咸熙元年内移河东。

[注释]

①早成：成熟得早。②重器：大器，能胜任大事的人。③尚公主：娶了帝王的女儿做妻子。④强识念：记忆能力强，又用心刻苦。⑤善政佳事：好的政策和好的事情。

[译文]

诸葛瞻，字思远。建兴十二年（234），诸葛亮从武功出兵，给哥哥诸葛瑾写信说：“诸葛瞻现在已经八岁了，聪明可爱，但我担心他过早成熟，恐怕不会成为国家的栋梁之才。”

诸葛瞻十七岁时，娶了公主，被任命为骑都尉。第二年被任命为羽林中郎将，历任射声校尉、侍中、尚书仆射，加封军师将军。诸葛瞻工于书画，博识强记。蜀国人怀念诸葛亮，全都喜爱他的才华和聪敏。每当朝廷有了一项好的政策，办了好事，即使不是诸葛瞻所提倡的，百姓们也都传说：“这是诸葛侯爷所做的。”因此诸葛瞻得到的美好名声和过多赞誉，有些言过其实。

景耀四年（261），诸葛瞻任行都护卫将军，和辅国大将军南乡侯董厥一起处理尚书事务。景耀六年（263）冬天，魏国征西将军邓艾攻打蜀国，从阴平经过景谷道旁边进入蜀地。诸葛瞻统领各军到涪县停下驻扎，前锋部队被打败，退回来驻守绵竹。邓艾派人送信劝诱诸葛瞻说："如果您投降，我一定上表封您做琅玡王。"诸葛瞻大怒，杀死了邓艾的信使。诸葛瞻就和邓艾交战，大败，在战场上战死，当时他只有三十七岁。蜀军士兵全逃散了，邓艾长驱直入，到达成都。诸葛瞻的长子诸葛尚和诸葛瞻一起战死。他的二儿子诸葛京和诸葛攀的儿子诸葛显等人，都在咸熙元年（264）迁移到了河东。

[原文]

董厥者，丞相亮时为府令史，亮称之曰："董令史，良士也，吾每与之言，思慎宜适[1]。"徙为主簿。亮卒后，稍迁至尚书仆射，代陈祗[zhī]为尚书令，迁[2]大将军，平台事[3]，而义阳樊建代焉。

延熙十四年，以校尉[4]使吴，值孙权病笃，不自见建。权问诸葛恪曰："樊建何如宗预[5]也？"恪对曰："才识不及预，而雅性过之。"后为侍中，守[6]尚书令。自瞻、厥、建统事，姜维常征伐在外，宦人黄皓窃弄机柄，咸共将护，无能匡矫，然建特不与皓和好往来。蜀破之明年春，厥、建俱诣京都，同为相国参军，其秋并兼散骑常侍，使蜀慰劳。

评曰：诸葛亮之为相国也，抚百姓，示仪轨[7]，约官职[8]，从权制[9]，开诚心，布[10]公道；尽忠益时者虽仇必赏；犯法怠慢者虽亲必罚。服罪输情[11]者虽重必释；游辞巧饰者虽轻必戮[lù]。善无微而不赏，恶无纤而不贬。庶事精练，物理其本，循名责实，虚伪不齿。终于邦域之内，咸畏而爱之，刑政虽峻而无怨者，以其用心平而劝戒明也。可谓识治之良才，管、萧之亚匹矣。然连年动众，未能成功，盖应变将略，

诸葛亮

非其所长欤！

[注释]

①令史：丞相府属吏，分掌众事。思慎宜适：思虑谨慎而且恰当。②迁：升官，提升。③平台事：东汉以来，政权都归尚书管，尚书令的权力越来越大，逐渐成为中央的最高行政长官。④校尉：汉朝仅次于将军的武官职位。⑤宗预：人名。⑥守：古代的官阶低但是所任的职务高，叫守，也就是代理。⑦仪轨：礼仪，法度。⑧约官职：减少官职。⑨从：依从。权制：合乎时宜的制度。⑩布：推行。⑪输情：表达真情。

[译文]

董厥，在丞相诸葛亮在世时做丞相府的令史。诸葛亮称赞他说："董令史是优秀的人才。我每次和他谈话，都感到他考虑问题总是慎重适宜。"把他升为主簿。诸葛亮去世后，董厥逐渐升到尚书仆射，代替陈祗做尚书令，升任大将军，处理尚书台的事务，后来由义阳人樊建代替他做尚书令。

延熙十四年（251），樊建以校尉的身份出使吴国，正遇上孙权病重，不能亲自接见樊建，孙权问诸葛恪："樊建比起宗预怎么样？"诸葛恪回答说："樊建的才能见识不如宗预，但是高雅的性情要超过他。"后来樊建任侍中，代理尚书令。自从诸葛瞻、董厥、樊建统管政事以来，姜维经常在外征伐作战，宦官黄皓暗中玩弄权术，诸葛瞻等人全维护黄皓，没有人能纠正他，然而只有樊建不和黄皓往来交好。蜀国被占领后的第二年春天，董厥、樊建全都到了京城拜见魏帝，两个人都被任命为相国参军，当年秋天一同兼任散骑常侍，出使蜀郡慰劳百姓。

评论说：诸葛亮作为丞相，安抚百姓，宣布仪范规矩，精简官职，依从临时合宜的制度，袒露诚心，推行公道。对尽忠并有益于时代的人，即使是仇敌也一定给以奖赏；对违犯法令、怠慢官府的人，即使是亲戚也一定处罚。对认罪并表示悔改的犯人，即使是重罪也会宽释；对供词犹豫不定而又巧言掩饰的犯人，即使是轻罪也一定处死。对做了好事的人，没有因为事情微小而不奖赏的；对作恶的人，没有因为坏事纤细而不贬斥的。诸葛亮对各项日常事务都精通，能抓住事物的根本，根据人的名声去核查他的实质，对虚伪的人不屑一顾。在蜀国国境之内，人民都敬畏而又热爱他，他施行的刑法政令虽然严峻，却没有人怨恨他，是因为他能够心地公平而且明确地告诫大家。诸葛亮可以说是懂得如何治理国家的杰出人才，可以与管仲、萧何相提并论。然而他连年兴师动众出兵作战，却没有取得成功，大概是因为随机应变的机智与指挥战争的谋略等方面，不是他所擅长的缘故吧！

宴桃园豪杰三结义

关张马黄赵传

[原文]

关羽字云长，本字长生，河东解人也。亡命奔涿(zhuō)郡。先主于乡里合徒众，而羽与张飞为之御侮。先主为平原相，以羽、飞为别部司马，分统部曲①。先主与二人寝则同床，恩若兄弟。而稠人广坐，侍立②终日，随先主周旋③，不避艰险。先主之袭杀徐州刺史车胄(zhòu)，使羽守下邳(pī)城，行太守事，而身还小沛。

[注释]

①部曲：私人招募的武装。②侍立：在尊长身侧陪立。③周旋：交际应酬。

[译文]

关羽字云长，本字是长生，是河东郡解县人。曾经逃跑到了涿郡。这时候，刘备正在乡里聚集兵马，有关羽和张飞替他效力，抵御侵侮。刘备当了平原相，让关羽、张飞做别部司马，分别统领部分军队。刘备和他们两人睡同一张床，他们的恩情就像亲兄弟一样。而在大庭广众之中，他们两个整天侍立在刘备身边，跟随着刘备应酬，不躲避艰险。刘备袭击、杀害了徐州刺史车胄，他命令关羽镇守下邳城，代理太守的职务，他自己回到了小沛。

[原文]

建安五年，曹公东征，先主奔袁绍。曹公禽①羽以归，拜为偏将军，礼之甚厚。绍遣大将颜良攻东郡太守刘延于白马，曹公使张辽及羽为先锋击之。羽望见良麾(huī)盖②，策马刺良于万众之中，斩其首还，绍诸将莫能当③者，遂解白马围。曹公即表封羽为汉寿亭侯。初，曹公壮羽为人，而察其心神无久留之意，谓张辽曰："卿试以情问之。"既而辽以问羽，羽叹曰："吾极知曹公待我厚，然吾受刘将军厚恩，誓以共死，不可背之。吾终不留，吾要当立效以报曹公乃去。"辽以羽言报曹公，曹公义之。及羽杀颜良，曹公知其必去，重加赏赐。羽尽封其所赐，拜书告辞，而奔先主于袁军。左右欲追之，曹公曰："彼各为其主，勿追也。"

刘备自领益州牧

[注释]

①禽：通"擒"。②麾盖：旗帜和伞盖。③当：抵挡。

[译文]

建安五年（200），曹公向东征发，刘备投奔到袁绍门下。曹操捉拿了关羽回师，授予他偏将军的官职，对他非常客气。袁绍派大将颜良在白马攻打东郡的太守刘延，曹操派张辽和关羽作为先锋去攻打他们。关羽远远地就看到了颜良的战旗和伞盖，于是策马前进，在千军万马之中杀死颜良，砍下他的首级回来了，袁绍的所有将领没有能阻挡他的，于是白马之围就被解除了。曹操立即上表封关羽为汉寿亭侯。当初，曹操很欣赏关羽的为人，但是他看出关羽不想久留在曹操的身旁，就对张辽说："你以私人的交情去帮我试探他。"不久张辽私下里询问关羽，关羽叹息道："我非常明白曹公对我的深厚情谊，但是我曾受到过刘将军的知遇之恩，我发誓要和他同生共死，是不可以违背的。我还是不能留下啊，我一定要立下功劳报答了曹公才会离开的。"张辽把关羽的话报告给了曹公，曹公认为他是义士。等到关羽杀了颜良，曹公知道他一定会离开的，于是大加赏赐他。关羽把曹操所赐的东西都封存了起来，呈上书信告辞了，向袁绍的军中投奔刘备去了。曹操身边的人想追回他，曹公说："每个人都是为了自己的主人，不要追了。"

[原文]

从先主就刘表。表卒，曹公定荆州，先主自樊将南渡江，别遣羽乘船数百艘会江陵。曹公追至当阳长阪(bǎn)，先主斜趣汉津，适与羽船相值，共至夏口。孙权遣兵佐先主拒曹公，曹公引军

退归。先主收江南诸郡，乃封拜元勋，以羽为襄阳太守、荡寇将军，驻江北。先主西定益州，拜羽董督荆州事。羽闻马超来降，旧非故人①，羽书与诸葛亮，问超人才可谁比类②。亮知羽护前③，乃答之曰：“孟起兼资文武，雄烈过人，一世之杰，黥（qíng）、彭之徒，当与益德并驱争先，犹未及髯（rán）之绝伦逸群也。”羽美须髯，故亮谓之髯。羽省书大悦，以示宾客。

［注释］

①故人：旧友。②比类：相比。③护前：护短。

［译文］

关羽跟从刘备归附了刘表。刘表死了，曹操平定了荆州，刘备从樊城出发打算向南渡江，另外派关羽带领船只数百艘在江陵相会。曹操追到当阳长阪，刘备抄小路快速到达汉津，正好和关羽的船相遇，共同到了夏口。孙权派兵帮助刘备抵抗曹操，曹操带领军队撤退回到驻地。刘备收复了江南的各个郡，于是赏赐、加封有大功的人，任命关羽担任襄阳太守、荡寇将军，驻守江北。刘备向西平定了益州，于是授予关羽董督荆州的职务。关羽听说马超要来归降，他又不是关羽的老朋友，于是关羽给诸葛亮写信询问，他问马超的才能能和谁相比。诸葛亮知道关羽好强护短，于是答复他说：“孟起这个人能文善武，他的勇猛超过了一般人，是一代的人才，和黥布、彭越是一类人，马超这个人可以和益德争个高下，但是还不您你美髯公那么超出众人。”关羽的胡须很好看，诸葛亮称他为美髯公。关羽看了回信非常高兴，把信给宾客看。

［原文］

羽尝为流矢所中，贯其左臂，后创①虽愈，每至阴雨，骨常疼痛，医曰：“矢镞（zú）有毒，毒入于骨，当破臂作创，刮骨去毒，然后此患乃除耳。”羽便伸臂令医劈之。时羽适请诸将饮食相对，臂血流离②，盈于盘器，而羽割炙引酒，言笑自若。

二十四年，先主为汉中王，拜羽为前将军，假节钺（yuè）。是岁，羽率众攻曹仁于樊。曹公遣于禁助仁。秋，大霖雨，汉水泛溢，禁所督七军皆没。禁降羽，羽又斩将军庞德。梁、郏、陆浑群盗或遥受羽印号，为之支党，羽威震华夏。曹公议徙许都以避其锐③，司马宣王、蒋济以为关羽得志，孙权必不愿也。可遣人

关云长刮骨疗毒

劝权蹑其后，许割江南以封权，则樊围自解。曹公从之。先是，权遣使为子索羽女，羽骂辱其使，不许婚，权大怒。又南郡太守麋芳在江陵，将军士仁屯公安，素皆嫌羽轻己。自羽之出军，芳、仁供给军资，不悉相救。羽言“还当治之”，芳、仁咸怀惧不安。于是权阴诱芳、仁，芳、仁使人迎权。而曹公遣徐晃救曹仁，羽不能克，引军退还。权已据江陵，尽虏羽士众妻子，羽军遂散。权遣将逆击羽，斩羽及子平于临沮。

追谥羽曰壮缪侯。子兴嗣。兴字安国，少有令问[4]，丞相诸葛亮深器异之。弱冠为侍中、中监军，数岁卒。子统嗣，尚公主，官至虎贲中郎将。卒，无子，以兴庶子[5]彝(yí)续封。

[注释]

①创：创伤、伤口。②流离：淋漓，往下滴的样子。③锐：锋锐。④令问：好名声。⑤庶子：妾所生的儿子。

[译文]

关羽曾经被流箭射中，箭穿透了他的左臂，后来箭伤虽然愈合了，但是每到阴雨天，他的骨头就十分疼痛，医生说：“箭头上有毒，而且那毒已经渗入到骨头里了，应该割开手臂受伤的地方，刮去骨头上的余毒，然后这种病痛才能消除。”关羽于是伸出手臂让医生割开伤口。当时关羽恰好请了将领们一起喝酒，手臂上的血一直往下流，居然流满了一盘子，但是关羽却能割着烤肉拿着酒杯，像往常一样谈笑。

建安二十四年（219），刘备做了汉中王，授予关羽前将军的官职，授予符节黄钺。就是这一年，关羽带领军队在樊城攻打曹仁。曹操派于禁帮助曹仁。这年秋天，大雨一直下个不停，汉水泛滥，于禁所带领的七路人马都被淹死了。于禁投降了关羽，关羽又斩了将军庞德。梁县、郏县、陆浑等地方的各种强盗，有的在远处接受了关羽的官印和称号，成为他的支系党羽，关羽于是在中原地区很有名声。曹操商量着迁到许都去来避开他的锋芒，司马宣王、蒋济都认为关羽现在很得志了，孙权一定很不愿意。可以派人去劝说孙权偷袭关羽的后方，答应割江南这个地方封给孙权，那么这样就能解除樊城的围困。曹操听从了他的意见。在这之前，孙权派使者为自己的儿子向关羽求娶他的女儿为妻，关羽大骂孙权的使者，不答应这门婚事，孙权非常气愤。加上在江陵驻守的南郡太守糜芳，在公安驻守的将军士仁，向来很憎恨关羽看不起自己。每次关羽出兵征战，都是糜芳、士仁给他供给军资，但不尽全力援救。关羽说“回去就整治他们”，糜芳、士仁都非常害怕。于是孙权暗中劝诱糜芳、士仁，糜芳、士仁便派人迎接孙权。况且曹操又派徐晃来援救曹仁，关羽不能攻下樊城，带领军队回去了。孙权已经盘踞了江陵，俘虏了关羽的全部人马和妻子儿女，关羽的军队于是溃败了。孙权派将领迎击关羽，在临沮把关羽和他的儿子关平杀了。

后主刘禅追封关羽的谥号为壮缪侯。他的儿子关兴继承了父爵。关兴字安国，很小的时候就有好的名声，丞相诸葛亮非常器重赏识他。他二十岁的时候就做了侍中、中监军，几年后就去世了。关兴的儿子关统继承了父爵，娶了公主做妻子，官做到了虎贲中郎将。等到他死的时候还没有儿子，让关兴的庶子彝继承了封号。

[原文]

张飞字益德，涿(zhuō)郡人也，少与关羽俱事先主。羽年长数岁，飞兄事之。先主从曹公破吕布，随还许，曹公拜飞为中郎将。

张翼德大闹长阪桥

先主背曹公依袁绍、刘表。表卒，曹公入荆州，先主奔江南。曹公追之，一日一夜，及于当阳之长阪。先主闻曹公卒①至，弃妻子走，使飞将二十骑拒后。飞据水断桥，瞋目横矛曰：“身是张益德也，可来共决死！”敌皆无敢近者，故遂得免。

先主既定江南，以飞为宜都太守、征虏将军，封新亭侯，后转在南郡。

先主入益州，还攻刘璋，飞

与诸葛亮等泝(sù)流[2]而上，分定郡县。至江州，破璋将巴郡太守严颜，生获颜。飞呵颜曰："大军至，何以不降而敢拒战？"颜答曰："卿等无状[3]，侵夺我州，我州但有断头将军，无有降将军也。"飞怒，令左右牵去斫(zhuó)[4]头，颜色不变，曰："斫头便斫头，何为怒邪！"飞壮而释之，引为宾客。飞所过战克，与先主会于成都。益州既平，赐诸葛亮、法正、飞及关羽金各五百斤，银千斤，钱五千万，锦千匹，其余颁赐各有差，以飞领巴西太守。

[注释]

①卒：通"猝"，仓促。②泝流：逆流。③无状：无礼。④斫：砍。

[译文]

张飞字益德，是涿郡人，他年轻的时候就和关羽一起侍奉刘备。关羽比张飞大几岁，张飞像对待兄长一样对待他。刘备跟随曹操打败吕布，又跟随他回到许昌，曹操任命张飞为中郎将。

后来，刘备背叛了曹操归顺了袁绍、刘表。等刘表死了，曹操进入荆州，刘备逃到了江南。曹操一路追击他，追了一天一夜，一直到了当阳的长阪。刘备听说曹操也来了，就撇下了妻子儿女逃跑了，命令张飞率二十多个骑兵为他断后。张飞据水断桥，瞪大眼睛举着长矛说："我就是张益德，谁来决一死战！"敌人没有敢近前的，于是刘备等才有机会逃脱。

刘备平定江南以后，任命张飞担任宜都太守、征虏将军，又封他做新亭侯，后来又转到了南郡。

刘备到达益州，后来又回师攻打刘璋，张飞和诸葛亮等沿着水流一路而上，分头平定了郡县。等到了江州，击破刘璋的大将巴郡太守严颜，并且活捉了严颜。张飞责备严颜说："大军已经来了，你为什么不投降却还抵抗呢？"严颜回答说："是你们无礼，入侵并抢夺我们的州县，我们的州县里只有可以被砍下头的将军，没有投降的将军。"张飞非常愤怒，命令身边的人把他拉出去砍头，严颜脸上没有害怕的表情，他说："砍头就砍头，生气干什么！"张飞很欣赏他就把他给放了，把他引为自己的宾客。张飞所到的地方都被攻下了，在成都和刘备会合了。益州已经被平定，刘备于是赏赐诸葛亮、法正、张飞和关羽每人黄金五百斤，白银一千斤，钱五千万，锦帛上千匹，其余人也都获得了数量不等的赏赐，让张飞担任巴西太守。

[原文]

曹公破张鲁，留夏侯渊、张郃守汉川。郃别督诸军下巴西，欲徙其民于汉中，进军宕渠、蒙头、荡石，与飞相拒五十余日。

猛张飞智取瓦口隘

飞率精卒万余人，从他道邀郃军交战，山道迮（zé）①狭，前后不得相救，飞遂破郃。郃弃马缘山，独与麾下十余人从间道②退，引军还南郑，巴土获安。

先主为汉中王，拜飞为右将军、假节。

章武元年，迁车骑将军，领司隶校尉，进封西乡侯，策曰：“朕承天序，嗣奉洪业，除残靖③乱，未烛厥理④。今寇虏作害，民被荼（tú）毒，思汉之士，延颈鹤望。朕用怛然，坐不安席，食不甘味，整军诰誓，将行天罚。以君忠毅，侔踪召虎，名宣遐迩，故特显命，高墉（yōng）进爵，兼司于京。其诞将天威，柔服以德，伐叛以刑，称朕意焉。《诗》不云乎，‘匪疚匪棘，王国来极。肇（zhào）敏戎功，用锡尔祉’。可不勉欤！”

[注释]

①迮：狭窄。②间道：小道。③靖：平定。④烛：明。厥：其。

[译文]

曹操打败张鲁，留下夏侯渊、张郃镇守汉川。张郃另外统率各路人马南下巴西，打算把那里的民众迁到汉中，他于是向宕渠、蒙头、荡石进军，和张飞相持了五十多天。张飞带领上万名士兵，从另外的路线拦击张郃的部队并与他交战，这个地方的山道很狭窄，部队的前面和后面不能相互营救，就被张飞的部队打败了。张郃丢弃了马沿着山爬行，仅仅和他部下的十几个人从小路退出来了，率领部队回到南郑，巴西地区才得到安宁。

刘备为汉中王时，任命张飞为右将军、给予符节。

章武元年（221），又升张飞做车骑将军，兼任司隶校尉，晋封为西乡侯，策书说：“我继承帝王的世系，继承祖先的大业，除去残余势力，消除叛乱，还没有使天下完全恢复秩序。现在贼寇作乱，民众受到伤害，我想念汉室的人，像鹤伸长脖子一样盼望着汉室复兴。我为这件事伤心难过，坐卧不安，吃饭不知道滋味，整治军队宣读誓辞，将要禀承上天之意对他们实行惩罚。因为你忠诚刚毅，你的事迹可以和召穆公相比，美好的名声远近闻名，特以帝王的名义向你授命，修筑府第，提升封号，兼管京城地区。希望你能继续发挥你的才能，用恩德使人归顺你，对叛逆的人实行刑罚，使我能够满意。《诗经》不也这么说，‘不要伤害百姓，不要心急，以王国作为准则。军事行动一定要迅速敏捷，会赐给你福禄的’。一定要勉励自己啊！”

［原文］

初，飞雄壮威猛，亚于关羽，魏谋臣程昱等咸称羽、飞万人之敌也。羽善待卒伍而骄于士大夫，飞爱敬君子而不恤小人[1]。先主常戒之曰：“卿刑杀既过差，又日鞭挝（zhuā）[2]健儿，而令在左右，此取祸之道也。”飞犹不悛（quān）。

马超

先主伐吴，飞当率兵万人，自阆（làng）中会江州。临发，其帐下将张达、范彊杀飞，持其首，顺流而奔孙权。飞营都督[3]表报先主，先主闻飞都督之有表也，曰：“噫！飞死矣。”追谥飞曰桓侯。长子苞，早夭。次子绍嗣，官至侍中尚书仆射。苞子遵为尚书，随诸葛瞻于绵竹，与邓艾战，死。

马超字孟起，扶风茂陵人也。父腾，灵帝末与边章、韩遂等俱起事于西州。初平三年，遂、腾率众诣长安。汉朝以遂为镇西将军，遣还金城，腾为征西将军，遣屯郿（méi）。后腾袭长安，败走，退还凉州。司隶校尉钟繇镇关中，移书遂、腾，为陈[4]祸福。腾遣超随繇讨郭援、高幹于平阳，超将庞德亲斩援首。后腾与韩遂不和，求还京畿。于是征为卫尉，以超为偏将军，封都亭侯，领腾部曲。

[注释]

①小人：指普通士兵。②鞭挝：鞭打。③都督：官名。④陈：陈述。

[译文]

当初，张飞胆子很大，作战威猛，仅次于关羽，魏国的谋臣程昱等都称关羽、张飞的勇力比得上一万人。关羽对待士兵很好，但是对士大夫却很傲慢，张飞喜爱敬重君子却不爱惜普通的军士。刘备常常告诫他说："你杀人就已经过分了，天天鞭打士兵，却又把他们放在身边，这样会引起祸患的。"张飞还是不肯悔改。

刘备讨伐吴国时，张飞正带领士兵上万人，从阆中出发到江州与刘备会合。在出发之前，他帐下的将领张达、范强把张飞杀了，拿着他的首级，顺着水流投奔孙权去了。张飞营里的都督上表报告刘备这件事，刘备听说张飞的都督上了表文，叹息道："唉！张飞死了。"追加张飞的谥号为桓侯。张飞的长子张苞，很年轻的时候就死了。他的第二个儿子张绍继承父爵，官做到了侍中尚书仆射。张苞的儿子张遵担任尚书，跟随着诸葛瞻到了绵竹，和邓艾交战时战死了。

马超字孟起，是扶风茂陵人。他的父亲马腾，在灵帝末年和边章、韩遂等在西州举兵起义。初平三年（192），韩遂、马腾带领着部队到达了长安。汉朝封韩遂做了镇西将军，派他驻守金城，马腾担任征西将军，派他驻兵郿县。后来马腾偷袭长安，打了败仗之后撤退到了凉州。司隶校尉钟繇镇守关中，写信给韩遂、马腾，向他们陈述利害关系。马腾派马超跟随钟繇到平阳讨伐郭援、高幹，马超手下的将领庞德亲自把郭援斩杀了。后来马腾和韩遂不和，要求回到京城。于是朝廷封他做卫尉，任命马超做偏将军，加封都亭侯，带领马腾的部分人马。

[原文]

超既统众，遂与韩遂合从①，及杨秋、李堪、成宜等相结，进军至潼关。曹公与遂、超单马会语，超负其多力，阴欲突前捉曹公，曹公左右将许褚瞋目眄之，超乃不敢动。曹公用贾诩谋，离间超、遂，更相猜疑，军以大败。超走保诸戎，曹公追至安定，会北方有事，引军东还。杨阜说曹公曰："超有信、布之勇②，甚得羌、胡心。若大军还，不严为其备，陇上诸郡非国家之有也。"超果率诸戎以击陇上郡县，陇上郡县皆应之，杀凉州刺史韦康，据冀城，有其众。超自称征西将军，领并州牧，督凉州军事。康故吏民杨阜、姜叙（fù）、梁宽、赵衢（qú）等，合谋击超。阜、叙起于卤（lǔ）城，超出攻之，不能下；宽、衢闭冀城门，超不

得入。进退狼狈，乃奔汉中依张鲁。鲁不足与计事，内怀于邑，闻先主围刘璋于成都，密书③请降。

先主遣人迎超，超将兵径到城下。城中震怖，璋即稽首④，以超为平西将军，督临沮，因为前都亭侯。先主为汉中王，拜超为左将军，假节。章武元年，迁骠骑将军，领凉州牧，进封斄乡侯，策曰："朕以不德，获继至尊，奉承宗庙。曹操父子，世载其罪，朕用惨怛(dá)⑤，疢如疾首。海内怨愤，归正反本，暨(jì)于氐、羌率服，獯鬻(xūn yù)慕义。以君信著北土，威武并昭，是以委任授君，抗飏虓(yángxiāo)虎，兼董万里，求民之瘼(mò)。其明宣朝化，怀保远迩，肃慎赏罚，以笃汉祜，以对于天下。"二年卒，时年四十七。临没上疏曰："臣门宗二百余口，为孟德所诛略尽，惟有从弟岱，当为微宗血食之继，深托陛下，余无复言。"追谥超曰威侯，子承嗣。岱位至平北将军，进爵陈仓侯。超女配安平王理。

曹操抹书间韩遂

[注释]

①合从：联合。②信、布：人名。信即韩信，布即吕布。③密书：秘密写信。④稽首：古代的一种拜礼，叩头至地。⑤惨怛：忧伤，痛悼。

[译文]

马超统领这些军队，不久与韩遂联合，又与杨秋、李堪、成宜等相联合，进军到了潼关。曹操和韩遂、马超单独会面交谈，马超倚仗自己的势力大，暗中准备偷袭曹操并捉拿他，曹操身边的将领许褚瞪着眼愤怒地看着他，马超不敢轻举妄动。曹操采用贾诩的计谋，离间马超、韩遂之间的关系，使他们相互猜疑，于是他们的军队被打败了。马超为了保命逃跑到了少数民族地区，曹操追他追到了安定，正赶上北方发生事变，于是就带领军马向东回师。杨阜劝说曹操："马超有韩信、吕布的勇力，很得羌族、胡族的人心。要是大军回去了，不对他严加防备，陇上的各郡都将不会属于国家了。”马超果然带领各个少数民族的人袭击了陇上的郡县，陇上的郡县都响应他，杀死了凉州的刺史韦康，占据了冀城，收复了那里的民众。马超自立为征西将军，兼任并州牧，统管凉州的军务。韦康以前的官吏杨阜、姜叙、梁宽、赵衢等联合起来打算袭击马超。杨阜、姜叙在卤城起义，马超出城攻打他们，没能把他们拿下；梁宽、赵衢关上了冀城的城门，马超不能回到城里。进退两难，于是逃到汉中依附了张鲁。马超认为不值得和张鲁一起图谋大事，内心还是怀念京城，听说刘备在成都包围了刘璋，于是秘密写信给刘备请求投降。

刘备派人迎接马超，马超带领兵马直接到了城下。城中的人都十分震惊，刘璋很快投降了，任命马超做平西将军，管理临沮，沿袭以前的封号为都亭侯。刘备当了汉中王，任命马超做了左将军，赐给他符节。章武元年（221），又把他升为骠骑将军，统领凉州牧，晋封为嫠乡侯，下策书说：“朕很没有才能，却继承了帝位，供奉汉室宗庙。曹操父子，他们的罪恶充满人世间，朕非常伤心，非常头痛。海内的民众都很怨愤，都希望归依正统返回根本，以至于氐族、羌族都全部臣服，獯鬻仰慕大义。因为你在北方有好的声誉，威仪勇武在当世都很显要，于是把重任交付给你，希望你继续发扬猛虎般的雄风，管理万里，关心百姓的疾苦。希望你大力宣传朝廷的教化，使远近的百姓得到安抚，严肃公平地奖罚他们，增加汉室的福分，以对得起天下的百姓。”章武二年（222），马超去世了，当时才四十七岁。他在临死前上疏说：“我的门宗有二百多口人，被曹孟德诛杀了，只有同宗的弟弟马岱还活着，他是这个微弱宗族的继承人，希望陛下善待他，其余没有什么可以托付的了。”刘备追封他的谥号为威侯，他的儿子马承继承父爵。马岱官做了平北将军，进爵为陈仓侯。马超的女儿嫁给了安平王刘理。

[原文]

黄忠字汉升，南阳人也。荆州牧刘表以为中郎将，与表从子磐(pán)共守长沙攸县。及曹公克荆州，假行裨(pí)将军，仍就故任，统属长沙太守韩玄。先主南定诸郡，忠遂委质，随从入蜀。自葭萌受任，还攻刘璋，忠常先登陷陈，勇毅冠三军。益州既定，拜为讨虏将军。建安二十四年，于汉中定军山击夏侯渊。渊众甚精，忠推锋[1]必进，劝率士卒，金鼓振天，欢声动谷，一战斩渊，渊军大败。迁征西将军。是岁，先主为汉中王，欲用忠为后将军，诸葛亮说先主曰：“忠之名望，素非关、马之伦也。而今便令同列。马、张在近，亲见其功，尚可喻指[2]；关遥闻之，恐必不悦，得无不可乎！”先主曰：“吾自当解[3]之。”遂与羽等

齐位，赐爵关内侯。明年卒，追谥刚侯。子叙，早没，无后。

黄忠

[注释]

①推锋：冲锋。②喻指：说明用意。③解：解释。

[译文]

黄忠字汉升，是南阳人。荆州牧刘表任命他做中郎将，他与刘表的侄子刘磐一起镇守长沙攸县。等到曹操攻下荆州时，黄忠暂时代理副将军，仍旧担任原职，归长沙太守韩玄统领。刘备向南平定了各郡，黄忠于是归顺了刘备，跟随他回到了蜀国。黄忠自从在葭萌接受了委任后，回师攻打刘璋，黄忠常常率先冲锋陷阵，他的勇敢和刚毅在三军中是最突出的。益州被平定之后，任命他为讨虏将军。建安二十四年（218），黄忠在汉中定军山袭击夏侯渊。夏侯渊的部队非常精良，黄忠冲锋在前奋勇前进，他鼓励士兵，战鼓被擂得震天响，兵士的呐喊震动山谷，一交战就斩杀了夏侯渊，夏侯渊的部队大败。升黄忠做征西将军。这一年，刘备做了汉中王，想让黄忠做后将军，诸葛亮劝刘备道："黄忠的名望，不能与关羽、马超相比。现在把他们放在一个行列里，马超、张飞在近处，亲眼看到了他的功劳，尚且还可以说明用意；关羽却是在远处听说这个消息，恐怕他会很不高兴的，这样做实在是不行的！"刘备说："我自然会解释这件事的。"于是把他和关羽等放在一个行列，赐封爵位为关内侯。第二年黄忠去世，追封他的谥号为刚侯。他的儿子黄叙，很早就去世了，没有后代。

[原文]

赵云字子龙，常山真定人也。本属公孙瓒(zàn)，瓒遣先主为田楷拒袁绍，云遂随从，为先主主骑。及先主为曹公所追于当阳长阪，弃妻子南走，云身抱弱子①，即后主也，保护甘夫人，即后主母也，皆得免难。迁为牙门将军。先主入蜀，云留荆州。

先主自葭萌还攻刘璋，召诸葛亮。亮率云与张飞等俱泝(sù)江西上，平定郡县。至江州，分遣云从外水上江阳，与亮会于成都。成都既定，以云为翊(yì)军将军。建兴元年，为中护军、征

赵云

南将军，封永昌亭侯，迁镇东将军。五年，随诸葛亮驻汉中。明年，亮出军，扬声由斜谷道，曹真遣大众当之。亮令云与邓芝往拒②，而身攻祁山。云、芝兵弱敌强，失利于箕谷，然敛③众固守，不至大败。军退，贬为镇军将军。

七年卒，追谥顺平侯。

[注释]

①弱子：幼子。②拒：阻挡。③敛：收拢。

[译文]

赵云字子龙，是常山真定人。他原是公孙瓒的手下，公孙瓒派刘备援助田楷抵抗袁绍，赵云于是也跟随刘备一起去，成为刘备主要的骑兵侍从。等到刘备被曹操追到当阳长阪时，刘备抛弃了妻子儿女向南逃命，赵云抱着刘备的幼子，也就是刘禅，保护甘夫人，也就是刘禅的母亲，使得他们免于灾难。后来封他为牙门将军。刘备到了蜀国，赵云留守荆州。

刘备从葭萌还师攻打刘璋，召见诸葛亮。诸葛亮带领赵云和张飞等一起逆着江水向西而上，平定了各个郡县。到了江州，分派赵云从岷江上江阳，与诸葛亮在成都相会。成都被平定后，任命赵云为翊军将军。建兴元年（223），赵云担任中护军、征南将军，封永昌亭侯，升为镇东将军。建兴五年（227），赵云跟随诸葛亮驻守汉中。第二年，诸葛亮出军，扬言自己从斜阳谷道进攻魏军，曹真便在那里安排了大量人马来阻挡。诸葛亮命令赵云和邓芝一起前往抗拒他，他自己则带领军队进攻祁山。赵云、邓芝的军队处于弱势但是敌人很强大，他们在箕谷被打败了，但是他们仍然收拢兵马坚守着，没有遭到很大的损失。军队退回以后，赵云被贬为镇军将军。建兴七年（229）赵云去世，追封谥号为顺平侯。

[原文]

初，先主时，惟法正见谥；后主时，诸葛亮功德盖世，蒋琬、费祎荷国之重，亦见谥；陈祗宠待，特加殊奖，夏侯霸远来归国，故复得谥；于是关羽、张飞、马超、庞统、黄忠及云

乃追谥，时论以为荣。云子统嗣，官至虎贲（bēn）中郎，督行领军。次子广，牙门将，随姜维沓中，临陈战死。

评曰：关羽、张飞皆称万人之敌，为世虎臣①。羽报效曹公，飞义释严颜，并有国士之风②。然羽刚而自矜③，飞暴而无恩，以短取败，理数之常也。马超阻戎负勇，以覆其族，惜哉！能因穷致泰，不犹愈乎④！黄忠、赵云强挚壮猛，并作爪牙，其灌、滕（téng）之徒欤？

[注释]

①虎臣：勇猛的臣子。②国士：国中才能、品质出众的人。③自矜：骄傲自负。④愈：通“愉”，愉快。

[译文]

当初，刘备在位时，只有法正被授予谥号；刘禅时，诸葛亮因为功德盖世，蒋琬、费祎担负着国家的重任，也被加封了谥号；陈祗受到恩宠和厚待，对他加以特殊奖赏，夏侯霸从远方来归顺蜀国，也得到了谥号；这时候，关羽、张飞、马超、庞统、黄忠和赵云都被追加了谥号，当时的人认为这是一件很荣耀的事情。赵云的儿子赵统继承了父爵，官做到了虎贲中郎，统领行领军。他的二儿子赵广，做了牙门将，跟随姜维到了沓中，死在战场上。

评论说：关羽、张飞都可以称得上是万人之敌，是当代勇猛的臣子。关羽报答了曹操，张飞讲究仁义释放了严颜，他们都有国士的风范。可是关羽性格刚烈而骄傲自负，张飞性情暴虐而不知道对部下施恩，都是因为各自的缺点而招致失败，这也符合道理。马超依靠着少数民族和自身的勇气，导致了全族的覆灭，实在是可惜啊！他们能够凭借穷困变得显达，不也是件愉快的事情吗！黄忠、赵云意志坚强又雄壮果敢，是辅佐君主的得力助手，他们应该是灌婴、滕公那样的人吧。

庞统法正传

[原文]

庞统字士元，襄阳人也。少时朴钝①，未有识者。颍（yǐng）川司马徽清雅有知人鉴②，统弱冠往见徽③，徽采桑于树上，坐统在树下，共语自昼至夜。徽甚异之，称统当为南州士之冠冕，由是

庞统

渐显。后郡命为功曹。性好人伦，勤于长养。每所称述，多过其才，时人怪而问之，统答曰："当今天下大乱，雅道陵迟，善人少而恶人多。方欲兴风俗，长道业，不美其谭即声名不足慕企，不足慕企而为善者少矣。今拔十失五，犹得其半，而可以崇迈世教，使有志者自励，不亦可乎？"吴将周瑜助先主取荆州，因领南郡太守。瑜卒，统送丧至吴，吴人多闻其名。及当西还，并会昌门，陆绩、顾劭(shào)、全琮皆往④。统曰："陆子可谓驽马有逸足之力，顾子可谓驽牛能负重致远也。"谓全琮曰："卿好施慕名⑤，有似汝南樊子昭。虽智力不多，亦一时之佳也。"绩、劭谓统曰："使天下太平，当与卿共料四海之士。"深与统相结而还。

先主领荆州，统以从事守耒阳令，在县不治，免官。吴将鲁肃遗先主书曰："庞士元非百里才也，使处治中、别驾之任，始当展其骥足耳。"诸葛亮亦言之于先主，先主见与善谭，大器之，以为治中从事。亲待亚于诸葛亮，遂与亮并为军师中郎将。亮留镇荆州。统随从入蜀。

[注释]

①朴钝：刀刃不锋利，这里比喻才能未能显露。②鉴：镜子，引申为洞察力。③徽：司马徽，人名。④往：到。⑤慕名：希望自己有好名声。

[译文]

庞统字士元，是襄阳人。他年轻的时候很质朴驽钝，没有人注意他。颍川的司马徽为人高尚，很有雅量，非常会看人。庞统二十岁左右的时候，去拜见司马徽。

恰巧司马徽在树上采摘桑叶，他让庞统坐在树下，他们从白天一直交谈到晚上。庞统让司马徽很吃惊，他认为庞统在南郡士人中是很出众的。从此，庞统渐渐出名了。后来他被郡里委任为功曹。庞统生性讲究人伦规范，尽自己的力量全心全意地照顾老人，养育孩子。每当他称赞别人，自己的才能往往超过被称赞的人。当时人们很是不解，就问他，他回答说："现在天下不太平，正道衰微被破坏，好人少坏人多。现在最需要的是兴起好的风俗，增强道德观念，不夸赞他们的美德就不足以引起人们羡慕景仰，不引起人羡慕景仰，那么做好事的人就更少了。现在提拔的人十个中就有五个失当，我们还是能得到一半好人，这一半人就能够使世风教化得到改进，使有志者自我勉励，这样不也可以吗？"吴国将领周瑜帮助刘备夺得荆州之后，就做了南郡太守。周瑜死后，庞统到吴国替他送葬。吴国的人听说庞统人品很好，庞统回国的时候，老百姓都会集到昌门，陆绩、顾劭、全琮都去了。庞统说："陆先生可以说是驽马但是有余力，顾先生就好比是笨牛，可是能够背重物前行。"他又对全琮说："您喜欢施舍仰慕声名，就好比汝南郡的樊子昭，虽然不那么聪慧，却也是其中的佼佼者。"陆绩、顾劭对庞统说："要是天下太平的话，我们要和您一起评价天下的名士。"他们直到和庞统结成知己后才肯离去。

刘备在统领荆州时，庞统以从事的身份担任耒阳县令。因为在任上却不治理政事，被罢免官职。吴国的将领鲁肃给刘备写书信道："庞士元不是一个只能治理百里之地的人才，要让他处在治中、别驾的位置上，才能让他充分施展才华。"诸葛亮也这样向刘备举荐庞统。刘备于是接见庞统并和他交谈得很好，很器重他，让他做治中从事，对待他很热情，仅次于诸葛亮。从这以后，庞统和诸葛亮一起担任军师中郎将。诸葛亮留守荆州，庞统跟随着刘备到了蜀国。

[原文]

益州牧刘璋与先主会涪，统进策[1]曰："今因此会，便可执之，则将军无用兵之劳而坐定一州也。"先主曰："初入他国，恩信未著，此不可也。"璋既还成都，先主当为璋北征汉中，统复说曰："阴选精兵，昼夜兼道，径袭成都；璋既不武，又素无预备，大军卒至，一举便定，此上计也。杨怀、高沛，璋之名将，各仗强兵，据守关头，闻数有笺谏璋，使发遣将军还荆州。将军未至，遣与相闻，说荆州有急，欲还救之，并使装束[2]，外作归形[3]；此二子既服将军英名，又喜将军之去，计必乘轻骑来见，将军因此执之，进取其兵，乃向成都，此中计也。退还白帝，连引荆州，徐还图之，此下计也。若沉吟不去，将致[4]大困，不可久矣。"先主然其中计，即斩怀、沛，还向成都，所过

辄[5]克。于涪(fù)大会，置酒作乐，谓统曰："今日之会，可谓乐矣。"统曰："伐人之国而以为欢，非仁者之兵也。"先主醉，怒曰："武王伐纣，前歌后舞，非仁者邪？卿言不当，宜速起出！"于是统逡巡引退。先主寻悔，请还。统复故位，初不顾谢，饮食自若。先主谓曰："向者之论，阿谁为失？"统对曰："君臣俱失。"先主大笑，宴乐如初。

[注释]

①策：计谋。②装束：整理行装。③外作归形：表面上装作回去的样子。④致：招致。⑤辄：总是，常常。

[译文]

益州牧刘璋和刘备在涪县会谈，庞统献策说："趁着这次相会的机会，把他捉起来。那么将军您就可以不动用军队而能稳坐一州。"刘备说："刚到达别人的州郡，恩德和威信都还没有建立，这样做恐怕是不行的。"庞统又说："暗中挑选良兵，日夜兼程，抄小路偷袭成都；刘璋自己不勇武，也没有任何防备，大军突然来袭，一举就可以平定的，这是上上之策。杨怀、高沛，都是刘璋的名将，各自依据强大的兵力，据守关卡。听说他们多次写信劝谏刘璋，要刘璋打发将军回荆州去。我建议您还没有到达他们的住地时，先派人告诉他们，说荆州发生了急事，马上回去救急，而且让军队整理行装，从表面上看是回荆州的样子；这两个人是很佩服将军的为人的，也很高兴您回去，相信他们一定会坐轻车快马来见您。将军要趁这个机会把他们捉住，把他们的军队招收，然后向成都出兵，这是中策；您退回白帝城，接着带领军队回荆州，慢慢再做打算，这是下策。如果犹豫不定的话，您一定会招来大难的。不能再拖延时间了。"刘备很赞同他的中策。把杨怀、高沛杀了，然后回师转向成都，所经过的地方都被攻克下来。在涪县大会师，设酒犒劳军士。对庞统说："今天的聚会可以说是很快乐的！"庞统说："攻打别人的国家却在这作乐，不是仁义军队所为的。"刘备已经喝醉了，愤怒地说道："武王伐纣时，前歌后舞的，他不是仁者吗？你说的不对，赶紧出去吧！"庞统于是不知所措地出去了。没过多久，刘备就后悔了，赶忙请庞统回来。庞统又回到自己的座位上，但是并不低头认罪，照常吃喝。刘备对他说："刚才的事情，到底谁对谁错？"庞统答道："您和我都是有过错的。"刘备大笑，就和开始时一样宴饮，没有芥蒂。

[原文]

进围雒(luò)县，统率众攻城，为流矢[1]所中，卒，时年三十六。先主痛惜，言则流涕。拜统父议郎，迁谏议大夫，诸葛亮亲为

之拜。追赐统爵关内侯，谥曰靖侯。统子宏，字巨师，刚简有臧否[2]，轻傲尚书令陈祗，为祗所抑，卒于涪陵太守。统弟林，以荆州治中从事参镇北将军黄权征吴，值军败，随权入魏，魏封列侯，至钜鹿太守。

[注释]

①流矢：乱箭。②臧否：善恶，褒贬，这里指敢于褒贬人物。

[译文]

刘备围攻雒县时，庞统率领军队攻打城池，被乱箭射中而死，死时才三十六岁。刘备非常痛惜，一说起他就大哭不止。他任命庞统的父亲为议郎，后来又升为谏议大夫，诸葛亮亲自为他授官。追赐庞统为关内侯，加封谥号为靖侯。庞统的儿子庞宏，字巨师，性情刚直，敢于直言善恶。但是他对尚书令陈祗却很轻视傲慢，所以一直受到陈祗的压制。他在涪陵太守的任上去世了。庞统的弟弟庞林，是以荆州治中从事的身份参加镇北将军黄权征讨东吴的战事的。军队败北之后，他跟随黄权去了魏国，魏国封他做列侯，最后官至钜鹿太守。

诸葛亮痛哭庞统

[原文]

法正字孝直，扶风郿人也。祖父真，有清节高名[1]。建安初，天下饥荒，正与同郡孟达俱入蜀依刘璋，久之为新都令，后召署军议校尉。既不任用，又为其州邑俱侨客者所谤无行，志意不得。益州别驾张松与正相善，忖[2]璋不足与有为，常窃叹息。松于荆州见曹公[3]还，劝璋绝曹公而自结先主。璋曰：“谁可使者？”松乃举正，正辞让，不得已而往。正既还，为松称说先主有雄略，密谋协规，愿共戴奉，而未有缘。后因璋闻曹公欲遣将征张鲁之有惧心也，松遂说璋宜迎先主，使之讨鲁，复令正衔命。正既宣旨，阴献策于先主曰：“以明将军之英才，

乘刘牧之懦弱；张松，州之股肱④，以响应于内；然后资益州之殷富，冯天府之险阻，以此成业，犹反掌也。”先主然之，泝（sù）江而西，与璋会涪。北至葭萌（jiā méng），南还取璋。

[注释]

①清节高名：清廉的节操，很好的名声。②忖：考虑。③曹公：曹操。④股肱：比喻得力的辅助者。

[译文]

法正字孝直，是扶风郿县人。他的祖父叫法真，本性清廉有气节，名声很好。建安初年，天下闹饥荒。法正和同郡的孟达一起到了蜀国投靠刘璋，过了很长时间才被封作新都令，后来召他做了署军议校尉。法正既不被重用，又被侨居蜀地的同乡诽谤品行不好，因此他常常不得志。益州别驾张松和法正交情很好，他考虑到自己不足以被刘璋重用，于是常常独自叹息。张松在荆州拜见曹操回来后，他劝谏刘璋和曹操断绝来往而和刘备交好。刘璋说：“那么谁可以做使者呢？”张松于是举荐法正，法正推辞，最后不得不去。法正回来以后，对张松大加称赞刘备的雄才大略，他们密谋商定，一起规划，想一起拥护刘备，为他效力，可是苦于没有机会。后来刘璋听说曹操要派将领讨伐张鲁，他心里很害怕。张松于是趁机劝说刘璋应该迎接刘备，让刘备去征讨张鲁。刘璋再次派法正去见刘备。法正说完刘璋的想法后，暗地里向刘备献策说：“凭您的才能，可以对刘璋的懦弱的特点加以利用，张松是州里最得力的助手，让他在城里做内应，然后凭借益州的富有，凭借天国的险要，足可以成就一番大业，一切易如反掌啊！”刘备很赞同他的说法。他沿着长江向西而行，与刘璋在涪县会见。向北取得了葭萌，回师向南攻下了刘璋。

法 正

[原文]

郑度说璋曰：“左将军县军袭我，兵不满万，士众未附，野谷①是资，军无辎重②。其计莫若尽驱巴西、梓潼民内涪水以西，其仓廪野谷，一皆烧除，高垒深沟，静以待之。彼至，请战，

勿许，久无所资，不过百日，必将自走。走而击之，则必禽耳。”先主闻而恶③之，以问正。正曰：“终不能用，无可忧也。”璋果如正言，谓其群下曰：“吾闻拒敌以安民，未闻动民以避敌也。”于是黜④度，不用其计。及军围雒(luò)城，正笺与璋曰：“正受性无术，盟好违损，惧左右不明本末，必并归咎，蒙耻没身，辱及执事，是以损身于外，不敢反命。恐圣听秽恶其声，故中间不有笺敬，顾念宿遇，瞻望悢悢(liàngliàng)。然惟前后披露腹心，自从始初以至于终，实不藏情，有所不尽，但愚暗策薄，精诚不感，以致于此耳。今国事已危，祸害在速，虽捐放于外，言足憎尤，犹贪极所怀，以尽余忠。明将军本心，正之所知也，实为区区不欲失左将军之意，而卒至于是者，左右不达英雄从事之道，谓可违信黩誓⑤，而以意气相致，日月相迁，趋求顺耳悦目，随阿遂指，不图远虑为国深计故也。事变既成，又不量强弱之势，以为左将军县远之众，粮谷无储，欲得以多击少，旷日⑥相持。而从关至此，所历辄破，离宫别屯，日自零落。雒下虽有万兵，皆坏陈之卒，破军之将，若欲争一旦之战，则兵将势力，实不相当。各欲远期计粮者，今此营守已固，谷米已积，而明将军土地日削，百姓日困，敌对遂多，所供远旷。愚意计之，谓必先竭，将不复以持久也。空尔相守，犹不相堪，今张益德数万之众，已定巴东，入犍(qián)为界，分平资中、德阳，三道并侵，将何以御之？本为明将军计者，必谓此军县远无粮，馈运不及，兵少无继。今荆州道通，众数十倍，加孙车骑遣弟及李异、甘宁等为其后继。若争客主之势，以土地相胜者，今此全有巴东，广汉、犍为，过半已定，巴西一郡，复非明将军之有也。计益州所仰惟蜀，蜀亦破坏；三分亡二，吏民疲困，思为乱者十户而八；若敌远则百姓不能堪役，敌近则一旦易主矣。广汉诸县，是明比也。又鱼复与关头实为益州福祸之门，今二门悉开，坚城皆下，诸军并破，兵将俱尽，而敌家数道并进，已入心腹，

坐守都、雒，存亡之势，昭然可见。斯乃大略，其外较耳，其余屈曲，难以辞极也。以正下愚，犹知此事不可复成，况明将军左右明智用谋之士，岂当不见此数哉？旦夕偷幸，求容取媚，不虑远图，莫肯尽心献良计耳。若事穷势迫，将各索生，求济门户，展转反覆，与今计异，不为明将军尽死难也。而尊门犹当受其忧。正虽获不忠之谤，然心自谓不负圣德，顾惟分义，实窃痛心。左将军从本举来，旧心依依，实无薄意。愚以为可图变化，以保尊门。”

[注释]

①野谷：从民间收集的粮食。②辎重：军用物资。③恶：讨厌，憎恨。④黜：贬斥，罢免。⑤黩誓：违背誓言。黩，轻慢不敬，这里指不履行盟誓。⑥旷日：长期。

[译文]

郑度劝刘璋说："左将军刘备只身来袭击我军，他们的兵力还不到一万，兵士和百姓都没有归顺他，他要靠从民间征集粮食，军队缺兵少食，没有物质基础。应对他不如驱赶巴西、梓潼的百姓到涪水以西的地方，然后把原来的粮仓都烧毁，筑起高高的堡垒，挖出深深的壕沟，静候他们的到来。只要他一来和我们请战，我们不必出战，因为他们没有物资储备，过不了一百天就会自己逃回去的。只要他们逃跑我们就出击，一定会捉住他们的。"刘备听说后非常讨厌郑度，问法正有没有这件事。法正说："最终不会用郑度之计，不用担心。"刘璋果然像法正说的那样，对下属说："我听说过通过抵抗敌人来保护百姓的，没听说过靠驱赶百姓来打败敌人的。"于是罢免郑度，不用他的计策。刘备的军队围攻雒城时，法正给刘璋写信道："法正我天生没什么能耐，现在盟誓的关系已被破坏，我担心您身边的人不明白事情的原委，一定会把所有的罪过归到我身上，使我蒙受耻辱断送性命，连累您一起受到侮辱，因此我一直流亡在外，不敢回去复命。我还怕您听到污秽的声音，所以这段时间我没有给您写信表示敬意。我还挂念过去的交情，我远远地看着城府惆怅万分。可是我思前想后还是把我自己的心思和您说清楚吧：从开始跟随您到现在，我实在没有对您隐瞒什么，我所想的都彻底和您说了。只是我生性愚钝，才识浅薄，精诚没有感动您，所以才会到了今天这样。现在的国家形势已经很危急了，祸患就在眼前，虽然我是个放逐在外的人，我说的话足以使人憎恶、怨恨，但是我还是想把我的心里话说出来，来尽我最后的忠心。法正我是明白您的心意的，这就是我小心翼翼不想失去左将军的原因。只不过您身边的人不懂得为人处世的原则，他们以为做人是可以背信弃义、违背誓言的，人和人交往靠意气相投，随着时间的推移，大家都追求顺耳之言，喜欢悦耳之事，喜欢随声附和顺从意旨，这恰恰就是不顾及将来只考虑眼前，不为国家作长远打算的缘由。现在事变已经发生了，却不能正确估算强弱的形势。只是认为左将军刘备孤军远征，没有储备足够的粮草，就想靠自己粮草充足，兵力多跟他打持久战。却没有想到从白水关到这里，只要是刘备经过的地方都被攻破了，行宫和军营都已经破败了。雒县虽然还有上万的兵力，但他们都是被打败的败兵、败将。要是真要决战，那么双方的兵将的实力是相差很远的。要是从长久相持需要粮食储备来说，现在这里已经加固了战垒，储备了足够的粮食，可是您的领地却在日益减少，百姓也越来越穷，敌对的势力就会越来越强大，百姓对您的供给也不会及时跟上。我认为，先弹尽粮绝的是您而不是刘备，您先不能打持久战。这种空地相持，您还不能坚持，况且张飞已经带领数万兵力平定了巴东郡，进入了犍为郡的地界，又兵分三路平定了资中、德阳，您凭什么来抵御他们呢？原来为将军您出谋划策的那个人肯定会说这支军队是孤军奋战，没有足够的粮食，供给又跟不上，兵力得不到及时补充。可是现在到荆州的路已经被打通了，人马也增加了数十倍，再加上孙权派他的弟弟和李异、甘宁等在后面援助刘备。要是还要考虑两军攻守的形势，靠土地决定胜负的话，刘备现在已经占据了巴东郡，广汉、犍为两郡他们已经平定了一半，巴西一郡，也不再是明将军的领地了。我认为益州现在唯一依靠的是蜀郡，但是蜀郡也已经被攻破了。三分土地已经失去了两分，无论官吏还是百姓都十分困顿，想造反的百姓有十之八九，如果到远处攻打敌人，没有一个百姓愿意为军队运送粮食，等到敌人临近了，百姓又会不用一个早上就更换了主人了。一个最有说服力的例子就是广汉郡各县。再加上鱼复和关头实在是益州因祸得福的门户，现在这两个地方的城门已经被打开，城池已被攻下，所有的军马都被拿下，但是敌军却兵分好几路来了，并且深入到蜀地的心腹地带，您虽然坚守成都、雒县两地，存亡的形势已经很明了了。这里我只是想说一个大体的情况，其他的细节之处，一时半会儿是说不完的。我这么愚笨的人都知道这件事不会再成功，何况将军本身和身边的人都很聪明，足智多谋，难道还没看出来这种命运吗？每天只知道苟且偷生，得过且过，献媚讨好获得一个容身之地，却不能为您做长远打算，不肯尽心献良策。要是到了紧要关头，他们又会只顾自己求生，保全自己的门户，他们会反复无常，做出不同的打算，更不会为将军尽忠，可是您还是要承受这些忧虑的啊！我的想法虽然蒙受了很多人的误解和诽谤，但是我还是顾念您和我的情意和名分的，我还是很痛心您现在的遭遇的。就左将军刘备这次从根本上来解决问题的举动来看，还是十分念旧情的，没有薄情的意思。我还是认为您可以考虑改变一下主意，使得您的家室得以保存。”

[原文]

十九年，进围成都，璋蜀郡太守许靖将逾[1]城降，事觉，不果。璋以危亡在近，故不诛靖。璋既稽服[2]，先主以此薄[3]靖不用也。正说曰：“天下有获虚誉而无其实者，许靖是也。然今主公始创大业，天下之人不可户[4]说，靖之浮称，播流四海[5]，若其不礼，天下之人以是谓主公为贱贤也。宜加敬重，以眩远近，

追昔燕王之待郭隗(wěi)。”先主于是乃厚待靖。以正为蜀郡太守、扬武将军，外统都畿(jī)，内为谋主。一餐之德，睚眦(yá zì)之怨，无不报复，擅杀毁伤己者数人。或谓诸葛亮曰：“法正于蜀郡太纵横，将军宜启主公，抑其威福。”亮答曰：“主公之在公安也，北畏曹公之强，东惮孙权之逼，近则惧孙夫人生变于肘腋之下；当斯之时，进退狼跋(bá)，法孝直为之辅翼，令翻然翱翔，不可复制，如何禁止法正使不得行其意邪！”初，孙权以妹妻先主，妹才捷刚猛，有诸兄之风，侍婢百余人，皆亲执刀侍立，先主每入，衷心常凛凛；亮又知先主雅爱信正，故言如此。

[注释]

①逾：越过。②稽服：稽首降服。③薄：鄙视，轻视。④户：这里指挨家挨户。⑤四海：全中原地区。

[译文]

建安十九年（214），刘备围攻成都，刘璋的蜀郡太守许靖打算越城投降，事情被识破了，没有成功。因为这是在生死存亡之际，刘璋没有杀许靖。等到刘璋投降之后，刘备因为这件事瞧不起许靖，许靖得不到重用。法正劝说刘备：“天下有很多有虚名但是没什么实际作用的人，许靖就是这样的人。可是现在您刚开始创建大业，很多事情是不能逐户向天下人解释的。许靖这人在天下还是很有名声的，如果传言说您对他不能以礼相待的话，天下的人都会说您轻视贤才。您应该对他加以敬重，使天下的人被迷惑住，您应仿照燕王厚待郭隗的做法。”刘备因此对许靖很好。他任命法正做蜀郡太守、扬武将军，对外主管京都地区，对内作为重要的谋士。法正对别人给他一顿饭的恩惠和给一瞪眼的仇恨没有不报的，还擅自杀死了好几个曾经中伤他的人。有人对诸葛亮说：“法正在蜀郡实在太骄横了，将军您应该禀告主公，打压他的作威作福。”诸葛亮回答说：“主公在公安时，北面畏惧曹操强大的势力，东面担心孙权的逼迫，又担心孙夫人在身边发生事变，这个时候，真是进退两难，只有法孝直能为他出谋划策，使他能

孙夫人

够翻飞翱翔，免于受到别人的牵制，怎么可以禁锢法正不让他干自己想干的事情呢？”当初，孙权把自己的妹妹嫁给了刘备，孙权的妹妹才思敏捷，刚强英武，集她的各位长兄的特点于一身，身边有奴婢一百多人，都亲自拿着兵器侍立。刘备每次入宫，都心惊胆战的。诸葛亮了解刘备很喜爱法正才说出这番话。

[原文]

二十二年，正说先主曰："曹操一举而降张鲁，定汉中，不因此势以图巴、蜀，而留夏侯渊、张郃屯守，身遽（jù）①北还，此非其智不逮②而力不足也，必将内有忧逼故耳。今策③渊、郃才略，不胜国之将帅，举众往讨，则必可克。克之之日，广农积谷，观衅（xìn）伺隙，上可以倾覆寇敌，尊奖王室，中可以蚕食雍、凉，广拓境土，下可以固守要害，为持久之计。此盖天以与我，时不可失也。"先主善其策④，乃率诸将进兵汉中，正亦从行。二十四年，先主自阳平南渡沔（miǎn）水，缘山稍前，于定军山势作营。渊将兵来争其地。正曰："可击矣。"先主命黄忠乘高鼓噪攻之，大破渊军，渊等授首。曹公西征，闻正之策，曰："吾故知玄德不办有此，必为人所教也。"

[注释]

①遽：仓促。②逮：至。③策：估计。④策：谋略。

[译文]

建安二十二年（217），法正劝说刘备："曹操一出兵就使得张鲁投降于他，平定了汉中，可是却没有乘胜攻打巴蜀，而是留下夏侯渊、张郃驻守汉中，然后匆忙返回北方，这并不是因为他计谋不足或兵力不够，一定是有内部的忧患使得他不得不这样。现在的夏侯渊、张郃的才能和智谋与我国的将帅是不能相比的，要是您能带领军队去讨伐他们，那一定会成功的。您在那里可以扩大农耕，储备军粮，上可以等待机会把敌人一举消灭，使汉室得到尊崇和辅助，中可以逐步占据雍、凉两州，扩大国土，下可以坚守要害之地，

黄忠斩夏侯渊

做长久的打算。这真是天赐良机啊，这种时机不能失去啊！”刘备很赞成他的这个计策，于是率领军队进军汉中，法正也随军前行。建安二十四年（219），刘备从阳平关南渡沔水，沿着山势一步步前进，在定军山安营扎寨。夏侯渊率领军队来争夺这个地方。法正说：“是出击的时候了！”刘备让黄忠登上高地擂鼓呐喊向敌人进攻，把夏侯渊一举打败了，夏侯渊等人被斩首。这时候，曹操正在西征，听说法正的计策后说：“我就知道刘备想不出这样的计谋，肯定是别人给他出的主意。”

[原文]

先主立为汉中王，以正为尚书令、护军将军。明年①卒，时年四十五。先主为之流涕者累日②。谥曰翼侯。赐子邈爵关内侯，官至奉车都尉、汉阳太守。诸葛亮与正，虽好尚不同，以公义相取。亮每奇③正智术。先主既即尊号，将东征孙权以复关羽之耻，群臣多谏，一不从。章武二年，大军败绩，还住白帝。亮叹曰：“法孝直若在，则能制主上，令不东行；就复东行，必不倾危矣。”

评曰：庞统雅好人流，经学思谋，于时荆、楚谓之高俊。法正著见成败，有奇画策算，然不以德素称也。拟之魏臣，统其荀彧之仲叔，正其程、郭之俦俪(chóu lì)邪？

[注释]

①明年：第二年。②累日：数日。③奇：认为很奇妙。

[译文]

刘备在汉中自立为王时，他封法正做尚书令、护军将军。第二年，法正去世，年仅四十五岁。刘备非常伤心，难过了好几天。追封他的谥号为翼侯，赐他儿子法邈为关内侯，官至奉车都尉、汉阳太守。诸葛亮和法正两个人虽然各自的喜好和崇尚的东西不一样，但是都能从国家利益出发互补长短。诸葛亮常常对法正的计谋暗暗称奇。刘备称帝之后，打算向东征讨孙权来报关羽的耻辱，大臣们都劝谏他，可是刘备还是一意孤行。章武二年（222），刘备大败，回到了白帝城。诸葛亮叹息说：“要是法孝直还在世的话，肯定能劝住主公，能够阻止他东行的；即使是东行，也不会导致国家运势衰微的。”

评论说：庞统非常喜欢人伦，研究经学，出谋划策，在当时荆楚一带是一位才智出众的奇才。法正能够成功地预见成败，能够有很多出奇的谋略，然而他不是因为品德好而受到别人称颂的。把他们和魏国的大臣相比，庞统应该和荀彧是不相上下的，法正大概是程昱、郭嘉那一类的人吧！

吴书

孙破虏讨逆传

[原文]

孙坚字文台，吴郡富春人，盖[1]孙武之后也。少[2]为县吏。年十七，与父共载船至钱唐，会海贼胡玉等从匏(páo)里上掠取贾人财物，方于岸上分之，行旅皆住，船不敢进。坚谓父曰："此贼可击，请讨之。"父曰："非尔所图也。"坚行操刀上岸，以手东西指麾，若分部人兵以罗遮贼状。贼望见，以为官兵捕之，即委[3]财物散走。坚追，斩得一级以还；父大惊。由是显闻，府召署假尉。会稽妖贼许昌起于句章，自称阳明皇帝，与其子韶扇动诸县，众以万数。坚以郡司马募召精勇，得千余人，与州郡合讨破之。是岁，熹平元年也。刺史臧旻列上功状，诏书除坚盐渎(dú)丞，数岁徙[4]盱(xū)眙(yí)丞，又徙下邳丞。

孙坚

中平元年，黄巾贼帅张角起于魏郡，托有神灵，遣八使以善道教化天下，而潜[5]相连结，自称黄天泰平。三月甲子，三十六方一旦俱发，天下响应，燔(fán)烧郡县，杀害长吏。汉遣车骑将军皇甫嵩、中郎将朱儁将兵讨击之。儁(jùn)表[6]请坚为佐军司马，乡里少年随在下邳者皆愿从。坚又募诸商旅及淮、泗精兵，合千许人，与儁并力奋击，所向无前。汝、颍(yǐng)贼困迫，走

保宛城。坚身当一面，登城先入，众乃蚁附，遂大破之。儁具以状闻上，拜坚别部司马。

[注释]

①盖：可能，表示推测。②少：少年时代。③委：放弃。④徙：升迁。⑤潜：暗中。⑥表：向皇帝上书。

[译文]

孙坚字文台，是吴郡富春人，大概是孙武的后代。年轻时就做了县吏。十七岁时，他和父亲一起乘船到钱塘去，正赶上海贼胡玉等从匏里上掠取商人的财物，正在岸上分赃，行旅的船都停住了，船都不敢前行。孙坚对父亲说："这些逆贼是可以讨伐的，让我讨伐他们吧！"父亲说："这不是你能对付得了的。"孙坚立刻拿着刀上岸，用手向东西指挥，好像把人兵分几路来捉拿贼人。海贼远远地看见，认为是官兵来捕捉他们，于是把财物都放下逃跑了。孙坚追上他们，斩获了一个海贼的首级回来了。父亲非常吃惊。他也因此名扬天下，官府征召他代理校尉。会稽的逆贼许昌在句章县起义，自称阳明皇帝，和他的儿子许韶扇动各县，人数发展到好几万。孙坚以郡司马的身份募召英武、精悍的人，共召得这样的人一千多名，他和州郡一起联合起来把许昌打败了，这一年是熹平元年（172）。刺史臧旻向朝廷陈述了孙坚的功绩，皇上下诏书封他为盐渎丞，几年之后又升他做盱眙丞，后来又升他做下邳丞。

中平元年（184），黄巾贼的将领张角在魏郡起义，打着神灵的口号，他派遣八个使者用善道来教育感化天下的百姓，可是在暗地里却互相串通勾结，自称黄天泰平。三月甲子这一天，三十六方在一个早上一同起义，天下的人都响应他们，把郡县都放火烧了，并把郡县里的长吏杀害了。汉朝派遣车骑将军皇甫嵩、中郎将朱儁出兵讨伐他们。朱儁上表请求孙坚担任佐军司马，乡里的年轻人和下邳的人都愿意跟随他一起去讨伐逆贼。孙坚又招募到各个商旅和淮县、泗县的精兵，合计起来有上千人，和朱儁一起奋力抗击，一路毫无阻挡。汝县、颍县的逆贼被围困，逃跑到保宛城。孙坚独当一面，登上城墙最先进入保宛城，部众就像蚂蚁一样归附了他，于是他们把黄巾起义军打败了。朱儁把真实情况报告了皇上，皇上授予孙坚别部司马的官职。

[原文]

边章、韩遂作乱凉州。中郎将董卓拒讨无功。中平三年，遣司空张温行车骑将军，西讨章等。温表请坚与参军事，屯长安。温以诏书召卓，卓良久乃诣温。温责让卓，卓应对不顺。坚时在坐，前耳语谓温曰："卓不怖罪而鸱（chī）张大语，宜以召不时至，陈军法斩之。"温曰："卓素著威名于陇蜀之间，今日杀之，

西行无依。”坚曰：“明公亲率王兵，威震天下，何赖于卓？观卓所言，不假明公，轻上无礼，一罪也。章、遂跋扈经年，当以时进讨，而卓云未可，沮军疑众，二罪也。卓受任无功，应召稽留，而轩昂自高，三罪也。古之名将，仗钺(yuè)①临众，未有不断斩以示威者也，是以穰苴(ráng jū)斩庄贾，魏绛戮杨干。今明公垂意于卓，不即加诛，亏损威刑，于是在矣。”温不忍发举，乃曰：“君且还，卓将疑人。”坚因起出。章、遂闻大兵向至，党众离散，皆乞降。军还，议者以军未临敌，不断功赏，然闻坚数卓三罪，劝温斩之，无不叹息。拜坚议郎。时长沙贼区星自称将军，众万余人，攻围城邑，乃以坚为长沙太守。到郡亲率将士，施设方略，旬月之间，克②破星等。周朝、郭石亦帅徒众起于零、桂，与星相应。遂越境寻讨，三郡肃然。汉朝录前后功，封坚乌程侯。

[注释]

①仗钺：执掌斧钺，指受皇帝命令，有使用斩刑的权力。②克：攻克。

[译文]

边章、韩遂在凉州造反。中郎将董卓奋力讨伐无功而返。中平三年（186），汉帝派遣司空张温担任车骑将军，向西讨伐边章等。张温上表请求孙坚参与军事，并且屯兵长安。张温凭借诏书召见董卓，董卓很久之后才来拜见张温。张温责备董卓傲慢，董卓很没礼貌地应答。孙坚当时正好坐在一边，他向前对张温小声说：“董卓并不害怕降罪所以会像鸱一样张大嘴巴说话，应该用召见他却不按时来这件事来禀报皇上，用军法斩杀他。”张温说：“董卓向来是以威名著称于陇蜀之间的，现在要是杀了他，那么我们西进就没有依靠了。”孙坚说：“明公您亲自率领皇上的军队，就可以威震天下了，还依赖董卓干什么？我观察董卓所说的话，对您毫不恭敬，轻薄无礼，这是他的第一重罪过。边章、韩遂飞扬跋扈了好几年，应该借助时机进军讨伐他们，可是董卓却说不可以，他这样做挫伤了士气，动摇了军心，这是他的第二重罪过。董卓自从上任以来还没立下战功，应皇上的诏书稽留在这，他却自高自大作威作福，这是他的第三重罪过。自古以来的名将，依恃皇上赐予的节钺统御部众，没有不用断斩来示威的，因此穰苴把庄贾斩首了，魏绛把杨干杀害了。现在明公顾念董卓，对他不加诛伐，使威刑受到亏损，这就是问题的所在。”张温不忍心这样处置董卓，于是说：“您还是回去吧，董卓要起疑心了。”孙坚于是起身出去了。边章、韩遂听说大兵要来了，于是他的党羽开始逃离了，都乞求投降。军队胜利而归，参议的人认为军队没有和敌人正面交锋，不能因此论功行赏，可是听说孙坚历数董卓的多重罪状，劝说张温斩掉董卓，无不叹息。授予孙坚议郎的官职。这时候，长沙的逆贼区星自立为将军，他拥有的兵力上万，围取、攻打城邑，于是让孙坚做长沙太守。孙坚到了长沙郡后，亲自带领将士，施展计策、谋略，不到一个月的时间，就攻克打败了区星等逆贼。周朝、郭石也带领他的人马在零、桂两郡起义，和区星遥相呼应。于是孙坚立刻越过边境去讨伐逆贼，没过多久这三个郡都平定了。汉朝记录了孙坚前后的功劳，封孙坚为乌程侯。

[原文]

灵帝崩，卓擅朝政，横恣京城。诸州郡并兴义兵，欲以讨卓。坚亦举兵。荆州刺史王叡素遇坚无礼，坚过杀之。比[1]至南阳，众数万人。南阳太守张咨闻军至，晏然自若。坚以牛酒礼[2]咨，咨明日亦答诣坚。酒酣，长沙主簿入白坚：“前移南阳，而道路不治，军资不具，请收主簿推问意故。”咨大惧欲去，兵陈四周不得出。有顷，主簿复入白坚：“南阳太守稽停义兵，使贼不时讨，请收出案军法从事。”便牵咨于军门斩之。郡中震栗，无求不获。前到鲁阳，与袁术相见。术表坚行破虏将军，领[3]豫州刺史。遂治兵于鲁阳城。当进军讨卓，遣长史公仇称将兵、从事还州督促军粮。施帐幔于城东门外，祖道送称，官属并会。卓遣步骑数万人逆[4]坚，轻骑数十先到。坚方行酒谈笑，敕部曲整顿行陈，无得妄动。后骑渐益，坚徐罢坐，导引入城，乃谓左右曰：“向坚所以不即起者，恐兵相蹈藉[5]，诸君不得入耳。”卓兵见坚士众甚整，不敢攻城，乃引还。坚移屯梁东，大为卓军所攻，坚与数十骑溃围而出。坚常著赤罽(jì)帻(zé)，乃脱帻令亲近将祖茂著之。卓骑争逐茂，故坚从间道得免。茂困迫，下马，以帻(zé)冠冢间烧柱，因伏草中。卓骑望见，围绕数重，定近觉是柱，乃去。坚复相收兵，合战于阳人，大破卓军，枭其都督华雄等。是时，或间坚于术，术怀疑，不运军粮。阳人去鲁阳百余里，坚夜驰见术，画地计校，曰：“所以出身不顾，上为国家讨贼，下慰将军家门之私仇。坚与卓非有骨肉之怨也，而将军受谮(zèn)润之言，还相嫌疑！”术蹴(cù)踖(jí)，即调发军粮。坚还屯。

卓惮坚猛壮，乃遣将军李傕等来求和亲，令坚列疏子弟任刺史、郡守者，许表用之。坚曰："卓逆天无道，荡覆王室，今不夷汝三族，县示四海，则吾死不瞑目，岂将与乃和亲邪？"复进军大谷，拒雒（luò）九十里。卓寻徙都西入关，焚烧雒邑。坚乃前入至雒，修诸陵，平塞卓所发掘。讫（qì），引军还，住鲁阳。

[注释]

①比：及，等到。②礼：作为礼物赠送，这里用如动词。③领：兼任。④逆：迎击。⑤蹈藉：践踏。

[译文]

灵帝驾崩，董卓把持了朝政，在京城肆意妄为。各个州郡都一起起兵，都想讨伐董卓。孙坚也起兵准备讨伐董卓。荆州的刺史王叡一向对孙坚无礼，不加以尊敬，于是孙坚找了个借口杀了他。等孙坚到了南阳郡时，手上的人马已有数万了。南阳太守张咨听说他的军队到了，非常镇静自若。孙坚用牛和酒等作为礼物拜见了他，张咨第二天也特地回拜了孙坚。他们喝酒喝得正尽兴时，长沙的主簿进来报告孙坚，说："打算向南阳推进，可是道路还没有修好，军资还没准备齐全，恳请您逮捕南阳的主簿推问缘由。"张咨听了非常害怕，想快速逃走，但是孙坚已经派兵包围了四周，张咨没法出去。过了一会儿，主簿又进来对孙坚说："南阳郡的太守阻止了义兵的行动，使得逆贼不能被按时讨伐，请您按照军法处置。"于是把张咨拉出去在军门斩首了。郡中都非常震惊，只要有求就会必应的。进军到了鲁阳，孙坚和袁术相见。袁术表奏孙坚为破虏将军，让他代理豫州刺史的职务。于是孙坚在鲁阳城治理军队。当时正碰上他们进军讨伐董卓，于是派长史公仇称带领军队、从事回到本州以督促军粮的运送。在城东门外设置了帷帐，设宴为他饯行，官属也来聚会。董卓派步兵、骑兵好几万人来攻打孙坚，有数十个轻骑兵先到达。孙坚正在劝酒谈笑，他立即下令让他的部队，按照编制来整顿军队的行列、队形，不能乱动。董卓的后续骑兵也到了，逐渐增多了。孙坚这时候慢慢离开酒席，带领军队进城，直到这时才告诉身边的随从说："我先前之所以没有立即起身是因为担心士兵拥挤，互相践踏，诸位就不能入城了。"董卓的军队看到孙坚的军队队形整齐，不敢轻易攻城，于是董卓领军队撤退了。孙坚移军屯在梁东这个地方，受到了董卓军队的进攻，孙坚和数十个骑兵突破了董卓军的包围，突围成功。孙坚把平时戴的毛织的红色头巾取下来给自己的亲信大将祖茂戴上。董卓的骑兵认为祖茂就是孙坚，都争着去围攻祖茂，孙坚才得以脱身，从小路逃跑免于一死。祖茂被董卓军层层围住，从马上掉下来，将头巾戴在坟冢间被焚烧过的短柱上面，自己藏在杂草丛生的草堆里。董卓大军远远望见了，内外包围了起来，直到走近了才看出是根短柱，才离开了。孙坚又重新集中兵力，在阳人和董卓交战，大败董卓军。把他的都督华雄等杀害了，并把他们的头砍下来挂在木杆上示众。这时候，有人挑拨孙坚和袁绍，使得袁绍对孙坚起了疑心，不给孙坚运粮。阳人离鲁阳一百多里，孙坚连夜骑马赶去见袁绍，两人在地上比划着分析辩说形势的利害，孙坚说："我奋力征战，之所以不顾个人安危，对上是为国家讨伐逆贼；对下是想安慰您，为您报家族之仇。我与董卓并没有杀父母、孩子之仇。而您却听信诬陷的话，怀疑我！"袁绍很受感动，又很是不安，立即调拨军粮。孙坚回到驻地。董卓害怕孙坚的勇武，派人来和他讲和、结亲。让孙坚列出子弟任刺史、郡守的人员，上表给皇上重用。孙坚说："董卓叛逆违抗天命，颠覆汉室，现在不杀你三族，将你的首级悬挂在城墙上以昭告天下，我是死不瞑目的。怎能和你结亲？"于是向大谷进军，距离雒县九十里。董卓西行到了函谷关，把雒邑放火烧了。孙坚于是向洛阳进军，修缮陵墓，填平、堵塞董卓破坏的地方。修完了又带领军队回到鲁阳。

[原文]

初平三年，术使坚征荆州，击刘表。表遣黄祖逆于樊、邓之间。坚击破之，追渡汉水，遂围襄阳，单马①行岘（xiàn）山，为②祖军士所射杀。兄子贲（bēn），帅将士众就术，术复表贲为豫州刺史。

坚四子：策、权、翊、匡。权既称尊号，谥坚曰武烈皇帝。

策字伯符。坚初兴义兵，策将母徙居舒，与周瑜相友，收合士大夫，江、淮间人咸向之。坚薨（hōng），还葬曲阿。已乃渡江居江都。

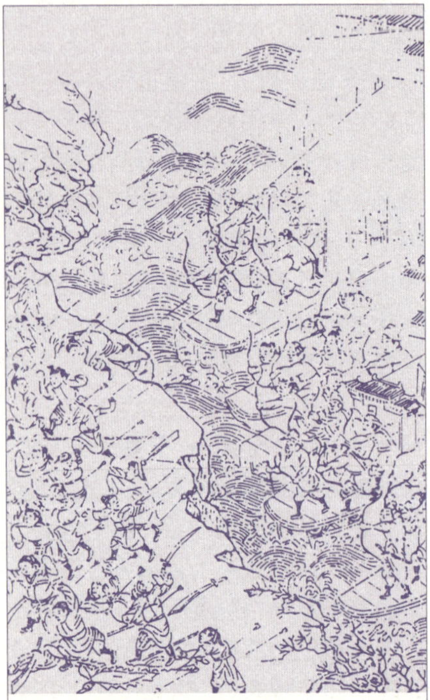

孙坚跨江战刘表

[注释]

①单马：独自一人骑马。②为：被。

[译文]

初平三年（192），袁术让孙坚征讨荆州，抗击刘表。刘表派黄祖在樊县、邓县之间迎击他。孙坚击败了他们，渡过了汉水，包围了襄阳，孙坚独自骑马在岘山上行走，被黄祖的士兵射杀。他哥哥的儿子孙贲，率领将士归顺了袁术，袁术又上表请求封孙贲做豫州刺史。

孙坚有四个儿子：孙策、孙权、孙翊、孙匡。孙权称帝后，追封孙坚为武烈皇帝。

孙策字伯符。孙坚当初起兵讨伐董卓的时候，孙策把母亲迁到居舒，他和周瑜交情很好，笼络交结了很多的士大夫，江、淮间的名士都想归附他。孙坚去世后，归葬在曲阿。丧事处理完后，孙策渡过长江，移居江都。

［原文］

徐州牧陶谦深[1]忌策。策舅吴景，时为丹杨太守，策乃载母徙曲阿，与吕范、孙河俱就[2]景，因缘召募得数百人。兴平元年，从袁术。术甚奇之，以坚部曲还策。太傅马日磾杖节安集关东，在寿春以礼辟策，表拜怀义校尉，术大将乔蕤(ruí)、张勋皆倾心敬焉。术常叹曰："使术有子如孙郎，死复何恨！"策骑士有罪，逃入术营，隐于内厩。策指使人就斩之，讫，诣术谢。术曰："兵人好叛，当共疾之，何为谢也？"由是军中益畏惮之。术初许策为九江太守，已而更用丹杨陈纪。后术欲攻徐州，从庐江太守陆康求米三万斛。康不与，术大怒。策昔曾诣康，康不见，使主簿接之。策尝衔恨[3]。术遣策攻康，谓曰："前错用陈纪，每恨本意不遂。今若得康，庐江真卿有也。"策攻康，拔之，术复用其故吏刘勋为太守，策益失望。先是，刘繇为扬州刺史，州旧治寿春。寿春，术已据之，繇乃渡江治曲阿。时吴景尚在丹杨，策从兄贲又为丹杨都尉，繇至，皆迫逐之。景、贲退舍历阳。繇遣樊能、于麋(mí)东屯横江津，张英屯当利口，以距术。术自用故吏琅邪惠衢(qú)为扬州刺史，更以景为督军中郎将，与贲(bēn)共将兵击英等，连年不克。策乃说术，乞助景等平定江东。术表策为折冲校尉，

孙策

行殄寇将军，兵财千余，骑数十匹，宾客愿从者数百人。比至历阳，众五六千。策母先自曲阿徙于历阳，策又徙母阜陵，渡江转斗，所向皆破，莫敢当其锋，而军令整肃，百姓怀之。

[注释]

①深：非常，程度深。②就：归顺。③衔恨：怀恨。

[译文]

徐州的州牧陶谦非常嫉妒孙策。孙策的舅舅吴景，当时是丹杨郡的太守，孙策于是携母亲移居曲阿，他与吕范、孙河都归附了吴景，趁机招募了几百人。兴平元年（194），他跟随了袁术。袁术很欣赏他，把孙坚原来的部属还给了孙策。太傅马日磾奉命安抚关东地区的子民，在寿春按照礼节征召了孙策，上表请求任命他做怀义校尉，袁术的大将乔蕤、张勋都很敬重他。袁术常感叹道："如果我有孙策这样的儿子，死了又有什么遗憾呢！"孙策的骑士犯了罪，逃到了袁术的军营中，藏在了马厩内。孙策让人把他斩首了之，一切完了之后，孙策向袁术谢罪。袁术说："当兵的喜欢叛乱，应当共同憎恨，为什么要谢罪啊？"因此，军中更害怕他了。袁术起初答应让孙策做九江太守，不久改用了丹杨陈纪。后来袁术想攻打徐州，想从庐江太守陆康那里借米三万斛。陆康不给他，袁术非常愤怒。孙策以前曾经拜访过陆康，陆康不见孙策，让主簿接见的他。孙策还常常怨恨这件事。袁术派孙策攻打陆康，对他说："以前我错用了陈纪，每当想起来就后悔我的本意没有实现。要是现在俘获陆康，庐江郡就是你的了。"于是孙策攻打陆康，夺得庐江，袁术又任用了他以前的官吏刘勋做太守，孙策更失望了。在这件事之前，刘繇是扬州刺史，扬州刺史的官署原来在寿春。寿春这个地方袁术已经占据了，刘繇于是渡江到了曲阿。这时候吴景还在丹杨，孙策的同族兄弟孙贲又是丹杨都尉，刘繇到了以后，把他们都驱赶走了。吴景、孙贲于是退驻到历阳。刘繇派樊能、于麋向东驻扎在横江的渡口旁，张英驻扎在当利口，以阻击袁术。袁术起用以前的旧吏琅玡惠衢做扬州刺史，换吴景做督军中郎将，和孙贲一起带兵攻打张英等，数年都攻不下。孙策于是劝说袁术，请求帮助吴景等平定江东。袁术上表请求孙策做折冲校尉，兼任殄寇将军，孙策的兵力才一千人，坐骑几十匹，可

孙策大战严白虎

是愿意跟随他的宾客有好几百人。等到了历阳，兵力达到了五六千。孙策的母亲先从曲阿迁到了历阳，孙策又把母亲迁到了阜陵，渡过长江转战各地，所经过之地都被攻克了，没有人敢和他们正面交锋，他的军令统一严明，百姓都归顺他。

[原文]

策为人，美姿颜，好笑语，性阔达听受，善于用人，是以士民见者，莫不尽心，乐为致死。刘繇弃军遁逃，诸郡守皆捐①城郭奔走。吴人严白虎等众各万余人，处处屯聚。吴景等欲先击破虎等，乃至会稽。策曰："虎等群盗，非有大志，此成禽耳。"遂引②兵渡浙江，据会稽，屠东冶，乃攻破虎等。尽更置长吏，策自领会稽太守，复以吴景为丹杨太守，以孙贲为豫章太守；分豫章为庐陵郡，以贲(bēn)弟辅为庐陵太守，丹杨朱治为吴郡太守。彭城张昭、广陵张纮(hóng)、秦松、陈端等为谋主。时袁术僭(jiàn)号，策以书责而绝之。曹公表策为讨逆将军，封为吴侯。后术死，长史杨弘、大将张勋等将其众欲就策，庐江太守刘勋要击，悉虏之，收其珍宝以归。策闻之，伪与勋好盟。勋新得术众，时豫章上缭(liáo)宗民万余家在江东，策劝勋攻取之。勋既行，策轻军晨夜袭拔庐江，勋众尽降，勋独与麾下数百人自归曹公。是时袁绍方强，而策并江东，曹公力未能逞，且欲抚之。乃以弟女配策小弟匡，又为子章取贲女，皆礼辟策弟权、翊，又命扬州刺史严象举权茂才。

[注释]

①捐：放弃。②引：带领。

[译文]

孙策长得很好看，好说笑，性情豁达愿意听取别人的意见，擅长用人，只要是见过他的士民，都愿意为他以死尽忠。刘繇抛弃了军队逃跑，各个郡的郡守都弃城外逃。吴国的严白虎等带领着一万多人的部下，到处集结势力。吴景等打算先拿下严白虎等，就攻打会稽。孙策说："严白虎这样的盗贼，是没有大志向的，这次一定能俘获他的。"于是带领军队渡过浙江，占据了会稽，血洗了东冶，把严白虎等打败了。于是把长吏全部更换了，孙策自己担任会稽太守，又让吴景担任丹杨太守，让孙贲担任豫章太守；把豫章分出一部分组成庐陵郡，让孙贲的弟弟孙辅担任庐陵太守，丹杨朱治担任吴郡太守。彭城张昭、广陵张纮、秦松、陈端等做谋士。这时候袁术妄称帝号，孙策写信责骂他并断绝了关系。曹操上表封孙策为讨逆将军，封为吴侯。袁术死后，长史杨弘、大将张勋等将领带领他们的部下想归顺孙策，庐江太守刘勋半路截击，把他们都俘虏了，收缴了他们的财物回去了。孙策听说了，假装和刘勋盟好。刘勋刚得到袁术的旧部下，这时候豫章上缭宗族在江东聚集了上万家的民众，孙策劝刘勋攻打他们。刘勋已经出发了，孙策就带领轻装的部队日夜赶路出奇制胜地夺下了庐江，刘勋的部下都归降了，刘勋独自和部下几百人归顺了曹操。这时候正是袁绍强大的时候，而孙策吞并了江东，曹操的力量还没能得到发挥，想暂时安抚他们。于是把自己的侄女嫁给孙策的弟弟孙匡，又为儿子曹章娶了孙贲的女儿，同时又礼聘了孙策的弟弟孙权、孙翊，又命扬州刺史严象举荐孙权做茂才。

[原文]

建安五年，曹公与袁绍相拒[1]于官渡，策阴欲袭许，迎汉帝，密治兵，部署诸将。未发，会为故吴郡太守许贡客所杀。先是，策杀贡，贡小子与客亡匿江边。策单骑出，卒与客遇，客击伤策。创甚，请张昭等谓曰："中国方乱，夫以吴、越之众，三江之固，足以观成败。公等善相吾弟！"呼权佩以印绶[2]，谓曰："举江东之众，决机于两陈之间，与天下争衡，卿不如我；举贤任能，各尽其心，以保江东，我不如卿。"至夜卒，时年二十六。

孙皓

权称尊号，追谥策曰长沙桓王，封子绍为吴侯，后改封上虞侯。绍卒，子奉嗣。孙皓时，讹言谓奉当立，诛死。

评曰：孙坚勇挚刚毅，孤微发迹，导温戮卓，山陵杜塞，有忠壮之烈。策英气杰济，猛锐冠世，览奇取异，志陵中夏。然皆轻佻果躁，陨身致败。且割据江东，策之基兆也，而权尊崇未至，子止侯爵，于义俭矣。

[注释]

①拒：交战。②印：官印。绶：绶带，官印上的丝带。

[译文]

建安五年（200），曹操和袁绍在官渡大战，孙策暗中想偷袭许昌，迎接汉献帝，秘密训练士兵，部署将领。还没有发起兵变，就被原来的吴郡太守许贡的宾客杀了。在这之前，孙策杀了许贡，许贡的小儿子和宾客逃跑了藏在江边。孙策一个人骑马外出，正好和宾客相遇，宾客刺伤了孙策。伤势很重，他请来张昭等，对他们说："中原现在很乱，现在靠吴、越的兵力，三江的艰险，是可以成就一番事业的。你们一定要善待我的弟弟啊！"叫来孙权把官印佩带在他身上，对他说："带领江东的民众，两阵对峙之间要把握住时机，和别人争夺天下，你是不如我；能够利用贤才，使他们竭尽忠诚，一起保卫江东，这我不如你。"到了半夜孙策就去世了，死时才二十六岁。

孙权称帝以后，追封孙策为长沙桓王，封他的儿子孙绍为吴侯，后来改封为上虞侯。孙绍死了之后，他的儿子孙奉继承父爵。孙皓时，传言说孙奉应该当皇帝，孙奉被诛杀了。

评论说：孙坚勇敢刚毅，出身寒微低贱而能富贵显赫，劝说张温杀戮董卓，修复了被破坏的山陵，有忠贞壮烈的功业。孙策才智出众，勇武绝代，能出奇制胜，有驾驭中原的志向。可是他们却轻佻、急躁，最后丧失性命。割据江东，这是孙策打下了基础，孙权虽给了他尊荣，但仍不够崇敬，他的儿子只是封了侯爵，从常理上说是有欠缺的。

吴主传

[原文]

孙权字仲谋。兄策既定诸郡，时权年十五，以为阳羡长。郡察孝廉，州举茂才①，行②奉义校尉。汉以策远修职贡，遣使者刘琬加锡命。琬语人曰："吾观孙氏兄弟虽各才秀明达，然皆禄祚不终，惟中弟孝廉，形貌奇伟，骨体不恒③，有大贵之表，年又最寿，尔试识之。"

孙权

[注释]

①茂才：秀才。东汉的时候，为了避光武帝刘秀讳，改称茂才。②行：代理职位。③不恒：不平常，不平凡。

[译文]

孙权，字仲谋。他的兄长孙策平定了江南数郡，当时孙权只有十五岁，孙策任命他为阳羡县长。当地的郡守举荐他为孝廉，州牧推举他为秀才，代理奉义校尉。汉王朝认为孙策虽然远在江南地区，但是却能执行职责的礼数，向朝廷进献贡品，于是派遣刘琬为使者去孙策所在地颁发赐给他爵服等赏品的命令。刘琬回来后对别人说："在我看来，孙家的几个兄弟，每个都很出色，才能出众，聪慧、豁达，可是寿命都不长。只有二弟孝廉孙权，体形高大伟岸，相貌堂堂，有享大福大贵的仪表，而且寿命最长。你们可以记住我说的这些话。"

[原文]

建安四年，从策征庐江太守刘勋。勋破[1]，进讨黄祖于沙羡。

五年，策薨(hōng)[2]，以事授权，权哭未及息。策长史张昭谓权曰："孝廉，此宁哭时邪？且周公立法而伯禽不师，非欲违父，时不得行也。况今奸宄(guǐ)[3]竞逐，豺狼满道，乃欲哀亲戚，顾礼制，是犹开门而揖(yī)盗，未可以为仁也。"乃改易权服，扶令上马，使出巡军。是时惟有会稽、吴郡、丹杨、豫章、庐陵，然深险之地犹未尽从，而天下英豪布在州郡，宾旅寄寓之士以安危去就为意，未有君臣之固。张昭、周瑜等谓权可与共成大业，故委心[4]而服事焉。曹公表权为讨虏将军，领[5]会稽太守，屯[6]吴，使丞之郡行文书事。待张昭以师傅之礼，而周瑜、程普、吕范等为将率。招延俊秀，聘求名士，鲁肃、诸葛瑾等始为宾客。分部诸将，镇抚山越[7]，讨不从命。

孙策遗嘱

[注释]

①破：打败。②薨：指诸侯的死。③奸宄：犯法、作乱的坏人。乱在外被称为奸，乱在内被称为宄。④委心：尽心，尽力。⑤领：兼任官职。⑥屯：驻守，驻军。⑦山越：当时居住在今天安徽、江苏、浙江、江西各省的越族人民的统称。

[译文]

建安四年（199），孙权跟随孙策讨伐庐江太守刘勋。打败了刘勋率领的军队后，又向沙羡进军去征讨黄祖。

建安五年（200），孙策病死，孙权被授予将军的重任，还没等到他的悲泣停止，孙策的长史张昭对他说："孝廉，此时难道是应该哭泣的时候吗？古代的周公制定礼仪制度，他的儿子伯禽却不遵守，他不是故意违背父亲的命令，而是当时不能遵行！更何况现在内外的坏人都在猖狂地进行活动，像豺狼一样的坏人遍地都是。在这种情况下，还在为死去的兄长哀痛，凡事都以丧礼为主，这种举动就像开门欢迎坏人一样，这不能算是仁的举动啊！"于是，他让孙权换下丧服，穿上官服，把他扶上马，让他到外面巡查队伍。当时孙权只占有会稽、吴郡、丹杨、豫章、庐陵五个郡，然而那些处于深山险要位置的地方还没有完全归顺，但是天下的英雄豪杰分布在各个州郡，暂时居住在这里的宾客以个人的安危、去留作为主要的考虑问题，没有固定的君臣关系。张昭、周瑜等人认为孙权能够和他们一起成就伟业，所以就尽力辅佐他。曹操奏请朝廷任命孙权为讨虏将军，同时兼任会稽太守，驻军吴县。孙权派官员到各郡处理文书的公务。以对待师长的礼仪来对待张昭，任用周瑜、程普、吕范等人为将军，招揽才能出众、闻名天下的人士，鲁肃、诸葛瑾等人开始成为孙权的宾客。分派众将领镇守、安抚山越人民，讨伐不服从命令的州县。

周瑜荐贤

[原文]

七年，权母吴氏薨。

八年，权西伐黄祖，破其舟军①，惟城未克，而山寇②复动。还过豫章，使吕范平鄱(pó)阳，程普讨乐安，太史慈领海昏，韩当、

周泰、吕蒙等为剧县③令长。

九年，权弟丹杨太守翊为左右所害，以从兄瑜代翊。

十年，权使贺齐讨上饶，分为建平县。

十二年，西征黄祖，虏其人民而还。

[注释]

①舟军：水军。②山寇：对当时坚决反对孙权统治的山越族民众的诬称。③剧县：指政务繁重的县。

[译文]

建安七年（202），孙权的母亲吴氏去世。

建安八年（203），孙权西讨黄祖，打败了他的水军，只有城池没有攻克，而且山贼又作乱。孙权率领军队返回，途中经过豫章，派遣吕范平定鄱阳，程普讨伐乐安，太史慈监管海昏，韩当、周泰、吕蒙等担任军政事务繁重的县令、县长。

建安九年（204），孙权的弟弟丹杨太守孙翊被他的随从所杀害，派其堂兄孙瑜接替他的位子。

建安十年（205），孙权指使贺齐讨伐上饶，把上饶的一部分划为建平县。

建安十二年（207），向西征讨黄祖，俘虏其民众后返回。

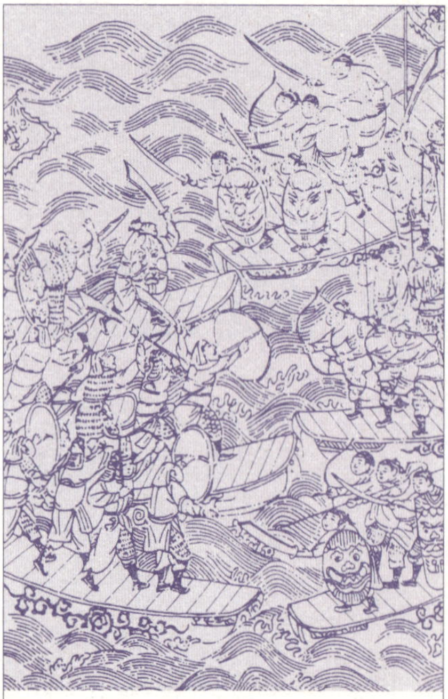

孙权跨江破黄祖

[原文]

十三年春，权复征黄祖，祖先遣舟兵拒军，都尉①吕蒙破其前锋，而凌统、董袭等尽锐攻之，遂屠其城。祖挺身②亡走，骑士冯则追枭其首，虏其男女数万口。是岁，使贺齐讨黟、歙，分歙为始新、新定、犁阳、休阳县，以六县为新都郡。荆州牧刘表死，鲁肃乞奉命吊表二子，且以观变。肃未到，而曹公已临其境，表子琮举众以降。刘备欲南济江，肃与相见，因传权旨③，为陈成败。

备进住夏口，使诸葛亮诣权，权遣周瑜、程普等行。是时曹公新得表众，形势甚盛，诸议者皆望风畏惧，多劝权迎④之。惟瑜、肃执拒之议，意与权同。瑜、普为左右督，各领万人，与备俱进，遇于赤壁，大破曹公军。公烧其余船引退⑤，士卒饥疫，死者大半。备、瑜等复追至南郡，曹公遂北还，留曹仁、徐晃于江陵，使乐进守襄阳。时甘宁在夷陵，为仁党⑥所围，用吕蒙计，留凌统以拒仁，以其半救宁，军以胜反⑦。权自率众围合肥，使张昭攻九江之当涂。昭兵不利，权攻城逾月不能下。曹公自荆州还，遣张喜将骑赴合肥。未至，权退。

[注释]

①都尉：官名。郡都置有都尉，掌握兵权。②挺身：奋身而起。③旨：建议，主张。④迎：投降，归顺。⑤引退：率军撤退。⑥党：同伙，属下。⑦反：同"返"，回归，返回。

[译文]

建安十三年（208），孙权又征讨黄祖，黄祖先派遣水兵抗拒吴军，吴都尉吕蒙攻破了他的先锋队伍，而凌统、董袭等将更是率军尽力攻克，于是屠杀了城内的百姓。黄祖刚要起身逃走，骑士冯则赶上前砍了他的脑袋，俘虏了几万名男女。这年，孙权派贺齐攻打黟县、歙县，将歙县重新进行了划分，新建了始新、新定、犁阳、休阳四个县，以这六个县为新都郡。荆州牧刘表病死，鲁肃请求孙权派遣他前往荆州向刘表的两个儿子进行吊唁慰问，并趁机实地考察荆州的变化。鲁肃还没有到达，而曹操率领的大军就已经临近荆州了，刘表的二儿子刘琮向曹操献出他的全部军民来投降。刘备想向南渡过长江，鲁肃与他见了面，向他传达了孙权的想法，分析摆在他们面前的失败与成功的两种选择。刘备进驻夏口，派诸葛亮与孙权会面，孙权派周瑜、程普等率军出发。当时曹操刚刚得到刘表的军民，形势不错，参与讨论的人想到对方的声威而感到恐惧，大多劝孙权投降曹操。只有周瑜、鲁肃不同意投降的建议，与孙权的主张一样。孙权任命周瑜、程普为左右都督，各自领兵万人，与刘

吊丧江夏

备同时进军，同曹军在赤壁交战，将曹军打得落花流水。曹操烧掉了剩下的船只率军撤退，士兵因为饥饿和疫病，死掉一大半。刘备、周瑜等把他们追赶到了南郡，于是曹操回到了北方，留下曹仁、徐晃守卫江陵，让乐进守卫襄阳。当时吴将甘宁身在夷陵，被曹仁的部将所包围。孙权采纳吕蒙的计策，留下凌统迎战曹仁，分给凌统一半的军队去援救甘宁，援军得胜返回。孙权亲自率军围攻合肥，并派张昭进攻九江郡的当涂县。张昭进攻不顺利，孙权攻城一个多月，也没有攻下。曹操从荆州返回北方后，派遣张喜率骑兵援助合肥。张喜还没有到达，孙权就已经撤军退走。

[原文]

十四年，瑜、仁相守岁余，所杀伤甚众。仁委城①走。权以瑜为南郡太守。刘备表②权行车骑将军，领徐州牧。备领荆州牧，屯公安。

十五年，分豫章为鄱(pó)阳郡；分长沙为汉昌郡，以鲁肃为太守，屯陆口。

十六年，权徙治③秣(mò)陵。明年，城石头，改秣陵为建业。闻曹公将来侵，作濡须坞。

周瑜南郡战曹仁

十八年正月，曹公攻濡须，权与相拒月余。曹公望权军，叹其齐肃④，乃退。初，曹公恐江滨郡县为权所略⑤，征令内移。民转相惊，自庐江、九江、蕲春、广陵户十余万皆东渡江，江西遂虚，合肥以南惟有皖城。

[注释]

①委城：放弃城池。②表：此处指上表请求任命。表，指古代上呈文书的名称，这里作动词用。③治：旧时指王都或者地方官署所在地。④齐肃：整齐肃穆。⑤略：掠夺、侵犯。

[译文]

建安十四年（209），周瑜、曹仁相互对

峙一年多，双方的伤亡都很惨重。曹仁弃城跑了。孙权任命周瑜为南郡太守。刘备奏请朝廷任命孙权为车骑将军，兼任徐州牧。刘备兼任荆州牧，驻守在公安。

建安十五年（210），从豫章郡划分出鄱阳郡；从长沙郡划分出汉昌郡，任命鲁肃为汉昌太守，驻守在陆口。

建安十六年（211），孙权将他的官署迁到秣陵。第二年，他修建石头城，将秣陵改称建业。听说曹操要来侵袭他，就修建了濡须坞。

建安十八年（213）正月，曹操率军进攻濡须，孙权与他对峙一个多月。曹操远望吴军，赞叹其整齐肃穆，于是撤军。当初，曹操害怕长江北岸的郡县遭到孙权的抢掠，命令生活在这一带的百姓向中原内迁徙，民众反而因此感到惊恐，居住在庐江、九江、蕲春、广陵等地的十多万户民众全都向东渡过长江，长江西岸就变得很空虚，合肥以南就只有皖城了。

［原文］

十九年五月，权征皖(wǎn)城。闰月，克之，获庐江太守朱光及参军董和，男女数万口。是岁刘备定①蜀。权以备已得益州，令诸葛瑾从求荆州诸郡。备不许，曰："吾方图凉州，凉州定，乃尽以荆州与吴耳。"权曰："此假②而不反，而欲以虚辞③引岁。"遂置④南三郡长吏，关羽尽逐之。权大怒，乃遣吕蒙督鲜于丹、徐忠、孙规等兵二万取长沙、零陵、桂阳三郡，使鲁肃以万人屯巴丘以御关羽。权住陆口，为诸军节度。蒙到，二郡皆服，惟零陵太守郝普未下。会备到公安，使关羽将三万兵至益阳，权乃召蒙等使还助肃。蒙使人诱普，普降，尽得三郡将守，因引军还，与孙皎、潘璋并鲁肃兵并进，拒羽于益阳。未战，会曹公入汉中，备惧失益州，使使⑤求和。权令诸葛瑾报⑥，更寻盟好⑦，遂分荆州长沙、江夏、桂阳以东属权，南郡、零陵、武陵以西属备。备归，而曹公已还。权反自陆口，遂征合肥。合肥未下，彻军还。兵

诸葛瑾索还荆州

皆就路，权与凌统、甘宁等在津北为魏将张辽所袭，统等以死捍⑧权，权乘骏马越津桥得去。

[注释]

①定：平定。②假：借。③虚辞：假话，空话。④置：任命官吏。⑤使使：派遣使者。⑥报：回答，告诉。⑦盟好：结盟友好。⑧捍：保卫，护卫。

[译文]

建安十九年（214）五月，孙权进攻皖城。这年的闰月，攻占了皖城，俘虏了庐江太守朱光、参军董和，男女几万人。这年刘备平定了蜀地，孙权因为刘备已经攻占了益州，就命令诸葛瑾向刘备讨还荆州等郡。刘备不同意，说："我正在想法攻占凉州，等我平定了凉州，我再把荆州全部还给吴吧。"孙权说："他这是借了不还，只是用空话来拖延时间。"于是任命荆州南部三个郡的主要官员，但是都被关羽用武力赶走了。孙权非常生气，便派遣吕蒙带领鲜于丹、徐忠、孙规等将率领两万士兵进攻长沙、零陵、桂阳三郡。派鲁肃率领一万名士兵驻守在巴丘，来抵抗关羽。孙权驻扎在陆口，指挥、调度各路军队。吕蒙带军到达长沙，长沙、桂阳二郡都投降了，只有零陵太守郝普不愿意投降。正赶上刘备到了公安，便派遣关羽率领三万士兵到达益阳，孙权便命令吕蒙等返回来支援鲁肃。吕蒙派使者前去劝降郝普，郝普投降，吕蒙全部争取到了三郡的郡守，于是率军返了回来，与孙皎、潘璋、鲁肃会师同时前进，到益阳迎战关羽。战斗还没开始，就赶上了曹操进攻汉中地区，刘备担心失去益州，于是就派遣使者到吴军求和。孙权命令诸葛瑾回复，同意重新谋求两国的联盟友好，于是将荆州划分为两部分，长沙、江夏、桂阳三郡以东的地区归孙权，南郡、零陵、武陵三郡以西的地区归刘备。刘备回到成都，曹操这时也已经从汉中撤军。孙权从陆口返回建业，又征讨合肥。合肥没有攻下，孙权准备撤军。撤退的士兵都走上了回去的道路，孙权与凌统、甘宁等率军在逍遥津北突然遭到张辽的偷袭，凌统等将以死保护孙权，孙权乘驾骏马渡过逍遥津的板桥才得以离去。

[原文]

二十一年冬，曹公次①于居巢，遂攻濡须。

二十二年春，权令都尉徐详诣曹公请降，公报使修好，誓重结婚②。

二十三年十月，权将如③吴，亲乘马射虎于庱（chěng）亭。马为虎所伤，权投以双戟④，虎却废，常从⑤张世击以戈，获之。

[注释]

①次：行军的时候在一个地方停留超过三个晚上。这里指驻军。②重结婚：再

次结亲、通婚。③如：往，到。④戟：兵器名称。一种合矛戈为一体的兵器，可以刺、击。⑤常从：经常跟随在身边的随从人员。

[译文]

建安二十一年（216）冬天，曹操驻扎在居巢，进攻濡须。

建安二十二年（217）春天，孙权命令都尉徐详拜见曹操，请求归降，曹操派遣使臣回应要改善双方的关系，决心重新结为姻亲。

建安二十三年（218）十月，孙权将去吴郡，亲自乘马在庱亭射虎。老虎把马咬伤了，孙权用双戟投向老虎，老虎受伤逃跑了，经常跟随他的随从张世见状立刻挥戈向老虎刺去，捕获了虎。

[原文]

二十四年，关羽围曹仁于襄阳，曹公遣左将军于禁救之。会汉水暴起，羽以舟兵尽虏禁等步骑三万送江陵，惟城未拔[①]。权内惮(dàn)羽，外欲以为己功，笺(jiān)[②]与曹公，乞以讨羽自效。曹公且欲使羽与权相持以斗之，驿传[③]权书，使曹仁以弩射示羽。羽犹豫不能去。闰月，权征羽，先遣吕蒙袭公安，获将军士仁。蒙到南郡，南郡太守麋芳以城降。蒙据江陵，抚其老弱，释于禁之囚。陆逊别取宜都，获秭(zǐ)归、枝江、夷道，还屯夷陵，守峡口以备蜀。关羽还当阳，西保麦城。权使诱之。羽伪降，立幡旗为象人于城上，因遁走，兵皆解散，尚十余骑。权先使朱然、潘璋断其径路。十二月，璋司马马忠获羽及其子平、都督赵累等于章乡，遂定荆州。是岁大疫[④]，尽除荆州民租税。曹公表权为骠骑将军，假节，领荆州牧，封南昌侯。权遣校尉梁寓奉贡于汉，及令王惇市[⑤]马，又遣朱光等归。

关云长败走麦城

[注释]

①拔：攻占，占领。②笺：信札。这里用作动词，即写信。③驿传：交给驿站传送。④大疫：疫病流行。⑤市：购买，这里作动词用。

[译文]

建安二十四年（219），关羽把曹仁围困在襄阳，曹操派遣左将军于禁率军前去援助。正赶上汉水暴涨，关羽派水军参与战斗，把于禁等人率领的三万名步、骑兵全部俘获，送往江陵，只有襄阳城还没被攻克。孙权内心很害怕关羽，表面上却想为自己表功，写信给曹操，请求出兵进攻关羽以表明为其效力的决心。曹操为了使关羽与孙权长期对峙、争斗，用快马速传孙权的亲笔信，命令曹仁用强弓将这封信射给关羽。关羽看到信后，主意不定，没能立刻撤军。闰月，孙权进攻关羽，先派吕蒙偷袭公安郡，俘虏了蜀将士仁。吕蒙又率军进攻南郡，太守麋芳献城投降。吕蒙占领了江陵，安抚全城的老弱百姓，解除了对于禁的监禁。陆逊率领一支军队攻占了宜都，又攻占了秭归、枝江、夷道，率军回来驻扎在夷陵，严守峡道，严防蜀军东下。关羽退回到当阳，往西行进去保卫麦城。孙权派人劝说关羽投降，关羽假装投降，在麦城城墙上树立军旗，立了很多假人，趁机逃了出去，军队四散，只剩下十几个骑兵。孙权先派朱然、潘璋阻断关羽撤退的道路。十二月，潘璋的司马马忠在章乡付俘虏了关羽和他的儿子关平、都尉赵累等人，于是平定了荆州。这年疫病流行，孙权下令全部免除荆州的租税。曹操奏请朝廷封孙权为骠骑将军，授予符节，兼任荆州牧，封为南昌侯。孙权派校尉梁寓向汉献帝进献贡品，并令王惇买马，又遣送朱光等人回北方。

[原文]

二十五年春正月，曹公薨，太子丕代为丞相魏王，改年为延康。秋，魏将梅敷使张俭求见抚纳。南阳阴、酇(cuó)、筑阳、山都、中庐五县民五千家来附。冬，魏嗣王称尊号，改元为黄初。二年四月，刘备称帝于蜀。权自公安都鄂，改名武昌，以武昌、下雉、寻阳、阳新、柴桑、沙羡六县为武昌郡。五月，建业言甘露①降。八月，

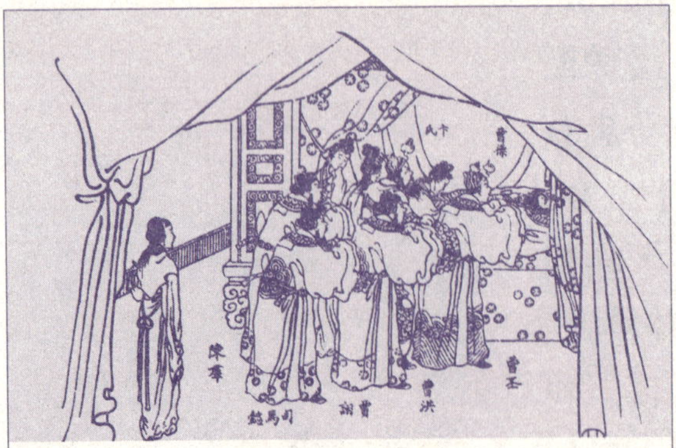

曹操遗命

城武昌，下令诸将曰：“夫存不忘亡，安必虑危，古之善教[2]。昔隽不疑汉之名臣，于安平之世而刀剑不离于身，盖君子之于武备，不可以已。况今处身疆畔，豺狼交接，而可轻忽不思变难[3]哉？顷[4]闻诸将出入，各尚谦约[5]，不从人兵，甚非备虑爱身之谓。夫保己遗名，以安君亲，孰与危辱？宜深警戒，务崇其大，副孤意焉。”自魏文帝践阼，权使命称藩，及遣于禁等还。十一月，策命权曰：“盖圣王之法，以德设爵，以功制禄；劳大者禄厚，德盛者礼丰。故叔旦有夹辅之勋，太公有鹰扬之功，并启土宇，并受备物[6]，所以表章元功[7]，殊异[8]贤哲也。近汉高祖受命之初，分裂膏腴(yú)[9]以王八姓，斯则前世之懿(yì)事[10]，后王之元龟也。朕以不德，承运革命，君临万国，秉统天机，思齐先代，坐而待旦。惟君天资忠亮，命世作佐，深睹历数[11]，达见废兴，远遣行人，浮于潜汉。望风影附，抗疏称藩，兼纳纤[12]絺南方之贡，普遣诸将来还本朝，忠肃内发，款诚外昭，信著金石，义盖山河，朕甚嘉焉。今封君为吴王，使使持节太常高平侯贞，授君玺绶策书、金虎符第一至第五、左竹使符第一至第十，以大将军使持节督交州，领荆州牧事，锡君青土，苴以白茅，对扬[13]朕命，以尹东夏。其上故骠骑将军南昌侯印绶符策。今又加君九锡，其敬听后命。以君绥安东南，纲纪江外，民夷安业，无或携贰，是用锡君大辂(lù)、戎辂各一，玄牡二驷。君务财劝农，仓库盈积，是用锡君衮冕之服，赤舄(xì)副焉。君化民以德，礼教兴行，是用锡君轩县之乐。君宣导休风，怀柔百越，是用锡君朱户以居。君运其才谋，官方[14]任贤，是用锡君纳陛以登。君忠勇并奋，清除奸慝(tè)，是用锡君虎贲之士百人。君振威陵迈，宣力荆南，枭灭凶丑，罪人斯得，是用锡君铁钺各一。君文和于内，武信于外，是用锡君彤弓一、彤(tóng)矢百、玈(lú)弓十、玈矢千。君以忠肃为基，恭俭为德，是用锡君秬鬯(chàng)一卣(yǒu)，圭瓒副焉。钦哉！敬敷[15]训典，以服朕命，以勖(xù)相我国家，永终尔显

烈。”是岁，刘备帅军来伐，至巫山、秭归，使使诱导武陵蛮夷，假与印传，许之封赏。于是诸县及五豀民皆反为蜀。权以陆逊为督，督朱然、潘璋等以拒之。遣都尉赵咨使魏。魏帝问曰：“吴王何等主也？”咨对曰：“聪明仁智，雄略之主也。”帝问其状，咨曰：“纳鲁肃于凡品，是其聪也；拔吕蒙于行陈，是其明也；获于禁而不害，是其仁也；取荆州而兵不血刃，是其智也；据三州虎视于天下，是其雄也；屈身于陛下，是其略也。”帝欲封权子登，权以登年幼，上书辞封，重遣西曹掾(yuàn)沈珩(héng)陈谢，并献方物⑯。立登为王太子。

[注释]

①甘露：甜美的雨露。古人迷信地认为天降甘露是太平的征兆。②善教：有益的告诫。③变难：意外的灾难。④顷：近来，最近。⑤谦约：谦虚、简约。⑥备物：各种美好的东西。备，美好。⑦元功：大的功劳，首要的功劳。⑧殊异：指特殊的待遇。⑨膏腴：指肥美的土地。⑩懿事：盛事，美好的事。⑪历数：运数，指王朝更替的次序。⑫纤：指细纹的丝帛。⑬对扬：答谢、称扬。⑭官方：任用方正的人为官。⑮敷：传布，传播。⑯方物：指地方上的特产。

[译文]

建安二十五年（220）春正月，曹操去世，太子曹丕继任了丞相、魏王，把年号改称为延康。秋天，魏将梅敷派张俭来请求曹丕安抚、接纳他们。南阳郡所属的阴、酂、筑阳、山都、中庐五个县的五千家民众都来归附于他。这年冬天，新继任的魏王曹丕自称皇帝，改年号为黄初。黄初二年（221）四月，刘备在蜀地称帝。孙权从公安迁到鄂县，并在那里建都，把鄂县改称为武昌，把武昌、下雉、寻阳、阳新、柴桑、沙羡六个县归为武昌郡。同年五月，在建业宣称天降甘露。八月，修建武昌城，孙权对诸将下达命令说：“在生存的时候不能忘记灭亡，在安全的时候务必要考虑身边的危险，这是古人给我们的有益教导。从前有个叫隽不疑的人，他是汉朝的名臣。他生活在安定和平的年代，但是刀剑从来都不离开他的身体。这说明君子认为武装力量是不可以荒废的。何况我们现在处在国境的边缘，坏人像豺狼虎豹一样，可以通过很多渠道接近我们，难道我们能够轻率大意而不考虑突然出现的灾难吗？我最近听说将军们在外出时都喜欢谦逊简朴，不带随从的侍卫，可以说这样做就是忧患不周、不爱惜自己。要爱惜自己，建功扬名，使君主和亲人都能放心，为什么要使自己遭遇危险和侮辱呢？应该加强警戒，真正重视这个重要的问题，按照我的建议行事。”从魏文帝曹丕称帝以来，孙权派使者对曹丕说自己是魏的属国，又把于禁等人遣送回去。十一月，曹丕下发奖励孙权的诏令，诏书中写道："圣明君王的律法，依照德行来确定封号和官位，依据功劳的大小来确定俸禄等级。功劳大的人享受的俸禄就好，德行高的人就会得到更高的尊重。所以周公有辅佐武王、成王的功劳，太公有施展才华使周朝强大的功劳，他们被分封土地，接受各种赏赐，都是为了表彰他们的雄伟功业，对卓越的人物要特殊对待。近代的汉高祖称帝的初年，大量分封肥沃的土地，让非刘姓的八位功臣身居王位，这是前代的盛况，后代的帝王更应该作为借鉴。我个人的德操并不能与帝王相称，只是承受天命，身居帝王的位子，治理天下，掌握国家的大权，很想把天下治理得像前代的盛世一样繁盛，所以日夜操劳。鉴于您本性忠诚淳厚，在天下声名显著，有辅佐帝王的才能。考察一下历代王朝更替的次序，就能知道兴衰的道理，使臣大多是从潜水、汉水派来的。您得知我称帝的消息，立即归附于我，且献上文书，自称是我的属国，并呈献丝绸麻布等江南特产作为贡品，把各位将军遣送回本朝。您的忠诚恭敬是发自您的内心的，也明显地表现在外表上。您的信誉可以铭刻在金石上，普盖山河大地，我对此表示赞赏。现在封您为吴王，派遣使持节太常高平侯邢贞，授予您印章、诏书、金虎符第一至第五、左竹使符第一至第十，授命您为大将军使持节督交州，兼任荆州牧；赐您青土，外面包有白茅；要答复、称赞我的任命，将国家的东部地区治理好。要上缴前骠骑将军南昌侯的印章和诏书。再加赐您九种赏赐，请敬听以下的命令。因为您使国家的东南部安定，把长江中下游南岸地区治理得很好，使汉人与夷人安居乐业，没有人怀有二心，所以赐您大车、兵车各一辆，黑色公马八匹。您重视财富的积累，奖励农耕，积存的谷物装满了仓库，所以赐予您王侯穿的礼服礼帽，还有与其相配的红木的复底鞋。您用德操感化民众，鼓励礼教的推广，所以赐予您三面悬挂的乐器。您发扬美善、祥和的社会风气，善于笼络、安抚百越之民，因此特准您在有红色涂门的住所里居住。您发挥出了您的才能智谋，任用贤良纯朴的人做官，因此赏赐您拥有纳于檐下的殿坛台阶。您能发扬忠厚勇敢的精神，除掉奸诈邪恶的坏人，所以赏赐您百名勇士。您扬威于山区之外的海疆，在荆南表现出强大的威力，清除掉凶恶残忍的丑类，抓获了有罪的人，所以赏赐您斧、钺各一件。您的文臣在朝内和睦，武将在外信服，因此赏赐您一张红弓、一百支红箭、十张黑弓、一千支黑箭。您以忠诚肃穆为根本，以恭顺俭朴为美德，所以赏赐您用于祭祀

曹丕废帝篡炎刘

的美酒一卣，还有与盛这种美酒相配套的玉柄勺。要恭敬地执行您的职务啊！要真正遵行训导，服从命令。尽力辅佐我治理国家，永远保住您显赫的功绩。”这一年，刘备率军进攻吴国，到达巫山、秭归，便派使者前去诱降武陵山区的百姓，假装说给予印章、符信，并且许诺封官赏赐，于是武陵各地以及五谿的百姓都反对吴国而拥护蜀国。孙权任命陆逊为大都督，率领朱然、潘璋等将迎战。孙权派都尉赵咨出使魏国。曹丕问道：“吴王是什么样的君主？”赵咨回答说：“吴王聪明仁慈，是一个有雄韬大略的君主。”魏文帝又接着问具体情况，赵咨回答说：“在众多平凡的人中唯独接纳鲁肃，这是吴王的聪明之处；在众多的士兵中，越级提拔吕蒙，这是吴王的明达之处；俘虏了于禁，但是不加害于他，这是吴王的仁慈之处；没有伤亡一个人就夺取了荆州，这是吴王有智谋的一面；占据荆、扬、交三州，像猛虎一样观察天下的局势，这是吴王的雄才；对于您，他委屈自己向您称臣，这是吴王的谋略。”魏文帝想要封赏吴王的儿子孙登，但是孙权认为孙登的年纪还小，上书辞谢了，又派西曹掾沈珩表达自己的谢意，还进献江南的特产。孙权立孙登为王太子。

[原文]

黄武元年春正月，陆逊部将军宋谦等攻蜀五屯，皆破之，斩其将。三月，鄱(pó)阳言黄龙见。蜀军分据险地，前后五十余营，逊随轻重以兵应拒，自正月至闰月，大破之，临陈所斩及投兵降首①数万人。刘备奔走，仅以身免。

[注释]

①投兵降首：指投降的士兵和将领。

[译文]

黄武元年（222）春正月，陆逊率将军宋谦等人进攻蜀的五所军营，全部攻破了，杀掉了军营的守将。三月，鄱阳传出有黄龙出现。蜀国的军队分散开来占据各个险要的据点，前后建立了五十多所军营，陆逊依照战斗任务的大小派军队对付敌人，从正月到这年的闰月，大败敌军，临阵被杀、自动投降与被迫请求投降的人有好几万。刘备逃走，只有他一个人没被俘虏。

[原文]

初，权外托事魏，而诚心不款。魏欲遣侍中辛毗、尚书桓阶往与盟誓，并征任子，权辞让不受。秋九月，魏乃命曹休、张辽、臧霸出洞口，曹仁出濡须，曹真、夏侯尚、张郃、徐晃围南郡。权遣吕范等督五军，以舟军拒休等，诸葛瑾、潘璋、

孙权降魏受九锡

杨粲救南郡，朱桓以濡须督拒仁。时扬、越蛮夷多未平集，内难未弭(mǐ)[1]，故权卑辞上书，求自改厉[2]，“若罪在难除，必不见置，当奉还土地民人，乞寄命交州，以终余年。”文帝报曰：“君生于扰攘之际，本有从横之志，降身奉国，以享兹祚[3]。自君策名已来，贡献盈路。讨备之功，国朝仰成[4]。埋而掘之，古人之所耻。朕之与君，大义已定，岂乐劳师远临江汉？廊庙之议，王者所不得专；三公上君过失，皆有本末。朕以不明，虽有曾母投杼之疑，犹冀言者不信，以为国福。故先遣使者犒(kào)劳，又遣尚书、侍中践修前言，以定任子。君遂设辞[5]，不欲使进，议者怪之。又前都尉浩周劝君遣子，乃实朝臣交谋，以此卜君，君果有辞，外引隗嚣(wěi xiāo)遣子不终，内喻窦融守忠而已。世殊时异，人各有心。浩周之还，口陈指麾，益令议者发明众嫌，终始之本，无所据杖，故遂俯仰[6]从群臣议。今省上事，款诚深至，心用慨然，凄怆(qī chuàng)动容。即日下诏，敕[7]诸军但深沟高垒，不得妄进。若君必效忠节，以解疑议，登身朝到，夕召兵还。此言之诚，有如大江！”权遂改年，临江拒守。冬十一月，大风，范等兵溺死者数千，余军还江南。曹休使臧霸以轻船五百、敢死万人袭攻徐陵，烧攻城车，杀略数千人。将军全琮、徐盛追斩魏将尹卢，杀获数百。十二月，权使太中大夫郑泉聘[8]刘备于白帝，始复通也。然犹与魏文帝相往来，至后年乃绝。是岁改夷陵为西陵。

[注释]

①弥：停止，停下来。②改厉：改过罪行。厉，罪行、罪过。③祚：指福。④仰成：仰首期待着成功。比喻期望非常殷切。⑤设辞：指托词，借故推辞。⑥俯仰：应付、周旋。有勉强的意思。⑦敕：告诫，劝诫。⑧聘：派遣使者访问、修好。

[译文]

当初，孙权表面上假装臣服于魏国，但是内心却非常不诚恳、不老实。魏国想派遣侍中辛毗、尚书桓阶前往武昌与孙权立誓结盟，并要求孙权把他的儿子孙登送到魏国做人质，孙权极力推辞，不愿意接受。秋天九月，魏国派遣曹休、张辽、臧霸发兵进攻洞口，曹仁发兵进攻濡须，曹真、夏侯尚、张郃、徐晃围攻南郡。孙权派遣吕范等总管五路大军，用水军抗击曹休等，派遣诸葛瑾、潘璋、杨粲救援南郡，任命朱桓为濡须都督抵抗曹仁。当时扬、越山区的部族，大多数还没有被平定，没有顺从吴国，朝廷内部的动乱还没有停止，所以孙权用低下的言辞上书，请求允许他改过自新。他在文书中说："如果您认为我的罪过很严重，难以悔过，不能被您原谅，我愿意奉还您封给我的土地和民众，请求您允许我将生命寄托在交州，以度过剩下的岁月。"文帝在回复给他的诏书中写道："您生活在动乱纷争的年代，本来拥有纵横驰骋、建功立业的宏伟大志，能委屈自己臣服我国，长期享有俸禄。自从您接受封赏以来，进献贡品的使臣，不停地奔走在道路上。讨伐刘备的事，朝廷希望您能成功。反复不定的举动是古人所耻笑的。我与您的君臣关系早已经确定，难道我乐意远去江汉使军队劳累吗？朝廷中讨论的军国大事，帝王一个人也不能专断；三公都陈述了您的过失，都说明了事实的过程、原因。我知道自己并不圣明，虽然我曾经像曾参的母亲怀疑儿子那样对您也产生了不该有的怀疑，但是我还是希望三公所陈述的事实都不是真实的，而把这看作是国家的幸事。因此先派遣使者对您们进行赏赐、慰劳，又派遣尚书、侍中去完善原先定的盟约，将孙登来朝作人质的事情办好。您却借故推辞，不愿意让孙登前来，参加讨论的大臣都感到很奇怪。此外前都尉使浩周劝您把儿子送来做人质，其实这是大家共同的意见，想借这件事来验证您的诚心，但是您果然推辞了，对外引用隗嚣为例，说他虽然让儿子去做人质但是最终还是背叛了光武帝，对内用窦融来比喻自己，表明自己并没有二心只是谦恭自守罢了。时代已经完全变了，人们也会有各自的打算。浩周回来后，亲口表达了您的想法，更使参加议论的诸公发现您做了很多可疑的事，您所表示的始终忠于我的这一根本立场没法获得可靠的保证，因此我只能应付大家，听取他们的意见。现在看到您送来的信件，您向我表达的忠心可以说到了极点，我心中因此也深有感慨，不免动情。当日就下达命令，令南下诸军只挖战壕，修筑堡垒，不得随意进军。如果您真想效忠于我，以便消除人们对您的猜疑、议论的话，就让孙登本人清早到达京城以作人质，我晚上就下令撤回军队。这话的诚意，就像大江东去一样！"孙权于是改元黄武，沿江防守魏军的进攻。冬十一月，天有大风，吕范等人率领的水军被淹死几千人，剩下的军队退回到了江南。魏将曹休派臧霸率领五百艘快船、敢死队士兵一万人，暗中进攻徐陵，烧毁吴军的攻城车，杀死俘虏几千人。将军全琮、徐盛对魏将尹卢进行追杀，杀掉俘虏几百人。十二月，孙权派太中大夫郑泉到白帝城与刘备通好，这是吴蜀两国重新交往的开始。孙权与魏文帝还是互有往来，但是直到第二年才完全断绝关系。这年孙权将夷陵改为西陵。

[原文]

二年春正月，曹真分军据江陵中州。是月，城江夏山。改四分，用乾象历。三月，曹仁遣将军常彫(diāo)等，以兵五千，乘油船，晨渡濡须中州。仁子泰因引军急攻朱桓，桓兵拒之，遣将军严圭(guī)等击破彫等。是月，魏军皆退。夏四月，权群臣劝即尊号，权不许。刘备薨于白帝。五月，曲阿言甘露降。先是戏口守将晋宗杀将王直，以众叛如魏，魏以为蕲春太守，数①犯边境。六月，权令将军贺齐督麋芳、刘邵(shào)等袭蕲春，邵等生虏②宗。冬十一月，蜀使中郎将邓芝来聘。

曹真

[注释]

①数：多次、屡次。②生虏：活捉。

[译文]

黄武二年(223)春正月，曹真用一部分军队占领了江陵附近的江中小洲。这个月，他在江夏山上修筑城墙。废除四分历，改用乾象历。三月，曹仁派将军常彫等，率五千兵力乘坐油船，于清晨渡过濡须附近的江中小洲。曹仁的儿子曹泰趁机率兵对吴将朱桓进行了猛烈地攻击，朱桓发兵进行反击，派将军严圭等打败了常彫等魏将。这个月，魏军全部撤回。夏四月，孙权的诸臣劝他称帝，孙权没答应。刘备死于白帝城。五月，曲阿城传出有甘露降临。在这之前，驻守在戏口的将领晋宗杀死了王直，带着部下逃到魏国，魏帝任命他为蕲春太守，屡次侵犯吴的边境。六月，孙权令将军贺齐带领麋芳、刘邵等将士偷袭蕲春，刘邵等将活捉了晋宗。冬十一月，蜀国派遣中郎将邓芝来吴国通好。

［原文］

三年夏，遣辅义中郎将张温聘于蜀。秋八月，赦死罪。九月，魏文帝出广陵，望大江，曰“彼有人焉，未可图[1]也”，乃还。

四年夏五月，丞相孙邵(shào)卒。六月，以太常顾雍为丞相。皖(wǎn)口言木连理。冬十二月，鄱阳贼彭绮自称将军，攻没[2]诸县，众数万人。是岁地连震。

［注释］

①图：图谋，谋取。②攻没：攻陷，攻占。

［译文］

黄武三年（224）夏，孙权派遣辅义中郎将张温到蜀国通好。秋天八月，赦免死罪。九月，魏文帝巡查广陵，遥望大江，说道：“吴国有贤人在，不能谋取啊！”于是回到洛阳。

黄武四年（225）夏五月，丞相孙绍去世。六月，任命太常顾雍为丞相。皖口传出两树连生的现象。冬十二月，鄱阳的贼人彭绮自称将军，占领了几座县城，拥有几万名部众。这年连续发生地震。

［原文］

五年春，令曰：“军兴日久，民离农畔[1]，父子夫妇，不听相恤，孤甚愍(mǐn)之。今北虏缩窜，方外无事，其下州郡，有以宽息。”是时陆逊以所在少谷，表令诸将增广农亩。权报曰：“甚善。今孤父子亲自受田，车中八牛以为四耦，虽未及古人，亦欲与众均等其劳也。”秋七月，权闻魏文帝崩[2]，征江夏，围石阳，不克而还。苍梧言凤皇见。分三郡恶地十县置东安郡，以全琮为太守，平讨山越。冬十月，陆逊陈便宜[3]，劝以施德缓刑，宽赋息调。又云：“忠谠(dǎng)[4]之言，不能极陈，求容小臣，数以利闻。”权报曰：“夫法令之设，欲以遏恶防邪，儆戒未然也，焉得不有刑罚以威小人乎？此为先令后诛，不欲使有犯者耳。君以为太重者，孤亦何利其然，但不得已而为之耳。今承来意，

陆逊

当重谘（zī）谋，务从其可。且近臣有尽规之谏，亲戚有补察之箴（zhēn），所以匡君正主明忠信也。《书》载‘予违汝弼，汝无面从’，孤岂不乐忠言以自裨补邪？而云“不敢极陈”，何得为忠谠哉？若小臣之中，有可纳用者，宁得以人废言而不采择乎？但谄媚取容，虽暗亦所明识也。至于发调者，徒以天下未定，事以众济。若徒守江东，修崇宽政，兵自足用，复用多为？顾⑤坐自守可陋耳。若不豫⑥调，恐临时未可便用也。又孤与君分义⑦特异，荣戚实同，来表云不敢随众容身苟免，此实甘心所望于君也。”于是令有司尽写科条，使郎中褚逢赍⑧以就逊及诸葛瑾，意所不安，令损益之。是岁，分交州置广州，俄⑨复旧。

[注释]

①农畔：指田界，田土。②崩：古代指皇帝的死。③便宜：指对国家有利而应该兴办的事情。④谠：正直的言论。⑤顾：反而、却。⑥豫：通“预”，指预先的意思。⑦分义：名分、情义。这里指君臣之间的身份和地位。⑧赍：带着，怀着。这里指把东西送给别人。⑨俄：不久，形容时间非常短。

[译文]

黄武五年（226）春天，孙权下令说：“自从起兵以来，已经过去了很长时间。民众脱离了土地，不能从事耕种；有的家庭的父子夫妻长期分离，不能让他们互相体恤；我很可怜他们。现在北面的敌人已退缩、逃窜，国境附近没有战事，要下令给州、郡使其想办法让民众宽心、生息。”此时，陆逊因为他所在的地区缺少粮食，奏请孙权命令诸位将军开垦扩大农田。孙权回答说：“你的建议很好，现在我们父子亲自接受了分配的田亩，车驾中的八头牛可以分为四队用来耕田，虽然说连古人都不如，但是我们是想与民众一起劳动呢。”秋七月，孙权听说魏文帝去世，便出征江夏，围攻石阳，没有成功，撤军回来。苍梧传言说有凤凰出现。重新划分吴、丹阳、会稽三郡还没有开垦的山区十县，新建了东安郡，让全琮担任太守，讨伐、平定山越地区。冬十月，陆逊向孙权陈述应该兴办的并对国家有利的事，劝孙权施行德政，慎用刑罚，减少田税，停止征用户税。陆逊还说：“正直的言论，不能全部述说；但是谄媚求荣的小人，却屡屡为己利进言。”孙权回答说：“制定律令，就是要靠它来制止邪恶，那是犯罪行为发生之前所应有的戒备，怎么能没有严厉的刑罚来威慑坏人呢？这就是先教育后惩罚，不想有犯罪的人罢了。您指出了刑罚太重的现象，实行这样的严厉刑罚，对我能有什么好处呢，只是因为没有别的更好的办法才这样做啊。现在我接受您的提议，将重新讨论、谋划，一定要使我们的刑罚合理、适当。而且古代有一个有益的箴言说，经常陪伴在帝王身边的臣子要进献规劝的好话，同族的亲戚要弥补、监督君王的失误，这样做是为了使君主能走正道，同时表明臣子的忠心。《尚书》中记载：‘我没有接受你的辅佐，你不要当面屈从’，我难道不喜欢忠言以辅佐我吗？就像您所说的‘不敢全部陈述’，又怎么能算是忠直呢？如果职位低下的臣子可以提出好的意见，难道就可以因为这个人地位不高就轻视他的言论而不采纳吗？但是那种靠巴结、奉承来讨好的人，即使像我这样愚昧的人也会识辨得很清楚的。至于征收户税的原因，只是因为天下还没有平定，这样的大事要依靠众人才能成功。如果只是固守江东，施行仁政，兵自然就够用了，还需要多做什么呢？但是，固守会被别人鄙视，如果不早点征收户税，就会担心临时增加的开支不能满足需要。此外，我虽然与您在君臣的身份上有所不同，所经历的荣辱悲欢却是一样的，您在上奏的文书中说，不愿意让随从的众人用不正当的手段来安身以免除祸患，这确实是我对您所抱的希望。”于是命令有关的主管官员全都写出各自所想出来的法令律条，派遣郎中褚逢送去给陆逊和诸葛瑾，凡是他们认为不恰当的地方，就让他们增删修改。这年，划出交州的部分郡县，新建立广州，不久又恢复原来的交州。

陆逊石亭破曹休

[原文]

六年春正月，诸将获彭绮（qǐ）。闰月，韩当子综以其众降魏。

七年春三月，封子虑为建昌侯。罢东安郡。夏五月，鄱（pó）阳太守周鲂（fáng）伪叛，诱魏将曹休。秋八月，权至皖口，使将军陆逊督诸将大破休于石亭。大司马吕范卒。

是岁，改合浦(pǔ)①为珠官郡。

［注释］

①合浦：郡名。治所在合浦县，即今天广西合浦县北。

［译文］

黄武六年（227）春正月，众将俘虏了彭绮，这年闰月，韩当的儿子韩综率领他的队伍投降了魏国。

黄武七年（228）春三月，孙权封儿子孙虑为建昌侯。撤销东安郡。夏五月，鄱阳太守周鲂假装背叛，诱骗了魏将曹休。秋八月，孙权到达皖口，派将军陆逊率众将在石亭大败曹休。大司马吕范死。这年，将合浦郡改称为珠官郡。

［原文］

黄龙元年春，公卿百司皆劝权正尊号。夏四月，夏口、武昌并言黄龙、凤凰见。丙申，南郊即皇帝位，是日大赦，改年。追尊父破虏将军坚为武烈皇帝，母吴氏为武烈皇后，兄讨逆将军策为长沙桓王。吴王太子登为皇太子。将吏皆进爵加赏。初，兴平中，吴中童谣曰："黄金车，班兰耳，闿昌门，出天子。"五月，使校尉张刚、管笃之辽东。六月，蜀遣卫尉陈震庆权践位。权乃参分天下，豫、青、徐、幽属吴，兖、冀、并、凉属蜀。其司州之土，以函谷关为界，造为盟曰："天降丧乱，皇纲失叙，逆臣乘衅(xìn)①，劫夺国柄，始于董卓，终于曹操，穷凶极恶，以覆四海，至令九州幅裂，普天无统，民神痛怨，靡所戾(lì)止。及操子丕，桀逆遗丑，荐作奸回，偷取天位，而叡(ruì)么麽，寻丕凶迹，阻兵盗土②，未伏厥诛。昔共工乱象而高辛行师，三苗干度而虞舜征焉。今日灭叡，禽其徒党，非汉与吴，将复谁任？夫讨恶翦暴，必声其罪，宜先分裂，夺其土地，使士民之心，各知所归。是以《春秋》晋侯伐卫，先分其田以畀(bì)③宋人，斯其义也。且古建大事，必先盟誓，故《周礼》有司盟之官，《尚书》有告誓之文，汉之与吴，虽信由中，然分土裂境，宜有盟约。诸葛丞相德威远著，翼戴本国，典戎④在外，信感阴阳，诚动天地，重复结盟，广诚约誓，使东西士民咸共闻知。故立坛杀牲，

昭告神明，再歃(shà)加书，副之天府。天高听下，灵威棐(fěi)谌，司慎司盟，群神群祀，莫不临之。自今日汉、吴既盟之后，戮力⑤一心，同讨魏贼，救危恤患，分灾共庆，好恶齐之，无或携贰。若有害汉，则吴伐之；若有害吴，则汉伐之。各守分土，无相侵犯。传之后叶⑥，克终若始。凡百⑦之约。皆如载书。信言不艳，实居于好。有渝此盟，创祸先乱，违贰不协，慆(tāo)慢⑧天命，明神上帝是讨是督，山川百神是纠是殛(jí)，俾坠其师，无克祚国。于尔大神，其明鉴之！”秋九月，权迁都建业，因故府不改馆，征上大将军陆逊辅太子登，掌武昌留事。

[注释]

①乘衅：趁机，利用空子。衅，指缝隙、裂痕。②盗土：窃据土地。③畀：给予。④典戎：掌管军事方面的事务。⑤戮力：合力、勉力。⑥后叶：指后代。⑦凡百：这里泛指一切，是一个概括性的词语。⑧慆慢：指怠慢的意思。

[译文]

黄龙元年（229）春天，众人都劝孙权称帝。夏四月，夏口、武昌两地都传说有黄龙、凤凰出现。丙申日，孙权在城南郊外即位，这天，全国大赦，改年号。追封死去的父亲破虏将军孙坚为武烈皇帝，母亲吴氏为武烈皇后，兄长讨逆将军孙策为长沙桓王，吴王太子孙登为皇太子。诸将和百官都晋升爵位、加以奖赏。当初，东汉献帝兴平年间，吴郡有儿歌这样唱道："黄金车，五色耳，大开昌门，出了天子"。五月，派校尉张刚、管笃前往辽东。六月，蜀国派遣卫尉陈震出使吴国以庆贺孙权称帝。孙权和蜀国平分天下，豫州、青州、徐州、幽州归属吴国，兖州、冀州、并州、凉州归于蜀国。在司州，以函谷关为分界线，制作盟书说道："上天降下灾难，国家的纲常遭到破坏，乱臣趁机夺取了国家大权。从董卓开始，直到曹操，他们凶恶至极，为害天下。以致于九州分裂，天下不能统一。民众和神灵都很痛恨，社会无法安定下来。曹操的儿子曹丕，是凶残逆贼的后代，做过多次坏事，窃取了皇位。曹叡这个小丑，他沿着曹丕行凶的足迹，阻挡讨伐他的军队，偷偷地占据大片国土，还没有伏法认罪。从前共工为害人间，高辛氏就对他使用了武力，三苗破坏了法度，虞舜便发兵对他进行了讨伐。现在我们要除掉曹叡，擒获他的帮凶以及同伙，除了汉、吴，又有谁能承担这样的重任呢？凡是讨伐恶人，消除暴徒，务必要声讨他们的罪行。还要先分割、夺取他们偷偷占据的土地，使广大的士人、民众都能清醒地认清自己的归属。因此《春秋》里记载了晋侯攻打卫国，首先就将卫国的土地分给宋国的人民，我们正是遵照《春秋》所指定的原则。自古以来，创建大业必须先结联盟、宣誓，所以《周礼》有专管盟誓的官职，《尚书》有告天盟誓的文书。汉、吴两国，虽然彼此之间的信任完全出自内心，但是我们既然要分割魏国的话还是要立下盟约的。蜀国的诸葛丞相德操威望闻名于天下，拥戴辅佐幼主，带兵在外，忠诚感动天地。我们重新恢复友好的盟约，诚心立约盟誓，使东西两国的民众全都知道。所以我们建立祭坛，宰杀牲口，上告天上神灵，再次歃血盟誓，订立盟约，把副本交于两国的天府。天神高高在上，知道听说了下界的情况，神灵的威力，能够保佑心诚的人。掌管盟约的神灵，掌管结盟仪式的神灵，天上的诸神，接受祭祀的诸神，全部光临我们的仪式。从现在吴蜀两国结盟以后，同心协力，共同讨伐魏贼。我们扶危救难，分担灾祸，共同庆贺胜利，永远不离心。如果有谁对汉不利，吴就讨伐谁；如果有谁对吴不利，汉就攻打谁。两国各自保护好自己的土地，不能互相侵犯，而且要传于后代，始终不改变。我们所订立的盟约，已经全都写进了宣誓的文书。真诚的话语没有华丽的修饰，我们共同的想法就是两国的友好。如果有谁背弃盟约，首先给对方制造灾难和动乱，怀有二心，不能齐心协力，怠慢天命，天神就讨伐、谴责他，山神、水神、百神就会惩罚、杀死他，使他丧失民众，国家走向灭亡。啊！天神，请你明察！”秋九月，孙权将吴的都城从武昌迁到建业，仍然在原来的将军府议事，不修建新的宫殿，令上大将军陆逊辅佐太子孙登，掌管留守武昌的事宜。

[原文]

二年春正月，魏作合肥新城。诏立都讲祭酒，以教学诸子。遣将军卫温、诸葛直将甲士万人浮海求夷洲及亶洲。亶洲在海中，长老传言秦始皇帝遣方士徐福将童男童女数千人入海，求蓬莱神山及仙药，止此洲不还。世相承有数万家，其上人民，时有至会稽货①布，会稽东县人海行，亦有遭风流移至亶洲者。所在绝远，卒②不可得至，但得夷洲数千人还。

[注释]

①货：购买。这里作动词用。②卒：同“猝”，意思是短促，仓促。

[译文]

黄龙二年（230）春天正月，魏国建造新城合肥。下令设置都讲、祭酒，来教导官员子弟。派遣将军卫温、诸葛直率领万名武士从海上出发访求夷洲和亶洲。亶洲在海中，长辈们传说秦始皇派遣方士徐福带领几千名少男少女到海上寻找蓬莱仙山和仙药，后来留在亶洲不愿意回来了。他们世代相传，现在已经有几万户人家。生活在那里的人，经常到会稽来买布，会稽郡东部各县民众出海航行，也有人遇到台风就随风漂流到了亶洲。这个地方离陆地非常远，短期内不可能到达，只俘虏了几千夷洲人回来了。

[原文]

三年春二月，遣太常潘濬率众五万讨武陵蛮夷。卫温、诸葛直皆以违诏无功，下狱诛。夏，有野蚕成茧，大如卵。由拳野稻自生，改为禾兴县。中郎将孙布诈降以诱魏将王凌，凌以军迎布。冬十月，权以大兵潜伏于阜(fù)陵俟(sì)①之，凌觉而走。会稽南始平言嘉禾②生。十二月丁卯，大赦，改明年元也。

嘉禾元年春正月，建昌侯虑卒。三月，遣将军周贺、校尉裴潜乘海之辽东。秋九月，魏将田豫要击③，斩贺于成山。冬十月，魏辽东太守公孙渊遣校尉宿舒、阆(làng)中令孙综称藩于权，并献貂马。权大悦，加渊爵位。

[注释]

①俟：等待，等候。②嘉禾：一茎多穗的禾稻。③要击：截击，截打。要，同“邀”。

[译文]

黄龙三年（231）春二月，孙权派遣太常潘濬率军五万攻打武陵的蛮夷。卫温、诸葛直都因为违抗了皇帝的命令，做事没有效果，被关进监牢杀掉了。夏，出现了野蚕做成的蚕茧，像鸡蛋一样大。在由拳县郊外自然长出了水稻，后这个县改称为禾兴县。中郎将孙布假装投降以引诱魏将王凌，王凌率军迎接孙布。冬十月，孙权派大军埋伏在阜陵等候他，王凌知道自己受骗便率军逃走了。会稽郡的南始平对外宣称有嘉禾长出。十二月丁卯日，大赦天下，改成第二年的年号。

嘉禾元年（232）春正月，建昌侯孙虑死了。三月，派将军周贺、校尉裴潜乘船渡海去辽东。秋九月，魏将田豫中途袭击了他们，在成山将周贺杀死。冬十月，魏国的辽东太守公孙渊派遣校尉宿舒、阆中令孙综前来吴国，向孙权称自己为其藩属，还进献了貂、马。孙权非常高兴，晋升了公孙渊的封号和职位。

[原文]

二年春正月，诏曰：“朕以不德，肇(zhào)①受元命，夙夜②兢兢，不遑假寝③。思平世难，救济黎庶，上答神祇，下慰民望。是以眷眷，勤求俊杰，将与戮(lù)力，共定海内，苟在④同心，与之偕老。今使持节督幽州领青州牧辽东太守燕王，久胁贼虏，隔在一方，虽乃心于国，其路靡缘。今因天命，远遣二使，款诚显

露，章表殷勤，朕之得此，何喜如之！虽汤遇伊尹，周获吕望，世祖未定而得河右，方之今日，岂复是过？普天一统，于是定矣。《书》不云乎，‘一人有庆，兆民赖之。’其大赦天下，与之更始，其明下州郡，咸使闻知。特下燕国，奉宣诏恩，令普天率土备闻斯庆。”三月，遣舒、综还，使太常张弥、执金吾许晏、将军贺达等将兵万人，金宝珍货，九锡备物，乘海授渊。举朝大臣，自丞相雍已下皆谏，以为渊未可信，而宠待太厚，但可遣吏兵数百护送舒、综，权终不听。渊果斩弥等，送其首于魏，没其兵资。权大怒，欲自征渊，尚书仆射薛综等切谏乃止。是岁，权向合肥新城，遣将军全琮征六安，皆不克还。

[注释]

①肇：意思是开始。②夙夜：早晚、日夜。③不遑：没有时间、没有空闲。假寝：不脱衣帽睡觉。④苟在：如果有的意思。

[译文]

嘉禾二年（233）春正月，孙权下诏书说："我自认为没有高尚的德操，自从承受天命称帝以来，日夜为国事操劳，连和衣小睡一会的时间都没有。我很想平定国家的动乱，救助黎民百姓，对上报答天地神灵，对下抚慰民众。所以一直念念不忘，不断地寻访优秀杰出的人才，想与他们一起努力，平定天下。只要志向相同，就要与他们一起奋斗到老。现在，使持节幽州都督兼任青州牧辽东太守燕王公孙渊，长期遭受贼人的威胁，被阻隔在辽东地区。虽然真心向往吴国，但是真要来也是非常困难的事情。现在顺应天意，从远方派来两位使臣，对吴国的忠诚之心表现得非常明显，上奏的文书也是富有感情，没有比看到这些更使我高兴的了！即使是汤王遇见伊尹，周文王得到吕望，世祖刘秀在平定天下前得到河西五郡，与今天相比，也不能超过我今天的喜悦之情。天下统一，现在来说算是确定的事情了。《尚书》中不是这样说吗，"天子一个人拥有吉庆，亿万臣民都会得到幸福。"我要对全国实施大赦，让那些犯过罪的人得到重生。要明确命令各个州郡，使所有的臣民都知道。尤其命令燕国，要非常恭敬地宣读这道诏令给予臣民的恩泽，使举国上下都知道这个喜悦的消息。"三月，遣送宿舒、孙综回到辽东，派遣太常张弥、执金吾许晏、将军贺达等率军万人，携带金银珠宝、珍奇物品，特别赏赐九锡之礼的物品，乘船渡海赐予公孙渊。朝廷诸臣，从丞相顾雍以下的官员全都进言劝阻他的做法，认为不能相信公孙渊，对他的恩宠太过了，只可以派普通的官员、几百名士兵护送舒、综回去，孙权不听从众人的建议。公孙渊果然把张弥等人杀掉了，将他们的首级送往魏国，且没收了他们的军器物资。孙权非常生气，要亲自征讨公孙渊，尚书仆射薛综等直言劝谏才把他劝阻下。这一年，孙权进攻新城合肥，派将军全琮攻打六安，最后都没有取得胜利，就撤回来了。

［原文］

三年春正月，诏曰：“兵久不辍[1]，民困于役，岁或不登[2]。其宽诸逋[3]，勿复督课。”夏五月，权遣陆逊、诸葛瑾等屯江夏、沔(miǎn)口，孙韶(sháo)、张承等向广陵、淮阳，权率大众围合肥新城。是时蜀相诸葛亮出武功，权谓魏明帝不能远出，而帝遣兵助司马宣王拒亮，自率水军东征。未至寿春，权退还，孙韶亦罢。秋八月，以诸葛恪为丹杨太守，讨山越。九月朔[4]，陨霜伤谷。冬十一月，太常潘濬平武陵蛮夷，事毕，还武昌。诏复曲阿为云阳，丹徒为武进。庐陵贼李桓、罗厉等为乱。

［注释］

①辍：停止，终止。②岁：这里指年景，一年的农事收成。不登：没有收成或者歉收。③逋：拖欠的赋税。④朔：农历每月的初一。

［译文］

嘉禾三年（234）春三月，孙权下诏说：“战争长期不能停止，繁重的苦役使人们深受其苦，有时年景还非常不好，农作物没有收成。要宽限民众拖欠的多种赋税，不要再督促他们缴纳。”夏五月，孙权派陆逊、诸葛瑾等将领驻扎在江夏、沔口，孙韶、张承等将领率军进攻广陵、淮阳，孙权率军围攻新城合肥。这时蜀国丞相诸葛亮进攻武功。孙权认为魏明帝不可能远离洛阳，但是魏明帝却派兵援助司马懿抗击诸葛亮的进攻，他亲自率领水军向东征讨孙权。还没有等到他们到达寿春，孙权就撤军回到了建业，孙韶也收兵了。秋八月，孙权任命诸葛恪为丹阳太守，进攻山越。九月初一，天降大霜，使禾稻受到了很重的损伤。冬十一月，太常潘濬平定了武陵的少数民族地区，战争结束后，潘濬回到武昌。下命令恢复曲阿为云阳，恢复丹徒为武进。庐陵的反贼李桓、罗厉等人发动叛乱。

［原文］

四年夏，遣吕岱讨桓等。秋七月，有雹。魏使以马求易珠玑[1]、翡翠、玳瑁(dài mào)，权曰：“此皆孤所不用，而可得马，何苦而不听其交易？”

五年春，铸大钱，一当[2]五百。诏使吏民输[3]铜，计铜畀(bì)直。

设盗铸之科[4]。二月，武昌言甘露降于礼宾殿。辅吴将军张昭卒。中郎将吾粲(càn)获李桓，将军唐咨获罗厉等。自十月不雨，至于夏。冬十月，彗星见于东方。鄱阳贼彭旦等为乱。

张昭

[注释]

①珠玑：珍珠。玑，指不圆的小珠子。②当：值，动词。③输：缴纳。④科：法令、律条。

[译文]

嘉禾四年（235）夏，派遣吕岱讨伐李桓等人。秋七月，天降冰雹。魏国派使臣用马匹来求换珍珠、翡翠、玳瑁，孙权说："这些东西都是我用不着的，还可以换来我所需要的马匹，为什么不让他们随便交易呢？"

嘉禾五年（236）春天，铸造大钱，一枚大钱值五百文钱。孙权命令官员、庶民都缴纳铜，按照铜的重量付价钱。制定惩办私人铸钱的法令、条律。二月，武昌传出有甘露降落在礼宾殿。辅吴将军张昭去世，中郎将吾粲俘虏了李桓，将军唐咨俘虏了罗厉等人。从去年十月到今年夏天，一直都没有下雨。冬十月，东方的天空出现了彗星。鄱阳反贼彭旦等发动叛乱。

[原文]

六年春正月，诏曰："夫三年之丧，天下之达制[1]，人情之极痛也；贤者割哀[2]以从礼，不肖者[3]勉而致之。世治道泰，上下无事，君子不夺人情，故三年不逮孝子之门。至于有事，则杀礼以从宜[4]，要绖(dié)而处事。故圣人制法，有礼无时则不行。遭丧不奔非古也，盖随时之宜，以义断恩也。前故设科，长吏在官，当须交代[5]，而故犯之，虽随纠坐，犹已废旷。方事之殷，国家多难，凡在官司，宜各尽节，先公后私，而不恭承[6]，甚非谓也。中外群僚，其更平议，务令得中，详为节度。"顾谭议，以为"奔丧立科，轻则不足以禁孝子之情，重则本非应死之罪，

虽严刑益设，违夺必少。若偶有犯者，加其刑则恩所不忍，有减则法废不行。愚以为长吏在远，苟不告语，势不得知。比选代之间，若有传者，必加大辟，则长吏无废职之负，孝子无犯重之刑。”将军胡综议，以为“丧纪之礼，虽有典制，苟无其时，所不得行。方今戎事军国异容，而长吏遭丧，知有科禁，公敢干突，苟念闻忧不奔之耻，不计为臣犯禁之罪，此由科防本轻所致。忠节在⑦国，孝道立家，出身⑧为臣，焉得兼之？故为忠臣不得为孝子。宜定科文，示以大辟，若故违犯，有罪无赦。以杀止杀，行之一人，其后必绝。”丞相雍奏从大辟。其后吴令孟宗丧母奔赴，已而自拘于武昌以听刑。陆逊陈其素行，因为之请⑨，权乃减宗一等，后不得以为比，因此遂绝。二月，陆逊讨彭旦等，其年，皆破之。冬十月，遣卫将军全琮袭六安，不克。诸葛恪平山越事毕，北屯庐江。

顾雍

[注释]

①达制：普遍实行的礼制。②割哀：强行抑制住自己的悲哀。③不肖者：没有贤能的人。④从宜：顺从时宜。⑤交代：前后两任在公务方面的接替、移交。⑥恭承：指要遵守朝廷所制定的法令。⑦在：生存，存在。这里指在于。⑧出身：献身。⑨请：求情。

[译文]

嘉禾六年（237）春正月，孙权下诏说：“举行三年的丧礼，这是天下通行的制度，表达了人们最悲痛的心情。贤者抑制自己的悲哀以遵从礼仪，不肖的人也会尽力做到服丧三年。世道清明，天下太平，朝廷不会强制性地命令人们停止服丧，所以三年不会登孝子的门。至于国家有事，那都要灵活通变，减少服丧的时间，穿着丧服处理公事。圣人制定礼仪法令，有礼仪但是不讲究依据时间来变通是行不通的。遭遇亲丧却不回去服丧，是不遵守古代礼仪的行为。但是按照特殊情况作合理的变通，是用公义来处理私情。以前，我们专门制定了法令。官职高的人如果离职奔丧，应该办好交接的手续。如果故意违反这一法令，要立即举报他，治他的罪，可是这样的法令从来没有人认真执行，就像被废除了一样。现在国家政务繁重，灾难很多，所有在职的官员，都应该尽自己的力量保持节操，先公后私，如果不严肃认真地对待自己所担任的职务，可以说是非常错误的。朝廷、州郡的官员要对奔丧的法令再进行一次商讨，一定要制定得恰当有序，并备有详细明了的管理方法。”顾谭发表观点，认为：“要为奔丧立法，处罚轻了就不能禁止孝子奔丧的强烈要求；如果处罚重了，例如本来不应该判死刑的大罪，虽然说增设了严厉的刑罚，违反情理的人一定不多。即使偶尔有违法的人，如果加重对他的惩罚，在情理上也会不忍心；减轻对他的惩罚就像废除法令一样不能实行。我认为身处远方的职位高的官员，如果不报告，我们很难知道实情。在评比、选举、移交接替期间，如果有由于奔丧而犯法的官员，就一定要处以死刑。这样，职位高的官员就不会有失职的罪行，孝子也不会因为犯了重罪而受到严刑处罚。”将军胡综发表自己的意见，他认为：“服丧的礼仪，虽然已经有法律规定，但是，如果不依据特殊情况灵活变通的话是行不通的，现在，我们的外交、军事、政治都有不同的法令，位高的官员有了丧事，在清楚法令所规定的各项条文的情况下，公然敢于违反禁令，如果只考虑到知道亲丧而不赶紧回家服丧的羞耻，不考虑自己作为臣子违反禁令所承受的罪行，这是由法令规定的处罚太轻所造成的。忠节是用来为国效力的，孝道是用来治家的，已经献身给国家做了臣子，怎么能够兼顾家庭呢？所以想做忠臣就不能同时做孝子。应该制定法令条文，清楚地宣布要处以死刑。如果谁有意违犯，就是不能赦免的罪犯。用杀人的刑罚来防止人们被杀害，对一个人用了重刑，以后就不会有人再敢违反法令了。”丞相顾雍进言同意施行死刑。后来吴县令孟宗的母亲去世。违犯了禁令回家奔丧，事后他将自己囚禁在武昌等候刑罚。陆逊陈述了他平时的行为，替他求情，孙权才将对他的处罚降低了一级，以后不得以此为例子，所以就没有人再敢违抗禁令了。二月，陆逊讨伐彭旦等人，这一年，把他们全都打败了。冬十月，派卫将军全琮偷袭六安城，没有取胜。诸葛恪平定山越的战争结束以后，率军向北驻扎在庐江。

诸葛瑾

[原文]

赤乌元年春，铸当千大钱。夏，吕岱讨庐陵贼，毕，还陆口。秋八月，武昌言麒麟(qí lín)见。有司奏言麒麟者

太平之应，宜改年号。诏曰："间者赤乌集于殿前，朕所亲见，若神灵以为嘉祥者，改年宜以赤乌为元。"群臣奏曰："昔武王伐纣，有赤乌之祥，君臣观之，遂有天下，圣人书策载述最详者，以为近事既嘉，亲见又明也。"于是改年。步夫人卒，追赠①皇后。初，权信任校事吕壹，壹性苛惨，用法深刻。太子登数谏，权不纳，大臣由是莫敢言。后壹奸罪发露伏诛，权引咎②责躬，乃使中书郎袁礼告谢诸大将，因问时事所当损益。礼还，复有诏责数诸葛瑾、步骘(zhì)、朱然、吕岱等曰："袁礼还，云与子瑜、子山、义封、定公相见，并以时事当有所先后，各自以不掌民事，不肯便有所陈，悉推之伯言、承明。伯言、承明见礼，泣涕恳恻，辞旨辛苦，至乃怀执危怖，有不自安之心。闻此怅然，深自刻怪③。何者？夫惟圣人能无过行，明者能自见耳。人之举措，何能悉中④，独当己有以伤拒众意，忽不自觉，故诸君有嫌难⑤耳；不尔，何缘乃至于此乎？自孤兴军五十年，所役赋凡百皆出于民。天下未定，孽(niè)类犹存，士民勤苦，诚所贯知。然劳百姓，事不得已耳。与诸君从事，自少至长，发有二色，以谓表里足以明露，公私分计，足用相保。尽言直谏，所望诸君；拾遗补阙，孤亦望之。昔卫武公年过志壮，勤求辅弼(bì)，每独叹责。且布衣韦带，相与交结，分成好合，尚污垢不异。今日诸君与孤从事，虽君臣义存，犹谓骨肉不复是过。荣福喜戚，相与共之。忠不匿情，智无遗计，事统是非，诸君岂得从容⑥而已哉！同船济水，将谁与易？齐桓诸侯之霸者耳，有善管子未尝不叹，有过未尝不谏，谏而不得，终谏不止。今孤自省无桓公之德，而诸君谏诤未出于口，仍执嫌难。以此言之，孤于齐桓良优⑦，未知诸君于管子何如耳？久不相见，因事当笑。共定大业，整齐天下，当复有谁？凡百事要所当损益，乐闻异计，匡所不逮⑧。"

[注释]

①追赠：死后再封赠。②引咎：认识到过失、失误。③刻怪：责怪。刻，是怪

的意思。④悉中：完全正确，完全可靠。⑤嫌难：忧虑、为难。⑥从容：休闲、安逸的样子。⑦良优：略微的优于。⑧匡：纠正，改正。不逮：不及，考虑不周全。

[译文]

赤乌元年（238）春天，开始铸造币值一千文的大钱。夏天，吕岱攻打庐陵的贼人，战争结束后，返回陆口。秋八月，武昌对外宣称有麒麟出现。主管官员上书进言说麒麟是太平的象征，应该将年号改掉。孙权下诏说："最近有红色的乌鸦聚集在宫殿门前，这是我亲眼所见到的景象，如果神灵认为这是美好、吉祥的象征，改称年号的话应该用赤乌作为年号。"诸臣上书奏请道："从前周武王攻打商纣，有赤乌的瑞兆，君臣都看见了，于是夺得了天下，这是圣人的书籍中记述得最详细的事件。因为出现赤乌是最近的喜事，帝王亲眼看见，而且十分明白。"于是改年号。步夫人死后，追封为皇后。当初，孙权信任校事吕壹，吕壹本性苛刻残忍，执法严酷、毒辣，太子孙登多次进言劝说，孙权都没有采纳，大臣们因此没有人敢再提建议。后来吕壹奸诈的罪行暴露，被杀掉。孙权因为这件事而非常自责。于是派中书郎袁礼向各位将军表示歉意，并且向他们询问当时朝廷应该注意加强或者改正的建议。袁礼回来以后，孙权还下诏书责怪数落诸葛瑾、步骘、朱然、吕岱等人，说道："袁礼回来，说他与子瑜、子山、义封、定公进行了会面，并且向你们征询了朝政急缓先后的建议，你们都以自己不主管民政为理由，不愿意表示个人的态度，全都推给伯言、承明。他们俩见了袁礼，流泪伤感，说话的语调非常沉痛，甚至还存在自危、害怕和不安的情绪。听到这些我非常懊恼，我深深地责备自己。为什么呢？只有圣人没有过失，聪明的人也只不过是能够发现自己的过失罢了。人们的所有举动，怎么能够做到恰当、准确，只是认为自己是正确的而反对，不接受众人的意见，一时间没有觉悟，所以诸位才产生了疑惑、烦恼；如果不是这样，为什么会有目前的这种情况呢？自从我起兵五十年来，所获得的一切财物都是民众给予的。天下还没有平定，叛乱的人还存在，士民勤劳、辛苦，这些都是大家非常清楚的。但是，现在使百姓劳苦是没有办法的事情。我与诸位共事，从少年到老年，现在头发已经斑白，我认为我们的思想和行动可以明显地表露，从公私和职位的角度考虑，我们都应该互相依靠。直言规劝，寄希望于你们；帮助我改正缺点、补救过失，也是寄希望于你们。从前，卫武公刚过青壮年时期时，就尽力寻访辅佐他的贤臣，我常常独自叹息、自责。何况布衣和皮带是互相交结的，有时分开，有时合在一起，即使有污垢也不离弃。现在各位与我共事，虽然存在君臣的名分，但是即使骨肉至亲也不会超越我们之间的亲密关系。富贵幸福，喜悦忧愁，我和你们一起共同经历，诚实相待，不隐藏自己的真实情感；贡献谋略，不会有半点保留。事情关系到大是大非就应该有统一的认识，诸位难道能够安逸舒适、敷衍了事吗？同船渡河，还有谁能够改变这个现状呢？齐桓公是当时诸侯中的霸主，做了好事，管子没有不赞赏的，有了过失，他没有不劝阻的，劝阻以后还不听的话就一直规劝不停。现在我自问没有桓公那样高尚的操守，但各位对我的直言规劝还没有从嘴里说出，就表现出了疑虑和困惑。从这点来说，与桓公相比，我确实超过了他；不知道各位与管子相比，又怎样呢？好长时间没有和你们见面了，趁此事与你们做一次笑谈。一起努力成就帝王的伟业，统一天下，还有什么人能担当这样的重担呢？只要是当前应该做的或者不应该做的各种大事，我喜欢听到不同的意见，以纠正我考虑不周的地方。

[原文]

二年春三月，遣使者羊衜、郑胄、将军孙怡之辽东，击魏守将张持、高虑等，虏得男女。零陵言甘露降。夏五月，城沙羡。冬十月，将军蒋秘南讨夷贼。秘所领都督廖式杀临贺太守严纲等，自称平南将军，与弟潜共攻零陵、桂阳，及摇动交州、苍梧、鬱林诸郡，众数万人。遣将军吕岱、唐咨讨之，岁余皆破。

三年春正月，诏曰："盖君非民不立①，民非谷不生。顷者以来，民多征役，岁又水旱，年谷有损，而吏或不良，侵夺民时，以致饥困。自今以来，督军郡守，其谨察非法，当农桑时，以役事扰民者，举正以闻。"夏四月，大赦，诏诸郡县治城郭，起谯楼，穿堑发渠，以备盗贼。冬十一月，民饥，诏开仓廪②以赈贫穷。

[注释]

①立：君主即位被称为立。②廪：粮仓。

[译文]

赤乌二年（239）春三月，孙权派遣使臣羊衜、郑胄、将军孙怡前往辽东，讨伐魏国守卫辽东的将领张持、高虑等人，俘虏了当地的男人和女人。零陵宣称天上降下甘露，夏天五月，修建沙羡城。冬天十月，将军蒋秘南讨夷贼，所率领的都督廖式杀死了临贺太守严纲等人，自称平南将军，与其弟弟廖潜一起攻打零陵、桂阳，并且使交州、苍梧、鬱林等郡发生了暴动，追随他们的有几万人。孙权派将军吕岱、唐咨讨伐廖式、廖潜等人，一年多后，将他们全部打败。

赤乌三年（240）春正月，孙权下诏说："帝王没有民众就不能称王，民众没有粮食就不能生存。近年来，百姓的赋税劳役很繁重，每年水旱成灾，谷物的生长受到损害，有的官员还不厚道，侵犯、剥夺农民农忙的时间，造成了饥饿、穷困。从此以后，督军、郡守要严查违法事件，在农耕蚕桑季节，凡是以徭役扰乱百姓的，要将察举、纠正的情况往上报。"夏四月，全国实行大赦。孙权命令各个郡县修筑城墙、外城，在城墙上修建望楼，开凿护城河，挖凿壕沟，用来防御盗贼。冬十一月，百姓饥饿无粮，便下令打开官仓发放粮食以救饥饿的穷人。

［原文］

四年春正月，大雪，平地深三尺，鸟兽死者大半。夏四月，遣卫将军全琮略①淮南，决芍陂，烧安城邸(dǐ)阁②，收其人民。威北将军诸葛恪攻六安。琮与魏将王凌战于芍陂，中郎将秦晃等十余人战死。车骑将军朱然围樊，大将军诸葛瑾取柤中。五月，太子登卒。是月，魏太傅司马宣王救樊。六月，军还。闰月，大将军瑾卒。秋八月，陆逊城邾(zhū)。

［注释］

①略：攻下，攻取。②邸阁：储备粮食的地方。

诸葛恪

［译文］

赤乌四年（241）春正月，天降大雪，地上的雪有三尺深，天上飞的鸟类和地上走的兽类死了一大半。夏四月，派卫将军全琮攻取淮南，掘开芍陂水库，烧毁了安城县的官库、府第楼阁，降服了当地的百姓。威北将军诸葛恪攻取六安。琮与魏将王凌战于芍陂，中郎将秦晃等十几人在交战中死去。车骑将军朱然围攻樊城，大将军诸葛瑾攻占了柤中。五月，太子孙登死。这个月，魏国太傅司马懿援救樊城。六月，撤军。这年闰月，大将军诸葛瑾死。秋天八月，陆逊修筑邾县县城。

［原文］

五年春正月，立子和为太子，大赦，改禾兴为嘉兴。百官奏立皇后及四王，诏曰：“今天下未定，民物劳瘁(cuì)，且有功者或未录，饥寒者尚未恤(xù)，猥①割土壤以丰子弟，崇爵位以宠妃妾，孤甚不取。其释此议。”三月，海盐县言黄龙见。夏四月，禁进献御，减太官膳(shàn)②。秋七月，遣将军聂友、校尉陆凯以兵三万讨珠崖、儋耳。是岁大疫，有司又奏立后及诸王。八月，立子霸

为鲁王。

[注释]

①猥：急切，仓促。②膳：指饮食用品。

[译文]

赤乌五年（242）春正月，孙权立儿子孙和为皇太子，全国大赦，把禾兴县改称嘉兴县。百官上书奏请封皇后和立四位王子为王，孙权下诏说："现在天下还没有平定，百姓劳苦，万物被毁。有功劳的人有的还没有封赏，忍饥挨饿的人还没有抚恤，就分封财物给自己的儿子，赐予妻妾崇高的爵位以使其尊贵，我认为这种做法是不可取的。你们应该放弃这个建议。"三月，海盐县宣称出现了黄龙。夏四月，禁止进献贡品，减少皇帝饮食所用的供应数量。秋七月，派遣将军聂友、校尉陆凯率领三万名士兵进攻珠崖、儋耳。这一年，疫病流行，有关部门再次上书奏请封皇后以及众皇子，八月，封子孙霸为鲁王。

[原文]

六年春正月，新都言白虎见。诸葛恪征六安，破魏将谢顺营，收其民人。冬十一月，丞相顾雍卒。十二月，扶南[1]王范旃遣使献乐人及方物。是岁，司马宣王率军入舒，诸葛恪(kè)自皖(wǎn)迁于柴桑。

司马懿

[注释]

①扶南：国名。即现在的柬埔寨。

[译文]

赤乌六年（243）春正月，新都县对外宣称发现了白虎。诸葛恪攻打六安，占领了魏将谢顺的军营，降服了六安的百姓。冬十一月，丞相顾雍死去。十二月，扶南王范旃派遣使者向孙权进献乐工与地方特产。这一年，司马懿率军到达舒县。诸葛恪从皖县迁移到柴桑县。

[原文]

七年春正月，以上大将军陆逊为

丞相。秋，宛陵言嘉禾生。是岁，步骘(zhì)、朱然等各上疏云："自蜀还者，咸言欲背盟与魏交通①，多作舟船，缮(shàn)治城郭。又蒋琬守汉中，闻司马懿(yì)南向，不出兵乘虚以掎角②之，反委汉中，还近成都。事已彰灼③，无所复疑，宜为之备。"权揆(kuí)④其不然，曰："吾待蜀不薄，聘享⑤盟誓，无所负之，何以致此？又司马懿前来入舒，旬日便退，蜀在万里，何知缓急而便出兵乎？昔魏欲入汉川，此间始严⑥，亦未举动，会闻魏还而止，蜀宁可复以此有疑邪？又人家治国，舟船城郭，何得不护？今此间治军，宁复欲以御蜀邪？人言苦⑦不可信，朕为诸君破家保之。"蜀竟自无谋，如权所筹。

[注释]

①交通：这里的意思是来往、勾结。②掎角：分兵多路牵制或者夹击敌人。③彰灼：明显，显著。④揆：估计、揣量。⑤聘享：派遣使者访问修好，进献地方的特产。⑥严：这里指军事戒备，整理装备，准备投入战斗。⑦苦：非常，极其。表明程度比较深。

[译文]

赤乌七年（244）春正月，任命上大将军陆逊为丞相。秋天，宛陵县宣称有嘉禾长出。这一年，步骘、朱然等分别上书说："从蜀国回来的人都说蜀国想要背弃盟约，与魏国通好，制造了许多船只，修建了城墙和外城。此外蒋琬驻守汉中，听到司马懿发兵江南的消息，不趁着魏国西北兵力空虚的好时机出兵，从东西方夹击敌人，反而放弃汉中，撤回军队返回成都。情况已经非常明显，再没有什么可以值得怀疑的了，我们应该做好充分的准备。"孙权不是这样考虑的，说："我对蜀国不错，通好献礼，盟誓友好，没有什么对不起他们的地方，为什么会出现这样的情况呢？司马懿带兵来到舒县，只有十天就撤退了，蜀国远在万里之外，怎么知道东南有危机就出兵西北呢？以前魏国打算侵犯汉中地区，我们这里刚开始准备军械，还没有行动，就听说魏国撤军的消息，我们便停止了支援配合，难道蜀国可以由此而对我们产生怀疑吗？此外，人家治理国家，船只和城墙，怎么能不修理维护呢？现在我们这里也在整训军队，难道又是用来对付蜀国的吗？人们的传言不可以轻信，我敢用破家来向各位保证。"蜀国真的没有阴谋，就像孙权预测的那样。

[原文]

八年春二月，丞相陆逊卒。夏，雷霆犯宫门柱，又击南津大桥楹(yíng)①。茶陵县鸿水溢出，流漂居民二百余家。秋七月，将军

八阵图石伏陆逊

马茂等图逆，夷三族。八月，大赦。遣校尉陈勋将屯田及作士三万人凿句容中道，自小其至云阳西城，通会市[2]，作邸阁。

九年春二月，车骑将军朱然征魏柤(zū)中，斩获千余。夏四月，武昌言甘露降。秋九月，以骠骑将军步骘(zhì)为丞相，车骑将军朱然为左大司马，卫将军全琮为右大司马，镇南将军吕岱为上大将军，威北将军诸葛恪(kè)为大将军。

[注释]

①楹：柱子，这里指桥柱子。②会市：这里指商旅集会与货物贸易。

[译文]

赤乌八年（245）春二月，丞相陆逊死去。夏天，雷电击中了宫门的立柱，又击中了南津大桥桥柱。茶陵县洪水泛滥，漂流失所的居民有二百多家。秋七月，将军马茂等人图谋造反，被诛杀三族以内的亲戚。八月，全国大赦。派遣校尉陈勋率领从事农耕的军队与身怀专门技术的工匠共计三万人开凿句容直道，从小其到云阳西城，便利了商贩集会与货物交易，修建了囤积军用物资的仓库。

赤乌九年（246）春二月，车骑将军朱然围攻魏国的柤中地区，斩杀俘虏一千多人。夏四月，武昌对外宣称天降甘露。秋九月，任命骠骑将军步骘为丞相，车骑将军朱然为左大司马，卫将军全琮为右大司马，镇南将军吕岱为上大将军，威北将军诸葛恪为大将军。

[原文]

十年春正月，右大司马全琮卒。二月，权适南宫[1]。三月，改作太初宫，诸将及州郡皆义作[2]。夏五月，丞相步骘卒。冬十月，赦死罪。

十一年春正月，朱然城江陵。二月，地仍[3]震。三月，宫

成。夏四月，雨雹，云阳言黄龙见。五月，鄱阳言白虎仁。诏曰：“古者圣王积行累善，修身行道，以有天下，故符瑞应之，所以表德④也。朕以不明，何以臻（zhēn）兹⑤？《书》云‘虽休勿休’，公卿百司，其勉修所职，以匡不逮。”

［注释］

①适南宫：把南宫作为正宫。②义作：自愿参加的劳动。③仍：频繁，多次。④表德：上天表彰帝王的功德。⑤臻兹：到此，至此。

［译文］

赤乌十年（247）春正月，右大司马全琮去世。二月，孙权以南宫为正宫。三月，改建太初宫，诸将以及各州郡的长官都义务参加劳动。夏天五月，丞相步骘去世。冬天十月，在全国范围内赦免了判了死刑的犯人。

赤乌十一年（248）春正月，朱然修建江陵城。二月，发生多次地震。三月，改建太初宫的工程竣工。夏天四月，天降冰雹，云阳对外宣称有黄龙出现。五月，鄱阳对外宣称有白虎出现但是不伤害人。孙权下诏说：“古代的圣君长期积累德行，修身养性，实施王道，才能获得天下，所以出现了祥瑞的吉兆，是为了表彰圣君的德行。我如果不圣明，怎么能够得到上天的表彰呢？《尚书》中说‘虽然这是善行，但不要满足这种善行’，朝廷的三公、九卿与众多的官员，要尽量做好自己所主管的工作，帮助我纠正失误。”

［原文］

十二年春三月，左大司马朱然卒。四月，有两乌衔鹊堕东馆。丙寅，骠骑将军朱据领丞相，燎（liáo）鹊以祭。

十三年夏五月，日至①，荧惑入南斗，秋七月，犯魁（kuí）第二星而东。八月，丹杨、句容及故鄣、宁国诸山崩，鸿水溢。诏原②逋责，给贷种食。废太子和，处故鄣。鲁王霸赐死。冬十月，魏将文钦伪叛以诱朱异，权遣吕据就异以迎钦。异等持重，钦不敢进。十一月，立子亮为太子。遣军十万，作堂邑涂塘以淹北道。十二月，魏大将军王昶（chǎng）围南郡，荆州刺史王基攻西陵，遣将军戴烈、陆凯往拒之，皆引还。是岁，神人授书，告以改年、立后。

[注释]

①日至：这里指夏至。②原：原谅、宽恕。这里指免除。

[译文]

赤乌十二年（249）春三月，左大司马朱然去世。四月，有一对乌鸦口叼喜鹊坠死在东馆。丙寅日，骠骑将军朱据兼任丞相，将喜鹊烘烤完用来祭祀。

赤乌十三年（250）夏五月，在夏至这天，荧惑星进入南斗星群。秋天的七月，荧惑星在干犯了北斗七星中的第二星之后向东去。八月，丹扬、句容以及故鄣、宁国等地的大山发生了崩塌的现象，洪水泛滥，孙权下诏免除百姓拖欠的钱财，供给、借出种子和粮食。废除孙和的太子封号，命令他在故鄣居住，赐鲁王孙霸死。冬天的十月，魏将文钦假装叛变来诱惑吴将朱异，孙权派吕据靠近朱异以便于迎接文钦。朱异等人办事非常稳妥，文钦不敢前来。十一月，封子孙亮为皇太子。孙权派遣十万大军，修筑堂邑县的涂塘水库，使从北方到建业的大道完全被淹没。十二月，魏国大将王昶围攻南郡，荆州刺史王基进军西陵，孙权派遣将军戴烈、陆凯率军前去抗击，王昶、王基都撤还。这一年，神人授予天书，对孙权说要改年号，立皇后。

[原文]

太元元年夏五月，立皇后潘氏，大赦，改年。初临海罗阳县有神，自称王表。周旋[①]民间，语言饮食，与人无异，然不见其形。又有一婢，名纺绩。是月，遣中书郎李崇赍辅国将军罗阳王印绶迎表。表随崇俱出，与崇及所在郡守令长谈论，崇等无以易[②]。所历山川，辄[③]遣婢与其神相闻。秋七月，崇与表至，权于苍龙门外为立第舍，数使近臣赍酒食往。表说水旱小事，往往有验。秋八月朔，大风，江海涌溢，平地深八尺，吴高陵松柏斯拔，郡城南门飞落。冬十一月，大赦。权祭南郊还，寝疾[④]。十二月，驿征大将军恪，拜为太子太傅[⑤]。诏省徭役，减征赋，除民所患苦。

[注释]

①周旋：与别人应酬、打交道。②易：改变。③辄：每次，屡次。④寝疾：患重病卧床不起。⑤太子太傅：官名。辅佐太子的官。

[译文]

太元元年（251）夏五月，封潘氏为皇后，全国大赦，改年号。当初，临海郡罗阳县有一个神仙，自称王表。他在人间经常活动，言语饮食与常人没有什么不同，但是人们却看不见他的形体。神仙王表还有一名女仆，叫纺绩。这一月，孙权派中书郎李崇带着辅国将军罗阳王印章去迎接王表。王表跟着李崇，与其同时出发，与李崇以及当地的郡守和县令谈论了很长时间，李崇等人没法改变他的看法。他们所经过的山河，一般都是让婢女纺绩告知她的神灵，秋七月，李崇与王表到达建业，孙权在苍龙门外面给王表修建府第，多次派身边的近臣送酒食给他。王表预言下雨天旱等小事，往往非常灵验。秋八月初一，大风，江水、海水暴涨，平地上的水有八尺深，吴国孙坚陵墓的松柏被风拔起，郡城的南门意外地坍塌掉。冬天十一月，全国大赦，孙权到南郊祭祀回来以后就卧病在床。十二月，派人骑驿马召见大将军诸葛瑾，任命他为太子太傅。孙权下诏减免差役，减免税赋，废除令民众感到愁苦的法令。

[原文]

二年春正月，立故①太子和为南阳王，居长沙；子奋为齐王，居武昌；子休为琅邪王，居虎林。二月，大赦，改元为神凤。皇后潘氏薨(hōng)。诸将吏数诣王表请福②，表亡③去。夏四月，权薨，时年七十一，谥曰大皇帝。秋七月，葬蒋陵。

评曰：孙权屈身忍辱④，任才尚计，有句践之奇，英人之杰矣。故能自擅江表，成鼎峙之业⑤。然性多嫌忌⑥，果于杀戮，暨(jì)⑦臻(zhēn)末年，弥以滋甚。至于谗说殄行⑧，胤嗣废毙，岂所谓贻厥孙谋以燕翼子者哉？其后叶陵迟⑨，遂致覆国，未必不由此也。

[注释]

①故：这里是原来的意思。②请福：请求上天的保佑。③亡：逃走，逃跑。④屈身忍辱：这里指向曹丕称藩署的事情。⑤鼎峙之业：这里指三分天下的基业。⑥嫌忌：猜疑忌讳。⑦暨：及，到。⑧谗说：谗言。⑨陵迟：衰败，衰落。

[译文]

太元二年（252）春正月，封原太子孙和为南阳王，定居在长沙；封孙奋为齐王，定居在武昌；封孙休为琅琊王，定居在虎林。二月，全国大赦，改年号为神凤。皇后潘氏死。诸将经常到王表那里请求保佑，王表逃跑。夏天四月，孙权去世，享年七十一岁，谥号为大皇帝。秋七月，安葬在蒋陵。

评论说：孙权能委曲求全，忍受屈辱，任用贤才，崇尚智谋，有勾践一样的奇才大略，是人中豪杰。所以能独自占据江南，建立了与蜀魏鼎足三分天下的伟业。

但是他天性多猜疑，果断地实施杀戮的酷刑，到了晚年，变得更加严重，以致于听信小人的谗言，滥施暴行，连自己的亲生儿子有的都被废掉或者杀掉，这难道是像《诗经》中所说的那样要留下远略来保护子孙安全的人吗？他的后代衰落，致使国家灭亡，未必不是因为他犯了这么大的错误呢！

周瑜鲁肃吕蒙传

[原文]

周瑜字公瑾，庐江舒人也。从祖父景，景子忠，皆为汉太尉。父异，洛阳令。

瑜长壮有姿貌。初，孙坚兴义兵讨董卓，徙家于舒。坚子策与瑜同年，独相友善，瑜推道南大宅以舍策[1]，升堂拜母，有无通共。瑜从父尚为丹杨太守，瑜往省[2]之。会策将东渡，到历阳，驰书报瑜，瑜将兵迎策。策大喜曰："吾得卿，谐[3]也。"遂从攻横江、当利，皆拔[4]之。乃渡江击秣(mò)陵，破笮(zé)融、薛礼，转下湖孰、江乘，进入曲阿，刘繇奔走，而策之众已数万矣。因谓瑜曰："吾以此众取吴会平山越已足。卿还镇丹杨。"瑜还。顷之，袁术遣从弟胤代尚为太守，而瑜与尚俱还寿春[5]。术欲以瑜为将，瑜观术终无所成，故求为居巢长，欲假途东归，术听之。遂自居巢还吴。

周瑜

是岁，建安三年也。策亲自迎瑜，授建威中郎将，即与兵二千人，骑五十匹。瑜时年二十四，吴中皆呼为周郎。以瑜恩信著于庐江，出备牛渚，后领春谷长。顷之，策欲取荆州，以瑜为中护军，领江夏太守，从攻皖(wǎn)，拔之。时得桥公两女，皆国色也。策

自纳大桥，瑜纳小桥。复进寻阳，破刘勋，讨江夏，还定豫章、庐陵，留镇巴丘。

大乔、小乔

[注释]

①策：人名，孙策。②省：探望。③谐：成功，胜利。④拔：占领，攻克。⑤寿春：地名，今安徽。

[译文]

周瑜，字公瑾，庐江郡舒县人。他的堂祖父周景和周景的儿子周忠都做过汉朝太尉。他父亲周异曾任洛阳县令。

周瑜身高体壮，生得俊美漂亮。当初，孙坚兴义兵讨伐董卓时，把家迁到舒县去。孙坚的儿子孙策和周瑜同岁，两个人特别要好。周瑜把路南边的大宅院让给孙策住，到厅堂上去拜见孙策的母亲，周孙二人互通有无。周瑜的叔父周尚任丹杨太守，周瑜去探望他。正赶上孙策准备渡江东征，到了历阳，派骑兵送信给周瑜，周瑜就领兵去迎接孙策。孙策非常高兴，说："我得到了您，就会成功了。"于是周瑜随孙策去攻打横江、当利等地，把它们都占领了。于是他们渡过长江去攻打秣陵，打败了笮融、薛礼，转而攻下了湖熟、江乘，进入曲阿境内。刘繇逃走了。这时孙策的军队已经有几万人了。孙策就对周瑜说："我用这些人马去夺取吴郡、会稽郡，平定山越，已经够用了。您回去镇守丹杨吧！"于是周瑜回去了。不久，袁术派堂弟袁胤代替周尚做丹杨太守，而让周瑜和周尚都回到寿春。袁术打算任命周瑜做将军。周瑜看袁术终究不会成就大事，就请求去做居巢县长，想借这条路回到江东。袁术答应了。周瑜就从居巢回到吴郡。

这一年是建安三年（198）。孙策亲自去迎接周瑜，授予他建威中郎将的官职，当即给他两千名士兵，五十匹战马。周瑜当时二十四岁，吴郡人都称他为"周郎"。因为周瑜在庐江的恩德信义很出名，孙策就让他到牛渚守卫，后来兼任春谷县长。不久，孙策想夺取荆州，任命周瑜做中护军，兼任江夏太守，跟随孙策去攻打皖城，占领了它。当时得到了桥公的两个女儿大桥和小桥，都具有天姿国色。孙策自己娶了大桥，周瑜娶了小桥。孙策再次进军寻阳，打败了刘勋，进攻江夏，回军平定了豫章、庐陵，周瑜留在巴丘镇守。

[原文]

五年，策薨(hōng)①，权统事。瑜将兵赴丧，遂留吴，以中护军

与长史张昭共掌众事。

十一年，督孙瑜等讨麻、保二屯，枭[2]其渠帅，囚俘万余口，还备官亭。江夏太守黄祖遣将邓龙将兵数千人入柴桑，瑜追讨击，生虏龙送吴。

十三年春，权讨江夏，瑜为前部大督。其年九月，曹公入荆州，刘琮举众降，曹公得其水军，船步兵数十万，将士闻之皆恐。权延见群下，问以计策。

议者咸曰：“曹公豺虎也，然托名汉相，挟天子以征四方，动以朝廷为辞，今日拒之，事更不顺。且将军大势，可以拒操者，长江也。今操得荆州，奄有其地，刘表治水军，蒙冲斗舰[3]，乃以千数；操悉浮以沿江，兼有步兵，水陆俱下，此为长江之险，已与我共之矣。而势力众寡，又不可论[4]。愚谓大计不如迎之。”瑜曰：“不然。操虽托名汉相，其实汉贼也。将军以神武雄才，兼仗父兄之烈，割据江东，地方数千里，兵精足用，英雄乐业，尚当横行天下，为汉家除残去秽。况操自送死，而可迎之邪？请为将军筹之：今使北土已安，操无内忧，能旷日持久，来争疆埸，又能与我校胜负于船楫间乎？今北土既未平安，加马超、韩遂尚在关西，为操后患。且舍鞍马，仗舟楫，与吴越争衡，本非中国所长。又今盛寒，马无藁(gǎo)草，驱中国士众远涉江湖之间，不习水土，必生疾病。此数四者，用兵之患[5]也，而操皆冒行之。将军禽操，宜在今日。瑜请得精兵三万人，进住夏口，保为将军破之。”权曰：“老贼欲废汉自立久矣，徒忌二袁、吕布、刘表与孤

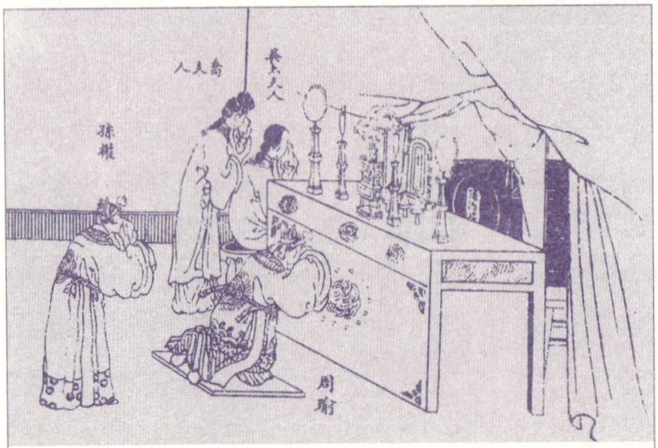

周瑜奔丧

耳。今数雄已灭，惟孤尚存，孤与老贼，势不两立。君言当击，甚与孤合，此天以君授孤也。”

［注释］

①薨：死。古代诸侯的死为“薨”。②枭：把人杀死后将头悬挂于木上。③蒙冲：古代战船的名称。④不可论：不可相提并论。⑤患：禁忌。

［译文］

建安五年（200），孙策去世，孙权统领政事。周瑜率领军队吊丧，就留在吴郡，以中护军的身份和长史张昭等人共同管理各项事务。

建安十一年（206），周瑜统率孙瑜等人讨伐麻、保两处军屯，杀死了他们的首领，俘虏了一万多人，回来防守宫亭。江夏太守黄祖派将军邓龙率领几千名士兵进入柴桑，周瑜赶去攻击，活捉了邓龙并将其送到吴郡。

建安十三年（208）春天，孙权攻打江夏，周瑜为前部大都督。这一年的九月，曹操进军荆州，刘琮领全军投降，曹操获得了他的水军，水兵和步兵达到几十万人，吴郡将士们听到这个消息后都恐慌不安。孙权召见部下官员，问他们该采取什么计策。

议论的人们都说："曹操是豺狼虎豹一样的人，但是他借着汉朝丞相的名义，挟制皇帝，征讨四方，行动都是以朝廷为借口，现在去抵挡他，形势会更不利。而且在将军您所处的形势下，能够用来抵挡曹操的只有长江了。现在曹操得到了荆州，吞并了这片土地，刘表训练的水军有几千艘蒙冲舰和战船；曹操把它们全用来沿江进攻，加上步兵，水陆两军一起沿江而下，这就是说曹操已经和我们共同占有长江天险了。而在力量的多少上，我们又没法和敌人相提并论。我们认为不如采用迎接曹操的大计。"周瑜说："不对。曹操虽然假托汉朝丞相的名义，实际上是汉朝的贼臣。将军雄才大略，加上倚仗父兄的功业，割据江东地区，拥有几千里土地，士兵精锐，物资充足，英雄豪杰乐于效力，正应该横行天下，为汉朝除去危害。何况曹操自己来送死，怎么能向他投降呢？请让我替您筹划一下：即使现在北方已经平定，曹操没有内部的忧患，他能旷日持久地来和我们争夺疆土，又能和我们在水战中一决胜负吗？现在北方还没有完全平定，加上马超、韩遂等人还在关中地区，足为曹操的后患。曹操放弃鞍马，依靠船只来和吴越的士兵作战，这本来就不是中原士兵所擅长的。现在又是严寒时节，马匹没有草料，中原的士兵被远远地驱赶到江湖之间来，他们不习惯水土，一定会生病。这四个方面，都是用兵大忌，而曹操却全部违犯了。将军您擒获曹操，就在今天了。我请求得到三万名精兵，进军驻守夏口，保证为您打败曹操。"孙权说："曹操这个老贼很早就想要废黜汉朝皇帝，自立为皇帝了，只是担心袁绍、袁术、吕布、刘表和我罢了。现在这几个人物都已经被消灭，只有我还在，我和曹操老贼势不两立。您说应该抗击他，和我的看法完全一致，这是上天把您送给我的啊！"

周瑜赤壁纵火

[原文]

时刘备为曹公所破，欲引南渡江，与鲁肃遇于当阳，遂共图计，因进住夏口，遣诸葛亮诣①权。权遂遣瑜及程普等与备并力逆曹公，遇于赤壁。时曹公军众已有疾病，初②一交战，公军败退，引次江北。瑜等在南岸。瑜部将黄盖曰："今寇众我寡，难与持久。然观操军船舰首尾相接，可烧而走③也。"乃取蒙冲斗舰数十艘，实以薪草，膏油灌其中，裹以帷幕，上建牙旗；先书报曹公，欺以欲降；又豫备走舸（gě），各系大船后，因引次俱前。曹公军吏士皆延颈观望，指言盖降。盖放诸船，同时发火。时风盛猛，悉延烧岸上营落。顷之，烟炎张天，人马烧溺死者甚众，军遂败退，还保南郡。备与瑜等复共追。曹公留曹仁等守江陵城，径自北归。

[注释]

①诣：到。此处指拜见。②初：刚刚。③走：跑，使动用法，使之跑。

[译文]

当时刘备被曹操打败了，想要领兵渡江南下，和鲁肃在当阳相遇，就一起商议计策，于是进驻夏口，派诸葛亮去拜见孙权。孙权就派周瑜和程普等人与刘备一起抵御曹操，两军在赤壁相遇。当时曹操的士兵中已经有疾病流行，刚一交战，曹操就败退，领兵到江北驻扎。周瑜等人在南岸驻军。周瑜的部将黄盖说："现在敌人众多，我军人少，很难和他们长久对峙。但是我看曹操军队的战船都是首尾相连在一起，可以烧毁船，打跑他们。"就用几十艘蒙冲战船，装满了柴草，里面灌上油脂，外面蒙上帷幕，上面插起牙旗；黄盖事先写信告诉曹操，骗他说自己要投降；又预备了逃脱用的快船，分别拴在大船后面，于是按次序把船全开过去。曹操军队的官员士兵们都伸着脖子观看，指点着说黄盖来投降了。黄盖放开各船，同时点火。当时风势很猛，火焰蔓延到岸上的军营中，把它们全烧着了。不一会儿，浓烟和大火遮住了天空，曹操的人马很多都被烧死或淹死，曹军于是退回南郡。刘备和周瑜等人又率军一同追击。曹操留下曹仁等人守卫江陵城，自己径直退回北方。

［原文］

瑜与程普又进南郡，与仁相对，各隔大江。兵未交锋，瑜即遣甘宁前据夷陵。仁分兵骑别攻围宁。宁告急于瑜。瑜用吕蒙计①，留凌统以守其后，身与蒙上救宁。宁围既解，乃渡屯北岸，克期②大战。瑜亲跨马擽陈，会流矢中右胁，疮甚，便还。后仁闻瑜卧未起，勒兵就陈。瑜乃自兴，案行军营，激扬吏士，仁由是遂退。

权拜瑜偏将军③，领南郡太守。以下隽、汉昌、刘阳、州陵为奉邑，屯据江陵。刘备以左将军领荆州牧，治公安。备诣京见权，瑜上疏曰："刘备以枭雄之姿，而有关羽、张飞熊虎之将，必非久屈为人用者。愚谓大计宜徙备置吴，盛为筑宫室，多其美女玩好，以娱其耳目；分此二人，各置一方，使如瑜者得挟与攻战，大事可定也。今猥割土地以资业之，聚此三人，俱在疆场，恐蛟龙得云雨，终非池中物也。"权以曹公在北方，当广揽英雄，又恐备难卒制，故不纳。

曹仁大战东吴兵

［注释］

①计：计策，计谋。②克期：约定日期。③偏将军：副将军。

［译文］

周瑜和程普又进军南郡，与曹仁对峙，中间隔着长江。两军还没有交战，周瑜就派甘宁前去占领夷陵。曹仁分出一支骑兵去攻打甘宁，把他包围。甘宁向周瑜告急。周瑜用吕蒙的计策，留下凌统守卫后方，亲自和吕蒙前往援救甘宁。甘宁受到的包围被解除后，周瑜就渡江驻扎在北岸，约定日期与曹军大战。周瑜亲自骑马上阵督战，正巧被流箭射中右胁，伤势很重，就回营去了。后来曹仁听说周瑜卧床不起，就整顿军队来作战。周瑜便勉强起身，巡查军营，激励将士，曹仁因此就退走了。

孙权任命周瑜为偏将军，兼任南郡太守。把下隽、汉昌、刘阳、州陵作为周瑜的食邑，让他在江陵驻守。刘备以左将军的身份兼任荆州牧，州府设在公安。刘备到建业拜见孙权，周瑜上奏章说："刘备具有强悍雄伟的姿态，又有关羽、张飞这些熊虎一样的将领，一定不是长久屈居人下被人使用的人物。我认为最好的方法是把刘备迁到吴郡去安置，给他大肆建造宫殿，供给他很多美女玩物，让他沉溺享受；再把关羽、张飞两个人分开，各置一方，让像我这样的人能够胁迫他们参加作战，就可以使大事成功。现在轻易分割土地给他们，成为他们的资产，让这三个人聚在一起，都位于边疆地区，恐怕会像蛟龙得到云雨的帮助一样，最终就不会是池中之物了。"孙权认为曹操在北方是个威胁，东吴应该广泛招揽英雄，又担心刘备难以很快被制服，所以没采纳周瑜的意见。

［原文］

是时刘璋为益州牧，外有张鲁寇侵[1]，瑜乃诣京见权曰："今曹操新折衄（nǜ）[2]，方忧在腹心，未能与将军连兵相事也。乞与奋威俱进取蜀，得蜀而并张鲁，因留奋威固守其地，好与马超结援。瑜还与将军据襄阳以蹙（cù）操，北方可图也。"权许之。瑜还江陵，为行装，而道于巴丘病卒，时年三十六。权素服举哀，感动左右。丧当还吴，又迎之芜湖；众事费度，一为供给。后著令曰："故[3]将军周瑜、程普，其有人客，皆不得问。"

初瑜见友于策，太妃又使权以兄奉之[4]。是时权位为将军，诸将宾客为礼尚简；而瑜独先尽敬，便执臣节。性度恢廓，大率为得人，惟与程普不睦。

曲有误，周郎顾

瑜少精意于音乐，虽三爵之后，其有阙误，瑜必知之，知之必顾[5]，故时人谣曰："曲有误，周郎顾。"瑜两男一女。女配太子登。男循尚公主，拜骑

都尉，有瑜风，早卒。循弟胤，初拜兴业都尉，妻以宗女，授兵千人，屯公安。黄龙元年，封都乡侯，后以罪徙庐陵郡。

[注释]

①侵：入侵，侵略。②衄：损伤，挫败。③故：死，去世。④以兄奉之：像对待兄长那样对待他。⑤顾：回头看。

[译文]

当时刘璋任益州牧，外有张鲁的侵略，周瑜就去建业拜见孙权，说："现在曹操刚受到挫折，正在担心内部的事务，不能和将军连续交战。我请求和奋威将军一起去进攻蜀郡，得到蜀郡且兼并张鲁的力量后，就把奋威将军留下来在那里固守，好和马超结成同盟，互相援助。我回来与您占据襄阳以便逼迫曹操，这样就可以图谋夺取北方了。"孙权答应了。周瑜回到江陵，整顿行装，却在走到巴丘时病死了，时年仅三十六岁。孙权亲自穿着丧服以主持丧事，左右部属都很感动。周瑜的灵柩送回吴郡时，孙权又到芜湖迎接；周瑜各种丧事费用，全部由孙权供给。后来孙权发布命令说："已故将军周瑜、程普的佃户仆役情况，官府全不许过问。"

当初周瑜与孙策结为好友，吴太妃又让孙权把周瑜当作兄长一样对待。当时孙权的职位是将军，各位将领和宾客向他行礼时还很简单；而只有周瑜率先非常敬重他，以对君主的礼节对待孙权。周瑜心胸开阔，大体上能够得到人心，只是和程普不和睦。

周瑜年少时对音乐有过精心研究，即使是在喝了三大杯酒后，乐曲演奏中若有了错误，周瑜也能听出来，听出来后一定要回头看一下乐队。所以当时人们流传说："曲有误，周郎顾。"周瑜有两个儿子一个女儿。女儿嫁给了吴太子孙登。儿子周循娶了公主，被任命为骑都尉，他有周瑜的风度，但很早去世。周循的弟弟周胤，起初做兴业都尉，孙权把宗室的女子嫁给他，又给他一千名士兵，让他驻守公安。黄龙元年（229），周胤被封为都乡侯，后来因罪被流放到庐陵郡。

[原文]

赤乌二年，诸葛瑾、步骘(zhì)连名上疏曰："故将军周瑜子胤，昔蒙粉饰[①]，受封为将，不能养之以福，思立功效，至纵情欲，招速罪辟[②]。臣窃以瑜昔见宠任，入作心膂，出为爪牙，衔命出征，身当矢石，尽节用命，视死如归，故能摧曹操于乌林，走曹仁于郢(yǐng)都，扬国威德，华夏是震，蠢尔蛮荆，莫不宾服，虽周之方叔，汉之信、布，诚无以尚也。夫折冲捍难之臣，自古帝王莫不贵重，故汉高帝封爵之誓曰'使黄河如带，太山如砺(lì)，

国以永存，爰及苗裔’；申以丹书，重以盟诅③，藏于宗庙，传于无穷，欲使功臣之后，世世相踵④，非徒子孙，乃关苗裔；报德明功，勤勤恳恳，如此之至，欲以劝戒后人，用命之臣，死而无悔也。况于瑜身没未久，而其子胤(yìn)降为匹夫，益可悼伤。窃惟陛下钦明稽古，隆于兴继，为胤归诉，乞匄(gài)余罪，还兵复爵，使失旦之鸡，复得一鸣，抱罪之臣，展其后效。”

权答曰：“腹心旧勋，与孤协事，公瑾有之，诚所不忘。昔胤年少，初无功劳，横受精兵，爵以侯将，盖念公瑾以及于胤也。而胤恃此，酗淫自恣⑤，前后告喻，曾无悛(quān)改⑥。孤于公瑾，义犹二君，乐胤成就，岂有已哉？迫胤罪恶，未宜便还，且欲苦之，使自知耳。今二君勤勤援引汉高河山之誓，孤用恧(nǜ)然。虽德非其畴，犹欲庶几，事亦如尔，故未顺旨。以公瑾之子，而二君在中间，苟使能改，亦何患乎！”瑾、骘表比上，朱然及全琮亦俱陈乞，权乃许之。会胤病死。

[注释]

①粉饰：打扮，装饰。此处指赞誉，称赞。②辟：刑罚。③盟诅：盟约，誓约。④踵：本义指脚后跟，此处指相接、相传。⑤酗淫：酗酒淫乱。自恣：肆意妄为。⑥悛改：悔改。

[译文]

赤乌二年（239），诸葛瑾和步骘联名上奏章说：“已故将军周瑜的儿子周胤，过去曾蒙受了过分的赞誉，被封为将军。他不能用福祉来保护自己，想着去立功报国，反而放纵情欲，很快招致刑罚。臣子们私下认为周瑜过去受到恩宠，在朝廷是心腹重臣，在外是英勇的将领，受命出征，亲自冒着石块箭矢去作战，尽到了臣子的职责，完成了任务，视死如归，所以能在乌林打败曹操，在郢都赶走曹仁，显示出我国的威力和德行，中原地区也为之震动，荆州的蛮夷没有一处不称臣纳贡，即使是周代的方叔，汉朝的韩信、英布，也确实不能超过他。那些可以挫败敌人进攻、解除危难的大臣，自古以来，没有不被帝王们珍惜敬重的。所以汉高祖在封爵位时的誓词中说：‘即使黄河变成衣带那样窄，泰山变成磨刀石那样小，您的封国也会永远存在，一直传到子孙后代。’并且用丹砂写的文书申明，用盟约的隆重仪式宣布，把文书藏到宗庙中去，让它流传到无穷无尽的后世，要让功臣的后代一代代相承，不只是子孙，就连后代传人都考虑到；报答和显示臣子的功德，勤勤恳恳，达到如此周到的地步，目的是要鼓励和告诫后人，让誓死为国的臣子，死了也不会后悔。但在周瑜去世后不久，他的儿子周胤就被贬为平民，这不能不令人感到悲伤。我们希望陛下明智地考察古代史事，重视使功臣后代振兴、世代继嗣的德政。我们替周胤向您倾诉，请求宽恕他犯过的罪过，还给他士兵，恢复他的爵位，使错过了报晓的雄鸡再鸣叫一次，让戴罪的臣子以后能为国效力。”

孙权回答说：“我旧日的心腹功臣，和我一起共事的周公瑾，我确实不能忘记啊！以前周胤年幼，还没有什么功劳，凭空接受了精锐的士兵，给他侯爵和将军的职位，就是由于我怀念周公瑾，才延续到周胤身上。而周胤倚仗这些，放纵自己，酗酒淫乱，前后多次告诫他，他都没有改悔。我对于周公瑾的情谊和你们二位一样，期待周胤有成就，难道会有终结的时候吗？但限于周胤的罪恶，不能马上让他回来，还想让他暂时吃些苦，让他自己悔悟罢了。现在你们二位再三引用汉高祖封爵时向山河做的誓言，我感到很羞愧。虽然我的德行比不上汉高祖，但还是想和他相差不多，事情也是像这样的，所以没有依从你们的意思。周胤作为周公瑾的儿子，又有你们二位在其中帮助，假如他能改正，还有什么可担心的呢？”诸葛瑾、步骘的奏章连续送上，朱然和全琮也都陈辞求情，孙权才答应了。偏偏周胤在这时病死了。

[原文]

瑜兄子峻，亦以瑜元功为偏将军，领吏士千人。峻卒，全琮表[1]峻子护为将。权曰：“昔走曹操，拓有荆州，皆是公瑾，常不忘之。初闻峻亡，仍欲用护，闻护性行危险[2]，用之适为作祸，故便止之。孤念公瑾，岂有已乎？”

[注释]

①表：上书，奏请。②危险：恶毒，恶劣。

[译文]

周瑜的侄子周峻，也因为周瑜的大功做了偏将军，率领上千名官吏士兵。周峻去世后，全琮奏请封周峻的儿子周护做将军。孙权说：“过去打跑曹操，开拓占领荆州，全是周公瑾的功劳，我经常怀念他，不会忘了他。刚听到周峻去世时，我还想用周护，但听说周护品行恶劣，任用他只能造成灾祸，所以就没有用。我怀念周公瑾，难道有终结的时候吗？”

[原文]

鲁肃字子敬，临淮东城人也。生[1]而失父，与祖母居。家富于财，性好施与。尔时天下已乱，肃不治家事，大散财货，摽(biāo)[2]卖田地，以赈穷弊结士为务[3]，甚得乡邑欢心。

周瑜为居巢长，将数百人故过候肃，并求资粮。肃家有两囷米，各三千斛(hú)，肃乃指一囷与周瑜，瑜益知其奇也，遂相亲结，定侨、札之分。袁术闻其名，就署东城长。肃见术无纲纪，不足与立事[4]，乃携老弱将轻侠少年百余人，南到居巢就瑜。瑜之东渡，因与同行，留家曲阿。会祖母亡，还葬东城。

鲁肃

[注释]

①生：出生的时候。②摽：通“标”，此处指标价出售。③穷弊：穷困的人。结士：结交朋友。④立事：成就大事。

[译文]

鲁肃，字子敬，临淮郡东城县人。他生下来就失去了父亲，和祖母住在一起。家中富有钱财，他生性喜好施舍钱财给别人。那时天下已经动乱，鲁肃不治理家业，把大量财物散发给人们，标价出卖田地，用所得钱财全力投入赈济穷困百姓和结交士人的事业中，很得乡里人们的欢心。

周瑜任居巢县长，领着几百人经过，特地来拜访鲁肃，并且请求他资助粮食。鲁肃家中有两大仓米，每个仓中有三千斛，鲁肃就指着一个米仓，将它赠送给周瑜。周瑜更加了解了鲁肃的非凡才干，就和他结成亲密的朋友，确立了公孙侨和季札那样的深厚情谊。袁术听说了鲁肃的大名，就让他做东城县长。鲁肃见到袁术没有规章法纪，不值得和他共同建立功业，就携带老弱人口，领着一百多名剽勇好侠义的青年人，往南到居巢去投奔周瑜。周瑜东渡长江，鲁肃就和他一同走，把家属留在曲阿。正遇上他的祖母去世，鲁肃返回把她葬在东城。

[原文]

刘子扬与肃友善，遗[1]肃书曰：“方今天下豪杰并起，吾子姿才，尤宜今日。急还迎老母，无事滞于东城。近郑宝者，今在巢湖，拥众万余，处地肥饶，庐江间人多依就之，况吾徒乎？观其形势，又可博集，时不可失，足下速之。”肃答然其计。葬毕还曲阿，欲北行。会瑜已徙肃母到吴，肃具以状语瑜。时孙

策已薨(hōng)，权尚住吴，瑜谓肃曰：“昔马援答光武云‘当今之世，非但君择臣，臣亦择君’。今主人亲贤贵士，纳奇录异②，且吾闻先哲③秘论，承运代刘氏者，必兴于东南；推步事势，当其历数，终构帝基，以协天符，是烈士攀龙附凤驰骛(wù)之秋。吾方达此，足下不须以子扬之言介意也。”肃从其言。瑜因荐肃才宜佐时，当广求其比，以成功业，不可令去也。

权即见肃，与语甚悦之④。众宾罢退，肃亦辞出，乃独引肃还，合榻(tà)对饮。因密议曰：“今汉室倾危，四方云扰，孤承父兄余业，思有桓文之功。君既惠顾，何以佐之？”肃对曰：“昔高帝区区欲尊事义帝而不获者，以项羽为害也。今之曹操，犹昔项羽，将军何由得为桓文乎？肃窃⑤料之，汉室不可复兴，曹操不可卒除。为将军计，惟有鼎足江东，以观天下之衅。规模如此，亦自无嫌。何者？北方诚多务也。因其多务，剿除黄祖，进伐刘表，竟长江所极，据而有之，然后建号帝王以图天下，此高帝之业也。”权曰：“今尽力一方，冀以辅汉耳，此言非所及也。”张昭非肃谦下不足，颇訾(zǐ)毁⑥之，云肃年少粗疏，未可用。权不以介意，益贵重之，赐肃母衣服帏帐，居处杂物，富拟其旧。

[注释]

①遗：送。②奇，异：有才能之人。③先哲：先贤，古代有贤德之士。④悦之：喜欢他。⑤窃：谦词，表示个人之意，私下认为。⑥訾毁：毁谤，诋毁。

周瑜荐鲁肃

[译文]

刘子扬和鲁肃很友好，给鲁肃写信说：“当今天下豪杰同时起事。您的才干品质尤其适合当前的形势。您应该尽快回来迎接老母亲，不要因事滞留在东城。近来有个叫郑宝的人，现在在巢湖地区拥有一万多人马，他占据的土地肥沃，物产富饶，庐江一带的人们大多去依附他，何况我们这些人呢？观看他的形势，还可以大量收集人才，时机不可丧失，您尽快去吧！”鲁肃回信，赞成他的打算。鲁肃办完丧事后返回曲阿，想要往北方去。正巧周瑜已经把鲁肃的母亲迁到吴郡，鲁肃就把这些情况全都告诉了周瑜。当时孙策已经去世，孙权还驻扎在吴郡，周瑜对鲁肃说："过去马援回答汉光武皇帝说：'当今世上，不只是君主选择臣子，臣子也选择君主。'现在我的主人亲近贤良，看重士族，收纳奇才，录用异人，而且我听到先哲的秘密议论，说承继天命代替刘氏的人，一定会在东南方兴起；推算事态形势，正符合他的命相气数，他终究会建成帝业，以应合上天的符兆。这时正是壮士们攀龙附凤、尽情驰骋、发挥才能的时候。我正在这里受重用，您不用多考虑刘子扬的话。”鲁肃听从了周瑜的话。周瑜便向孙权推荐鲁肃，说他的才能可以辅佐天下大事，应该广泛寻求他这样的人才，以建成功业，不能让他离开。

孙权马上召见鲁肃，和他谈话，非常喜欢他。宾客们都退出去时，鲁肃也告辞出去，孙权就只把鲁肃一个人拉回来，将坐榻合在一块儿对坐饮酒，就势悄悄地和鲁肃商议说："现在汉朝皇室面临倾覆的危险，四方纷纷起兵混战，我继承了父兄留下的功业，想要成就齐桓公、晋文公那样的功业，您既然惠顾我，用什么办法来帮助我呢？”鲁肃回答说："过去高祖皇帝诚心诚意地要尊崇义帝却没能达到目的，是因为有项羽的危害。现在的曹操，和过去的项羽一样，将军有什么机会能成为齐桓公、晋文公呢？我私下预料，汉朝不可能复兴，曹操也不可能被很快除掉。替将军谋划，只有占据江东地区形成鼎立的形势，凭借它观看天下的争斗。建立这样规模的基业，也不会使自己招致嫌疑。为什么呢？因为北方实在是事务繁多。趁着曹操事务繁多的时机，去剿灭黄祖，进攻刘表，一直到长江的尽头，把它们都据为己有，然后称帝王号，去图谋统一天下，这就是像高祖皇帝一样的大事业了。”孙权说："现在尽力占有一方土地，只是希望用来辅佐汉朝罢了，这些话还不是我能做到的。”张昭看不惯鲁肃不注意谦虚恭敬这一点，对他大加诋毁，说他年轻粗疏，不可以任用。孙权不把张昭的话放在心上，对鲁肃更加器重，赐给鲁肃母亲衣服帏帐，居住用的各种物品，使他的富有可以和过去相比。

[原文]

刘表死，肃进说曰："夫荆楚与国邻接，水流顺北，外带江汉，内阻山陵，有金城之固，沃野万里，士民殷富，若据而有之，此帝王之资[1]也。今表新亡，二子素不辑睦，军中诸将，各有彼此。加刘备天下枭雄，与操有隙，寄寓于表，表恶其能而不能用也。若备与彼协心，上下齐同，则宜抚安，与结盟好；如有离违[2]，宜别图之，以济大事。肃请得奉命吊表二子，

并慰劳其军中用事者，及说备使抚表众，同心一意，共治曹操，备必喜而从命。如其克谐③，天下可定也。今不速往，恐为操所先。”

权即遣肃行。到夏口，闻曹公已向荆州，晨夜兼道。比至南郡，而表子琮已降曹公，备惶遽(huáng jù)奔走，欲南渡江。肃径迎之，到当阳长阪，与备会，宣腾权旨，及陈江东强固，劝备与权并力。备甚欢悦。时诸葛亮与备相随，肃谓亮曰“我子瑜友也”，即共定交。备遂到夏口，遣亮使权，肃亦反命④。

[注释]

①帝王之资：成就霸业的资本、资源。②离违：各怀异心，不团结。③克谐：能够成功。④反命：回去汇报情况。

[译文]

刘表死了，鲁肃进言说：“荆楚地区和我们的国土相邻，水顺着流向北方，外面有长江、汉水的围绕，内部有山陵险阻，有铜墙铁壁的坚固城池，上万里肥沃的田野，人民富裕殷实，如果占有这个地方，它就是成就霸业的资本。现在刘表刚去世，他的两个儿子一向不和睦，军队里的各个将领，各自偏向一方。加上刘备是天下的枭雄人物，和曹操有仇，寄住在刘表那里，刘表厌恶刘备的才能，不能重用他。如果刘备和荆州人同心协力，上下一致，就应该安抚他们，和他们结为友好同盟；如果他们之间不和，互相分离，就应该另想办法谋取荆州，以成就大业。我请求能奉命去向刘表的两个儿子吊唁，并且慰劳他们军队中掌权的人，以及劝说刘备，让他安抚刘表的部队，一心一意共同对付曹操。刘备一定会很高兴，而且听从我们的意见。如果这些能办成功，天下就可以平定了。现在不尽快去，恐怕会被曹操抢先。”

孙权就派鲁肃前往。他到达夏口，听说曹操已经向荆州进攻，就日夜兼程。快到南郡时，刘表的儿子刘琮已经投降了曹操，刘备惊慌地急忙出逃，想向南渡过长江。鲁肃直接前去迎接他，到了当阳的长阪，和刘备会面，宣讲了孙权的意图，又陈述了江东坚固强大的情况，劝说刘备和孙权全力合作。刘备非常欢悦。当时诸葛亮跟随刘备，鲁肃对诸葛亮说：“我是诸葛子瑜的朋友。”他们当即结交。刘备就到了夏口，派诸葛亮出使到孙权那里去，鲁肃也回去复命。

[原文]

会权得曹公欲东之问，与诸将议，皆劝权迎之，而肃独不言。权起更衣，肃追于宇下，权知其意，执肃手曰：“卿欲何

鲁子敬力排众议

言？”肃对曰：“向察众人之议，专欲误将军，不足与图大事。今肃可迎操耳，如将军，不可也。何以言之？今肃迎操，操当以肃还付乡党，品其名位，犹不失下曹从事，乘犊车，从吏卒，交游士林，累官①故不失州郡也。将军迎操，欲安②所归？愿早定大计，莫用众人之议也。”权叹息曰：“此诸人持议，甚失孤望；今卿廓开③大计，正与孤同，此天以卿赐我也。”

时周瑜受使至鄱(pó)阳，肃劝追召瑜还。遂任瑜以行事，以肃为赞军校尉，助画④方略。曹公破走，肃即先还，权大请诸将迎肃。肃将入阁拜，权起礼之，因谓曰：“子敬，孤持鞍下马相迎，足以显卿未？”肃趋进曰：“未也。”众人闻之，无不愕然。就坐，徐举鞭言曰：“愿至尊威德加乎四海，总括九州，克成帝业，更以安车软轮征肃，始当显耳。”权抚掌欢笑。

[注释]

①累官：积功赏官职。②安：哪里。③廓开：说明白，阐释清楚。④画：通“划”，策划。

[译文]

正遇上孙权得到曹操想向东进攻的消息，和各位将领商议，他们全都劝孙权去迎接曹操，而只有鲁肃不说话。孙权起身去厕所，鲁肃追到外面屋檐下，孙权知道他的心意，拉住他的手说：“你想说什么？”鲁肃对孙权说：“我刚才考察了大家的议论，只是想要耽误将军，不足以和他们共商大计。现在只是我可以迎降曹操罢了，像将军您，就不可以了。为什么这样说呢？现在我去迎降曹操，曹操会把我送回乡里，品评我的名位，还不失能为官府的掾曹从事一类小官吏，可以乘坐牛车，带着属吏士兵，和士人们交往游玩，逐渐升迁，还可能做到州、郡一级的官员。将军您去迎接曹操，能在哪里寻求到安全呢？希望您早日确定大计，不要采纳大家的意见。”孙权叹息道：“这些人所持的意见，太让我失望了；现在您说明的重大谋略，正和我想的相同，这是上天把您赐给我的啊！”

当时周瑜接受使命到鄱阳去了，鲁肃劝孙权派人去召周瑜回来。孙权就任命周瑜主持军事，任命鲁肃做赞军校尉，协助谋划战略。曹操被打败退走后，鲁肃就先回来了，孙权大规模地约请各个将领来迎接鲁肃。鲁肃要进入阁内拜见孙权，孙权站起身来对他行礼，接着对他说：“子敬，我扶着马鞍下马来迎接您，这是不是足以让您尊显了呢？”鲁肃快步走向前去说：“还没有。”众人听到后，没有一个不感到惊愕。鲁肃坐下后，慢慢地举起马鞭说道：“希望最尊贵的您能让威武和德行降临四海，统一九州，成就帝业，那时再用软轮子的车来征召我，这才是使我显贵了。”孙权拍手大笑。

[原文]

后备诣京见权，求都督荆州，惟肃劝权借之，共拒曹公。曹公闻权以土地业备[1]，方作书，落笔于地。

周瑜病困，上疏曰：“当今天下，方有事役[2]，是瑜乃心夙夜[3]所忧，愿至尊先虑未然，然后康乐。今既与曹操为敌，刘备近在公安，边境密迩[4]，百姓未附，宜得良将以镇抚之。鲁肃智略足任[5]，乞以代瑜。瑜陨踣(bó)[6]之日，所怀尽矣。”即拜肃奋武校尉，代瑜领兵。瑜士众四千余人，奉邑四县，皆属焉。令程普领南郡太守。肃初住江陵，后下屯陆口，威恩大行，众增万余人，拜汉昌太守、偏将军。十九年，从权破皖(wǎn)城，转横江将军。

[注释]

①以土地业备：用土地资助刘备。当作动词用，使有事业。②事役：指战事。③夙夜：早上和晚上。④密迩：靠得非常近。⑤智略足任：智谋策略能够胜任。⑥陨踣：死亡。陨，死。踣，向前仆倒。

[译文]

后来刘备到吴国京城来见孙权，请求让他统管荆州，只有鲁肃一人劝孙权把荆州借给刘备，共同抵抗曹操。曹操听说孙权把土地资助给刘备做基业，当时他正在写信，惊吓得笔从手中脱落，掉到地上。

周瑜病重，上疏说：“当今的天下，正有战事，这就是我日夜担忧的，希望最尊贵的您先对还没有出现的灾难加以考虑，然后再享受康乐。现在既然与曹操为敌，刘备又近在公安，边境紧紧相接，百姓又没有彻底归附，应该寻找良将来镇守安抚这个地方。鲁肃的智谋和才略足以胜任，请任用他代替我。我丧命的时候，就没有所惦念的事情了。”孙权立即任命鲁肃为奋武校尉，代替周瑜统领军队。周瑜的部众四千多人，以及归周瑜使用赋税的四个县，全都归属鲁肃。孙权命令程普兼任南郡太守。鲁肃最初驻扎在江陵，后来到下游的陆口驻守，他恩威并施，军队也很快增加了一万多人，被任命为汉昌太守、偏将军。建安十九年（214），他随从孙权攻克皖城，改任横江将军。

[原文]

先是，益州牧刘璋纲维颓弛[1]，周瑜、甘宁并劝权取蜀，权以咨备，备内欲自规[2]，乃伪报曰："备与璋托为宗室，冀凭英灵[3]，以匡汉朝。今璋得罪左右[4]，备独竦惧[5]，非所敢闻，愿加宽贷。若不获请，备当放发归于山林[6]。"后备西图璋，留关羽守，权曰："猾虏乃敢挟诈！"及羽与肃邻界，数生狐疑，疆埸纷错，肃常以欢好抚之。备既定益州，权求长沙、零、桂，备不承旨，权遣吕蒙率众进取。备闻，自还公安，遣羽争三郡。肃住益阳，与羽相拒。肃邀羽相见，各驻兵马百步上，但诸将军单刀俱会。肃因责数羽曰："国家区区本以土地借卿家者，卿家军败远来，无以为资故也。今已得益州，既无奉还之意，但求三郡，又不从命。"语未究竟，坐有一人曰："夫土地者，惟德所在耳，何常之有！"肃厉声呵之，辞色甚切。羽操刀起谓曰："此自国家事，是人何知！"目使之去。备遂割湘水为界，于是罢军。

肃年四十六，建安二十二年卒。权为举哀，又临其葬。诸葛亮亦为发哀。权称尊号，临坛，顾谓公卿曰："昔鲁子敬尝道此，可谓明于事势矣。"

肃遗腹子淑既壮，濡须督张承谓终当到至。永安中，为昭武将军、都亭侯、武昌督。建衡中，假节，迁夏口督。所在严整，有方干。凤皇三年卒。子睦袭爵，领兵马。

[注释]

①纲维：国家的法律和法纪。颓弛：松弛，废弛。②自规：自己规划。规，规

划。③英灵：指代汉朝皇帝祖先的英灵。④左右：是一种敬称，古代的书信中用来称呼对方，这里指孙权。⑤竦惧：惊恐害怕的样子。⑥放发：散发。归于山林：指辞掉官职隐居。

[译文]

在此之前，益州牧刘璋的法纪松弛败坏。周瑜、甘宁都劝说孙权去夺取蜀郡。孙权就此事征询刘备的意见，刘备心中想要为自己谋取蜀地，就回信说谎："我和刘璋被列在汉朝宗室之中，希望能凭借祖先英灵来匡扶汉朝。现在刘璋得罪了您，我非常惊慌害怕，这件事我不敢参与意见，希望您能对刘璋加以宽恕。如果我的请求不能获准，我就要归隐到山林中去。"后来刘备向西谋取刘璋的土地，留下关羽守荆州。孙权说："狡猾的贼人竟敢欺骗我！"等到关羽和鲁肃辖界相邻时，多次产生猜疑，边境时常有冲突，鲁肃都是用友好的态度来安抚关羽。刘备平定益州后，孙权要求归还长沙、零陵、桂阳三郡，刘备不同意交还，孙权派吕蒙率军队去攻取。刘备听到消息后，自己回到公安，派关羽去争夺这三个郡。鲁肃驻守益阳，和关羽相对峙。鲁肃邀请关羽会见，各自把人马停留在一百步以外，只有将军们带着自己的一把刀共同来会面。鲁肃就趁势责备关羽说："原来我们国家的君主诚心诚意地把土地借给你们，是因为你们军队打了败仗，从远方来，没有可以凭借的土地。现在你们已经得了益州，既没有把土地奉还的意思，我们只要回三个郡，你们又不答应。"话还没有说完，有一个在座的人说："土地这个东西，只属于有德的人而已，哪里有长久归属一个人的！"鲁肃声色俱厉地呵斥他。关羽握着刀起身对他说："这是国家大事，这个人懂得什么！"又用眼色示意这个人离开。刘备以湘水为界分割土地交给东吴，于是两国停止了战争。

鲁肃四十六岁时，建安二十二年（217）去世，孙权为他举哀，又亲自参加葬礼。诸葛亮也为鲁肃举行了哀悼仪式。孙权称皇帝时，在要登上祭坛前，回头对公卿大臣们说："过去鲁子敬曾经说过有这一天，可以说他是透彻地了解天下形势的了。"

鲁肃的遗腹子鲁淑长大以后，濡须督张承对他说，终究还是应该到濡须军中来。永安年间（258—263），鲁淑任昭武将军、都亭侯、武昌督。建衡年间（269—271），授予他符节，升任夏口督。鲁淑所任职的军队都被他治理得严肃整齐，他很有谋略才干。鲁淑于凤凰三年（274）去世。他的儿子鲁睦继承了爵位，统领了他的兵马。

[原文]

吕蒙字子明，汝南富陂人也①。少南渡，依姊夫邓当。当为孙策将，数②讨山越。蒙年十五六，窃随当击贼，当顾见③大惊，呵叱不能禁止。归以告蒙母，母恚(huì)④欲罚之，蒙曰："贫贱难可居，脱误⑤有功，富贵可致。且不探虎穴，安得虎子？"母

哀而舍之。时当职吏以蒙年小轻之，曰：“彼竖子⑥何能为？此欲以肉喂虎耳。”他日与蒙会，又蚩(chī)辱之。蒙大怒，引刀杀吏，出走，逃邑子郑长家。出因校尉袁雄自首，承间为言，策召见奇之，引置左右。

数岁，邓当死，张昭荐蒙代当，拜别部司马。权统事，料诸小将兵少而用薄者，欲并合之。蒙阴赊贳(shì)，为兵作绛衣行縢(téng)，及简日，陈列赫然，兵人练习，权见之大悦，增其兵。从讨丹杨，所向有功，拜平北都尉，领广德长。

吕蒙

[注释]

①汝南：郡名，治所在上蔡县，现在在河南上蔡。富陂：地名，在安徽阜阳西南方向。②数：多次，屡次。③顾见：回头看见。顾，回头看。④恚：非常愤怒。⑤脱误：当时的口语，假如的意思。⑥竖子：对别人的蔑称。

[译文]

吕蒙，字子明，汝南富陂人。少年时南渡长江，去投靠姊夫邓当。邓当是孙策的部将，多次讨伐山越。吕蒙十五六岁时，偷偷地跟着邓当去打敌人，邓当发现后大吃一惊，呵斥他也无法禁止他前往。邓当回来后，把这件事告诉吕蒙的母亲，吕蒙的母亲发怒了，要责罚吕蒙。吕蒙说：“贫贱的日子太难过了，如果侥幸有了功劳，可以得到富贵。而且不深入虎穴中，怎么能得到小老虎呢？”母亲哀怜他，便饶恕他。当时邓当部下的军吏因为吕蒙年纪小而轻视他，说：“那个小孩子能干什么？这是想拿肉去喂老虎罢了。”有一天，这个军吏和吕蒙遇上了，又嘲笑吕蒙，侮辱他。吕蒙大怒，拔刀杀了这个军吏，逃出去，跑到同乡人郑长的家里。后来出面通过校尉袁雄自首，承蒙袁雄在中间替他说话，孙策召见他，认为他是个奇才，就提拔他，安排在自己身边。

几年后，邓当死了，张昭推荐吕蒙代替邓当，任命他做别部司马。孙权统领政务，检阅各个兵力较少、作用不大的低级将领的部队，想把他们合并起来。吕蒙暗地里赊购了物资，给士兵们制作了红色的军衣和绑腿。等到检阅的那天，吕蒙的军队阵容非常醒目，士兵们操练得很熟练。孙权见了后非常高兴，给吕蒙增加了士兵。吕蒙跟随孙权讨伐丹杨，所到之处都立下功劳，被任命为平北都尉，兼任广德县长。

[原文]

从征黄祖，祖令都督陈就逆以水军出战。蒙勒前锋，亲枭(xiāo)就首，将士乘胜，进攻其城。祖闻就死，委城走，兵追禽之。权曰："事之克，由陈就先获也。"以蒙为横野中郎将，赐钱千万。

是岁，又与周瑜、程普等西破曹公于乌林，围曹仁于南郡。益州将袭肃举军来附[1]，瑜表以肃兵益[2]蒙，蒙盛称肃有胆用[3]，且慕化[4]远来，于义宜益不宜夺也。权善[5]其言，还肃兵。瑜使甘宁前据夷陵，曹仁分众攻宁，宁困急，使使[6]请救。诸将以兵少不足分，蒙谓瑜、普曰："留凌公绩，蒙与君行，解围释急，势亦不久，蒙保公绩能十日守也。"又说瑜分遣三百人柴断险道，贼走可得其马。瑜从之。军到夷陵，即日交战，所杀过半。敌夜遁去，行遇柴道，骑皆舍马步走。兵追蹙(cù)击，获马三百匹，方船载还。于是将士形势自倍，乃渡江立屯，与相攻击，曹仁退走，遂据南郡，抚定荆州。还，拜偏将军，领寻阳令。

鲁肃代周瑜，当之陆口，过蒙屯下。肃意尚轻蒙，或说肃曰："吕将军功名日显，不可以故意[7]待也，君宜顾之[8]。"遂往诣蒙。酒酣[9]，蒙问肃曰："君受重任，与关羽为邻，将何计略，以备不虞[10]？"肃造次应曰："临时施宜。"蒙曰："今东西虽为一家，而关羽实熊虎也，计安可不豫定？"因为肃画五策。肃于是越席就之，拊其背曰："吕子明，吾不知卿才略所及乃至于此也。"遂拜蒙母，结友而别。

[注释]

①举军：率领军队。来附：前来归附。②益：增加。③胆用：胆识和才干。④慕化：仰慕教化。⑤善：当动词用，指非常好，这里有表示赞同的意思。⑥使使：

火烧艨艟

第一个“使”是动词，是派遣的意思；第二个“使”是名词，指的是使者。⑦故意：原来是指老朋友的意思，这里是指老的眼光，老的看法。⑧顾：拜访。⑨酒酣：喝酒喝到高兴的时候。⑩以备不虞：以防不测。

[译文]

吕蒙跟着孙权征讨黄祖，黄祖命令都督陈就率水军出战迎击。吕蒙率领前锋军队，亲自砍下了陈就的首级，将士们乘胜进攻，攻打黄祖的守城。黄祖听说陈就死了，就弃城逃跑，吴军士兵追上去擒获了他。孙权说："这次战事能胜利，由于首先斩获了陈就。”任命吕蒙为横野中郎将，赐给他一千万钱。

这一年，他又和周瑜、程普等人向西进攻，在乌林打败了曹操，在南郡包围了曹仁，益州的将军袭肃率领全军来投奔，周瑜上表章请求用袭肃的军队来扩充吕蒙的部下。吕蒙极力称赞袭肃有胆识，有能力，而且倾慕吴国的教化，从远方来归附，从道义上讲应该增加他的兵力，不应该夺走他的兵权。孙权认为吕蒙的话很对，归还袭肃的士兵，周瑜派甘宁前去占据夷陵，曹仁分出一支军队来攻打甘宁，甘宁形势危急，派使者来求援。将领们都认为兵力少，不够分开使用。吕蒙对周瑜、程普说："留下凌公绩，我和您出兵，解救包围，除去危急，看情况也不会太久，我保证凌公绩能守上十天。”又劝说周瑜分派出三百人用木柴截断险道，敌人逃走时可以得到他们的马。周瑜依从了他。军队到达夷陵，当天交战，杀死的敌人超过半数。敌人连夜逃走，途中遇上柴木堵塞的道路，骑兵全都扔下马步行逃走。吴军追上去堵击，获得三百匹马，用方船载运回来。于是吴军将士的优势自然倍增，便渡过长江，建立军营，向曹军攻击，曹仁退走，吴军就占据了南郡，安抚平定荆州。回来后，任命吕蒙为偏将军，兼任寻阳令。

鲁肃代替周瑜，要到陆口去，从吕蒙驻扎的地方经过。鲁肃的心里还很轻视吕蒙。有的人劝鲁肃说："吕将军的功绩和名声都日益显赫，不能用老眼光去看待他，您应该去看望他。”鲁肃就去见吕蒙。吕蒙问鲁肃说："您接受了重任，与关羽相邻接，准备用什么谋略去防备意外情况的发生呢？”鲁肃仓促中随意答道："临时采取合适的方法吧。”吕蒙说："现在东吴、西蜀虽然成了一家，但关羽实际上是熊虎一样的人物，怎么能不预先确定计策呢？”接着给鲁肃谋划了五种计策。鲁肃于是从座席上走过去凑近吕蒙，拍着他的背说："吕子明，我想不到您的才略竟然达到了这种程度。”便拜见了吕蒙的母亲，和吕蒙结成朋友后才告别。

[原文]

时蒙与成当、宋定、徐顾屯次比近①，三将死，子弟幼弱，

权悉以兵并蒙②。蒙固辞，陈启顾等皆勤劳国事，子弟虽小，不可废也。书三上，权乃听。蒙于是又为择师，使辅导之，其操心率如此。魏使庐江谢奇为蕲(qí)春典农③，屯皖田乡，数为边寇。蒙使人诱之，不从，则伺隙袭击，奇遂缩退，其部伍④孙子才、宋豪等，皆携负老弱，诣蒙降。后从权拒曹公于濡须，数进奇计，又劝权夹水口立坞⑤，所以备御⑥甚精，曹公不能下而退。

曹公遣朱光为庐江太守，屯皖，大开稻田，又令间人招诱鄱(pó)阳贼帅，使作内应。蒙曰："皖田肥美，若一收孰，彼众必增，如是数岁，操态见矣，宜早除之。"乃具陈其状。于是权亲征皖，引见诸将，问以计策。蒙乃荐甘宁为升城督，督攻在前，蒙以精锐继之。侵晨进攻，蒙手执桴鼓，士卒皆腾踊自升，食时破之。既而张辽至夹石，闻城已拔，乃退。权嘉其功，即拜庐江太守，所得人马皆分与之，别赐寻阳屯田六百人，官属三十人。蒙还寻阳，未期而庐陵贼起，诸将讨击不能禽，权曰："鸷(zhì)鸟累百，不如一鹗(è)。"复令蒙讨之。蒙至，诛其首恶，余皆释放，复为平民。

[注释]

①屯次：军队驻扎的地方。比近：靠近。②以兵并蒙：把三将的兵力合并到吕蒙的部下。③典农：官名。曹操设置了典农中郎将、典农校尉和典农督尉，管理农田屯垦的事情。④部伍：这里指队伍的部属和将士。⑤坞：船坞，在水边建造的用来停船和建造船只的地方。⑥备御：防备抵御。

[译文]

当时吕蒙和成当、宋定、徐顾驻扎的地方邻近，这三个将领死后，他们的子弟年纪幼小，孙权就把他们的士兵全合并到吕蒙部下。吕蒙坚决推辞，上奏陈述徐顾等人全都为国家大事勤劳效力，他们的子弟虽然年幼，但不可以废黜他们。多次上书，孙权才答应。吕蒙于是又为成当他们的子弟选择老师，让老师辅导他们，他大都像这样为他们操心。魏国派庐江人谢奇做蕲春典农，驻在皖城乡间，多次侵犯吴国边境。吕蒙派人去诱降，他们不答应，吕蒙就看准空隙袭击他们，谢奇便退缩回去，他的部下孙子才、宋豪等人，全都扶老携幼，来向吕蒙投降。后来吕蒙跟随孙权在濡须抵御曹操，多次献上奇计，又劝说孙权在水口两边夹岸建立船坞堡垒，用来准备防御的器物十分精良，曹操不能攻克濡须坞，就退回去了。

曹操派朱光任庐江太守，驻守皖城，大量开垦稻田，又命令间谍去诱降鄱阳的强盗首领，让他们做内应。吕蒙说："皖城田地肥美，如果一有收成，他们的人马必定增多，像这样过几年，曹操的优势就出现了，应该尽早除掉他们。"就把这些情况全部向孙权陈述了。于是孙权亲自征讨皖城，召见各位将领，问他们有什么计策。吕蒙就推荐甘宁为升城督，统领军队在前面进攻，吕蒙用精锐军队接续在后面。凌晨时进攻，吕蒙手执鼓槌击鼓，士兵们全都踊跃登上城去，到吃早饭时就把城攻破了。不久张辽到了夹石，听说城已经被占领了，就退回去了。孙权嘉奖吕蒙的功劳，当即拜请他任庐江太守。所得的人马全部分给他，另外赐给他寻阳的屯田士兵六百人，属官三十人。吕蒙回到寻阳，不到一年就有庐陵的强盗造反，各将去攻打都不能擒获。孙权说："鸷鸟几百只，不如一只大鹗。"又命令吕蒙去攻打他们。吕蒙到了庐陵，诛杀了强盗中为首的恶徒，其余的全部释放，重新做了平民。

[原文]

是时刘备令关羽镇守，专有荆土，权命蒙西取长沙、零、桂三郡。蒙移书二郡，望风归服，惟零陵太守郝普城守不降。而备自蜀亲至公安，遣羽争三郡。权时住陆口，使鲁肃将万人屯益阳拒羽，而飞书召蒙，使舍零陵，急还助肃。初，蒙既定长沙，当之零陵，过酃(líng)，载南阳邓玄之，玄之者郝普之旧[1]也，欲令诱普。及被书当还，蒙秘之，夜召诸将，授以方略[2]，晨当攻城，顾谓玄之曰："郝子太[3]闻世间有忠义事，亦欲为之，而不知时也。左将军在汉中[4]，为夏侯渊所围。关羽在南郡，今至尊身自临之。近者破樊本屯，救酃，逆为孙规所破。此皆目前之事，君所亲见也。彼方首尾倒悬[5]，救死不给，岂有余力复营此哉？今吾士卒精锐，人思致命[6]，至尊遣兵，相继于道。今子太以旦夕之命，待不可望之救，犹牛蹄中鱼，冀赖江汉，其不可恃亦明矣。若子太必能一士卒之心，保孤城之守，尚能稽延旦夕，以待所归者，可也。今吾计力度虑，而以攻此，曾不移日，而城必破，城破之后，身死何益于事，而令百岁老母，戴白受诛，岂不痛哉？度此家不得外问，谓援可恃，故至于此耳。君可见之，为陈祸福。"

玄之见普，具宣蒙意，普惧而听之。玄之先出报蒙，普寻后当至。蒙豫敕(chì)四将，各选百人，普出，便入守城门。须臾普

出，蒙迎执其手，与俱下船。语毕，出书示之，因拊(fǔ)手大笑。普见书，知备在公安，而羽在益阳，惭恨入地。蒙留孙皎，委以后事，即日引军赴益阳。刘备请盟，权乃归普等，割湘水，以零陵还之。以寻阳、阳新为蒙奉邑。

[注释]

①旧：老朋友，老相识。②方略：计谋，策略。③郝子太：人名。郝普，字子太。④左将军：指刘备。汉中：郡名，治所在南郑县。⑤首尾倒悬：用来比喻处境非常危险。⑥致命：献出生命。

[译文]

当时刘备命令关羽镇守，独占了荆州土地。孙权命令吕蒙向西去夺取长沙、零陵、桂阳三郡。吕蒙给长沙等两个郡送去文书，他们都望风而降，只有零陵太守郝普坚守城池不肯投降。而刘备从蜀中亲自来到公安，派关羽去争夺这三个郡。孙权当时驻扎在陆口，派鲁肃率领一万人驻守益阳抵挡关羽，而且用快信去召唤吕蒙，让他放弃零陵，赶快回来帮助鲁肃。当时，吕蒙平定长沙以后，应当到零陵去，经过酃县，用车带上了南阳人邓玄之，邓玄之这个人是郝普的老朋友，吕蒙想让他去诱降郝普。到了接到孙权的信应当回去时，吕蒙把信藏起来，连夜召来各位将军，向他们传授谋略，早晨就要攻城，吕蒙又看着邓玄之说：“郝子太听说世间有忠义这件事，也想要做忠义的事，但不知道时势。左将军刘备在汉中被夏侯渊包围。关羽在南郡，现在尊贵的吴主亲自到那里去讨伐。近来关羽攻克了樊城的大本营，去救援酃县，反而被孙规打败了，这全是眼前的事情，是您亲眼见到的。他们那一方正首尾颠倒悬在空中，救命都顾不上，怎么能有多余的力量再来营救这里呢？现在我们的士兵精锐无比，人人想为国拼命，尊贵的吴主派兵来，军队在路上接连不断。现在郝子太命在旦夕，还等待着没有希望的救援，就好像牛蹄壳中装的鱼还希望依赖江水一样，那种形势是不能倚仗的，这已经很明显了。如果郝子太能让士兵们一心一意，防守住这座孤城，那还能拖延时间，来等待他所归附的人，这也可以。现在我计算了兵力，谋划了方法，用来攻打这里，用不了一天，城就一定会被攻破，城被攻破后，他自己死了，对事情有什么补益呢？让百岁老母满头白发时还要被诛杀，难道不痛心吗？我估计这个人得不到外界的消息，认为援兵可以依恃，所以到了这种地步。您可以去见他，给他分析一下祸福利害。”

邓玄之见了郝普，把吕蒙的意思全都转告给他。郝普害怕了，就答应投降。邓玄之先出城来报告吕蒙，说郝普在后面一会儿就到。吕蒙预先命令四个部将，各自挑选一百名士兵，郝普一出来，就进城守住城门。不一会儿郝普出城，吕蒙迎上去拉住他的手，和他一起登上船。两个人说完话，吕蒙拿出孙权的信给郝普看，接着拍手大笑。郝普看了书信，知道了刘备在公安，而关羽在益阳，又羞愧又后悔，恨不得钻进地里去。吕蒙留下孙皎守城，把善后的事务交付给他，当天就领着军队奔赴益阳。刘备请求结盟，孙权才归还了郝普等人，以湘水分割疆界，把零陵还给刘备。将寻阳、阳新的赋税供给吕蒙使用。

[原文]

师还，遂征合肥，既①徹兵，为张辽等所袭，蒙与凌统以死捍卫。后曹公又大出濡(rú)须，权以蒙为督，据前所立坞，置强弩万张于其上，以拒曹公。曹公前锋屯②未就，蒙攻破之，曹公引退。拜蒙左护军、虎威将军。

鲁肃卒，蒙西屯陆口，肃军人马万余尽以属蒙。又拜汉昌太守，食下隽、刘阳、汉昌、州陵。与关羽分土接境，知羽骁(xiāo)雄③，有并兼心，且居国上流，其势难久。初，鲁肃等以为曹公尚存，祸难始构，宜相辅协，与之同仇④，不可失也，蒙乃密陈计策曰：令征虏守南郡，潘璋住白帝，蒋钦将游兵万人，循江上下，应敌所在，蒙为国家前据襄阳，如此，何忧于操，何赖于羽？且羽君臣，矜⑤其诈力，所在反覆，不可以腹心待也。今羽所以未便东向者，以至尊圣明，蒙等尚存也。今不于强壮时图之，一旦僵仆⑥，欲复陈力，其可得邪？”权深纳其策，又聊复与论取徐州意，蒙对曰：“今操远在河北，新破诸袁，抚集幽、冀，未暇东顾。徐土守兵，闻不足言，往自可克。然地势陆通，骁骑所骋，至尊今日得徐州，操后旬必来争，虽以七八万人守之，犹当怀忧。不如取羽，全据长江，形势益张。”权尤以此言为当。及蒙代肃，初至陆口，外倍修恩厚，与羽结好。

[注释]

①既：已经。②屯：驻扎军队。③骁雄：勇猛威武。④同仇：同心协力对付敌人。⑤矜：自己夸奖自己，自负。⑥僵仆：死亡。

[译文]

吴军回去后，就去征伐合肥，在撤兵的时候被张辽等人袭击，吕蒙和凌统拼死捍卫。后来曹操又大举出击濡须，孙权任命吕蒙为都督，占据先前所建立的船坞，在上面安置了一万张强弩，来抵挡曹操。曹操的前锋部队还没有筑好营垒，吕蒙就把他们打败了，曹操领兵退回。孙权拜请吕蒙任左护军、虎威将军。

鲁肃去世，吕蒙到西方去驻守陆口，鲁肃军队的一万多人马全部归属吕蒙，又任命他为汉昌太守，把下隽、刘阳、汉昌、州陵等县做他的食邑。吕蒙和关羽分占荆州土地，境界邻接，他知道关羽是骁勇的英雄，有兼并的心思，而且位居吴国的上层，目前的和睦形势难以持久。当初，鲁肃等人认为曹操还在，危险和灾祸刚刚形成，应该互相辅助协作，和蜀汉同仇敌忾，不能失去刘备这个同盟。吕蒙秘密地提出他的计策，说："命令征虏将军孙皎守卫南郡，潘璋驻守白帝城，蒋钦率领上万名流动部队，沿江上下，应对敌人来进攻的地方，我为国家前去占领襄阳，这样的话，对曹操还有什么可担忧的，对关羽还有什么可依赖的呢？而且关羽君臣，所到之处都反复无常，不能把他们当成心腹看待。现在关羽之所以不便向东进攻的原因，是由于尊贵的君主圣明，我们这些人还在。现在不趁我们强壮时去图谋战胜他，一旦我们僵死倒下，想要再施展武力，还能办得到吗？"孙权非常赞同他的计策，又顺便再和他谈论一下夺取徐州的想法。吕蒙回答说："现在曹操在黄河以北，刚打败了袁氏，在安抚和召集幽冀地区的百姓，没有时间顾上东方。徐州地区的守军，我听说是不值得一提的，去进攻自然可以攻克。然而那里的地势有陆路相通，可以让骁勇的骑兵驰骋。尊贵的君主今天取得徐州，十几天后曹操就一定会来争夺，即使用七八万人去守卫它，也还会让人担忧。不如去攻取关羽的土地，将长江全部占领，我们的形势就会更加有利。"孙权认为这些话说得尤为适宜。等到吕蒙代替鲁肃时，他刚到陆口，就对外加倍施行厚恩，与关羽结成友好关系。

[原文]

后羽讨樊[1]，留兵将备公安、南郡。蒙上疏曰："羽讨樊而多留备兵，必恐蒙图其后故也。蒙常有病，乞分士众还建业[2]，以治疾为名。羽闻之，必撤备兵，尽赴襄阳。大军浮江，昼夜驰上，袭其空虚，则南郡可下，而羽可禽也。"遂称病笃[3]，权乃露檄[4]召蒙还，阴与图计。羽果信之，稍撤兵以赴樊。魏使于禁救樊，羽尽禽禁等，人马数万，托[5]以粮乏，擅取湘关米。权闻之，遂行，先遣蒙在前。蒙至寻阳，尽伏其精兵舳艫[6]中，使白衣摇橹，作商贾人服，昼夜兼行，至羽所置江边屯候，尽

关羽遇害

收缚之，是故羽不闻知。遂到南郡，士仁、麋芳皆降。

蒙入据城，尽得羽及将士家属，皆抚慰，约令军中不得干历人家，有所求取。蒙麾下士，是汝南人，取民家一笠，以覆官铠(kǎi)，官铠虽公，蒙犹以为犯军令，不可以乡里故而废法，遂垂涕斩之。于是军中震栗，道不拾遗。蒙旦暮使亲近存恤耆(qí)老，问所不足，疾病者给医药，饥寒者赐衣粮。羽府藏财宝，皆封闭以待权至。羽还，在道路，数使人与蒙相闻，蒙辄厚遇其使，周游城中，家家致问，或手书示信。羽人还，私相参讯，咸知家门无恙，见待过于平时，故羽吏士无斗心。会权寻至，羽自知孤穷，乃走麦城，西至漳乡，众皆委羽而降。权使朱然、潘璋断其径路，即父子俱获，荆州遂定。

[注释]

①樊：樊城，现在的湖北襄樊。②建业：地名，现在的江苏南京。③病笃：病得很严重。④露檄：不加封缄的文书。孙权在这里用露檄，是故意想泄漏秘密。⑤托：寻找借口。⑥䑋䑶：大型的船只。

[译文]

后来关羽进攻樊城，留下兵将在公安、南郡防备。吕蒙上奏章说："关羽去讨伐樊城而留下大量防备的军队，一定是害怕我在他的后方谋取的缘故。我经常生病，请求分出一些军队回建业去，以我去治病的名义。关羽听到后，一定会把防备的军队撤走，全部调往襄阳。我们大军渡过江去，昼夜行军，袭击他们的空城，这样南郡就可以攻下，关羽也可以被捉住了。"吕蒙就说他病重，孙权便用公开的文书召吕蒙回来，暗地里和他商议计划。关羽果然相信了，撤了一部分军队奔赴樊城。魏国派于禁去救樊城，关羽将于禁等人全部捕获，有几万人马，借口粮食缺乏，擅自取用了湘关的存粮。孙权听到这个消息，就出征了，先派吕蒙做前锋。吕蒙到了寻阳，把精兵全埋伏在大船舱内，让穿白衣服的士兵摇橹，他们穿着商人的服装，昼夜兼程，到了关羽设置在长江岸边的哨所驻地，就将哨兵全抓起来绑好，因此关羽没有得知消息。吕蒙便到了南郡，傅士仁和麋芳都投降了。

吕蒙进城并占据了它，将关羽和蜀军将士的家属全部俘虏，吕蒙对他们全加以抚慰，命令军中不许去侵犯居民，不许索取百姓的物品。吕蒙部下的一个士兵，是汝南人，拿了百姓家中的一个斗笠，用来覆盖官府的铠甲，官府的铠甲虽然是公物，吕蒙仍认为他违犯了军令，不能因为是同乡的缘故而废除法令，就流着眼泪杀死了他。于是吴军军队中都感到震惊害怕，东西掉在路上都没有人拾走。吕蒙从早到晚派出亲近的官员去抚恤老年人，问他们缺什么东西，有患病的人就给予医药，有饥饿寒冷的人就赏给他们粮食衣服。关羽府库中收藏的财宝，全部封存起来等待孙权来了再处理。关羽退回来，在路上几次派人向吕蒙通信，吕蒙都厚待他的使节，让他在城中到处观看，让他去挨家挨户问候亲人，有的亲笔写信表示情况属实。关羽派来的人回去后，关羽的部下都私下打听情况，全知道家中没有出事，受到的待遇比平时还要好，所以关羽军中的官兵都没有斗志。正赶上孙权不久就到了，关羽自知被孤立，走投无路，就逃到麦城，向西到了漳乡，他的军队全抛弃他而投降了吴国。孙权派朱然、潘璋去截断他要经过的小路，当即把关羽父子全都捕获，荆州就平定了。

[原文]

以蒙为南郡太守，封孱(chán)陵侯，赐钱一亿，黄金五百斤。蒙固辞金钱，权不许。封爵未下，会蒙疾发，权时在公安，迎置内殿，所以治护者万方①，募封内②有能愈蒙疾者，赐千金。时有针加，权为之惨戚③，欲数见其颜色，又恐劳动④，常穿壁瞻之，见小能下食则喜，顾左右言笑，不然则咄唶(jiè)⑤，夜不能寐。病中瘳⑥，为下赦令，群臣毕贺。后更增笃，权自临视，命道士于星辰下为之请命。年四十二，遂卒于内殿。时权哀痛甚，为之降损。蒙未死时，所得金宝诸赐尽付府藏，敕主者命绝之日皆上还，丧事务约。权闻之，益以悲感。

蒙少不修书传，每陈大事，常口占为笺(jiān)疏。常以部曲事为江夏太守蔡遗所白，蒙无恨意。及豫章太守顾邵卒，权问所用，蒙因荐遗奉职佳吏，权笑曰："君欲为祁奚邪？"于是用之。甘宁粗暴好杀，既常失蒙意，又时违权令，权怒之，蒙辄陈请："天下未定，斗将如宁难得，宜容忍之。"权遂厚宁，卒得其用。蒙子霸袭爵，与守冢三百家，复田五十顷。霸卒，兄琮袭侯。琮卒，弟睦嗣。

[注释]

①治护：治疗护理。万方：多种方法。②封内：疆域内，这里指全国范围。③惨戚：惨痛悲伤。④劳动：劳烦惊动。⑤咄唶：叹息。⑥瘳：疾病痊愈。

[译文]

孙权任命吕蒙做南郡太守，封他为孱陵侯，赏赐给他一亿钱，五百斤黄金。吕蒙坚决推辞黄金和钱，孙权不允许。封爵还没有颁布下来，吕蒙的病正巧发作。孙权当时在公安，把他迎接到内殿中居住，千方百计地给他治疗护理，招募国内能够治好吕蒙病的人，赏赐一千两黄金。有时医生用针扎吕蒙，孙权替他伤心难过，孙权想要多看看吕蒙的气色如何，又怕惊动他让他疲劳，就经常在墙洞中看他，见吕蒙稍微能吃些食物就高兴，看着身边的人有说有笑，不然的话就唉声叹气，夜晚睡不着觉。吕蒙的病中间有所好转，孙权为此公布大赦令，大臣们都来祝贺。后来吕蒙的病再次加重，孙权亲自去看望他，命令道士在星辰下为他祈祷。吕蒙四十二岁时，在内殿中去世。当时孙权非常哀痛，为吕蒙穿丧服，减少饮食。吕蒙没死时，把所得的金银珠宝等各种赏赐全部交付府里的仓库收藏，命令管理仓库的人在他去世之后把赏赐品全部还给君王。孙权听到这件事，更加悲伤。

吕蒙年轻时不学习经传书籍，每当陈述大事时，经常口述让人写成奏章。他曾因为部曲私兵的事被江夏太守蔡遗上告，但吕蒙没有怨恨蔡遗。等到豫章太守顾邵去世后，孙权问吕蒙该任用谁，吕蒙便趁机推荐蔡遗，说他是称职的好官。孙权笑着说："您想要当祁奚吗？"于是任用了蔡遗。甘宁粗暴，好杀人，既经常不听吕蒙的意见，又时时违背孙权的命令。孙权对他很恼怒，吕蒙就替他讲情，请求道："天下还没有平定，像甘宁这样能战斗的将领很难得，应该容忍他。"孙权便厚待甘宁，终于能发挥他的作用。吕蒙的儿子吕霸继承了爵位，孙权给予吕蒙守护坟墓的人家三百户，免去赋税的田地五十顷。吕霸去世，他的哥哥吕琮继承了侯位。吕琮去世，弟弟吕睦继承爵位。

[原文]

孙权与陆逊论周瑜、鲁肃及蒙曰："公瑾雄烈，胆略兼人[①]，遂破孟德，开拓荆州，邈[②]焉难继，君今继之。公瑾昔要[③]子敬来东，致达[④]于孤，孤与宴语，便及大略帝王之业，此一快也。后孟德因获刘琮之势，张言[⑤]方率数十万众水步俱下。孤普请诸将，咨问所宜，无适先对[⑥]，至子布、文表，俱言宜遣使修檄迎之，子敬即驳言不可，劝孤急呼公瑾，付任以众，逆而击之，此二快也。且其决计策意，出张、苏远矣；后虽劝吾借玄德地，是其一短，不足以损其二长也。周公不求备于一人，故孤忘其短而贵其长，常以比方邓禹也。又子明少时，孤谓不辞剧易，果敢有胆而已；及身长大，学问开益，筹略奇至，可以次于公瑾，但言议英发不及之耳。图取关羽，胜于子敬。子敬答孤书云：'帝王之起，皆有驱除，羽不足忌。'此子敬内不能办，外为大言耳，孤亦恕之，不苟责也。然其作军屯营，不失令行禁

止，部界无废负，路无拾遗，其法亦美也。”

评曰：曹公乘汉相之资，挟天子而扫群桀（jié），新荡荆城，仗威东夏，于时议者莫不疑贰。周瑜、鲁肃建独断之明，出众人之表，实奇才也。吕蒙勇而有谋，断识军计，谲（jué）郝普，禽关羽，最其妙者。初虽轻果妄杀，终于克己，有国士之量，岂徒武将而已乎？孙权之论，优劣允当，故载录焉。

[注释]

①兼人：一个人能赶上两个人，也就是胜过别人的意思。②邈：遥远的意思。③要：同“邀”，邀请的意思。④致达：推荐。⑤张言：夸大其词地说。⑥无适先对：没有谁先回答。

[译文]

孙权和陆逊评论周瑜、鲁肃和吕蒙时说：“公瑾勇武刚烈，胆略过人，所以能打败曹孟德，开拓了荆州地区的领土，他高超的才干很难有人继承，您现在继承了他。公瑾过去邀请子敬来东方，将他推荐给我，我和他在宴会上谈话时，就谈到建立帝王之业的远大谋略，这是第一件让人痛快的事情。后来曹孟德趁着俘获刘琮的势头，扬言要率领几十万名水军、步兵一齐进攻。我把各位将领全请来，向他们询问应该采用的对策，没有一个人先开口回答，问到子布、文表，他们都说应该派使节奉文书去迎接曹孟德。子敬当即驳斥说不可以，劝我火速叫公瑾来，把军队和任务交付给他，迎击曹孟德。这是第二件让人痛快的事情。而且子敬决定计策的意图，远远超出张仪、苏秦。他后来虽然劝说我借给刘玄德土地，是他的一个短处，但不足以损害他的两个长处啊！周公对一个人不求完备，所以我忘掉他的短处而珍视他的长处，经常把他比作邓禹。还有子明少年时，我认为他只是不辞艰险，办事果敢有胆量而已。等到他长大了，学识开阔，大有增益，谋划的策略十分奇妙，可以说仅次于公瑾，只是在言谈中发挥的才华不如公瑾罢了。子明谋取关羽这件事，胜过了子敬。子敬在回复我的信中说：‘帝王兴起时，都会有人来驱除祸患，关羽不值得顾忌。’这是子敬心里知道不能处治，对外讲大话罢了，我也宽恕了他，不轻易责备他。然而他指挥军队，筑营驻守，不失为令行禁止，管界内没有废弃法令、违背军纪的情况，路不拾遗。他的治理方法也是很好的。”

评论说：曹操借着汉朝丞相的地位权势，挟持天子而扫除各地豪杰，刚荡平了荆州，又倚仗威势进攻东方，当时议论的人没有一个不感到疑惧而怀有二心的，周瑜、鲁肃独自提出高明的论断，超出众人之上，确实是奇才啊！吕蒙勇敢又有计谋，能明辨军中计策，做出决断，诈骗郝普，擒获关羽，是他最妙的计谋。当初他虽然轻率武断，随便杀人，但最终能约束自己，有国士的度量，难道只是一个武将而已吗？孙权的评论，优劣公允恰当，所以记录在这里。

图书在版编目(CIP)数据

图解三国志/陈寿撰,崇贤书院释译.—合肥:黄山书社,2015.11

(经典传家系列丛书)

ISBN 978-7-5461-5336-0

Ⅰ.①图… Ⅱ.①陈… ②崇… Ⅲ.①中国历史-三国时代-纪传体-通俗读物 Ⅳ.①K236.042-49

中国版本图书馆CIP数据核字(2015)第286492号

总 策 划 李 克
选题策划 汤吟菲 白剑峰
编辑统筹 刘 春
责任编辑 程 景
装帧设计 未 氓
责任印制 戚 帅
出版发行 时代出版传媒股份有限公司(http://www.press-mart.com)
黄山书社(http://www.hspress.cn)
地址邮编 合肥市政务文化新区翡翠路1118号出版传媒广场7层 230071
印 刷 安徽新华印刷股份有限公司
版 次 2016年3月第1版
印 次 2018年1月第3次印刷
开 本 700mm×1000mm 1/16
字 数 380千
印 张 23.25
书 号 ISBN 978-7-5461-5336-0
定 价 28.80元

服务热线 0551-63533706

销售热线 0551-63533761

官方直营书店(http://hsssbook.taobao.com)